KB234644

안용복과
원록각서

元祿覺書と朴魚鯺

안용복과 원록각서

오오니시 토시테루 저 | 권정 역

KSI 한국학술정보㈜

| 목차 |

일러두기 / 10

安龍福과 元祿覺書 서문 / 11

제1절 두 조선인의 연행 ···································· 17

【원록의 죽도와 송도】 ···························· 19
【사건의 시작(元祿 5년 2월)】 ·················· 28
【사건 후】 ······································ 32
【조선인의 연행(원록 6년 2월~4월)】 ·········· 36
【오키(隱岐)의 취조】 ··························· 42
【울릉도에 도해한 조선인 일단】 ················ 50
【요나고(米子)에서의 구술서】 ·················· 52
【두 조선인의 소지품 검사】 ···················· 56
【안헨치우의 목찰】 ····························· 58
【선운과 항만의 발달】 ·························· 63
【토라헤의 목찰】 ······························· 71
【조선 측의 해역사정】 ·························· 78
【죽도에서 오키로 가는 길】 ···················· 83
【죽도에 대한 정보】 ··························· 88
【막부 순견사에 대한 답변】 ···················· 92
【톳토리번의 섬에 대한 인식】 ·················· 93
【막부의 섬 인식】 ····························· 98

제2절 두 조선인의 나가사키 송부 ·············· 107

【요나고의 두 조선인】 ·············· 109
【월번노중에게 보고(원록 6년 4월~5월)】 ·············· 110
【섬의 관리】 ·············· 114
【조선인의 톳토리 이송】 ·············· 116
【톳토리 성하의 두 조선인】 ·············· 119
【육로여행】 ·············· 122
【나가사키로 가는 길】 ·············· 127
【장군과의 접촉】 ·············· 133
【쓰시마번에 연락】 ·············· 136
【쓰시마의 사자】 ·············· 137
【나가사키에서의 조선인 양도】 ·············· 140
【두 조선인의 진술】 ·············· 142
【쓰시마의 정보탐색】 ·············· 144
【쓰시마번의 영호사자】 ·············· 150

제3절 대차사의 외교교섭 ·············· 159

【쓰시마의 취조】 ·············· 161
【소우 요시자네의 위구】 ·············· 164
【정사의 파견】 ·············· 167
【교섭의 시작】 ·············· 171
【정관과 접위관의 교섭】 ·············· 176
【조선의 복서】 ·············· 179

【조선의 정권교대】 ·· 181
【제2차 교섭의 개시】 ··· 184
【제2차의 복서】 ··· 188
【쓰시마번주의 교대】 ··· 190
【의문 4개조의 정시】 ··· 192
【의문 4개조에 대한 회답】 ·································· 197
【반답서에 대한 반론】 ·· 200
【외교교섭의 파탄】 ·· 205
【에도로 가는 신 노선】 ······································ 210
【예비 탐사선의 파견】 ·· 214
【섬을 중개로 하는 도항로】 ································ 217
【새로운 전개】 ·· 222

제4절 원록각서 자료(元祿覺書 資料) ···························· 227

【서】 ··· 229
【本文 1】 ～【本文 31】 ······································ 229

제5절 원록각서(元祿覺書) 해설 ···································· 259

【도해의 선단】 ·· 261
【도해 일행의 승원들】 ·· 263
【금오승장 뇌헌】 ··· 274
【승려의 항해】 ·· 281
【울릉도 해역의 지식】 ·· 284

【바다활동의 진전】 ·· 288

【울릉도의 출발】 ·· 291

【안용복의 송도지식】 ······································ 296

【송도에서 오키로】 ·· 303

【두 개의 우산도】 ·· 306

【안용복의 소송】 ·· 311

【안용복의 귀국 후의 답변】 ····························· 315

【항해의 지령】 ·· 320

【부산첨사의 힘】 ·· 322

제6절 원록 9년의 톳토리 ······································· 329

【오키에서 호우키 그리고 이나바】 ···················· 331

【소송하는 사신】 ·· 335

【연회석에서의 회담】 ······································ 340

【회담의 내용】 ·· 344

【톳토리번의 대응】 ·· 346

【장군의 대응】 ·· 349

【쓰시마번의 곤혹】 ·· 356

【쓰시마번의 대응】 ·· 365

【톳토리 번주의 귀국】 ····································· 372

【조선 측의 이해】 ·· 377

【안용복의 증언】 ·· 379

【조선선의 귀환】 ·· 381

【쓰시마에서 온 통사 일행】 ····························· 384

【장생죽도기의 기재】 ······································ 387

제7절 안용복의 그 후 ·· 395

　　【안용복의 포박】 ·· 397
　　【안용복의 구출】 ·· 399
　　【안용복 파견의 배후】 ·· 403
　　【도해역관의 정보】 ·· 409
　　【안용복의 평가】 ·· 414

【參考文獻】 / 420

【부록】 역자 논문 / 423

색인 / 471

| 일러두기 |

1. 일본어의 한글표기는 표음을 중시하여 아래와 같은 원칙에 따르기로 했다.

   「か・き・く・け・こ」는 「카・키・쿠・케・코」로, 「が・ぎ・ぐ・げ・ご」는 「가・기・구・게・고」로, 「た・ち・つ・て・と」는 「타・치・쓰・테・토」로 표기한다, 장음 「오・우・이」 등은 살려 「大阪(おおさか)」는 「오오사카」로, 「東京(とうきょう)」는 「토우쿄우」와 같이 표기한다.

2. 藩은 「번」으로, 藩士는 「번사」로 표기한다.

3. 역자가 저자의 주장 모든 것에 동의하는 것은 아니다.

安龍福과 元祿覺書 서문
培材大學校 權靜

우리가 독도문제에서 제일 안타까운 일의 하나가 일본의 자료에 자유롭게 접할 수 없다는 것이다. 일본이 우리의 자료를 자유롭게 접하고 해독하여, 우리의 독도에 대한 정통성을 자유롭게 분석할 수 있는 것에 비해, 우리는 그렇지 못하다. 그것은 일본이 소지하고 있는 자료가 양적으로 방대하고 특수한 능력을 필요로 하기 때문이다. 그런 특수성을 배경으로 하는 일본은 「일본의 자료도 읽어 달라」는 식의 주문까지 한다. 그럼에도 우리는 일본의 자료를 활용하는 일에 적극적이지 않다.

여러 논문이나 연구서를 읽다보면 일본자료를 인용하고 있는 경우가 많은데, 그것은 일본이 일본의 정통성을 입증하기 위해 인용한 것을 재인용하는 것이 대부분이다. 일본자료를 완독한 후, 그것을 인용하는 경우는 찾아보기 어렵다. 일본어라면, 일본을 제외하고, 우리가 제일 능숙하다고 한다. 그럼에도 독도문제에서 필요불가결한 일본자료의 인용에 소극적인 것은 어찌된 일일까. 그것은 아마도 자료의 해독이 난해하고 경제적이지 못하기 때문일 것이다. 분명 일본의 고자료는 한문 능력만 구비하면 해독 가능한 우리의 그것과는 다른 면이 있다. 그것을 해독하는 데는 일본어와 한문뿐 아니라, 일본 특수의 시대적 언어, 사회적 언어, 그리고 정치·사회적 배경에 대한 지식까지도 필요하다. 따라서 특수 능력을 구비한 분의 도움을 받지 않는 한, 자료들의 의미를 완전히 이해하는 일은 쉽지 않다.

학문이 경제성을 동반하면 연구도 경쟁적으로 연이어 이루어지고 좋은 결과도 많이 나오겠지만, 독도에 관련된 자료는 그런 면에서 매력이 없는 것 같다. 때문에 연구자들이 관심을 보이지 않는지도 모른다. 현재 신용하, 송병기 교수 같은 분들이 일본자료를 해독하여 소개해주고 계시지만, 그것은 어디까지나 부분의 소개에 지나지 않는다. 독도문제가 필요로 하는 것은 보다 전체적인 이해와 파악이다. 그래야 그것들이 말하는 내용과 목적을 알 수 있기 때문이다. 부분을 이해한다 해도, 그 전체가 지향하는 목적을 알지 못하면 원하지 않는 해독을 도출할 수도 있다. 그 좋은 예가 오카지마의 『죽도고』에 대한 맹신이다. 『죽도고』를 근거로 안용복을 천민으로 단정하고, 안용복을 부정적으로 평가하고 있는 것이 현실이다. 일본이 신봉하는 해독에 우리 학자들도 중독되는 경우가 있다. 그것을 입증할 수 있는 것이 본서의 내용이다.

일본자료를 쉽게 접할 수 있게 해주시는 점이나, 안용복 연구에 새로운 단서를 제공해 주신다는 점에서 오오니시 박사님은 참 고마운 분이시다. 「문자를 좋아한다」는 말씀을 자주 하신다는 박사님은 오키 출생으로, 어려서부터 독도에 관한 주민들의 이야기를 들으며 자라셨다 한다. 그 때문인지 바쁘기 이를 데 없는 뇌신경외과 의사이시면서도, 틈을 내 고문서를 읽고 해독하신다고 한다. 그 덕택으로 난해한 일본 고문서를 쉽게 접할 수 있게 된 것이다.

이미 선생님은 독도를 연구하는 자라면 필독해야 하는 일본의 고

문서 『隱州視聽合紀』, 『元祿九丙子年朝鮮舟着岸一卷之覺書』, 『竹島渡海由來記拔書控』, 『竹島文談』을 해독하여 출판 가능하게 해주셨고, 독도문제를 이해할 수 있는 자료의 총집합이라고 할 수 있는 『竹嶋紀事』까지 작업하여 출판할 예정이라고 하신다. 여간해서 시간을 만들기 어렵겠지만 여타 자료도 작업해주실 날을 고대하는 마음이다. 본인도 얼마 전에 톳토리번의 『어용인일기』를 편역주한 일이 있는데, 이것 역시 선생님의 음덕이 있어 가능한 일이었다.

본서 『안용복과 원록각서』는 분명 『죽도기사』의 해독작업을 하시던 중, 안용복과 같이 납치되었던 박어둔과, 안용복과 함께 톳토리번을 방문한 일행인 뇌헌 등에 흥미를 느껴, 『죽도기사』의 내용을 중심으로 연구 정리한 내용이다. 『죽도기사』의 내용을 숙지했기 때문에 가능했던 연구 결과이다. 박사님의 연구가 얼마나 심오하고, 분명한 근거에 기반을 두는가를 알 수 있다. 사실 독도문제를 연구하는 데 있어 안용복은 물론 박어둔과 뇌헌은 피해 갈 수 없는 인물이다. 그럼에도 그들에 대해 밝혀진 것은 거의 없다. 있다 해도 『숙종실록』이 전하는 내용 이상을 언급한 것을 찾기 어렵다. 안용복의 경우는, 일본이 안용복을 부정하는 방법으로 죽도의 정통성을 구축하고 있어, 그를 부정하는 내용의 연구이기는 하지만, 관련연구가 존재한다. 박어둔의 경우는 울산시와 영남대학교 독도연구소의 연구가 있다. 그러나 뇌헌의 경우는 찾기 어렵다. 그런 뇌헌을 본서는 상당히 구체적으로 언급하여, 향후의 연구가능성을 제시하고 있다. 문제는 이 모든 것들이 일본학자들에 의해 시작되고 있다는 사실이다.

일본은 죽도에 대한 역사적 정통성을 확보하기 위해 안용복을 부정하는 경우가 있는데, 우리 학자 중에는 그런 논조에 함몰되어 안용복을 부정하는 사람도 있다. 그 좋은 하나의 예가, 안용복이 에도에서 관백의 서계를 받았다는 기록이 우리 측 기록만이 아니라, 일본 측 기록에도 있는데, 그 기록의 진부를 규명해보는 일 없이 에도행에 회의를 표하는 일이다. 그것은 안용복만이 아니라 『숙종실록』을 부정하는 일로, 일본학자들의 의도에 빠지는 일이다.

『숙종실록』이 전하는 안용복의 진술에 구체적인 오차는 있을 수 있으나, 전체적인 면에서 사실을 전하고 있다는 것은, 많은 일본자료와 비교해 봄으로써 알 수 있는 일이다. 안용복만이 아니라 박어둔, 뇌헌 등, 안용복과 동행했던 선원들에 관한 사항을 추적하다 보면, 안용복은 물론, 그들이 살아갔던 조선 시대의 독도 인식을 확인할 수 있다. 그럼에도 우리는 그러한 연구에 소극적이었다. 박어둔과 안용복의 출생과 경력을 규명하는 방법으로 조선과 조선인의 독도인식을 확인하는 일은 그리 어려운 일이 아닐 수도 있다. 그럼에도 우리는 지금까지 조선 시대의 기록이 전하는 것 이상의 연구를 하는 여유를 가지지 못했던 것 같다.

오오니시 박사님은 조선의 기록이 전하는 안용복을, 일본 기록을 근거로, 다각적으로 접근하여, 안용복의 실체를 밝히고, 본서를 통해 상당히 부각시키고 있다. 선생님의 연구는 안용복의 동료들만이 아니라, 당시를 지배했던 조정 관리들과의 관계까지도 언급하였다. 일본 기록에 나오는 「삼계의 샤큐완」을 안용복과 연관 지어, 17세기에 있었을 수 있는 동해에서의 무역활동을 추정했다. 선생님은 이것을 모험상인이라 칭하고 있으나, 호칭이야 어찌 되었던, 동해에서 전개되었을 무역활동을 당대의 조선과 일본의 경제활동과 연계시키는 일은, 안용복을 중심으로 하는 독도문제의 반경을 넓히고, 사실에 접근할 수 있는 단서를 제공하는 일이다.

오카지마(岡嶋正義)의 기록에 나오는 「삼계의 샤큐완」을, 박사님은 「釜山界의 上官」, 「釜山海의 上官」으로 추정하여, 이를 당시의 부산 첨사 이홍적(釜山僉使 李弘勣)으로 추정하는 단계에까지 이르셨다. 박사님이 아니면 도출해낼 수 없는 과감한 추정으로, 많은 연구 단서를 제공하셨다. 이것 역시 우리가 해내야 하는 일이었다. 아쉽고 안타까운 일이다. 박사님은 이에 머물지 않고, 부산첨사를 당대의 집권세력과 연관 지어, 안용복의 도해활동을, 남구만·윤지완·장한상 등의 국정운영, 외교정책과 연계시켰다.

그것은 안용복의 도해활동을, 쓰시마가 독점하는 조일 외교의 폐해와 한계점을 극복하기 위해 행해진 외교활동으로 보는 시점이다. 비록 가설이기는 하지만, 이러한 가설로 인해 독도문제는 새로운 지평을 열고, 안용복을 중심으로 하는 도해활동의 의미도 파악할 수 있는 단서를 얻게 되었다. 어쩌면 안용복은 통일신라에 해상권을 장악했던 장보고와 같은 활동을, 동해에서 펼친 인물이었을지도 모른다. 조선과 에도막부와 명나라가 취하는 해금정책 속에서, 삼국의 어민들이 동해에서 전개한 경제활동에 안용복이 참여하고 있었다고 볼 수 있는 상황을 박사님이 추정하여, 본서를 준비한 것이다. 이것으로 안용복을 중심으로 하는 독도문제가 새로운 국면을 전개할 수 있게 되었다. 이런 점에서 나는 선생님의 업적을 존경하고 그 노고에 감사하며, 그 결과를 소개할 수 있는 것에 큰 보람을 느낀다. 이러한 기회를 주신 것에 감사드리고 싶다.

제1절

두 조선인의 연행

【원록의 죽도와 송도】

산인(山陰) 먼바다의 동해, 그곳에서 조선반도로 징검다리처럼 섬이 나란히 놓여 있다. 지금은 오키(隱岐), 죽도(=독도), 울릉도라고 불리는 3도서군이다. 에도(江戶)는 옛 원록(元祿)시대에 이 죽도(=독도)를 송도(松島)라고 부르고, 울릉도는 죽도라고 불렀다. 그곳에 호우키노쿠니(伯耆國) 요나고(米子)의 상인 오오야케(大谷家)와 무라카와케(村川家)가 선단을 파견하여, 해산물 채취와 어유(魚油) 제조 등의 어로사업을 경영하고 있었다. 양가는 매년 교대로 출선하여 그 이익을 양분하고 있었다.

당시 섬으로 건너간 선두나 수주들은 이 해역을 어떻게 이해하고 있었는가. 먼저 톳토리 번사(鳥取藩士)였던 오카지마 마사요시(岡島正義: 1784∼1859)의 『죽도고(竹島考)』에 실린 지도를 보기로 한다.[1] 이것은 톳토리번에 남아 있던 고지도를 오카지마가 전사(傳寫)한 것이다.

오카지마는 호우키노쿠니 요나고에서 이즈모노쿠니(出雲國) 쿠모쓰(雲津)까지를 해상 9리로 기록했다. 그리고 쿠모쓰에서 오키노쿠니의 도우젠(島前), 그 남단의 치부리(千振)까지를 해상 18리로 기록했다. 이 치부리에서 도우고(島後)의 북단에 있는 후쿠우라(福浦)까지를 해상 8리로 기록하고, 후쿠우라에서 마쓰시마(松島)까지를 해상 70리, 송도에서 죽도(竹島)까지를 해상 40리로 기록했다. 그리고 죽도에서 조선국까지를 해상 40리로 기록했다. 여기에 죽도의 지도를 싣는다.

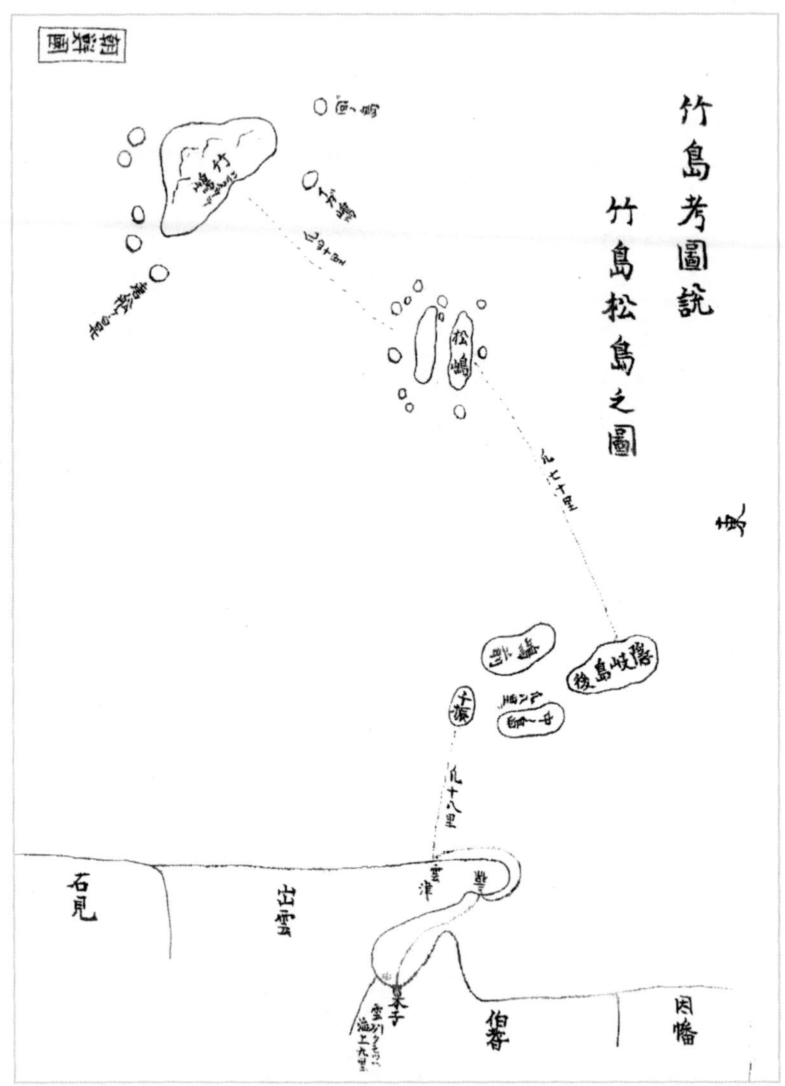

[図1. 竹島考図說(竹島松島之図)]

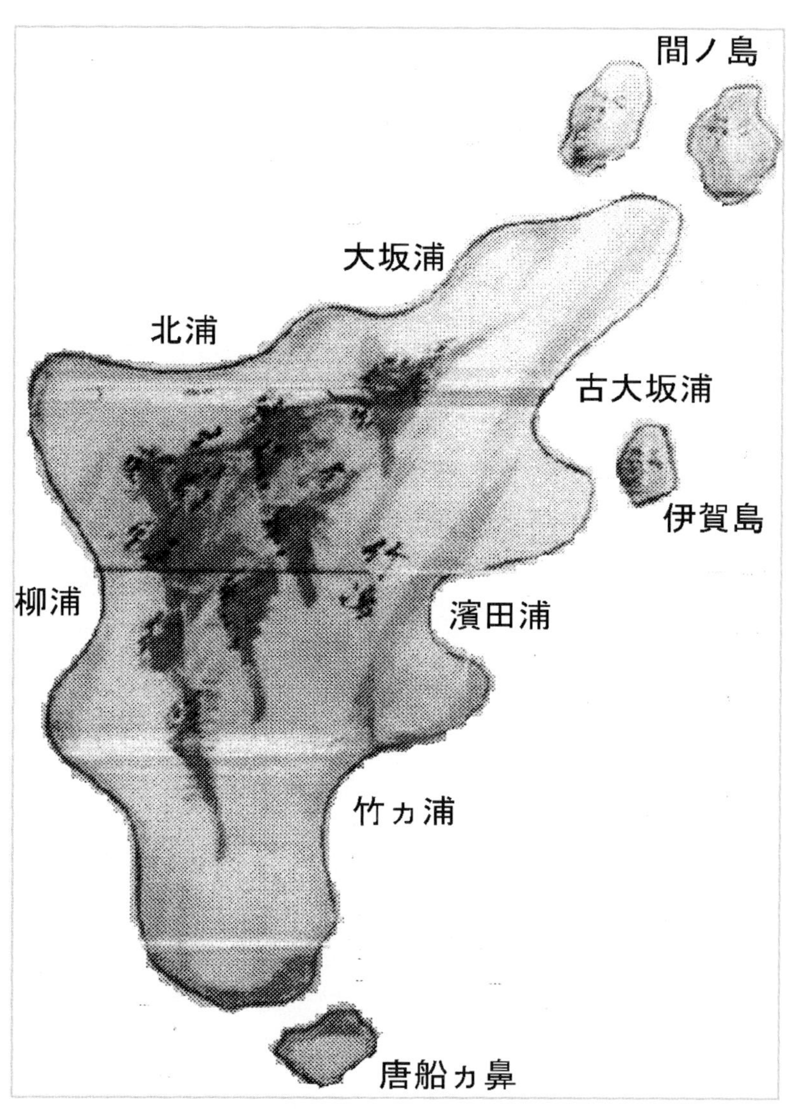

[図2. 元祿竹島繪図(米子市立山陰歴史館所藏)]

죽도의 회도(繪図)는 여러 종류가 남아 있다. 당시 호우키 상인들의 죽도인식을 나타내는 것인데, 이것은 그 중 하나로, 톳토리번에 남아 있던 것이다. 당시의 죽도와 송도에는 톳토리번 관할하에 있던 호우키의 상인, 즉 요나고의 오오야케와 무라카와케가 대대로 출선하여, 전복 채취와 강치사냥 등을 하고 있었다. 그렇게 도해하면서 섬의 각 포구에 일본명을 붙여 부르고 있었다. 예를 들면 송도를 경유하여 최초로 도착하는 남측의 포를 그들은 하마다우라(浜田浦)라고 불렀다. 포구로 연결되는(津係) 포구였다. 이 하마다우라에서 섬을 시계반대방향으로 돌아 일주하면 7리 반의 거리로, 포구들을 순차적으로 돌 수가 있다. 하마다우라, 후루오오사카우라(古大坂浦), 오오사카우라(大坂浦), 키타우리(北浦), 야나기우라(柳浦), 타케가우라(竹ヵ浦)가 그것으로, 대체적으로 어느 지도나 거의 같은 위치에 이 포구들이 배치되어 있다. 에도번저에 근무하는 루스이역(留守居役)이었던 오타니이베에(小谷伊兵衛)라는 인물이 남긴 지도에 의하면, 그 포구들의 거리는 다음과 같다.2)

① 浜田浦　　　浜田浦에서 오오사카우라(大坂浦)까지 반 리

② 大坂浦　　　大坂浦에서 아와비우라(鮑浦)까지 1리 반

③ 鮑浦　　　　아와비우라에서 키타우라(北浦)까지 1리

④ 北浦　　　　키타우라에서 야나기우라(柳浦)까지 1리

⑤ 柳浦　　　　야나기우라에서 키타쿠니우라(北國浦)까지 1리 반

⑥ 北國浦　　　키타쿠니우라에서 타케우라(竹浦)까지 1리

⑦ 竹浦　　　　타케우리에서 하마다우라까지 1리

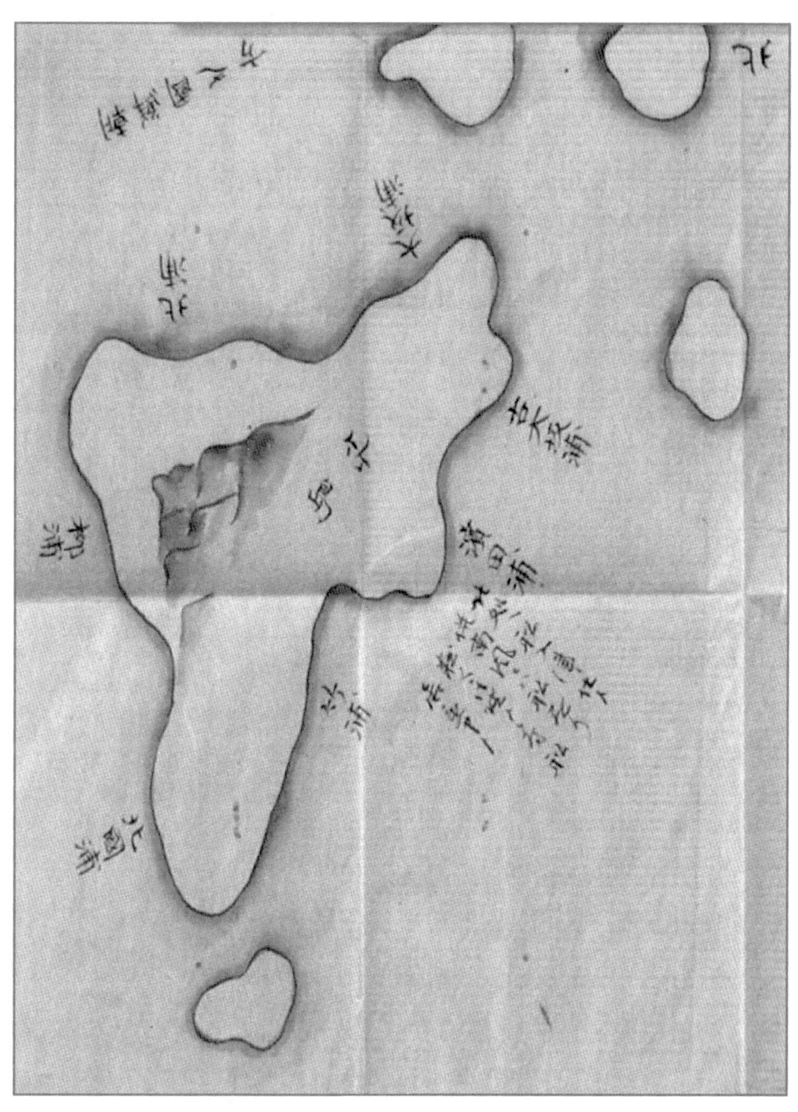

[図3. 竹嶋図 享保九甲辰閏四月江戸에 그려 바친 것의 寫]
(米子市立歴史民俗資料館所藏)

오타니 이베에의 지도는, 포의 지명표시가 아니라 포와 포 사이의 거리를 기재하고 있다. 그러나 순차적으로 기재되는 포명이, 여기서는 약간 다르다. 즉 후루오오사카우라를 오오사카우라로, 오오사카우라를 아와비우라로 기재하고 있다. 구 톳토리번 문서에 있는 「죽도도(享保) 9갑진 윤4월에 에도에 그려 바친 것의 사본」의 도면에는 오오사카우라를 후루오오사카우라로, 아와비우라를 오오사카우라로 하고 있다.

이런 포들은 현재의 어느 항에 해당되는 것일까. 마쓰오카 후세이(松岡布政)의 『호우키민담기(伯耆民談記)』에는 「섬의 형태는 셋으로

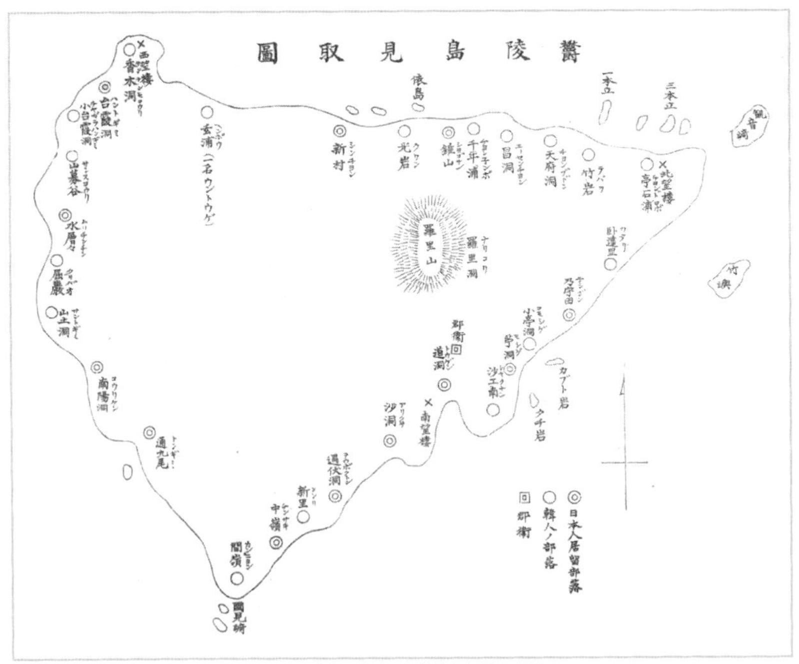

[図4. 奧原碧雲의 鬱陵島見取圖]

나뉘어져, 기슭은 험하고, 계곡의 경역(境域)도 넓지 않다」라고 되어
있다.3) 울릉도를 셋으로 나누어, 그것을 삼각의 섬으로 그리는 지도
의 흐름은, 오쿠하라 헤키운(奧原碧雲)이 기록한 「울릉도견취도」로 이
어진다.4) 울릉도는 옛날에는 鬱陵島 혹은 蔚陵島로 기록되고 있었다.
　분명히 울릉도는 삼면으로 대표되는 섬이다. 타이쇼우(大正) 2년에
조선통독 테라우치 마사타케(寺內正毅)에 의한 조선총독부령 제111
호는 「도의 위치, 관할구역 및 부군(府郡)의 명칭, 위치관할구역을 좌
와 같이 정한다」라며, 울도군을 서면, 남면, 북면의 3면으로 구성했
다.5) 다음과 같다.

　경상북도
　울도군(면수 3, 동수 9)군청, 남면 도동
　　서면(3)
　　　남양동(통구미동, 석문동, 남양동, 남면 장흥동 일부)
　　　남서동(남서동, 구암동)
　　　태하동(학포동, 태하동)
　　남면(3)
　　　저동(신흥동, 저동 일부)
　　　도동(도동, 저동, 사동, 각 일부)
　　　사동(옥천동, 사동, 장흥동 일부)
　　북면(3)
　　　현포동(현포동, 평리동)
　　　라중동(라중동 일부)
　　　천부동(천부동, 석포동, 라중동 일부)

慶尙北道

鬱島郡(面數三, 洞數九) 郡廳, 南面道洞

    西面(三)

        南陽洞(通九味洞, 石門洞, 南陽洞, 南面長興洞一部)

        南西洞(南西洞, 龜岩洞)

        台霞洞(鶴圃洞, 台霞洞)

    南面(三)

        苧洞(新興洞, 苧洞一部)

        道洞(道洞, 苧洞, 沙洞, 各一部)

        沙洞(玉泉洞, 沙洞, 長興洞一部)

    北面(三)

        玄圃洞(玄圃洞, 平里洞)

        羅重洞(羅重洞一部)

        天府洞(天府洞, 石浦洞, 羅重洞一部)

섬은, 이 3면이 섬 중앙을 향해 암산을 형성하며 준립해 있다. 그 정점이 되는 것이 삼봉(聖人峯, 羅里峯, 弥勒峯)이다. 죽도의 지난 과거의 포명이 현재의 울릉도의 어떤 항구에 해당되는 것일까. 판단하기 어려운 일이다. 그래도 비정하자면 다음과 같다. 일단 대응시켜 본 안이다.

옛날 죽도의 포명	현재 울릉도의 집락명
하마다우라(浜田浦)	도동리
오오사카우라 · 후루오오사카우라(大坂浦 · 古大坂浦)	저동리
아와비우라 · 오오사카우라(鮑浦 · 大坂浦)	천부동리
키타우라(北浦)	현포동리
야나기우라(柳浦)	태하동리
키타쿠니우라(北国浦)	남양동리
타케우라(竹浦)	사동리

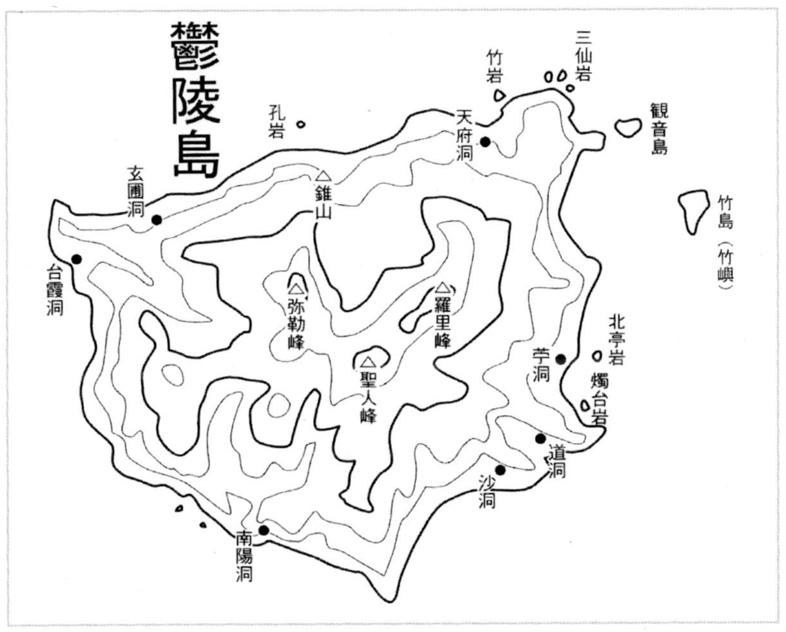

[図5. 현재 鬱陵島의 地図]

【사건의 시작(元祿 5년 2월)】

　　원록 5(1692)년에 예년과 마찬가지로, 호우키노쿠니 요나고의 무라
카와선(船)은 2월 11일에 죽도를 향해 출발했다. 200석(石) 용적 배 1
척(艘)에 철포 8정을 싣고 출선했다. 철포를 지참한 것은 강치(海驢)
를 포획하기 위한 것이었다.6)선명은 타케시마마루(竹嶋丸)였고 선두
이름은 쿠로베에(黑兵衛)와 히라베에(平兵衛)였다. 그 항해상황은, 선
두가 톳토리번에 제출한 「삼가 아뢰는 구상서」와 「죽도에 관한 7개
조의 답서」에 같은 내용으로 전해지고 있다. 사건의 발단이므로 그
내용을 소개하기로 한다. 이하와 같다.7)

삼가 아뢰는 각서

　　(원록 5 임신년) 2월 11일, 이곳을 출선하여 동 그믐에 오키노쿠니의
후쿠우라에 착주했다. 3월 24일에 오키노쿠니에서 출주하여, 동 26일 아
침 진시(8시)에 죽도 안, 이카지마라8)는 곳에 배를 대고, 상황을 살펴 보
았더니 (누군가가) 전복을 많이 잡은 것처럼 보여, 수상히 여기고, 동 27
일 아침에 하마다우라에 가자, 조선 배 두 척이 보였다. 그 중 한 척은
정박해 있었고 한 척은 물에 떠 있었다. 조선인 30명 정도가 보였다. 그
중 두 명을 남기고 나머지 사람들은 모두 앞서 말한, 떠 있는 배를 타고
우리 배에서 8, 9간(14.5~16.3m) 정도의 바다를 지나, 오오사카우라라는
곳으로 돌아갔다. 앞의 남은 두 사람 중 한 사람은 말이 통하였다. 두 사
람 모두가 같이 배를 타고 우리들의 배로 왔다. 그래서 배에 태우고 말
하길, 어느 나라 사람이냐고 물었더니, 조선 가와텐 가와지(國村) 사람이
라고 말했다. 그래서 이 섬은 장군에게 배령하고 매년 도해하는 섬인데
어찌 왔느냐고 물었더니, 이 섬보다 북쪽에 섬이 있어, 3년에 한 번씩 국
주의 명으로 전복을 채취하러 온다. 우리나라에서 2월 21일에 배 11소로
나왔는데, 난풍을 만나 반수가 돌아가고, 결국 5척의 53명이 타고 이 섬
에 3월 23일에 표착했다 한다. 이 섬의 상황을 보았더니 전복이 있어, 머
물며 전복을 채취했다 한다. 그래서 이 섬을 빨리 떠나라고 말했더니, 배

도 조금 부서졌기에 배를 고치는 대로 떠날 것이라 했다. 그래서 배를 인양하여 해변에 대두었다 한다. 우리들이 상륙하여, 해변의 상황을 살펴보았더니, 우리들이 이전에 갖추어 두었던 여러 도구와 배 8척이 없었다. 통사에게 여러 번 물었더니, 각 포구에 보내어, 그들 동료가 사용하고 있다는 것이었다. 우선 우리의 배를 해변에 대고, 이곳에 머물며 어렵을 하자는 의견도 있었다. 그러나 당인(唐人: 조선인)은 53인으로 사람이 많고, 우리들은 겨우 21명이다. 만일 분쟁이라도 일어나면, 우리가 불리하다는 두려운 생각이 들어, 서둘러 섬을 떠나기로 했다. 그리고 3월 27일 인시(4시)에 출선하였다. 그러나 귀범한 후에, 증거가 없이는 설명할 수가 없어, 조선인이 만들어 놓은 꼬지전복 약간, 갓 하나, 망두포 하나, 누룩 한 덩이를 가지고 돌아가기로 했다. 이때, 조선인은 활이나 철포류, 아무래도 무기가 될 만한 것은 일절 소지하지 않았다. 그러한 상황으로, 3월 27일 당일에 서둘러 죽도를 출발하여, 4월 1일 세키슈우의 하마다우라에 도착했다. 4월 4일에는 운슈우의 쿠모쓰우라에 도착하여, 다음 날 5일에 드디어 인슈우 요나고로 들어왔다.

乍恐口上之覺

　(元祿五壬申年)二月十一日、爰元出船仕同晦日ニ隱岐國之福浦へ着船仕三月廿四日ニ隱岐國より出舟仕同廿六日之朝五ツ時分ニ竹嶋之內いか嶋と申所へ着舟仕樣子見申候得者鮑大分取上ケ申樣ニ相見へ不審ニ奉存同廿七日之朝浜田浦へ參申內ニ唐船貳艘相見へ申候內壹艘はすへ舟壹艘ハうき舟にて居申候、唐人三拾人斗見へ申候、其內壹人殘し置殘り之者とも右之うき舟ニ乘り此方之船より八九間程沖を通り大坂浦と申所へ廻り申候

　右之壹人殘り申內貳人ハ通しニて二人共ニともども舟ニ乘り此方之舟へ參申候故乘せ申候而何國之者と相尋候へ者ちやうせんかわてん(國村: かわじ)之者と申候故此嶋之儀公方樣より拜領仕每年渡海いたし候嶋にて候所ニ何とて參候やと尋候へハ此嶋より北ニ當り嶋有之三年ニ一度宛國主之用にて鮑取ニ參候國元ハ二月廿一日に類舟十一艘出舟いたし難風に逢五艘に以上五拾三人乘し此嶋へ三月十三日ニ流着此嶋之樣子見申候へハ鮑有之候間致逗留鮑取上ケしと申候左候ハゝ此嶋を早々罷立候樣ニと申候へ共舟も少損じ候故造作仕調次第ニ出舟可仕候間私共船をすへ候樣ニと申ニ付岡へ上リ兼て拵置候諸道具改見申へは舟八艘其外諸道具見へ不申候付通辭へ此由尋候へハ浦々へ廻し遣し候と申候先此方之舟すへ候へと申候へ共唐人ハ大勢此方ハ纔ニ貳十一人にて御座候ニ付無心元奉存竹嶋より三月廿七日之七ツ時分より出舟仕申候然共何ニても印無之御座

候ては如何と奉存唐人之拵置候串鮑少々笠壹つ網頭巾壹つかうじ壹つ取
致出舟四月朔日ニ石州浜田浦へ着舟仕夫より当月四日ニ雲州雲津浦迄参
翌五日之七つ時分ニ米子ニ入津仕候

　이처럼 섬에서의 다른 문화와의 접촉, 분쟁이 시작된 내용의 기록
이다. 언어 장벽에 의한 오해나 착각도 엿볼 수 있다. 이 섬의 북쪽에
또 하나의 섬이 있는데, 그것은 조선령으로, 그들은 그곳에 건너갈 생
각이었는데, 바람에 떠밀려 이 섬에 왔다는 것이다. 일본 측은 그렇게
이해했다. 그래서 일본령의 섬에 조선인이 와서 방해하고 있다고 분
개한 것이다. 그러나 실제 그들의 이야기는, 이 조선령에 3년마다 건
너와 어로작업을 하고 있었다는 것이다. 그 어로를 명한 것은 국주
(國主)였다고 한다. 해산물 수입의 일부를 세금으로 징수하는 것일까,
아니면 국주의 이름을 빌린 어떤 자의 명령이었을까, 그것은 판단하
기 어렵다. 그러나 그들의 행동은 조직적인 것이었다. 5소 50여 인의
내도(來島)란 상당한 숫자이다. 대규모의 도해이고 다수에 의한 조직
적인 해산물 채집과 정제이다. 여기에 어선 11척에 이르는 선단을 보
낸 배경이 있다. 즉 해산물의 채집, 가공, 운반, 그리고 판매와 소비에
관계된 거대한 시장이 엿보인다. 동해에서 남해 연안으로 퍼지는 거
대한 경제적 조직망을 상정하지 않으면 안 된다. 그러한 경제 및 사
회 시스템이 이미 구축되어 있었다는 것을 시사하고 있다. 거대한 시
장, 거대한 조직망의 존재가 이 선단을 보내고 있었던 것이다. 일본
측도 마찬가지였다. 원록 5년의 무라카와 선 1척의 출범만 해도, 여기
에는 오오야케와 무라카와케의 연휴가 존재하고 톳토리번의 지원이
있었다. 그리고 막각의 허가가 있었고, 다이묘우들(諸大名)에 대한 판
로가 있었다. 일대 소비경제사회로 발전한 원록기에도 사회가 있었

다. 그 나름의 조직망과 시장이 있었던 것이다.

조선인들의 도항도 마찬가지이다. 개별 영세의 조선어민이 이곳에서 자질구레한 어렵활동을 하고 있었던 것이 아니다. 여기에 엿보이는 것은 거대조직에 의한 조직적인 어로이다. 그렇기 때문에 요나고 상인들은 이 어장에서의 방해에 심한 위기감을 느꼈다. 섬에서 만난 조선인은 그들의 출신을 「쵸우센카와텐카와쿠(チョウセンカワテンカワク)」라고 말했다. 그것은 「조선(チョウセン)·카와(カワ)·텐(テン)·카와쿠(カワク)」로 나누어져, 「조선(朝鮮)·국(國)·동래(東萊)·현(縣)」을 의미하는 것이 아닐까. 그들은 동래현을 축으로 하는 경제활동 중에, 해산물 유통에 관계하여, 어느새 울릉도로 진출한 것이다. 그렇게 조선 근해, 즉 남해 및 동해에서 활동하는 자들이었다. 통사처럼 일본어를 이해하는 이 조선인의 존재는, 그가 동래부 인근에 있는 부산왜관(和館: 倭館)에 출입하고 있었을 가능성도 시사한다. 그들의 해산물 유통 조직망은 조일 교역이 번영하는 가운데, 그 혜택을 받은 것으로, 동아시아에서의 은(銀) 교역 속에서 싹터 자란 것이었다.

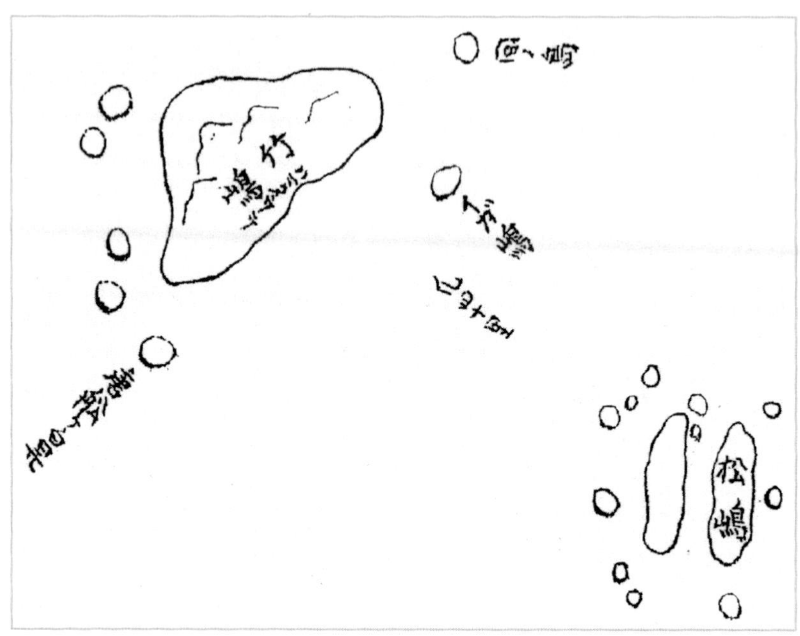

[図6. 이카島(竹島考図説에서)]

【사건 후】

호우키상인 일단과 조선인어민 일단이 섬에서 처음으로 조우한 것이다. 조선어민이 이 정도의 대선단(大船団)으로 도해하는 데는 당연히 그 전사(前史)가 있었을 것이다. 불안하게 조금씩 도해하던 시기가 있었고, 그것이 서서히 증가하는 시기, 그리고 일거에 증가해 대선단을 이루는 시기이다. 조금씩 몰래 도해하던 시기에는 그 존재를 알 수 없었으나, 이렇게 대선단을 이루고 도해하게 되면, 당연히 눈에 띠게 된다. 그렇게 도해선이 불어난 시기는, 원록 5년에서 거슬러 올라 그리 멀지 않은 시기라고 생각된다.

어쨌든 요나고 상인의 배, 무라카와 이치베에선의 선두는, 이 시기에 처음으로 조선인과 조우하자, 이것을 조직적인 어장습격으로 판단하고 서둘러 귀국했다. 그리고 즉시 요나고 한야쿠쇼(藩役所)에 보고했다. 그러나 요나고 죠우다이(城代) 아라오 타지마 나리시게(荒尾 但馬成重)는 3월 20일에 사망하여, 요나고의 후계자가 아직 정해져 있지 않았다. 타지마의 동생 아라오 슈우리 나리아키(荒尾修理成紹)가 죠우다이로 명받는 것은 6월 7일이었다. 그래서 타지마의 사자 아라오 히라자에몬 나리쓰구(荒尾平左衛門成倫)의 이름으로 이 사건을 수리했다. 그러나 아라오 히라자에몬은 이때 9세로, 톳토리후(鳥府)의 저택에서 비호받는 어린아이였다.[9]그의 숙부 아라오 슈우리 나리아키(荒尾修理成紹)가 후견역을 맡고 있었기 때문에, 실질적으로 지배력을 행사한 것은 아라오 슈우리와 그 배하의 요나고 역인들이었다. 그들에 의해 사건처리가 진행되었다. 4월 5일 무라카와선이 요나고에 도착하자, 선두 쿠로베에(黑兵衛)와 히라베에(平兵衛)에게 들은 사건 전말을 번역인들에게 보고했다. 그것을 듣고 4월 9일에 톳토리후에 있는 아라오 히라자에몬이 사자를 파견했다. 번의 서무담당으로 후나테역(船手役)을 맡고 있던 안요우지 이노스케(安養寺猪之助)였다.[10] 안요우지는 즉시 요나고로 떠났다. 그가 요나고 상인에게 전한 것은 다음과 같다.

이번에 요나고 무라카와 이치베에선의 선두가 예년과 마찬가지로 죽도로 도해했다. 그러나 그 섬에는 조선의 어선이 흘러와, 조선인도 많이 있었다. 그들은 전복을 대량으로 수확하여, 그 이상 어렵을 할 수 없을 정도였다 한다. 그래서 무라카와 선은 귀범하게 되었다. 그러한 사정에 대하여 아라오 히라자에몬님이 결단하셨다. 즉 요나고에서 번의 역인이 [이 건에 관하여] 조사하고, 다시 선두 두 사람(쿠로베에와 히라베에)을 당지(톳토리후)에 출두시켜, 재 조사하게 되었다. 톳토리의 회소에서 번의 오오메쓰케(감찰) 야마자키 슈메님이 출좌하여, 선두 두 사람의 진술을 듣고 결단을 내릴 예정이다. 그리고 그곳에서 구상서를 제출하게 하겠다.

　この度、米子の村川市兵衛船の船頭が、例年の如く竹嶋へ渡海した。だが彼の島には朝鮮の漁船が流れ來て、朝鮮人も澤山居た。彼らはアワビを大量に收穫し、こちらはもう漁にならないほどであったという。そこで村川船は歸帆することになったが、そのような事情に對し、荒尾平左衛門殿が御決斷なされた。すなわち米子に於いて藩役人が[この件に關し]吟味を行い、さらに船頭兩人(黑兵衛と平兵衛)を当地(鳥府)に出頭させ、再吟味を致すこととなった。鳥取の會所で、藩の大目付の山崎主馬殿が出座し、船頭二人の申し分を聞き、斷を下す予定である。なおそこで口上書を申し付けることになる[11]。

무라카와케는 이 연락을 받고 미리 기록해 둔 보고서(선두의 구상서 등) 및 가지고 돌아온 증거물(조선인의 갓, 망두건, 간장, 된장 등)을 다시 번청에 제출했다. 그것을 톳토리후로 가지고 갔다. 4월 13일에 톳토리후에서는 아라오 슈우리가 축이 되어, 번의 노직들과 같이 회합을 가졌다. 이 건에 대해서 여러 가지로 검토했으나 쿠니모토(國元)만으로는 판단할 수 없어, 결국 에도번저에 보고하게 되었다. 에도번저에서는 이것을 방치할 수 없는 사태로 판단하고 막부에 보고했다. 이하는 당시의 기록이다.

하쿠슈우(伯州) 요나고(米子)의 정인 오오야 큐유에몬과 무라카와 이

치베에의 배가 매년 전복을 채취하기 위해 죽도에 건너간다. 금년 봄에
도 도해하였으나 조선인이 있어 어렵을 하지 못해, 어쩔 수 없이 돌아왔
다. 쿠니모토(御國: 國元)의 가로들이 이 사건에 대해 자세히 보고해 왔
다. 그래서 키키야쿠(聞役) 요시다 히라마(吉田平馬)를 월번노중이신 아
베 분고노카미(阿部豊後守)님에게 보내, 이 건에 관해 서류로 보고했다.
이 사건을 들으시고 그것에 대한 처치를 내리셨다. 그것은 「어떤 대처도
필요 없다」라는 것이었다. [즉 그저 정관한다는 것으로, 함부로 분쟁을
확대할 수 있는 행동은 취하지 말라는] 회답이었다.[12]

5월 2일에 이 회답을 받고, 에도번저에서 쿠니모토로, 와다 자몬(和
田左門)이 비각으로 출발했다. 그리고 쿠니모토로 돌아가 다음과 같
이 보고했다.

　　　죽도에 조선인이 도래한 일을 월번 아베 분고노카미님에게 보고했다.
　　그리고 선후책을 물었더니, 조선인이 그 섬에서 돌아갈 것 같으면, 이 건
　　에 관하여 상관할 일은 없다고 판단을 내렸다.[13]

이 장군(公儀·막부)의 회답을 다시 아카자 카쿠에몬(赤座覺右衛
門)을 통해, 정식으로 아라오 슈우리에게 전했다.[14] 이것은 앞에서도
언급한 4월 13일, 아라오 슈우리가 축이 되어 쿠니모토에 모여 상담
한 것에 대해 에도번저가 회답한 것이었다.

이 결론을 받은 아라오 슈우리는 배하의 요나고 역인을 통해, 요나
고 정인 무라카와 이치베에에게, 조선인의 죽도도해에 대해서는 불문
에 붙이도록 전했다. 그러나 무라카와선이 입은 피해, 즉 어장을 습격
당한 결과 어렵을 할 수 없었던 손실은 도대체 어떻게 되는 것일까.
그저 가만히 있으라고는, 번에서 명할 수 없었다. 그래서 다음과 같은
대책을 취했다.

요나고 [상인] 무라카와 이치베에의 배가 죽도에 도해하는 것에 대해, 예년에는 전복대금을 미리 2관목 빌려주고 [섬에서 잡은 전복으로 갚았으나] 금년은 조선인의 방해로 어렵하지 못했다. 그래서 다음 해인 갑술년(원록 7년)까지 [즉, 다음 번에 무라카와선이 도해할 때까지] 내차금(內借金)의 반환을 연기하기로 한다. 또 그때의 [반환조건에 대해서는] 상담하는 것으로 한다.15)

【조선인의 연행(원록 6년 2월~4월)】

원록 6(1963)년 2월의 일이다. 이번에는 오오야 큐우에몬의 배가 죽도를 향해 출발했다. 역시 한 척으로, 선두도 같은 쿠로베에와 히라베에였다. 섬에 건너가자 이번에도 조선어민이 어렵하고 있었다. 그것을 보고한 「오오야·무라카와 구상서(大谷·村川口上書)」가 번청에 제출되었다. 그것을 월번노중 쓰치야 사가미노카미(土屋相模守)에게 보고했다. 다음과 같은 내용이다.16)

2월 15일에 하쿠슈우의 요나고를 출선하여, 동 17일 아침에 이즈모의 쿠모쓰에 도착했다. 3월 2일에 쿠모쓰를 출항하여, 같은 날에 오키노쿠니 도우젠의 하시무라에 도착했다. 3월 9일까지 체재하고 다음 10일에 도우고의 후쿠우라에 도착했다. 4월 16일에 후쿠우라를 출항하여, 동 17일의 오후 2시의 시간에 죽도 안의 토우센가곶에 도착했다. 섬에 올라가 보았더니, 해초 잎을 말린 것이 많이 있어, 그것을 이상하게 생각하고 근변을 보니, 조선인의 짚신이 있었다. 이것을 이상하게 생각했지만, 날도 저물었기 때문에, 그 밤은 그대로 두고, 다음 18일에 전마선에 수부 5인과 우리 둘, 이상 7인이 타고, 서쪽 포구로 찾아가 보았지만, 조선인이 보이지 않았다. 그곳에서 북포 쪽으로 가보았더니, 조선선 1척이 메어 있는 소옥이 있었다. 조선인 한 사람이 있는 소옥 안을 들여다보니, 전복과 미역을 많이 거두어 놓았다. 그래서 그 조선인에게 상황을 물어보았으나 통역이 없었기 때문에, 말하는 내용을 알아듣지 못했다. 그 조선인을 전마선에 태우고, 오오텐구라는 곳을 찾아갔더니, 그곳에 조선인 10인 정도가 어렵을 하고 있었는데, 그중에 통사 한 사람이 있어 이쪽의 전마선에 태우고, 전에 북포에서 태웠던 조선인은 배에서 상륙시키고, 다른 한 사람, 이상의 두 사람을 태우고, 상황을 물었더니, 통사가 말하기를, 3월 3일에 이 섬에서 어렵을 할 생각으로 왔다는 내용을 이야기했다. 몇 척의 배가 왔느냐고 물었더니, 3척에 42인이 타고 왔다고 답했다. 죽도라는 곳은 거친 해변이기 때문에, 우리들의 배는 불안하다고 생각하고, 두 사람의 조선인을 태우고 원래의 배로 돌아왔다. 위 조선인을 데리고 돌아온 자세한 내용이다. 작년에도 이 섬에 조선인이 있었기 때문에, 다시 이 섬에 와서 어렵하는 일이 있어서는 안 된다고 강하게 협박하고, 또 야단치며 여러 가지를 설명했는데도, 금년에도 조선인이 어렵을 하고 있었다. 이렇게 되면, 이후에 섬에서 어렵을 할 수가 없기 때문에, 아주 귀찮은 일이다. 황송합니다만 [역시 장군에게 보고하여, 조선인의 도해를 그 나라에] 알려주시도록 [하지 않으면 안 된다. 이리하여] 위의 조선인 두 사람을 [이번 일의 산 증인으로] 붙잡아 연행했다. 이러한 사건의 내용이다. 서둘러 돌아가기로 하고, 4월 18일 미시(오후 2시경)에 죽도를 출선하여 오키노쿠니의 후쿠우라에 동 20일에 도착했다. 그런데 오키의 번소는 우리들을 불러, 외국인의 구상서를 올리라고 명하였기 때문에, 우리들이 말하여, 현재 조선인이 있으니, 직접 물으라고 말했더니, 당연한 일이라고 생각하고, 조선인을 불러내어 사정을 물었다. 그리고 그곳의 촌장들이 나와 보는 가운데, 조선인의 구상서를 작성했다. 우리들에게도 조선인의 진술서에 날인하도록 말하였으나, 강하게 이치를 말씀드리고 날인은 하지 않았다. 그 후에는 번소에서 조선인에게 술 한 통을 보냈다. 동 23일에 후쿠우라를 출항하여 도우젠에 도착하고, 동 26일에 도우젠에서 출선하여, 동 26일에 운슈우의 나가하마에 도착하고, 동 27일에 요나고에 귀항하였다.

一伯州米子を二月十五日出船仕、同十七之朝雲州震津江参着仕、三月二日震津を出船仕、隱岐國嶋前はし村へ同日ニ参着仕、三月九日迄逗留仕、翌十日に嶋後福浦江参着仕申候。四月十六日福浦を出船仕、同十七日之ハツ時分竹嶋之內とうせんが崎[17]江参着仕、嶋へ上り見申候得は、めの菜大分ほし有之ニ付、不審ニ奉存、近辺を見申候へハ、唐人のわらじ有之ニ付、弥無心元奉存候へ共、日暮ニ及ヒ申候ニ付、其夜は捨置、明十八日ニはし船ニかこ五人私共二人以上七人乗、西の浦を尋候へは、

唐人見へ不申、其より北浦江參見申候へハ、唐船壹艘すへ小屋かけ仕、
唐人一人居申候小屋之内を見候へは蚫・めの葉大分取上ケ有之ニ付、彼
唐人に樣子尋候得共、通じニて無御座故、わけ聞へ不申候。右の唐人は
し船に乘せ大てんぐ[18]と申所へ尋參り候はゝ、唐人拾人斗獵仕居申候
内、通じ壹人居申故、此方のはし船ニ乘、前に北浦ニて乘せ候唐人ハ舟
より上ケ、外に壹人以上貳人乘せ、樣子相尋候へは、通じ申候は、三月
三日此嶋獵仕と存參申候由申候。船ハ何艘參候哉と相尋候得は、三艘ニ
四十二人乘參申候、竹嶋之儀は荒磯故、此方之船無心元奉存、二人之唐
人乘せ元船へ戻り申候、右之唐人つれ戻り申候子細也。去年も此嶋ニ唐
人居申ニ付、重て此嶋江渡獵仕候義堅無用之段おどししかり、段々申聞
候所、又当年唐人獵仕居申候、ケ樣御座候ハゝ、以後嶋獵可仕樣も無御
座、別て迷惑仕、乍恐何卒御理爲可申上と奉存、　右之唐人貳人召連、四
月十八日竹嶋ヲ出船仕、隱岐國福浦江同廿日ニ參着仕候、然所、於隱岐
御番所私共被召出、口上書上ケ候樣被仰付候故、私共申候ハ、卽唐人居
申候間、御直ニ御聞被遊候樣申上候へは、尤之由被成御意、唐人被召出
樣子御聞被成、其上ニて所之庄屋共出會、唐人之口上書上ケ申候、私共
へも右之唐人口上書判形仕候樣被成御座候へ共、達て御理申上、判形不
仕候、其後御番所より唐人江酒樽被遣候。福浦ヲ同廿三日ニ出船仕、嶋
前へ參着仕、同廿六日嶋前出船、同廿六日之晝震州長浜江參着、同廿七
日に米子入津仕候。

　이러한 내용이다. 원록 6년의 오오야선은 주의하며 도해하였다. 조
선인이 섬에 건너온 것은 아닌가, 서로 다투는 일이 되는 것은 아닌
가, 그래서 먼저 상황을 관찰했다. 조심해서 섬에 건너간 것이다. 오
카지마 마사요시(岡嶋正義)의 『죽도고』에는 「당년에도 조선인들이
도래할지 예측하기 어려워, 이 때문에, 바로 하마다우리에 착선하지
않고, 토우센가사키(唐船ヶ崎)에 배를 메고, 우선 섬에 사람을 상륙시
켜, 배회하며 살펴(窺覘)보게 하였더니」라고 되어 있다. 먼저 옆에 있
는 소도의 토우센가사키에 배를 대고, 본도의 상황을 살핀 것이다. 이
상황의 관찰은 전년에도 마찬가지였다. 원록 5년의 경우는 우선 이카

시마(伊賀島)에 배를 멈추고 상황을 살핀 다음에 본도로 갔다. 즉 원록 5년, 6년에 연속해서 상황을 살피고 상륙한 것이다. 이처럼 상황을 살피고 상륙했다는 것은, 그 이전부터 조선인의 도해가 있었음을 암시한다. 즉 원록 5년의 전년(원록 4년)부터 혹은 전전년(원록 3년)부터, 아니 3년에 1번이라고 말하고 있었으므로, 원록 2년에도 조선인의 도해가 있었을지도 모른다. 그들이 몰래 어장에서 어렵을 하고 있었다. 그러한 일을, 이 상황관찰이 시사하고 있다. 직접 조선인을 발견하지 않았어도, 이 요나고 어선은 조선인들이 왕래한 흔적을 알고 있었다. 그러므로 주의를 소홀히 하지 않았던 것이다. 먼저 주변의 섬에 배를 대고, 그 후에 본도에 상륙했던 것이다. 그러나 원록 5년에도 6년에도 이 섬에 조선인 일행이 마음 놓고 건너와 있었다. 자신들의 어장으로 여기고, 자기 물건으로 알고, 적극적으로 어로하고 있었다. 이렇게 된 이상 어떤 조치를 취하지 않으면 좋은 어장을 빼앗기고 만다. 작년처럼 이대로 도망치면, 이번에도 역시 「아무런 조치도 필요없다(何のお構えもこれ無し)」라는 결과로 끝나고 만다. 금년에는 좀 더 설득력 있는 방법으로 막부에 보고하지 않으면 안 된다. 그렇게 생각하고, 이번에는 조선인 둘을 배에 태워, 끌고 돌아오게 된 것이다.

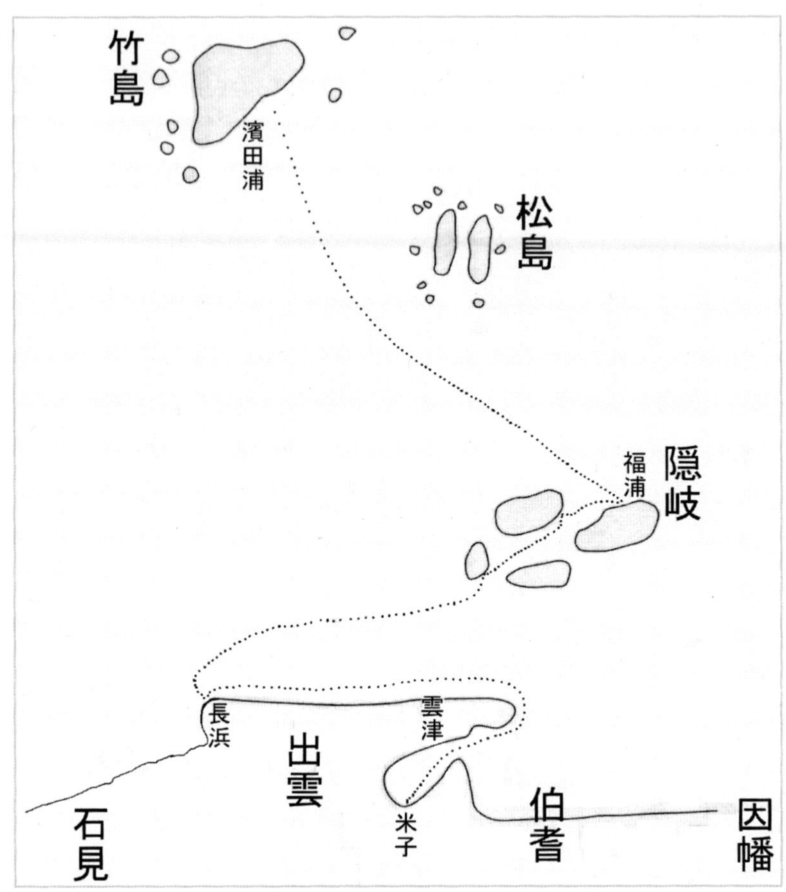

[図7. 朝鮮人 둘을 연행한 航路]

[図8. 鬱陵島 北岸에 있는 錐山(鬱陵島觀光 팸플릿에서)]

【오키(隱岐)의 취조】

4월 18일 미시(오후 2시경)에 죽도를 출발하여 4월 20일에 오키노쿠니(隱岐國) 후쿠우라(福浦)에 도착했다. 후쿠우라에는 오키다이칸(代官)의 번소(御番所)가 있다. 즉시 이 번소에서 두 조선인의 취조가 시작되었다. 그 내용을 기록한 것이 남아 있다.

「조선인 두 사람 중 통사의 진술(唐人貳人之內通じ申口)」이라는 「조선인구술서」이다. 「唐人貳人之內通じ申口」란 「당인 두 사람 중에서, 통사라고 생각되는 인물이 이야기한 것」이라는 의미이다. 납치되어 혼란한 상황에서, 말이 충분히 통하지 않는 가운데, 그래도 솔직하게 열심히 이야기하고 있다. 그 이야기한 내용을 정리한 것이 「조선인구술서(朝鮮人口述書)」이다. 이것이 오키 도우고(島後), 후쿠우라의 번소에서 사이고우(西郷)에 있는 오키군다이(郡代)의 저택에 제출되었고, 또 이와미 다이칸(石見代官)에게도 제출되어, 결국 막부에 제출되었다. 그것과 더불어 이 건과 관계된 톳토리번에도, 이와미다이칸을 중개로 회송되었다. 그렇게 제출된 것이 이나바(因藩)의 기록 『인부역년대잡집(因府歷年大雜集)』에 수록되어 있다. 단 서류(書付)는 취조한 후에 청서(淸書)된 것이다. 그렇게 청서되면서 기록된 날짜(日付)이기 때문에, 취조가 행해진 4월 20일이 아니라, 청서가 끝난 4월 28일로 되어 있다. 다음과 같다.[19]

> 조선인 두 사람 중 통사의 진술
> 통사의 이름은 안헨치우, 연령은 43, 그 거주지는 조선 안의 톤넨기라는 곳이다. 하인의 이름은 토라헤, 그 거주지는 같은 조선으로, 울산 사

람이다. 삼계의 샤쿠완이 전복을 채취해오라고 명했다. 어느 나라라는
지시는 없었으나, 작년에 전복을 채취하러 나갔던 자가 죽도에 갔다고
들었기 때문에, 죽도에 건너가 미역이나 전복을 채취하고 있었다.

唐人貳人の內通じ申口
通シ　　　　名ハ、アンヘンチウ　　　　　　年四十三
　　　　　　　　在所、朝鮮之內、トンネンギと申所
下人　　　　名ハ、トラヘ
　　　　　　　　在所、同く　ウルサンの者

조선인의 구술서
죽도에 건너온 선박 수는 3척이다. 당인 두 사람 중 통사라는 자가 앞
에 나서서 이야기했다. 키타우라에 정박한 배는 10인승이다. [그 중 10인
의 이름은 다음과 같다.]

선두(先頭)　　　　안헨치우
선원(船子)　　　　요치엔기
곳(所)　　　　　　울산 사람(토라헤)
동일인(同一人)　　토쿠센기
동일인(同一人)　　텐쓰우엔
대장자이(鍛冶)　　바타이
목수(大工)　　　　세호테키

작년에 이 섬에 건넌 자의 이름
1인(一人)　　　　야가이
1인(一人)　　　　이한닌
1인(一人)　　　　이름을 알 수 없는 사람

[다른 2척 중 1척은] 정박한 포의 이름이 불명이나 17인 승이다. [2척
중 나머지 1척은] 위와 마찬가지로 정박한 포의 이름이 불명이나 15인승
이다. 이 15인 중에 작년에 도해한 자, 한 사람이 있다. 위의 3척 모두,
그 승조원은 조선사람이지만 분명한 이름은 기억하고 있지 않다. 그처럼
안헨치우는 답했다.

[1척에] 10인이 타고 있던 배의 두 사람 [안헨치우와 토라헤]가 하쿠
슈우에 가게 되었다. 이 10인 일행은 조선 내의 토우넨키라는 곳의 전방,
즉 부산옥(屋)에서 계유년 3월 27일에 출선하여, 동 27일 밤에 죽도에 착
안했다. 배의 왕래[에 필요한 식량의 비축]은 있다 한다.

1, 반미(飯米)는 10표 있다. 단 이 1표는 5두 3승 들이다.

1, 소금은 3표 있다. 3인이 1표를 가진다. 단 1석 여이다.

위와 같이 조선인이 말했다. 선두와 우리들은 이와 같이 들었으며, 틀림없다. 이상

원록 6년 계유 4월 28일

미나미카타무라 토시요리 요산자에몬

같은 마을 쇼우야 큐우자에몬

키타가타무라 쇼우야 친하치

같은 마을 토시요리 사노스케

타나베 진구로우 사마

미요시 헤이자에몬 사마

· 朝鮮人口述書

竹嶋に渡って來た船の數は三艘である。唐人二人のうち通詞と申す者が前に出て語った。北浦に停泊した船は十人乘りである。[その十人の名は次の通りである。]

船頭	アンヘンチウ
船子	ヨチエンギ
所	ウルサンの者(トラヘ)
同一人	トクセンギ
同一人	テンツウエン
鍛冶	バタイ
大工	セホテキ

去年、この島に渡った者の名

一人　ヤガイ

一人　イハンニン

一人　名不覺人

[他の二艘のうち一艘は]その停泊した浦の名は不明であるが、十七人乘りである。[二艘のうち殘る一艘は]右と同樣に停泊した浦の名は不明であるが、十五人乘りである。この十五人の中に、昨年島に渡った者が一人いる。右三艘とも、その乘組員は朝鮮の者であるが、確かな名前は覺えていない。そのようにアンヘンチウは答えた。

[一艘に]十人が乘っていた船の二人[アンヘンチウとトラヘ]が、伯州へ行くことになった。この十人の一行は朝鮮の內のトウネンキという所の前方、すなわち釜山屋から、酉の年三月二十七日に出船し、同二十七日の夜に竹嶋に着岸した。船には往來[に要する食糧の備蓄]は有るという。

一、飯米は十俵ある。但しこの一俵は五斗三升入りである。

一、塩は三俵ある。三人して一俵持ちである。但し一石余である。

右の通りに唐人は申した。船頭と私どもは、この通りに聞き、相違は無い。以上

元禄六年 酉 四月二十八日

南方村 年寄 与三左衛門

同村 庄屋 九左衛門

北方村 庄屋 甚八

同村 年寄 佐之助

田辺甚九郎様

三好平左衛門様

통사의 이름은 안헨치우라고 한다. 연령은 43세로 톤넨기 사람이다. 톤넨기란 아마도 동래현일 것이다. 작년(원록 5년)에 이야기를 나눈 인물도 같은 동래현(텐카와쿠) 출신의 통사였다고 한다. 이 두 사람의 통사가 만일 동일인물이라면, 두 해 모두 섬에 건넜던 쿠로베에와 히라베에가 모를 리 없다. 두 선두는 이 두 사람의 통사를 동일인물로 보고하지 않았다. 때문에 다른 인물이다. 그러나 동래출신 통사라는 인물이 2년 연속해서 도해하고 있었다면, 그 도해를 기획한 배후의 인물, 혹은 도해 항해를 계획한 조직은 동래이며, 원록 5년의 통사는 「3년에 1회 국주의 명으로 전복을 채취하기 위해 섬에 온다」라고 말했다. 통사 안헨치우는 공술 중에, 그러한 상사의 이름을 확실히 밝히고 있다. 그것은 「삼계(三界)의 샤쿠완」으로, 섬으로의 도해는 그의 명령이었다고 공술했다. 이 「삼계의 샤쿠완」에 대해, 톳토리번사(藩士) 오카지마 마사요시 [호는 에세키료우(江石梁)]는 『죽도고』에서 다음과 같이 해설했다. 「삼계라고 하는 땅(地)은 자세하지 않다. 아마 부산포(釜山浦)라고 말하는 것을, 삼계라고 잘못 들은 것일까, 또 샤쿠완은 상관(上官)일 것이다」라고 해석했다. 삼계는 부산계(釜山界)를 말하고, 샤쿠완은 상관, 또는 장군으로 상정하고 있다.

또 「당춘에 삼계의 샤쿠완이 전복을 잡아 바치라고 명령하였지만」이라고, 부산계의 샤쿠완(上官 혹은 將軍)의 명령이 있었다는 것을 기록한다. 분명히 동래현은 부산계의 한 지역이고, 그곳에는 상·하의 질서가 존재했다. 그처럼 상관(장군)의 명령을 받은 안헨치우란 누구를 말하는 것일까. 그것은 안(安)이라는 성을 가진 부장이라는 것이 된다. 즉 헨치우는 변장(邊將)이라는 것이다. 이 변해에 파견된 안이라는 이름의 부장(裨將)을 지칭한다. 안헨치우는 후에 스스로를 안핀샨, 안피샨 등의 이름으로 소개했다. 그렇게 일본 측은 기록하고 있다.

오카지마 마사요시의 해설은 「이 서부에는 조선인(唐人) 통사의 성명을 안헨치우라고 기록한다. 다르게는 안힌샨, 혹은 안히샨이라고 기록한다. 생각하건대 안은 성, 헨치우는 이름일 것이다. 힌샨와 히샨은 모두 비장을 한음으로 나타낸 관명일 것으로 생각된다」라고 기록하고 있다. 힌샤, 히샨은 비장을 뜻하는 것으로, 역시 부관을 의미한다. 감사(監司)나 병사(兵使)를 수행하는 관리의 관명이다. 또 안핀샤란 안병사(安兵使:アンピョンサ)의 카나표기라는 김병열 씨의 설도 있다.20) 그렇다면 안헨치우란 안병사를 의미하는 것일까. 그러나 병사란 병마절도사의 약자로, 그것은 너무나 고위직이다. 호언장담도 지나치다. 역시 부장 정도를 칭하는 것이 보다 타당성이 높다. 변장 혹은 비장을 칭했던 안이라는 통사는 부산계, 즉 동래부에 있는 상관(혹은 장군)의 명을 받고, 이 섬에 일단을 이끌고 도해했다. 그는 이 일단의 두목, 즉 비장으로 건너온 것이다. 톳토리번이 막부에 제출한 「죽도의 서부」 3통21) 중 하나에, 다음과 같은 일절이 있다. 「죽도에

착안했더니 조선인이 많이 있었다. 상륙하여 그들과 이야기했으나 말
이 통하지 않아(埒があかず) 그들의 두목이라고 생각하는 인물 한 사
람과 그 부하 한 사람, 도합 두 사람을 끌고, 18일에 죽도를 출선했다」
라고 되어 있다. 안용복을 이 도해 집단의 두목으로, 요나고 뱃사람들
은 생각하고, 그렇게 당국에 보고한 것이다.

안헨치우와 토라헤가 탔던 배는 10인승이다. 안헨치우는 그 중 9인
의 이름을 열거했다. 나머지 한 사람의 이름은 모른다 한다. 그들은
3월 27일에 부산포를 출발하여 그날 중에 섬에 도착했다. 그러나 후
에 나가사키에서 한 공술, 그리고 쓰시마에서 한 공술은 이와 달랐다.
나가사키에서의 공술은 3월 21일에 울산을 출범하여, 25일에 영해(寧
海)에 도착하여, 27일 진시(오전 8시경)에 그곳을 떠나, 동 27일 유시
(오후 6시경)에 죽도에 도착한 것이라 했다.[22] 또 쓰시마에서의 공술
은 3월 21일에 일행이 울산에 모여, 그 후 3월 25일에 울산을 출항하
여 동일에 부이가이(興海)에 도착해, 25일에 부이가이를 떠나 엔하이
(寧海)에 도착, 27일에 엔하이를 출선하여 동일에 죽도에 도착했다 한
다.[23] 뒤로 갈수록 일부와 순로가 정연히 정리된 공술이다.

연행된 직후는 그저 혼란 속에 공술하여, 부산에서 바로 섬으로 건
너갔다고 말했다. 아니 그렇게 들렸다. 사실은 직근의 영해에서 27일
에 섬으로 건너간 것이다. 분명히 그는 혼란 속에서 발언한 것이다.
그러나 그가 원래 출발한 곳은 부산이었다. 그러므로 부산을 출발하
여 섬에 건너간 것이라고 말한 것이다. 후의 발언은 울산이라 했으나,
그것은 일동이 모인 시점의 이야기로, 원래 그의 출발지점은 최초에
공술한 곳일 것이다. 부산계, 동래현의 상관에게 받은 명령과 직결된
다. 섬에 건너려는 도항선은 울산에서 준비되었다. 선두와 승조원을

태우고 울산에서 출항했다. 그리고 눈으로 육지를 확인하면서 북으로 북으로 갔다. 소위 「치노리(地乘)항법」이다. 울산을 떠난 후에는 부이가이에 정박하고, 부이가이를 떠난 후에는 엔하이에 정박했다. 그리고 엔하이부터는 이미 육지가 보이지 않는 「오키노리(沖乘)항법」에 따라 건너간다. 바람을 기다렸다 3월 27일에 잔잔한 추풍(追風) 혹은 남풍을 타고 그날 중에 도착했다. 울릉도로 건너가는 선두는 이 「오키노리항법」을 염두에 두고, 만일을 대비하여 「지남철(자석)」을 준비한다.24) 울릉도 해역은 해류관계로 자주 농무가 발생한다. 그러나 농무로 시야가 가려지거나, 달도 별도 보이지 않는 밤이라 해도, 이 항해용구는 훌륭한 위력을 발휘한다.

두 조선인의 일본에서의 취조는 총 5회에 걸쳐 이루어졌다. 제1회는 오키의 후쿠우라, 제2회는 호우키의 요나고, 제3회는 이나바의 톳토리, 제4회는 히젠(肥前)의 나가사키, 제5회는 쓰시마의 후츄우(府中)였다. 그 구술서에는 흐름이 있다. 그는 조선에 귀국한 후 다시 조선정부의 취조를 받았다. 그리고 그때의 진술내용이 남아 있다. 당연한 일이지만 그때마다 점점 설명이 명확해진다. 그것을 그의 진술에서 읽어낼 수 있다. 그것은 자신에게 유리하게 공술 내용을 그때마다 바꾸어, 현명하게 상황을 전개하려 했던 지혜의 흔적이다. 그것은 개인 입장에서 지극히 당연한 일이다. 그러므로 그의 발언은 그러한 상황을 감안하며 검증하지 않으면 안 된다. 그렇기 때문에 오키에서의 공술은 우직한 이야기로, 특히 중시되어야 한다. 그러나 오키에서의 공술은 갑작스런 환경의 변화로, 당황해한 점이 있어 이해하기 어렵다.

분명 오키에서의 공술에 비해, 후의 공술은 이해하기 쉽다. 승조원 10인 중 1인의 이름이 불명이라고 했던 오키의 공술에 비해, 쓰시마

에서의 공술은 그 간의 사정을 잘 설명하고 있다. 불명의 1인이란 병
으로 섬에 건너오지 않았기 때문이다.

> 우리 두 사람 중 한 사람은 부산포의 사람 안요구라고 합니다. 한 사
> 람은 울산 사람 바쿠토라헤라고 하는 자입니다. 우리 배 1척에 10인이
> 탔는데, 그 중 한 사람은 병이 나서 영해(요구하이)라는 곳에 남겨두고,
> 9인이 타고 죽도에 건너왔습니다.[25]

10인 중 1인은 울릉도에 건너가기 전에 경산도 영해에서 병 때문에
하선했다. 그 사람이 이름을 알지 못하는 자이다. 같이 승선해 노동하
지 않았기 때문에 이름을 알지 못한다. 같이 땀을 흘린 자였다면 당연
히 이름을 알 것이다. 같은 배에 탔던 9인은 함께 키타우라(北浦)에서
오오텐구(大天狗: 아마도 錐山)를 지난 곳에 있는 포에서, 즉 섬의 북
면에서 일하고 있었다. 그러므로 9인의 이름은 바로 열거할 수 있었다.
이름을 알지 못한 것은 같은 장소에서 함께 일하지 않았기 때문이다.
제2선(17인승)에 탄 사람들의 이름은 전연 알지 못한다고 안용복이
답했다. 일하는 장소가 다르고 그룹이 다르면 알지 못하는 것이 당연
하다. 제3선(15인승)의 승조원도 알지 못한다고 했다. 이것도 같은 이
유로 알지 못한 것이다. 단 그 중 1인은 작년(원록 5년)에도 건너왔다
했다. 섬에서 왕래하는 사이에 그러한 사실을 듣고 있었던 것일까. 그
러나 3척의 배는 각각 다른 포에 배를 계류시키고, 서로가 따로 어로
하고 있었다. 그렇기 때문에 어쩌면 영해에서 바람을 기다리던 중에
그러한 정보교환이 있었을 것이다.

【울릉도에 도해한 조선인 일단】

조선인 일단(一團)은 안헨치우의 증언에 따르면, 3척에 분승하여 울릉도로 건너갔다. 제1선이 10인승, 제2선이 17인승, 제3선이 15인승으로, 모두 42인이다. 『조선통교대기』에는 「조선인 사십여 명이 우리 이나바슈우의 죽도에 와서, 어렵을 했기 때문에, 붙잡은 두 사람을 그 나라에 송치」라고 기록되어 있다.26) 또 「원록 6년에 죽도에서 하쿠슈우로 조선인을 끌고 돌아온 오오야 큐우에몬의 선두 구상 「각(覺)」도 3척 42인이라고 기록하고 있다.27) 그리고 『숙종실록』에도 「울산의 어채인 40여 인이 울릉도에 정박했을 때, 왜선이 와서 박어둔과 안용복 2인을 유집하여 갔다」라고 기록하고 있다.28) 모두 42인 혹은 40인으로 기록하고 있어, 모든 자료가 일치한다. 『숙종실록』은 안헨치우를 안용복, 그리고 로라혜(바구도라이)를 박이둔(朴於屯)으로 기재했다.

그런데 제1선에 탄 승조원의 명단은 조선 측 자료 『변례집요』에도 실려 있다.29) 박어둔, 안용복, 김가지동(金加之同), 김자신(金自信), 서화립(徐化立), 이환량(李還梁), 담사리(淡沙里), 김덕생(金德生) 등이다. 그리고 『죽도기사』에도 승조원의 이름이 있다.30) 안요구, 바쿠토라히 이외에 키무챠키(선두), 킨바타이, 킨덴토이이다. 그리고 울산 사람으로 해서 세코치, 이하니, 키무토구소이, 치야구치야츈이라고 되어 있다. 『인부역년대잡집』에 실린 오키에서의 「조선인구술서」의 기재와 『죽도기사』의 기사, 『변례집요』에 기재된 이름을 나열하여, 그것들을 비교해 보면 다음과 같다. 시안이다.

① 府歴年大雑集	② 竹島紀事	③ 辺例集要
안헨치우(船頭)	안요구	安龍福
토라헤(울산사람)	바쿠토라히	朴於屯
요치엔기	키무요치야키(船頭)	金自信
토쿠센기(울산사람)	키무토구소이(울산 사람)	金德生
바타이(鍛冶)	킨바타이	金加之同
이한닌(거년에 온 자)	이하니(울산 사람)	李還梁
세호테키(大工:목수)	세코치(울산 사람)	淡沙里
야가이(거년에 온 자)	차야구치야츈(울산 사람)	徐化立
텐스우엔(울산사람)	킨덴토이	等
名不覚人(거년에 온 자)	영해에서 하선한 인물	等

한눈에 울산 사람이 많다는 것을 알 수 있다. 울산에서 배를 준비하여 선원을 모집한 것이다. 이 중 작년(원록 5년)에도 도해한 자는 이하닌, 야가이, 불명인이다. 그리고 작년에는 전술한 것처럼 동래출신의 통사도 섬에 도해했었다. 원록 5년의 인물은 스스로 「쵸우센 카와텐 카와쿠(ちょうせんかわてんかわく)」의 출신, 즉 조선 동래현 출신이라고 말했다. 오오야(大谷) 및 무라카와(村川)선처럼 조선 측에서도 매년 이 섬에서의 도해사업이 계획되어 있었다. 그 지령은 부산포, 동래에서 내려져, 울산에서 배를 준비하고 선원(水主)을 모집했다. 오오야 및 무라카와선이 요나고(米子)에서 준비(艤装)하고 오키를 경유하는 동안, 선원을 모집해 승조원을 태워 섬으로 건너가듯이, 그들도 수주를 모집하여 동해안의 항을 거쳐, 날씨가 좋은 때를 기다렸다가 울릉도로 건너간 것이다.

『인부역년대잡집』에서의 선두는 안헨치우로, 『죽도기사』에서의 선두는 키무요치야키로 되어 있다. 어느 것이 맞는 것일까. 『변례집요』에서는 최초로 기재된 것이 안용복이다. 부산계 상관의 명을 받은 통사야말로 도해 일행의 리더일 것이다. 리더인 안용복은 상사의 명을 받고 해산물의 수확과 가공을 위해 많은 어민을 섬으로 이끌고 갔다. 다만 키무요치야키는 조선(操船)에 능숙하였고, 어쩌면 도항선의 선주였기 때문에, 이 제1선의 선장 역할을 수행했다. 이 키무요치야키에게는 「작년에 온 자」라는 기재가 없다. 그렇다 해서 작년에 도해하지 않았다는 확증은 없다. 선두의 임무를 수행할 정도의 인물이라면 울릉도 해역을 숙지하고 있어, 도해 경험이 없었다고는 생각할 수 없다. 작년에는 도해하지 않았다 해도, 재작년 혹은 훨씬 이전부터 섬에 도해한 경험이 있었을 것이다. 그처럼 우수한 선두를 리더인 통사 안헨치우가 도해 시 항해에 고용한 것이다.

【요나고(米子)에서의 구술서】

오키에서 진술한 「조선인구술서」는 『인부역년대잡집』에 게재되어 있다. 여기에는 오키의 여러 마을의 촌장(庄屋)·토시요리(年寄)의 서명이 있는데, 4월 28일로 되어 있다. 조선인 둘이 후쿠우라에 체재한 것은 4월 20일부터 23일까지이고, 그 사이에 구술서가 기술되었다. 그러나 그것을 청서하여 다시 구상서로 만들고 촌의 역인들이 서명해 완성한 것은 4월 28일일 것이다. 오오야선은 이미 후쿠우라를 출항하여 27일에는 요나고에 도착했다. 그러므로 이 구상서는 오오야선이 가지고 간 것이 아니며, 조선인만을 이끌고 요나고로 돌아갔다. 그들은 구상서에 서명할 것을 거절하였으므로, 최초의 기술에 메모하는 일없이, 귀항했을 가능성이 크다. 그들은 무엇보다 증거가 되는 조선 인을 확보하고 있었다. 그러므로 구술서는 받으려면 언제든지 받을 수 있다고 생각한 것이다. 요나고에 끌고 돌아와, 톳토리번의 번청역 인들에 의한 구상서 기술을 바르게 하는 것이, 그들에게는 중요했다. 때문에 귀국 후 요나고에서 바로 취조했으며, 이것이 『오오야씨구기(大谷氏旧記)』에 남아 있는, 4월 28일부의 「안용복구상서」이다.

조선인 둘을 태운 오오야선이 하쿠슈우 요나고에 도착한 것은 4월 27일이다. 그러므로 그 당일이나 다음날 취조하여 기록한 것이 이 구상서이다. 이 「안용복구상서」에는 오키의 「조선인구술서」와 유사한 내용이 포함되어 있다. 그러나 다른 부분도 있다. 붙잡힌 직후의 공술서가 아니라, 시간이 지난 후의 공술서이므로, 그 공술에는 상황에 따른 수정이 행해져 있다. 죽도에서 오키까지, 그리고 오키에서 요나고까지 오면서, 안헨치우는 여러 가지 정보를 얻고 있었다. 연행된 몸으로 주위 상황을 파악해 당연히 자신에게 유리하게 발언을 수정한 것이며, 이는 어쩔 수 없는 일이다.

이하 「안용복구상서」를 소개한다.[31]

1, 죽도라고 하는 곳은, 조선에서도 그 도명을 들어 알고 있었다. 이번에 섬에 건너간 것은 삼계의 샤쿠완이 전복을 따라고 명령했기 때문이 아니다. 제각각 상매하여 돈 벌기 위해 전복을 채취한 것으로, 결국 죽도에 건넜을 뿐인 두 사람이다. 우리들과 같이 가지 않겠는가 라고 권했기 때문에, 그것에 응하여 죽도에 건너 전복이나 미역을 따고 있었다. 조선 내의 울산이라는 곳에서, 이번의 선임(船賃)을 치렀다.

1, 죽도에 상륙하여 상황을 엿보았더니, 그곳에 일본의 여러 도구 등이 있었다. 조선의 도구가 아니라 일본의 도구였기에, 우리들이 건너가

는 섬이 아닌 것이 아닌가 라고 생각했다. 그러나 작년에 이곳에 건넜다
는 두 사람에게 물었더니, 두 사람이 말하기를, 작년에는 이러한 도구가
없었다고 말했다. 그러나 나는 일본의 여러 도구이므로, 풍향에 따라 조
선으로 돌아가야 한다고, 그렇게 생각하고 바람을 기다렸다. 그러나 그
때 일본선이 와서 우리들 둘을 태워 끌고 갔다.

원록 6년 계유 우쓰키(4월) 28일

이 요나고에서의 공술에는 오키에서의 공술에 비해 상당한 궤도수
정이 엿보인다. 가장 큰 것은 섬에서의 어로 활동은 조직적으로 행한
것이 아니라는 부분이다. 조직적인 것이었다고 하면 큰 소동이 일어
나기 때문이었을 것이다. 그러므로 자신들의 생활비를 벌기 위해 그
저 도해했을 뿐이라 했다. 그것도 상사(三界의 샤쿠완)와는 관계없다
했다. 또 자신은 일단의 수령이 아니라 그저 참가한 한 개인이라 했
다. 다른 사람에게 권유받아 도해하기 위해 선임까지 치른 한 개인이
라는 것이다. 집단의 도해에 대해, 스스로 깊은 관계를 부정한 것이
다. 또 죽도에 도해한 일에 대해서도 해산물을 채취하기 위해, 어쩌다
도해한 것으로 한다. 의도적으로 건넌 것이 아니라, 어쩌다 건너게 되
었다는 것이다. 그것이 의미하는 것은, 이 섬의 북쪽에 있다는 조선령
우산도에 건너려다, 일본령 죽도에 건너갔을 뿐이라는 것이다. 그것
은 교묘한 언어적 도피였다. 그리고 이 섬에는 일본의 여러 도구가
있어, 일본인이 오는 섬 같으니, 우리들이 올 섬이 아니므로 돌아가야
한다고 동료 이한닌과 야가이에게 말했다. 그리고 돌아가려고 바람을
기다리고 있었다. 그렇게 강하게 자기변호를 한다. 즉 나는 나쁘지 않
다는 취지의 발언이다. 이러한 일련의 발언은 상당히 익숙한 것으로,
교섭에 능숙한 모습을 보인다. 마치 어려운 상거래 현장에서 빈틈없
이 행동하는 상인이, 현장에서 여러 절충안을 요령 있게 정리하는 모

습을 연상시킨다. 이 발언 중에 그의 섬에 대한 인식, 이 해역에 관한 정보가 은연중에 표출되고 있다. 그는 죽도라는 도명의 존재를 들어 알고 있었다. 그 죽도는 일본의 섬, 우리가 건너는 섬이 아니라고 생각하고 있었다고 말하고 있는 것이다. 그것도 섬에는 일본인이 건너 소옥을 지은 흔적이 있고, 배와 도구도 있었다. 분명 일본인이 어렵을 하는 섬이다. 그런 섬에 우리 조선인이 건너왔지만, 일본인이 건너오는 섬에는 조선인이 건너가서는 안 되므로, 바람을 기다렸다 조선으로 돌아가야 한다고, 그러한 이해를 하고 있는 것이다. 그럼에도 일부러 건너왔다. 그러한 정보내용을 엿보이게 하는 공술이었다.

이 「조선인구상서」는 다른 「죽도지서부」 3통과 함께 4월 28일에, 7일 걸리는 비각으로 에도에 전해졌다.[32] 그것이 월번노중 쓰치야 사가미노카미에게 보고되어 막부가 알게 되었다. 그래서 「향후에 조선인은 섬에 건너오지 않도록」 하라는 요구가, 쓰시마번을 통해 조선정부에 전달되었다. 그러나 이때 안용복의 구상서는 붙잡힌 상황에서 한 발언이다. 일을 원활하게 진행하기 위해 취조하는 번의 역인에게, 어쩔 수 없이 맞춘 대답이었다. 즉 유도된 조서라고 말할 수 있다. 그러나 어디까지가 유도된 부분이고 어디부터가 그가 이해하고 있던 부분이었는지, 이것만으로는 알 수 없다.

【두 조선인의 소지품 검사】

후에 나가사키 봉행소에서 조선인 둘이 가진 물품검사가 있었다. 그러나 그러한 지참물의 조사(吟味)는 이미 오키에서도 톳토리에서도 행해졌다. 나가사키에서의 조사는 그러한 선행검사를 재확인하고 검증하는 일이었다. 그 물품명을 소개한다.33) 그들이 일본에 연행되었을 때 가지고 온 것들이다.

목면겉옷(木綿袷)	五
직물홑옷(布帷子)	四
줄무늬직물(まんきん)	二
목면옷 상의(木綿單物上斗)	一
허리띠(打帶)	二筋
목면띠(木綿帶)	二筋
갓(笠)	二
목면버선(木綿足足袋)	一足
작은칼(さすが)	一本
손갈퀴(虎のきはか之指)	一
배통행증(船手形)	三枚
목찰(木札)	二枚

몸에 걸치고 있던 의류 등은 두 사람 것을 합친 것이다. 입은 채로 연행되었으므로 지참한 것이 적다. 목면겉옷(袷帷子)이 5, 직물홑옷

이 4, 색이 다른 실로 짠 줄무늬의 직물(万筋의 縞織物)이 2로 의류는 약간 많다. 추운 겨울이라면 겹쳐 입으므로 있을 수 있는 이야기지만, 4월도 끝나가는 때의 일이다. 역시 약간 많다는 느낌이 든다. 그들이 쓰시마에서 공술한 것 중에 그 이유가 기록되어 있다. 다음과 같은 일절이 있다.

> 우리들이 그 섬에 있을 동안 [주거를 위해] 소옥을 짓고, 그 소옥을 지키는 하쿠토라히라는 자를 남겨두었습니다. 그런데 4월 17일에 일본선 1척이 와서, 전마선을 내어, 그곳에 7, 8인을 태우고 [상륙시켰습니다. 그리고] 위의 소옥에 와서 하쿠토라히를 붙잡아 전마선에 태웠습니다. 그때 소옥에 놓아두었던 보따리를 하나 들고 배에 실었습니다. 그러한 일이었기 때문에, 안요구가 뛰어나가서 따졌습니다(お斷りを申し上げました). 하쿠토라히를 땅에 내려달라고 말하며 전마선으로 옮겨 탔는데, 서둘러 배를 내고 말았습니다. 이렇게 해서 두 사람이 같이 본선에 실려, 그곳을 출선하게 되고 말았습니다.[34]

두 사람을 전마선에 태웠을 때, 소옥에 있던 보따리 하나를 들고 갔다. 그중에 약간의 의류가 들어 있었다. 그것을 소지품으로 목록에 넣어 기재했다. 그들이 붙잡혔을 때 약간의 무기가 될 만한 것을 가지고 있었다. 그것이 허리에 차고 있던 「요도(刺刀)」와 손에 든 「손갈퀴[虎の牙搔の指: 手持ちの熊手]」였다. 두 사람 중 어느 쪽이 어느 것을 가지고 있었는지는 알 수 없으나, 이것들은 바위에서 전복을 따는 데 사용하는 것, 조개를 따서 껍질을 벗기는 데 사용하는 것이다. 큰 위력은 없으나 그래도 칼 종류이다. 선 중에서 이것을 빼앗기고 말았다. 이 「요도」는 후에 증거물로 에도에 제출되었다. 「요나고에 온 조선인의 구서 및 소지했던 서류 3통, 요도 하나를 에도에 7일 비각을 시켜 보냈습니다(米子迄參り候唐人の口書並に所持候書三通さすが壹

本江戸に七日割之御飛脚を以て差遣候事)」라고 되어 있다.35) 이곳에 기록된 「소지한 서 3통」이란 이 목록에 있는 배의 통행증(船手形) 3매를 말한다. 그것은 그들이 항해하는 동안, 몸에서 떼어놓지 않고 소중히 품 안에 넣어두고 있었던 것으로, 포구를 통과하기 위한 통행증(通交手形)이다. 그것이 두 사람의 안전한 여행을 보증했다. 안헨치우가 소지한 것은 부산에서 발행한 것이고, 토라헤가 소지한 것은 울산에서 발행한 것으로 보인다. 만일 표류했을 경우, 표착한 곳에 이것을 제시하면 그 자리에서 신원을 증명할 수 있어 필요한 구호를 받을 수 있다. 통행증이므로 소중히 품 안에 넣어 보존하고 있었다. 그리고 또 하나의 통행증이 항해선의 증명으로, 하물(船荷) 운반의 허가증일 것이다. 이것이 업무를 맡은 안헨치우의 품 안에 있었다는 것은 확실하다. 도합 3매의 통행증(船手形)이란 그들에게 있어 무엇보다도 중요한 서류였다. 단 그들이 바다에 들어갈 때, 이 서부의 증명서가 품 안에 있으면 바로 젖어버리기 때문에, 어쩌면 보따리 속에 보존되어 있었는지도 모른다. 그렇게 해서 소지품으로 목록에 기록되었다. 소지품의 마지막에 목찰 2매라고 기록되어 있다. 이 목찰이 무엇인가, 다음에 알아보기로 한다.

【안헨치우의 목찰】

　조선인 둘이 가지고 있던 목찰이란 그들의 신분증을 말한다. 즉 호패(戶牌: 号牌)이다. 주거지, 성명, 연령 등을 밝혀주는 것이다. 그 기재 내용은 『인부역년대잡집』에도 『죽도고』에도 실려 있다. 아마도 동일자료에서 전사했을 것이다. 안헨치우와 토라헤이 두 조선인이 몸에 차고 있던 목찰로, 그곳에는 문자기록이 있다. 신분을 나타내는 호패는 통상 허리에 차고 잃어버리지 않도록 신경 쓰기 때문에 요패라고 불린다. 그러나 그들은 가슴에 차고 있었던 것 같다.

안헨치우가 말하기를, 이 목찰은 두 사람 모두가 가슴에 걸었던 것이라 한다. 두 조선인(唐人)의 가슴에는 분명히 찰이 걸려 있었다. 어떤 기록에는 이 조선인이 벗었을 때 허리끈(股引きの紐)에 이 찰을 묶어두고 있었기 때문에 그 이유를 묻자, 우리나라에서는 이 찰을 가지지 않은 자와는 교재하기 어렵다고 말했다 한다. 누구나 은 40목씩을 관에 바치고 이 찰을 받아, 항상 몸에 차고 있지 않으면 안 된다고 말했다.36)

안헨치우의 목찰은 다음과 같은 것이었다.
<앞면 문자>
　　동래
　　사노용복 나이 33, 신장 4척 1촌, 검은 얼굴, 약간의 수염, 상처는 없다 주 경옥 오충추

<이면 문자>
　　경오
　　부산 좌자천 1리 제14통 3호

<表面の文字>

　東萊

　私奴　用卜　年三十三　長四尺一寸　面鐵髭暫生疵無主　京屋　吳忠秋

<裏面の文字>

　庚午

　釜山　佐自川一里　第十四統三戶

　이 기록을 남긴 오카지마 마사요시는, 이 찰에 대해「존비에 따라 정조(精粗)가 있는 것인가」라고 생각(愚案)된다」고 판단했다. 그의 말을 살펴보기로 한다. 조선인통사(唐人通詞)의 성명은 안헨치우라고 되어 있다. 또 안힌샤, 안히샨으로도 기록한다. 생각하건대 안(安)이 성, 헨치우가 이름일 것이다. 또 힌샤나 히샨은 비장(裨將)의 한음으로 관명일 것이다.37) 그러나 과연 안헨치우는 관직을 가진 인물이었을까. 그렇지 않다. 호패의 기재에 의하면 동래에 거주하고 있는 자로, 원래 경성에 거주하는 오충추(吳忠秋)라는 자의 사노이다.38) 이 안헨치우는 한국 문헌에는 안용복(安龍福)으로 기재되어, 현재 죽도(=독도)문제와 관련되어 국가적 영웅으로 취급받고 있다. 「안용복 장군」이라고 울릉도에 세워진 현창비나 부산 수영 사적공원의 안용복 상 등, 사노인 안용복의 실체와 동떨어진 자로, 보기 드문 영달의 모습이다. 그러나 그의 공적을 후일 한국정부가 인정하여, 그 안변장(安邊將) 혹은 자칭한 비장을, 시대를 거슬러 올라 추인한 것이다. 그것이 안용복 장군이라는 현창명이 된 것이다. 여러 연구자가 이 안용복에 대해 해설하고 있으나, 그 실상에 대해서는 아직 충분히 해명되었다고는 말할 수 없다.

어쨌든 그의 호패에는 「동래 사노 용복 연 33(東萊私奴用卜年三十三)」이라고 되어 있다. 그래서 동래 출신의 사노(천민)로, 이름은 용복이라고 한다. 즉 안용복(安龍福)이라고 기록하는 것은 그야말로 미칭(장식의 문자)으로, 본명은 안용복(安用卜)이었다. 조선의 신분제는 양반, 중인, 상민, 천민, 백정으로 계급화되

[図9. 安龍福像(水營史跡公園)]

어 있는데, 안용복의 사노는 이 중의 천민에 속한다. 천민에는 공천(公賤: 관노비, 공노비)과 사천(私賤: 私奴婢)이 있는데, 안용복은 재경의 양반(경재주의 오충추)의 세거지(世居地: 양반가문이 대대로 거주하는 토지)에서, 아마도 노역이나 여러 일을 돕는 일에 종사하고 있던 종이었을 것이다. 그 세거지가 동래가 아니었을까. 즉 도성에 사는 오충추의 외거노비(外居奴婢)이다. 사노 안용복이 호패를 차게 된 것은 군제개편에 의한 일이다. 당시 지방에서 사노를 징발하여 그들로 속오군을 결성했다. 동래의 사노 안용복은 이 징발에 의해 병사로 군적에 올랐다. 그때 그는 이미 33세였다. 그가 소지하고 있던 호패는 그때 군령요패(軍令腰牌)로 받은 것이었다. 군령요패에는 병사의 특징이 새겨진다. 「신장 4척 1촌 안면은 검고 수염이 약간 나 있고 상처는 없다」라는 내용이다. 군장(軍裝)의 키(着背長, 즉 어깨까지의 높이)는 4척 1촌(124센티미터)이고, 그 위에 있는 얼굴은 철벽(屈强) 같으

며 약간의 수염이 있다는 것이다. 그 안면에는 특징이 되는 상처 등이 없다고 기록되어 있다. 단단한 160센티미터 정도의 체구이다.

조선의 고자료『성호사설』사릉도항에는, 안용복은 동래부의 전선 노군(戰船櫓軍)에 속한다고 되어 있다.[39] 그러므로 그는 경상도 좌도 수군으로, 그 노군(櫓軍)에 소속되어 있었다. 즉 노를 젓는 수병이었을 것이다.

『증보문헌비고』의 여지고에는「안용복예능노군(安龍福隷能櫓軍)」이라고 되어 있다.[40] 즉 건장한 사노(隷能)집단으로 구성된 노군이다. 그가 소지한 호패의 이면에는「경오」라고 쓰여 있으므로, 이 호패가 만들어진 경오년(1690)에 그는 겨우 새로 호적을 만들 수 있었다.

그것이「부산 좌자천 1리 제14통 3호(釜山佐自川一里第十四統三戶)」이다. 군력 4년의 경험을 쌓아 드디어 사노에서 해방된 것이다. 그러므로 경오년에 그는 37세였다. 그로부터 3년 후인 원록 6년, 조선 숙종 19년에 그는 40세였다. 그러나 그는 취조 시, 처음에 나이를 43세라고 칭했다. 오키 번소에서, 그리고 톳토리번에서 그러했다. 실제보다 연배로 보이고 싶었던 것일까.[41] 아니면 언어문제에 의한 착오였을까. 후에 나가사키에서 취조받을 때는 다시 40세라 하며, 그 착오는 언어 문제였다고 답변했다.「박토라히의 나이는 34세, 안요쿠호키의 나이는 40세입니다. 그러나 이나바에서 [취조받을 때는 안요쿠호키의] 나이는 43세라고 말하였습니다. 그것은 언어가 잘 통하지 않았기 때문이거나 잘못 들었을 수도 있다고 생각합니다」라고 되어 있다.[42]

【선운과 항만의 발달】

안용복의 주거지인 부산의 좌자천은 지금의 부산시 동래구 좌천동이다. 근린에는 부산진성과 부산첨사영이 있다. 또 개운포(開雲浦)와 모두포(豆毛浦)에는 수군만호영(萬戶榮)이 있다. 동에는 경상좌수영의 본영이, 포이포(包伊浦)에는 수군만호영이, 또 남에는 다대진(多大鎭)에 수군첨사영이, 서평포(西平浦)에 수군만호영이 있다. 이들 군사시설과 그 관련시설을 연결하는 전선이나 군수물자를 운반하는 배가 이 부산 일대를 빈번하게 왕래한다. 좌자천의 제14통 3호란 이 수군의 수병들과 관계있는 해민들의 주거지였을 것이다. 좌자천에 인접해 모두포의 구 화관이, 남에는 초량의 신 화관이 있다. 왜어에 능통한 안용복의 경력은 이 신구 화관에 출입한 결과일 것이다

그의 탄생은 효종 5(承応三年, 1654)년이다. 이 좌자천의 물로 강보를 씻었다면 소년기에는 사노로서 가내노동을 하며, 모두포 화관에 출입하는 상인들의 심부름을 했을 수도 있다. 아니 소란스런 문전시(市) 속에서 놀며 자랐을 가능성이 있다. 그가 12살이 된 1673년에, 화관이 모두포에서 초량포로 이전될 것이 결정되었다. 그리고 5년 후인 1678년에 초량 화관이 완성되어 이전됐다. 이 5년에 걸친 이전공사에는 막대한 비용과 인원이 투입되었다. 선창 구축을 위한 토목공사가 이루어져, 해변에는 건축자재가 쌓이고, 새로운 청사와 숙사가 차례로 세워졌다. 그가 20세에서 25세였을 당시, 모두포에서 초량까지의 지역은 미증유의 활황을 띠고 있었다. 많은 조선인이 이곳에서 일본인과 빈번하게 접촉하고 있었다. 그렇게 교류하며 왜어를 이해하게

되었을 것이다. 그는 그런 상황에서 자재운송에 관련된 항만사업에 종사했을 가능성도 있다. 그 경험이 노군이 되어 해상업무에 종사하는 계기가 되었고, 결국에는 항만에서 물자의 하역업무나 보관업무 등에 관여해, 그것들의 구매와 유통에 관한 시장업무에 참여했을 것이다. 여러 가지를 다양하게 경험한 셈이다. 이처럼 그의 경력을 추정할 수 있다.

[図10. 釜山佐自川의 위치]

모두포 화관에서 항만기능이 좋은 초량화관으로 이전한 일로, 조일무역은 일거에 늘어났다. 당시 화관에서는 막대한 양의 상품거래가 이루어지고 있었다. 그 매매업무는 화관 내의 개시대청(開市大廳)에서 이루어졌는데, 그곳을 입회감독하는 것이 동래부 비장(부관)으로, 훈도(訓導)와 별차(別差: 兩譯官)였다. 일상 생활물자도 화관 문전에서 열리는 시장에서 거래가 이루어졌다. 채소나 금수육, 어개류를 비롯한 해산물 등, 그날그날 필요한 식품이나 다양한 일용품이 이곳에서 대량으로 매매된다. 그 화관을 둘러싼 문이나 벽을 빈틈없이 감시하는 것도 동래부의 위사(衛士)들이었고, 그들을 지도 감독하는 것이 비장이었다.

안용복이 안비장을 칭한 것도 이런 일상의 상거래 현장에 입회하고 있었기 때문일 것이다. 그것도 양 역관(훈도와 별차)과 같이, 그리고 때에 따라서는 통사 역할을 수행하고 있었다. 그러한 그의 군력과 업무력이 상정된다. 그리고 바다의 모험상인이 되어 울릉도 도해를 감행하는 그의 모습도 연상된다. 『변례집요』에 실린 그의 업무는, 경상도 해역에서의 교역업무였다. 「3월에 조(租) 25석(石), 은자 9냥 3전 등의 물건을 싣고 생선을 팔기 위해 울진에서 삼척으로 향하다 표풍을 만나 죽도에 도박(到泊)했다43)」고 되어 있다. 그는 수군의 군역을 마친 후 조세를 운반하는 조운 업무에 종사했다. 상납미(田稅)를 수송하는 역할로, 그것을 실은 배는 부산에 들어가, 하물은 동래부의 창고(司倉, 邑倉, 軍資倉)에 비축한다. 그런 조운업무 중, 그는 교역의 이익을 취하고 있었다. 때문에 그는 수군경력을 가진 단순한 어민이 아니었다. 동래부사가 말한 대로, 그야말로 그는 「표풍의 우민」으로, 바람을 맞으며 해로교역을 하는 조운부(漕運夫)의 책임자였다. 후에 죽도사서(謝書)를 조선이 화관에 보내게 되는데, 그곳에는 「상년(上年)에 표민(표풍의 우민, 즉 안용복)의 일로, 해변 사람을 이끌고 주즙(舟楫: 水運)을 업으로 삼았다」라고 기록되어 있다.44) 그는 고심하여 축재하는 노력가가 아니라, 일확천금을 꿈꾸는, 위험을 두려워하지 않는 바다의 모험상인으로 변모해갔다. 당시 선운은 도내의 지토선(地土船: 土民이 소유하는 선박, 즉 私船)을 고용해 행하고 있었다. 안용복은 전술했듯이 이런 배에 선임을 지불하고 선박을 운행하고 있었다. 소위 임선상납(賃船上納)하는 조운업무였다.45) 관영의 조운으로 하는 수송이 개시되는 것은, 좀 더 후의 일로, 그것은 영조 36(1760)년 이후의 일이다. 그때까지는 지토선에 의거하는 조운으로, 지방 농산물이나 수산물을 지방관이 징수하면 이것을 운수관이 토민에게 명해, 중앙으로 운반하였다. 안용복은 울릉도 해산물을 지토선으로 울산과 부산 등지로 운반하고 있었던 것이 아닐까. 그것은 일본에서 말하자면, 에치고(越後)에서 귀범할 때, 죽도에 들렀다는 오오야 진키치(大谷甚吉)의 역할과 유사하다. 동아시아는 당시 유통경제 변혁의 시기였는데, 그런 상황에서 생긴 일이었다.

조선의 세법은 원래 공납제였다. 지방민에게 직접 산물을 징수하는 것으로, 산물이 없으면 농민은 상인으로부터 구입해 납부해야 했다. 어개류를 요구받으면 어개류를 구하고, 도자기를 요구받으면 도자기를 구입하고, 의약품을 요구받으면 의약품을 구입하여 납부해야 했다. 일반 농민이 그러한 산물을 취득하는 일은 힘든 일이었다. 설사 산물을 취득했다 해도 세수관이 그 납입품의 하자를 트집 잡는 방법으로 중간착취를 행했다. 때문에 필요한 세금을 대신 납부하는 전문 공인(貢人)이 출현하게 된다. 농민은 스스로 지은 농작물을 그 공인에게 세로 지불한다. 즉 무납(貿納: 구입하여 납입하는 것)의 보급이다. 그러다 도매(都賈)가 생겨, 지방에서는 객주, 여각이 출현해 상권을 확대해 갔다. 이러한 유통경제의 발달 속에서 결국 대동법이 실시되게 된다. 산물을 대신해 미화(米貨: 大同米), 포화(布貨: 大同布), 동전(大同銅), 은자(대동은) 등으로 납부하는 납세제도이다. 이 대동법의 실시는 경상도의 경우 숙종 5(1679)년부터였다.46) 안용복이 부산계에서 선운유통에 관계하며 쌀을 운반하고, 은자로 상품을 구입하고 있었던 것은, 그러한 유통경제가 크게 변동하는 시기, 상업 흥륭이 일대 전환하는 시기였다. 당시 남해에서 동해로 가는 해로는 부산-기장-울산-장기-영일-흥해-청하-영덕-영해-평해-울진-삼척-강릉-양양-간성-통주-덕원으로 이어졌다. 이것은 대동법을 시행할 당시의 상납 조선(漕船)의 행로였다. 이런 해로교류가 이루어지는 항구는 유통확대에 따라 번영하기 시작했다. 안용복과 박어둔이 탄배는 그런 항구들을 거쳐 울릉도로 건너갔다. 다시 말하자면 울산에서 흥해로, 흥해에서 영해로 지승항법(地乘航法)으로 이동한 것이다. 그리고 영해부터는 충승항법(沖乘航法)으로 울릉도에 건너갔다.

부산화관의 교류교역에 관계하며 남해와 동해를 포함한 확대상권에 그들은 깊이 관여했다. 그 발단은 군수물자의 조달이었다. 전라좌수영이 있었던 여수 및 순천, 경상우수영이 있었던 한산도, 그리고 거제도나 가덕도, 경상좌수영이 있었던 부산포, 경상우수영이 일시적으로 있었던 울산의 개운포(開雲浦) 등으로, 각각 군령포를 잇는 조선수군(艪軍)의 왕복로가 있었다. 그곳에서 군수물자의 이동이 이루어진다. 그 발전형으로서의 유통상권에 대한 관여, 공납물품의 이동과 보관, 방출이 이루어진다. 그런 상황에서 상사에게 물자조달을 명받아 이루어진 울릉도도해였다. 따라서 안용복은 단순한 어민이 아니다. 그의 출신은 사노였으나 이미 산군복합의 교역상인이 되어 있었다. 안비장을 칭하고, 또 후에 통정대부를 칭한 것은, 더한 이익을 얻기 위해 그러한 관직을 금전으로 산 것이 아닐까. 당시는 관직을 살 수 있는 시대였다. 비록 명목관이라 해도 그 이름을 대면 해관 통과가 원활했다. 그는 그러한 발전적 활동을 하던 중에 오오야선의 선원들에게 붙잡힌 것이다. 그러자 관직명을 대며 스스로 안핀사(안비장)이라 칭하고, 옆의 박어둔을 박토라에(帶率)라고 칭했다. 그리고 그 관직명으로 일을 적당히 처리하려 했으나, 그런 관직명은 조선에서는 통해도 일본 어부들에게는 통하지 않았다.

그런데 당시 조선의 수운은 어떠했을까. 1653년부터 1666년까지 조선에 붙잡힌 네덜란드사람 헨드릭 하멜이 서술한, 다음과 같은 내용으로 추측해 볼 수 있다.47) 「그들의 배는 선미가 평평하여 선수와 같이 해면에서 약간 면을 내밀고 있다. 그들은 돛으로 가는 것처럼(帆走) 노(櫂)를 사용하여 항행한다」와 같이, 노 젓기의 중요성을 기록하고 있다. 그리고 나침반에 대해 언급하여 「그들은 작은 나무토막(木片)을 사용하여, 그 한쪽 끝을 뾰족하게 하고 다른 한쪽 끝을 둥글게 한다. 그리고 그것을 대야의 물에 띄운다. 이렇게 하면 뾰족한 쪽이 북을 가리킨다. 이것으로 나무토막 안에 자력을 가진 것이 포함된 것으로 생각할 수 있다. 그들은 풍향을 8종류로 구별하고 있다. 나침반은 두 개의 나무토막을 십자로 묶은 것으로, 북을 가리키는 한 쪽을 약간 길게 한다」라고 되어 있다. 안용복은 박어둔과 일행을 태운 배를 타고 충승(沖乘) 항해법으로 죽도(울릉도)로 건너갔다. 당시의 선두 키무요치야키는 이 나침반을 알고 있었다. 그래서 안전하게 섬으로 건너갈 수 있었던 것이다. 안용복은 이렇게 반복적으로 도해하여, 나침반의 위력을 알고 있었다. 그는 바다의 남자였으므로 그 이전부터 알고 있었을 것이다. 그래서 후년에 동해를 건너, 호우키(伯耆) 그리고 이나바(因幡)로 갈 것을 결심했다. 그 도중에 송도(안용복이 말한 子山島)가 있고 오키(隱岐)가 있다. 피난처는 어렵지 않다. 원록 9(1696)년에 도해했을 때, 그는 작은 상자 속에 소중하게「귀를 긁는 나무토막(耳掻き楊枝)」과 같은 목편(木片)을 넣어 소중하게 보관하고 있었다. 그것은 지남철(자석)이 든 목편이었을 것이다.[48] 단순한 귀이개라면 소중히 몸에 지닐 의미가 없다. 오키의 역인이 그 귀이개의 끝을, 자세히 보았다면 사립상(砂粒狀)의 자철(磁鐵)이 그곳에 박혀 있는 것을 발견했을 것이다. 이 귀이개를 물이 담긴 그릇에 띄우면, 또 머리카락으로 공중에 매달면, 그것은 방위를 가리킨다. 그 안내에 따라 충승항법이 가능한 것이다. 그 방위 덕분에 무사 안전한 귀국을 꾀할 수 있었다.

이 원록시대의 방위 측정은 잘 알려져 있다. 케이쵸우 8(1603)년에 일본 예수가 간행한『일포사전(日葡辭書)』에는「토규(土圭)」의 기재가 있다. 토규란 콘파스를 말한다. 테라시마 요시야스(寺島良安)의『화한삼재도회(和漢三才図繪)』는 방위측정을 하는 토규의 그림을 싣고「토규침(針)은 방각 · 시각을 알기 위한 기계이다」라고 해설했다. 토규란「자침 · 자오선 · 지남침」이라고 그 별명을 들고 있다. 토규는 광산을 개발할 때, 갱도를 팔 때 정확한 방위나 각도를 계측하기 위해서도 사용되고 있었다. 예를 들면 사도금산(佐渡金山) 공사에도 사용되어「반침라반(盤鍼羅盤)」으로 알려져 있다. 이와미긴잔(石見銀山)이나 쓰시마긴잔의 갱도 굴삭에도 이것을 이용했다.『은주시청합기』에

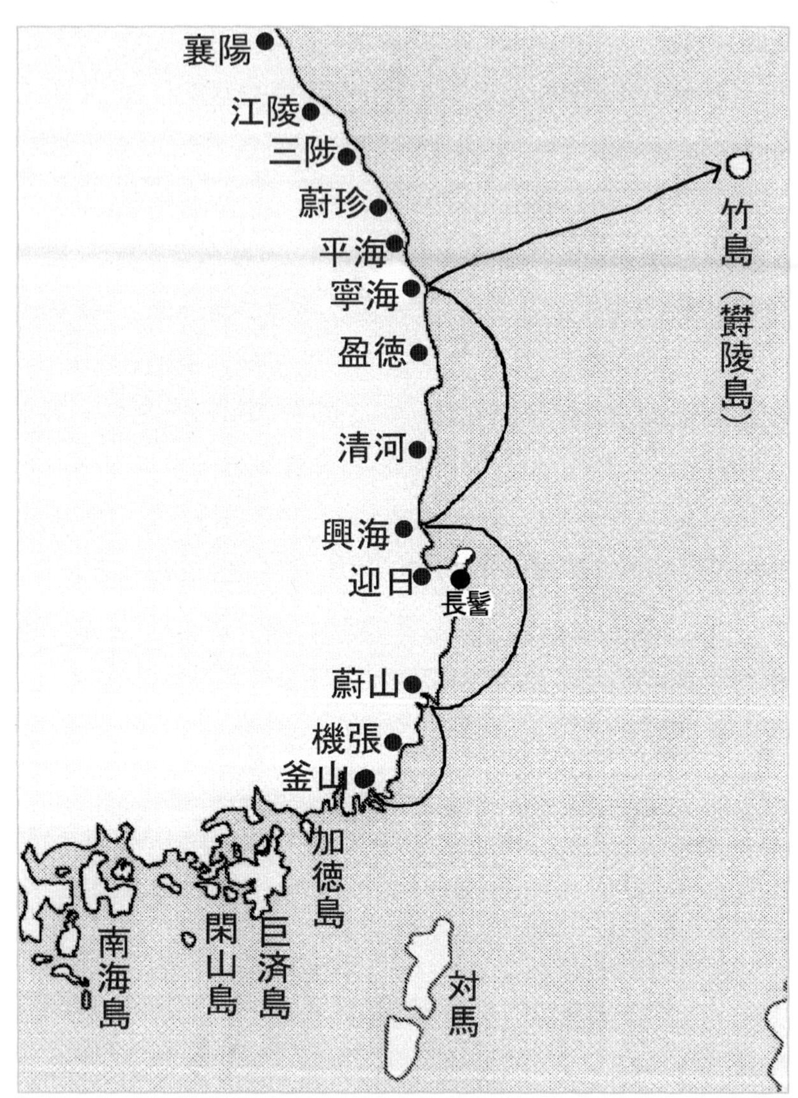

[図11. 동해안의 포구들, 안용복의 족적]

기록된 충승항법도 이 토규를 이용했을 가능성이 크다. 「북서(戌亥)
방향으로 2일 1야를 가면 송도가 있다. 그곳에서 또 1일 정도의 곳에
죽도가 있다」라고 말한 부분이다.49) 야다 타카마사(矢田高当)의 『장
생죽도기』에도 「이즈모노쿠니 시마네군 미호세키에서 오키슈우에
자석 바늘이 선각쪽으로 향하여 36정 1리로, 해상도법으로 20리(出雲
國島根郡三保關より隱岐州磁石の針先亥の方当る三十六丁一里とし
て海上道法二十里)」라고 되어 있다.50) 원록 연간에는 막부의 명으로
각 번이 『국회도(國繪図)』를 만들었는데, 원록 13(1700)년에 쓰시마번
이 헌상한 쓰시마전도는, 후년에 이노우 타다타카(伊能忠敬)가 경탄
할 정도로 정확했다. 이 지도를 그리기 위해, 쓰시마에서는 「자침반」을
이용해 상세히 측량했다.

【토라헤의 목찰】

안용복과 같이 연행된 토라헤의 목찰(木札)에는 다음과 같이 기록
되어 있다.51)

<앞면 문자>
　　　울산
　　　　박어둔 삼십 축
　　　　　금명간

<이면 문자>

　　　경오

　　　　청량도리 제십이통오가

<表面の文字>

　　　蔚山

　　　　朴於屯 三十 丑
　　　　　圩皿干
<裏面の文字>

　　　庚午

　　　　青良島里 第十二統五家

　　이 호패로 판단하면 토라헤는 울산사람이다. 그의 성은 박, 이름은 어둔이다. 야다 타카마사(矢田高当)의 『장생죽도기』는 이 인물을 토라헤이(虎平)로 기록했다.[52] 그러나 박어둔의 문자를 어떻게 발음해도 토라헤로는 읽을 수 없다. 아니 바쿠토라히라고도 기록했으므로, 어둔을 토라히라고 읽는 것일까. 그러나 역시 토라히라고는 읽을 수 없다. 그러면 토라헤(토라히)라고 호칭한 것은 어찌 된 일일까. 토라헤(토라히)란 아마도 대솔(帶率)을 의미하는 용어일 것이다.[53] 안용복에 딸려 온 인물이라는 의미이다. 그러나 그는 천민(공노비 혹은 사노비)이 아니라 상민이었다. 안용복의 호패가 성을 기록하지 않는 것에 비해 박어둔의 호패는 성을 기록하고 있다. 호패의 이면에는 「경오 청량도리제십이통오가」라고 기록되어 있다. 경오년 30세, 축년(1666) 태생의 박어둔은 이 원록 6년(癸酉年)에는 33세가 된다. 그의 거주지는 울산 청량도리이다. 그곳은, 그곳을 흐르는 태화강(太和江)이나 외황강(外煌江)의 하구, 삼각주의 도집락(島集落)의 하나로, 지금의 경상

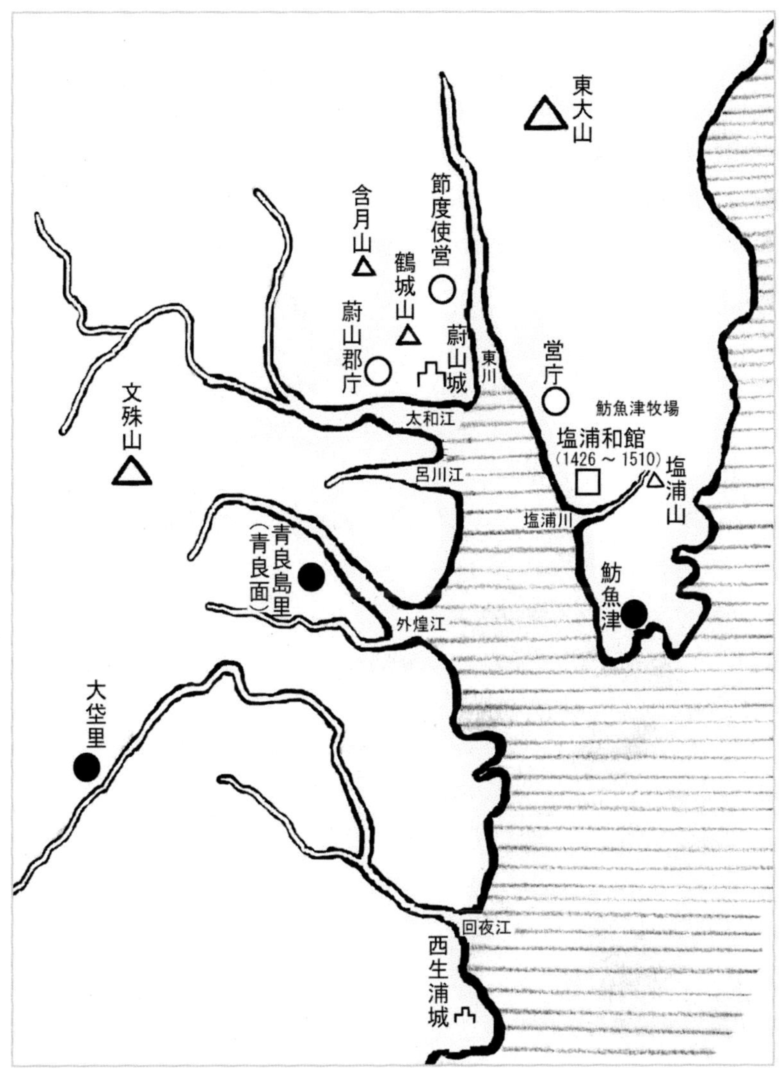

[図12. 蔚山靑良面의 위치]

도 울산군 청량면이다. 그 제12통 5가라는 것은 5가작통(5세대를 하나의 통으로 묶는 촌 조직의 제도, 일종의 호적제도)에 의한 것이다. 안용복은 제14통 3가(三戶), 그리고 박어둔은 제12통 5가(五戶)라는 것이다. 민중의 호수를 정확히 파악해 범죄자의 수색을 용이하게 하여 유민을 방지하기 위한 제도였다. 그리고 한 편으로는 부역의 동원과 조세업무(세금징수)를 원활히 하기 위한 방책이었다. 일본에서도 동시기에 비슷한 인보제도(隣保制度: 五人組制度)가 기능하고 있었다. 이 향촌주민정책은 숙종시대에 특히 강화되었다.

이 울산의 고향에는 그의 부모와 부인과 아이가 있었다. 일본에 끌려간 후에 그의 가족 일동이 울산 군청에 소송했다. 「어렵을 위해 울릉도에 갔다 일본인을 만났는데, 두 사람을 붙잡아 호우키노쿠니로 끌고 갔습니다」라는 내용이 『죽도기사』에 실려 있다.54) 후에 쓰시마를 경유하여 조선에 송환될 때, 그는 월경 죄로 처벌받는다. 그러나 가족들은 범죄자라기보다는 피해자라고 군청에 주장하며 용서를 원하고 있었다. 가족의 사랑을 받던 그는 사랑하는 가족을 남기고 승선하여 도해한 것이다. 물론 생활을 위한 일종의 출가(出稼) 노농자였다고 말할 수 있다.

그런데 최근 『울산부호적대장』 숙종 13(1687)년 중에 박어둔의 호적이 남아 있다는 것을 알게 되었다. 울산군 청량면 목도리 16통 5호라는 그의 호적 부분을 소개한다.55)

제5에 새로 호를 만든다. 대대면에서 왔다. 병영은 염간. 양해척에 속하는 박어둔은 신축생 27세로, 본은 경주이다. 부는 정병의 기산, 조부는 통정대부의 국생, 증조부는 가선대부의 잉질석이다. 외조부는 정노위의 윤수금으로 본은 파평이다. 처는 사비 천시금으로 병오생 22세이고 본은

울산이다. 처의 상전은 서울에 사는 전 감사 정선이고, 부는 사노 천학,
조부는 산이, 사노 천학을 부로 했다. 증조부는 부지, 외조부는 김해, 본
은 울산, 모는 사비의 복춘이다.

第五新戶 大代來 兵營鹽干 良海尺 朴於叱屯 年貳拾柒 辛丑 本慶州 父
正兵己山祖通政大夫國生 曾祖嘉善大夫芿叱石 外祖定虜衛尹守令 本坡平
妻私婢千時今 年貳拾貳 丙午 本蔚山 上典京居前監司鄭先 父私奴千鶴 祖
山伊 曾祖不知 外祖金海 本蔚山 母私婢卜春

第五に新たに戶を作る。大代より來たる。兵營は塩干、良海尺たる朴
於叱屯は、年齡二十七歲、辛丑の年に生誕、本(出自)は慶州である。父
は正兵の己山、祖父は通政大夫の國生、曾祖父は嘉善大夫の芿叱石であ
る。外祖父は定虜衛の尹守令で本(出自)は坡平である。妻は私婢の千時
今で、年齡は二十二歲、丙午の年に生誕、本(出自)は蔚山である。上典
(所有者)として京に居する前監司の鄭先[の私婢である]。父は私奴の千鶴
で、祖父は山伊、曾祖父は不知(名は不詳)である。外祖父は金海で本(出
自)は蔚山である。母は私婢の卜春である。

박어둔은 박엇둔이라고 발음하는 것 같다. 그의 본은 경주이고 대
대를 거쳐 울산 청량면 목도리, 그 제12통에 새로 이주했다. 이곳에
신호적(第五新戶)을 만들어 살기 시작한 것이다. 그것은 결혼을 계기
로 한 것인지도 모른다. 신호적을 만든 숙종 13년 시점에, 박어둔은
27세 그의 처는 22세였다. 그 후 6년이 지난 숙종 19년, 즉 원록 6년
에 그는 안용복과 같이 울릉도에서 붙잡혔다. 일행 10인 중 남은 8인
은 고향으로 돌아왔다. 그러나 박어둔은 돌아오지 않았다. 그때 그는
33세, 처는 28세였다. 아직 어린아이를 안고 어찌할 수 없는 처, 천시
금은 울산 군청에 도움을 청하러 갔다. 어떻게든 도와달라고 요구했
다. 처의 양친(千鶴과 卜春)은 천민계급(사노와 사비)이었다. 그래서
처도 당연히 천민계급(사비)이다. 기댈 수 있는 남편, 상민인 박어둔이

집에 없으면 생활이 곤란해지는 것은 뻔한 일이다. 처는 필사적이었다.

박어둔이 청량면 목도리로 이주하기 전의 거주지는 울산부 내의 대대(大代: 熊村面의 大垈里)이다. 그곳에서 이사해 온 것이다. 부는 정병이고, 박어둔 자신도 정병으로 병영에 있으며 염간이라는 업무에 관계했다. 안용복이 경상좌도수군의 노군에 소속한 노 젖는 수병이었던 것처럼, 박어둔도 역시 경상좌 도수군에 소속되어 있었다. 그 역할은 염간이라고 되어 있으므로, 아마도 군식관계(軍食關係), 특히 염간물(塩干物) 담당이었을 것이다. 수군의 원정, 원양항해에서는 빠짐없이 물과 식량을 배에 실어두지 않으면 안 된다. 그때의 보존식, 장기 항해에 대처할 수 있는 식량 비축에는 염간물이 상당한 비중을 차지한다. 박어둔은 그 담당이었다. 그 경력 때문에 안용복과 같이 해산물 유통에 관계해 울릉도로 건너간 것이다.

당시 울산은 동해안 최대의 소금 생산지였다. 울산 사람들은 소금 및 염제품의 판매로 장기, 영덕, 부산 등 근린지역은 물론이고, 강원도 양양이나 함경도의 함흥이나 북청에도 항해했다. 이 동해 연안은 해류 관계로 청어나 명태 또 정어리나 오징어 등의 산물이 풍부한 곳이었다. 양질의 울산 소금은 염장어나 젓갈을 만들기에 최적으로, 그 소금을 구하기 위해, 또 염간물을 구하기 위해 부산, 양산, 영덕 등 부산에 가까운 포구에서는 물론, 남으로는 전라도, 북으로는 강원도, 함경도에서도 교역선이 왔다. 울산포는 중세 이래의 염포였다. 즉 삼포(富山浦, 乃而浦, 塩浦)의 하나로 소금을 실어내는 항이었다. 박어둔의 거주가 하구부로, 청량도 목도리라는 것도, 해민으로 소금에 관계된 일상으로, 생업을 삼고 있었음을 추측하게 한다. 즉 소금을 굽는 인부, 일종의 천업이었다. 그리고 염간물의 작성과 염간물의 유통에 관계하고 있었다. 수군 경력과 잘 일치한다. 증조부·조부 대는 경주, 부친 대는 대대, 박어둔은 청량도의 목도리라는 거주지의 변천, 그리고 증조부는 가선대부, 조부는 통정대부, 부는 정병, 그리고 박어둔은 소금을 굽는 인부라는 직업의 변천, 이들은 일족의 몰락하는 역사를 말해 주고 있다.

박어둔의 신분과 직업에 대해, 이 호적은 병영에서 염간에 관여하고 있는데, 신분은 양해척이라고 기록한다. 그 양해척이란 무엇인가. 이것은 바다의 인민이라는 신분으로, 바다의 양민(상민)이라는 의미이다. 그리고 척이었다는 것이다. 육척(陸尺)이라는 것은 육지에서의 운반노동자, 즉 가마꾼(駕籠担ぎ)을 의미하므로, 그것과 비교한다면 해척이라는 것은 바다에서의 운반노동자, 즉 「배를 젓는 일(船漕ぎ)」 혹은 「배의 짐을 옮기는 일(船荷の荷担ぎ)」이었을 것이다. 그야말로 바다의 인민, 신량역천(身良役賤)으로 살아가고 있었다. 그 조운활동은 안용복의 노군, 그 후의 그들의 통상업무와 잘 결부된다.

이 호적을 발견한 이준구 씨는 『인부역년대잡집』과 『죽도고』에 기재된 호패의 문자 「금명간(垆皿干)」을 「염간」이 해체된 문자로 보았다. 오카지마 마사요시는 그의 『죽도고』에서 「이 패의 문자에는 아마도 전사의 오류가 있을 것이다」라고 이미 지적한 바 있다. 금명(垆皿)의 금(垆)은 「염(塩)」이라는 문자의 변(扁)과 방(旁)의 상부를 구성한다. 이곳에 명을 더하게 되면 그야말로 「염(塩)」이라는 문자가 된다. 호패도 그의 직업을 염간에 관련한 인물로 기재하고 있다.

당시 조선정부는 납치당한 두 조선인의 일을 어떻게 인식하고 있었을까. 먼저 사건의 발단을 『숙종실록』에서 보기로 한다. 「계유년 봄에 울산의 어채인 40여 명이 울릉도에 정박했다. 그곳에 왜인의 배가 도래하여 박어둔과 안용복 두 사람을 붙잡아 일본으로 끌고 갔다.56)」라고 되어 있다.

조선정부도 자주 이 섬에 건너가는 어민이 있다는 사실을 알고 있었다. 당시는 해금정책을 취하며 울릉도에 건너가는 것을 엄금하고 있었다. 그러나 어민은 살기 위해, 즉 일상의 벌이를 위해 어쩔 수 없이 몰래 건너가고 있었다. 이미 그것은 널리 알려진 일로, 공연한 비밀이었다. 그러한 상황을 정부의 중추도 알고 있었다. 좌의정 목래선도 다음과 같이 말했다. 『비변사등록』에 실린 기사이다.57)

> 경상도 연해의 어민은 바람에 표류하여 무릉도에 정박했다는 등으로 말하고 있으나, 과거에 연해의 수령을 지낸 자의 말을 들으면, 해변의 어민은 자주 무릉도나 그 주변의 해도를 왕래한다고 한다. 그리고 섬에서는 대죽을 베고 전복을 잡는다고 한다. [바람에 표류했다는 명목이지만] 바람에 표류하지 않아도, 이익을 얻기 위해 이곳을 왕래하고 있다. 벌이를 위한 어채는 인민이 살아가기 위한 생업으로 되어 있다. 이것을 일체 금한다는 것은 이미 곤란한 일이다. 그러나 이미 그렇게 엄한 도과(徒科)의 조항이 세워져 있다. 그리고 금단의 명이 내려져 있다. 우리들의 도리로서는 금령이 없는 것이라고, 일부러 거짓을 말하는 것 등은 할 수 없다.

좌의정 목래선이 이렇게 정도를 말했다. 이에 우의정 민암이 같은 말을 한다.

　우리나라 변해거민은 어채로 생업을 이루고 있다. 엄하게 금하려 해도 [인민의 생활을 생각하면] 그것을 금하려는 위세도 곧 없어지고 만다. 다만 할 수 있는 일은 그저 수시로 금단의 포고를 세상에 알려 두는 것일까. 이렇게 말했다. 그래서 상(숙종)이 제정하셨다. 변해의 포구에 사는 어민은 날마다 배를 타고 바다에 들어가 그곳에서 이익을 얻고 있다. 그런 추세라면 이것을 일체 금단하는 일은 어려운 일이다. [금하면] 그들이 살아가는 길을 끊는 일로 이어지기 때문이다. 그러므로 금후로는, 다른 것을 명목으로 해서, 함부로 바다에 나가는 것을 억제하는 것만으로도 좋다.

　이처럼 조선정부의 해금정책은 현실을 감안한 실천적 자세로 돌아와 있었다. 그래도 어디까지나 표면적 입장은 지키지 않을 수 없었다. 금령은 일단 존재하기 때문이다. 공공연하게는 하지 말라는 자세였다. 그래서 동해 어민은 조심해서 눈에 띄지 않게 섬에 건너다니고 있었다. 그 해도를 자주 왕복하여, 이 바다에 대한 여러 정보를 얻고 있었으나, 그것을 공공연히 말하지는 않았다. 사정을 잘 알고 있어도 해역의 상세한 것을 노골적으로 밝혀서는 안 되었다. 어디까지나 암묵 하에 몰래 일상생활을 계속하는 정도로 허용되었기 때문이다. 이 해역의 상황을 정식으로 물어도 애매한 답이 돌아올 수밖에 없다. 해금정책이 계속되는 한 정확하게 이야기해서는 안 되었다. 표면적으로는 바다에 건너는 일이 없었기 때문이다. 울릉도 해역의 섬은 하나이다. 혹은 둘이다, 아니 셋일지도 모른다고, 울릉도에 건너도, 그곳에서 다음 섬은 과연 보이는가 안 보이는가, 그것도 모른다고, 그것이 북의 방각에 있는 것인가 남의 방각에 있는 것인가, 아니 동인가 서인가 그것조차도 모른다고, 그처럼 애매모호한 발언을 계속할 수밖에 없었던 것이다. 그러나 해민들이 정말로 몰랐을까. 호우키의 오오야선과 무라카와선의 선두도 알고 있었던, 울릉도 해역의 정보를 보다

가까운 영해 근방의 어민들이 몰랐을 리 없다.

　어쨌든 안용복과 박어둔 두 사람을 포함한 일단은 처음부터 울릉도를 목표로 도해했다. 그리고 두 사람만이 일본에 납치되었다. 그 후 톳토리에서 나가사키로, 그리고 쓰시마에서 부산으로 송환되었다. 귀국 후 동래부에서 심문받을 때, 왜 울릉도에 건넜는가는 묻지 않았다. 그래서 「울진에서 삼척으로 향했으나 표류하여, 소위 죽도라는 곳에 표착했다」라고 박어둔은 답했다. 당연히 솔직하게 대답할 수는 없었다. 울릉도를 목표로 했다고 말하면 죄가 되기 때문에 불가항력의 표류로 공술한 것이다.58) 경상도 감찰관은 박어둔의 공술을 그대로 인정하고 그것을 조정에 보고한다. 「박어둔, 안용복 등 8인은 표류하여 울릉도에 이르렀다」, 「김덕생(金德生) 등 6인은 상륙하여 몸을 숨기고 있었으나 박어둔 등 2명은 하선하기 전에 갑자기 왜인 8명이 배에 올라 칼과 창, 조총으로 둘을 위협하여 붙잡아 갔다」라고 보고했다.59) 그러나 표류가 아니었다는 것을 감찰관은 알고 있었다. 박어둔의 가족들에게 울릉도로 어렵하기 위해 도해했다는 말을 이미 듣고 있었다. 가족들이 일본에 납치된 일을 고소하며 구출을 간원한 것이다. 그러자 도망쳐 돌아온 나머지 7명을 다시 심문했다. 『죽도기사』에 실린 이야기는 이하와 같다.60)

　　죽도에 건너간 자들은 경상도 내 울산[출신]사람들로, 승조원은 9인이었습니다. 둘은 일본으로 붙잡혀가고 나머지 일곱은 무사히 돌아왔습니다. 이러한 일이므로 붙잡혀간 자의 부모나 아내 아이들이 울산의 지두(地頭: 지방행정의 수장)에게 「누구누구라는 이름의 9인이 배를 타고 어렵에 나갔습니다. 그 중 7인은 돌아왔습니다만 우리 부친(男親)은 아직 돌아오지 않았습니다. 제발 조사하시어 일을 분명히 해주세요」라고 소장을 제출하며 호소했다. 그래서 7인의 사람을 불러 취재했더니 다음과 같이 증언했다. 즉 어렵하기 위해 울릉도로 건너갔는데, 그곳에서 만난 일본인이 2인을 붙잡아 호우키국으로 [강제적으로] 끌고 갔다. 무력한 우리들이기 때문에 [어떻게 하지도 못하고] 그대로 이쪽으로 돌아왔다」고 진술했다. 그래서 일본인이 올 수 있는 곳에 어째서 건너간 것인가. [간 곳이] 혹시 [조선의] 울릉도가 아닌가라고 취조[를 강화하여 물었]더니, [그들이 말하기를] 「아니 절대로 다른 곳이 아닙니다. [분명히 울릉도로] 그곳에는 이전부터 가고 있었기 때문에 [잘 알고 있습니다]」라고 다시 진술했다. 그래서 그러한 내용을 경상도 순찰사(行政 長官)에게 보고했다. 그러나 순찰사도 [이 건은 중대한 일이라 서둘러 중앙에] 보고하였다. 도성에서도 그 상황은 [들어 알 수 없는 것이 있어 아직 당분간] 해결되지 않는 문제이므로 다시 잘 조사하여, 일의 경과를 분명히 하라고 말했다. 또 무슨 일이 있으면 상경하여 보고하라는, 그러한 답이었다. 그래서 위 7인을 순찰사 역소로 불러 다시 조사하였다. 역시 이전에 진술한 그대로로, [그 증언에] 틀림이 없다. 증언대로 울릉도에 건너갔다. 그 섬에 대해서는 옛날 가옥의 [흔적은] 어떻게 되어 있는가, [섬 내부에는] 고양이나 대가 많이 [번식 번무하고], [섬 주위에는] 전복이나 고기가 많다는 등, 그 상황을 자세히 진술하였다. 그래서 그 증언 내용을 다시 도성에 답하여, 틀림없이 울릉도에 건넜다는 것을 [순찰사가] 상신하였다.

경상도 감찰관은 납치된 두 사람이 귀국하기 전에, 이미 취조를 통해 그들이 의도적으로 울릉도에 건너간 사실을 알고 있었다. 그러나 민정에 익숙한 감찰관은 그들의 의도적인 도해를 추궁하지 않았다. 그대로 듣고 흘렸다. 본인들이 표류라고 공술하면 그것을 책망하는 일없이 인정한 것이다. 다만 그들이 공술한 일본인의 행위, 즉 섬에 건넜을 뿐만 아니라, 그들에게 칼이나 조총을 들이대고 위협해, 강제적으로 붙잡아간 일은 중대한 일로 그대로 방치할 일이 아니었다. 이 건은 도성에 보고하여 일본의 비리를 추궁하지 않으면 안 되었다. 한편 취조 받은 조선인들은 금령을 범하고 도해한 일을 아무렇지 않은 듯 감찰관에게 이야기하며, 오히려 그들이 피해자였다는 것을, 피해 상황과 함께 이야기했다.

그런데 일본인이 무기로 협박했다는 것은, 실제로 있었던 일일까. 혹은 자신들에게 유리한 진술을 하기 위해, 피해의식을 과장한 거짓 증언이었을까. 그 어느 쪽이었을까. 일본인이 위협하는 데 사용했다는 조총은 화승총(種子島銃)을 말한다. 오오야와 무라카와 선은 강치 사냥을 위해 조총을 배에 준비하고 있었다.61) 그들을 일본 배에 태우기 위해 실제로 위협하고, 야단치고, 그리고 총을 들이대고 「몰아넣」는다. 그것은 아마도 사실이었음이 틀림없다. 오오야가에 전해지는 기록에는 다음과 같은 정경이 반복된다.

> 도해하는 배에 철포 5정, 창, 대도의 지참을 허가받고, 장군의 위광을 배경으로 해서 도해하게 되었다. 섬에 도착하여 보니 작년보다도 더 많은 조선인(唐人)이 들어와 있었다. 이쪽 배를 항으로 저어 입항시켰을 때, 조선인은 서둘러 자신들의 배에 뛰어올라, 오오사카우라 쪽으로 도망쳤다. 이때 조선인 둘이 땅에 남았다. 한 사람은 통사 같았다. 선두나 수부들이 모여 몰아넣고, 그들을 조사하였다. 그러나 이상한 말을 하기 때문에 어쩔 수 없이 그 둘을 붙잡아, 즉시 배에 태우고 오키로 귀범했다.62)

역시 가해자 측은 「철포 5정, 창, 대도를 지참」하고 위협하여 「몰아넣고」, 「붙잡는 일」을 행했던 것이다. 그러한 행위를 아무렇지 않은 듯 이야기한다. 한편 피해자 측에서 보면 칼이나 조총을 들이대고 위협당하여, 무서운 죽음의 공포 속에서 붙잡힌 것이 된다. 이 장면에서 가해자 측과 피해자 측간에 있는 천지 차이를 볼 수 있다.

실제로 붙잡혔을 때의 상황은 지금은 알 수 없다. 『증보진사록』에서는 「군거하여 해렵했기 때문에 어쩔 수 없이, 방편으로 이국인을 이쪽 배에 옮겨 실어」라고 되어 있다.63) 일본 측 기록은 무기를 사용한 위협이 아니라 속여서 옮겨 태운 것으로 전하고 있다. 즉 몸짓이나 말을 섞어 교묘히 유도하여 배로 끌고 들어갔다는 것이다.

【죽도에서 오키로 가는 길】

이렇게 두 사람은 납치당했다. 죽을 위험에 처해 공포 속에서 오키로 끌려갔다. 그렇기 때문에 그들의 공술에는 일부의 혼란이 있다. 그들은 후에 나가사키의 공술에서 죽도를 4월 17일, 오시에 출범하여 5월 초하루 미시에 톳토리[번의 요나고]에 도착했다고 이야기한다.[64] 또 쓰시마에서는 죽도를 4월 17일에 출범하여 오키에 동월 22일에 도착해, 오키를 동월 28일에 출발하여 5월 초하루에 톳토리[번의 요나고]에 도착했다고 말한다.[65] 그러나 실제로는 4월 18일 죽도를 출발하여 오키의 후쿠우라에 도착한 것은 동월 20일이었다. 동월 23일에는 후쿠우라를 출발하여 도우고에서 도우젠으로, 그날 안에 이동했다. 그리고 도우젠을 출발한 것이 동월 26일, 이날 중에 이즈모(出雲) 나가하마(長浜)에 도착했다. 요나고에 도착한 것은 다음 27일이다. 당시의 선두 쿠로베에와 히라베에가 번청에 제출한 보고서에 있는 일부(日附)이다.[66]

조선인이 연행된 바다 항해는 죽도에서 오키로 가는 해도로, 그 도중에는 송도(지금의 죽도＝독도)가 있다. 안용복은 동래부에서 심문을 받을 때, 항해 도중에 송도를 보았다고 증언했다. 「이 몸이 붙잡혀 본도(울릉도)를 떠날 때의 일이다. 하룻밤이 지난 다음 날 저녁 식사 후에, 하나의 섬이 해중에 있는 것을 보았다. 그것은 죽도보다 훨씬 큰 섬이었다」고 했다.67) 이때 박어둔은 「수질(뱃멀미)이 나 선중에 넘어져 누워」 수로와 거리는 물론 아무것도 알지 못했다 한다. 그러 므로 송도의 일을 알 리가 없다. 그래서 「이 섬(울릉도)의 전후에 다 른 섬은 없다」고 증언한 것이다.

그들이 울릉도를 출발한 것은 4월 18일 미시(오후 2시경)였다. 박 어둔이 뱃멀미로 쓰러져 있었던 것은, 붙잡혀 일본으로 끌려간다는 절망감에 빠져 있었기 때문일 수도 있다. 이미 처자가 있는 고향에는 돌아갈 수 없다. 그뿐 아니라 자신의 생명도 위험하다. 그러한 상황을 자각하고 있었을 것이다. 그러나 안용복은 늠름했다. 그는 쓰러지는 일 같은 것은 없었다. 공포에 떠는 박어둔을 위로하고 격려했는지도 모른다. 안용복은 하룻밤을 지낸 4월 19일, 저녁 후에 죽도보다 큰 섬 을 보았다고 하는데 과연 그 섬이 송도였을까.

『인부역년대잡집』에 의하면 죽도를 출발할 때, 배는 「돛에 기를 달 고 해질 무렵에 떠났다」라고 되어 있다.68) 4월 18일 오후 2시를 지나 기를 달고 출발한 것이다. 안용복의 기억대로라면 오시(오후 0시) 출 발이었다. 그것은 그가 본선에 옮겨진 시간일 것이다. 그러나 바람이 부족해서 잠시 배를 내지 않았다. 드디어 바람이 불기 시작하자 이를 받아 배를 내었다. 그리고 밤이 되고 심경을 지나 날이 밝을 무렵의 19일 이른 아침, 「해가 뜰 무렵(曉)에 송도라는 곳에 달려 도착했다」 고 한다. 새벽 무렵에 송도 쪽에 도착했다는 것이다. 그 송도란 항로 를 확인할 수 있는 섬, 즉 바다를 안내하는 암초였다. 이 암초 섬을 확인한 것으로, 확실히 오키로 가고 있다는 것을 알 수 있었다. 안심 하고 오키로 향하여, 오전과 오후, 만 하루가 걸린 항해였다. 그리고 석양에 저녁을 먹었다. 울릉도를 출발하여 이미 1일 여가 지났다. 이

때 안용복의 지식에는 울릉도에서 1일여의 거리에 우산도가 있다는 기존 상식이 있었다.[69] 그것은 울릉도에 건너는 울산어민들의 공통적인 이해로, 그들 모두 그렇게 생각하고 있었다. 동래출신 안용복도 당연히 그렇게 생각하고 있었다. 그는 울릉도에 머물 때, 2회 정도 아득한 저쪽에 있는 우산도를 보았다고 한다.[70] 그 섬은 울릉도에서 북동방향에 있고, 그 섬 북면에 소옥을 짓고 있었던 안용복이 그곳에서 북동방면을 보고, 그 섬으로 알았다는 것이다. 이 해상 항행에서, 일본선은 분명 울릉도에서 동쪽을 향해 가고 있었다. 그리고 딱 만 하루가 경과했다. 저녁 무렵에는 슬슬 우산도가 보일 것이라고, 안용복은 그렇게 생각했을 것이다. 그러므로 해중에 섬이 보였을 때, 즉석에서 그것이 우산도라고 생각했다. 그것은 무리가 없는 당연한 일이었다.

안용복은 19일 저녁 후에 1도가 해중에 있는 것을 보았다. 죽도(울릉도)보다도 훨씬 큰 섬이라 했다. 그가 발견한 큰 섬이란 과연 우산도인가. 그가 후에 이야기한 자산도(子山島: 于山島)는 죽도와 오키 사이에 있다. 그 자산도란 일본에서 말하는 송도로, 지금의 죽도＝독도를 말한다. 그러나 그는 이때, 사람이 살 수 있는 섬, 거대한 우산도를 속으로 생각하고 있었다. 그러나 실제의 송도는 초목도 살지 못하는 암초일 뿐이다. 그러므로 19일 새벽에 보았다고 하는 암초는 그가 마음속에 그리고 있던 우산도가 아니었다. 아니 암초조차도 안용복은 보지 못했을 가능성이 있다. 혼란상태에 빠져 뱃멀미에 시달리는 박어둔을 밤새껏 보살피다 새벽녘에 잠들었을지도 모른다. 이 19일 새벽 무렵에 통과했던 암초 섬에 대해, 안용복이 19일 저녁 후에 보았다고 말한 섬은, 그것보다 훨씬 거대한 섬이었다. 압도적인 존재감을 나타내며 해중에 흘립(屹立)하고 있었다. 이번에 왔던 울릉도보다 훨씬 큰 섬이라고 한다. 그렇다면 그 섬이란 도대체 어떤 섬이었을까. 이것은 오키노시마 이외에는 생각할 수 없다. 이는 이미 시모죠우 마사오(下條正男) 씨가, 그『죽도는 일한 어느 쪽의 것인가』에서 명확히 이야기한 것이다.71) 저자도 그 생각에 찬동한다.

저녁 후라면, 이미 바다는 전면이 어둠에 싸인다. 어둠에 휩싸이기 시작한 시각의 항해에서는 이미 무엇이 무엇인지 알 수 없다. 그런 상황에서, 어슴푸레한 어둠 속에서 저쪽에 거대한 섬을 확인했다. 그것은 초목도 나지 않는 작은 암초 섬이 아니었다. 울릉도보다 훨씬 큰 섬이었다. 그것은 당연히 울창한 나무로 싸인 거대한 섬이다. 안용복에 있어 우산도란 사람이 충분히 사는 섬, 거대한 섬이라는 이미지가 있었다. 그래서 그 섬을 우산도라고 생각한 것이다. 그러나 실제로는, 이 섬은 오키노시마였다. 바람을 돛에 받으며 배가 나아가기 위해서는 갈지자 항법을 취하는 일도 있다. 그래서 목적의 섬이 바로 전방에 보이지만은 않는다. 우현 측에 보였다가, 좌현 측에 보였다가 한다. 그러므로 혼란이 생긴다. 북동 방향이라고 생각한 쪽에 섬이 출현했을 것이다. 그러나 이미 해는 져서, 어슴푸레한 어둠에서 칠흑 같은 어둠으로 급속도로 변해간다. 섬의 그림자 따위는 이미 완전히 보이지 않게 된다. 감각에 의존한 항해였다.

목적의 항 후쿠우라는 어두운 도영(島影)의 어디에 있는지 전혀 알 수 없었다. 그러한 상황에서 섬으로 향하고 있었다. 그러나 섬에 너무 가까이 접근하면 암초에 충돌하거나 옅은 여울(淺瀨)에 걸려 쉽게 배가 전복하고 만다. 세심한 주의가 필요하다. 결국 하룻밤을 먼바다에서 정박하고, 다음날 4월 20일 밝은 아침에, 이미 알고 있던 섬의 형태를 확인하고, 그리운 곳 모습을 확인하고 오키노쿠니 후쿠우라항으로 들어갔다. 그러한 해양의 항해였다. 이때의 항해에서는, 안용복은 그가 말하는 자산도(우산도)는 확인하지 못했다. 즉 실제의 송도(竹島 ＝獨島)를 확인하지 못했을 가능성이 있다. 그러나 그에게는 이 해역에 대한 지식이 있었다. 이곳에는 조선의 섬인 무릉도(울릉도)와 우산도가 있다. 그 두 섬은 항속 1일 정도의 거리에 있고, 각각 사람이 살 만한 정도의 큰 섬이라는 지식이었다. 그래서 후에 동래부에서 그러한 섬에 대해 공술한 것이다.

그러나 안용복은 동래사람으로 경상좌수영의 수군절도사 관할하, 부산진의 수군첨절사의 지휘하에 있었다. 즉 울릉도 해역에 자세한 영해 근처의 어민이 아니었다. 그의 경력으로 보면 부산포 주변의 해역, 울산, 홍해, 영해까지의 「지승항법」을 알 뿐이었다. 그곳부터는 「충승항법」으로 먼바다의 섬(울릉도)을 빈번히 왕래했던 것은 아니다. 하물며 그 앞에 있는 우산도 등은 그가 실제로 알 수 없었다. 부산포에서 울산주변 해역은 자세히 알고 있었으나 울릉도 해역은 아직 미지의 바다로 전해 듣기만 한 바다였다. 그는 상사의 명에 따라 울산 어민 일단을 이끌고 울릉도로 갔다. 그러나 자신이 섬을 안내한 것은 아니다. 선장 키무요치야키에게 선임을 지불하고 선객, 혹은 고용주를 대리해, 이 해역을 안내받으며, 이끌고 갔을 뿐이다. 즉 안용복이 이야기한 해양정보란 그야말로 모호한 것이었다. 그 우산국에 관한 발언은 말하자면 단순한 심상의 발언일 뿐이다. 그러나 그는 전해 들었다고는 하나, 이 해역에 2도가 있다는 사실은 알고 있었다. 그것은 무릉도와 우산도라 하는 섬이었다. 그리고 일본에 와서 이 해역에 죽도와 송도가 있다는 것을 알았다. 또 무릉도가 일본에서 말하는 죽도라는 것을 알았다. 그렇다면 당연히 사람이 살 수 있는 우산도는 송도라는 것이 된다. 그래서 송도에는 사람이 살 수 있다고 생각한 것이다. 후의 원록 9년에 울릉도에서 일본인을 추방하고 오키에 건너갔다고 발언하나, 이때 그가 쫓아냈다는 일본인이란, 송도에 사는 일본인이었다. 그러한 송도의 규모를 믿고 안용복은 비변사에서 공술한 것이다.72)

【죽도에 대한 정보】

실제로 죽도에 도해하고 있던 호우키의 선두들은 섬에 대해 어떻게 이해하고 있었던 것일까. 그 섬의 상황은 마쓰오카 후세이(松岡布政)의 『호우키민담기』에 생생하게 기록되어 있다. 다음과 같다.73)

> 이 죽도라는 곳은 일본에서 떨어지기를 멀리하고 조선에서는 가깝다. 도항하는 자는 3, 4월경에 먼저 오키국으로 건너가 기다렸다 밧줄을 풀고 건너간다. 섬은 오키국에서 서북에 해당하는 해로 100리 정도로, 조선에서는 아주 가깝다. 그 나라의 부산포까지의 거리는 18리 정도로, 밤이 되어 불을 피우면, 그 빛은 분명히 [조선땅에서] 보인다 한다. 여름에는 섬에 머물며 해렵하고 가을이 되면 험한 북풍을 기다렸다 귀범한다. 도해하는 자의 연령은 제한한다. 30을 넘는 자는 해상의 풍파를 견디기 어렵기 때문이다. 섬의 모양은 셋으로 나누어져 해안은 험하고, 그 계곡 간의 경역도 넓지 않다. 사람은 살지 않고 거죽, 교목 등이 번무하고, 여러 금수가 많다. 어별(魚鼈) 종류는 물가에 군집하고, 산물이 풍부한 섬이다. 감로의 폭포라는 것도 있다. 각별한 샘물도 있다. 또 이 섬에 생식하는 고양이는 꼬리 모양이 짧고 구부러져 있다. 그래서 꼬리가 구부러져 있는 작은 고양이를 지금은 죽도 고양이(猫)라고 한다. 또 이 섬의 전복은 아주 커서, 이것을 꼬지전복(串鮑)으로 만드는데, 그 맛은 비할 것

이 없다. 기슭의 우거진 대를 휘어서 해중에 담갔다가 아침마다 건져 올리면, 대의 지엽에 전복이나 대합이 걸려 나온다. 마치 나무열매가 붙어 있는 것 같다.

더 구체적으로, 도해하는 선두나 수주들에게 죽도에 관한 정보를 물어 보면, 여러 산물이 있다고 답한다. 원록 6년에 톳토리번주 마쓰타이라 호우키노카미 이케다 쓰나키요(池田綱淸)가 막부 노중에게 제출한 보고서 중에, 죽도산물과 섬에 대한 서부가 있다. 다음과 같다.[74]

메모

1, 죽도에 있는 산물은 예로부터 도해하는 선두 수주들에게 물어 알게 된 것으로 여러 가지를 기록하여 둡니다. 강치 외에 조수·죽목·초의 종류는 아래와 같습니다. 죽목류로는 오엽송, 황벽나무, 동백, 솔송나무, 느티나무, 오동나무가 있습니다. 죽, 이것은 일본에 있는 것과 각별히 다른 것이 아닙니다. 전단, 이것은 잎이 검붉고, 열매는 치자나무의 하얀색입니다. 다이타라, 잎은 오리나무와 같은 거목입니다. 녹나무와 비슷합니다. 참대, 이것은 화살을 만드는 대 같은데 크기는 3, 4촌의 것입니다. 호랑가시나무, 잎은 분비나무와 같고 잎끝이 서 있기 때문에 오래 전부터 선원들이 호랑가시나무라고 불렀습니다. 가비, 이것으로 가마류를 만들거나 당지를 만들기도 합니다. 초류로는, 머위, 생강, 땅두릅, 백합, 우엉, 푸른 잎, 수유나무, 딸기가 있습니다. 호장근, 이는 일본의 것과 다름이 없습니다. 당근, 일본요리에 쓰이는 당근으로 잎이 가늘게 갈라져 있고, 꽃은 유채꽃을 닮았습니다. 마늘, 일본의 마늘과 달라 잎이 개옥잠화와 같습니다.

覺

一、竹嶋に在る物の事は、古來、渡海の船頭や水主たちに尋ね、見知っているもの、その品々を書き留めて置きました。海驢、その他の鳥獸、竹木草の類で、左の通りのものでございます。

竹木の類では、五葉の松、きわだ、椿、とが、けやき、桐がございます。竹、これは日本に有るものと格別に変わったものではありません。栴檀、これは木の葉が黑赤く、實はクチナシのように白いものでございます。たいたら、葉はばんの木のようで、大木がございます。楠に似て

おります。まの竹、これは矢にする竹のようで、大きさ三、四寸廻りの
ものでございます。柊、葉は樅のようで、葉先は手に立つので前々から
水主どもは、これを柊と言い習わしています。がび、これは駕籠の類に
したり、唐紙にしたりします。
　草の類では、ふき、みょうが、うど、ゆり、ごぼう、あおき葉、ぐ
み、いちごがございます。いたどり、これは日本に有るものと変わりま
せん。にんじん、日本の料理で用いる人参で、葉のきれは細かく、花の
凝り固まった形は茱の花に似ています。にんにく、これは日本のにんに
くとは違い、葉は擬宝珠のようでございます。

　조금류로는 강치, 고양이, 쥐, 곤줄박이, 참새, 비둘기, 직박구리, 방울
새, 박새, 갈매기, 가마우지, 제비, 독수리, 뿔매, 그 외의 매 종류, 전복,
이것은 일본에 있는 것과 다르지 않습니다. 구멍새, 이것은 매일 아침 7
시부터 어디론가 날아갔다가 석양 6시에서 8시까지 돌아와, 그때 우는
소리를 냅니다. 수주들이 말하는 것은, 새들이 밤이 되면 구멍 안에 들어
가 있기 때문에, 잡기가 쉽다 합니다. 새의 크기는 까마귀 정도로, 날개
는 쥐색이고 배는 하얗게 보입니다. 나치코, 이것은 수주들에게 물었더
니, 지금의 것은 모양을 잘 알 수 없으나, 오래 전부터 이렇게 [새의 이
름을] 전하고 있습니다.
　이 외에 진사의 바위, 청록과 같은 것이 있습니다만, 어로에만 신경을
쓰고 있기 때문에 이것은 분명하지 않습니다. 기타 진기한 것도 있습니
다만, 깊은 산이기 때문에, 산속에는 발을 들여놓기도 어려워, 잘 알지
못합니다.

　鳥獣の類では、海驢、ねこ、鼠、山雀、雀、ひよどり、河原ひわ、四
十雀、かもめ、鵜、つばめ、鷲、くまたか、そのほかの鷹類がございま
す。鮑、これは日本に有るものと変わりありません。あな鳥、これは毎
朝七つ時から何處かへ飛び立ってしまい、暮の六つ時から五つ時までに
戻り、その時、鳴き音を立てます。水主共が言うことには、鳥は夜に入
ると穴に入っておりますので、捕る事は容易です。この鳥の大きさは烏
くらいで、羽根は鼠色で腹は白く見えます。なちこ、これを水主どもに
尋ねますが、唯今のものは形がよく分からないのですが、前々から、こ
のように[鳥の名を]申し伝えております。
　この他、辰砂の岩、緑青のような物が御座いますが、漁勞のみを心懸
けておりますので、この事は定かではありません。その他、珍しいもの
も有りそうですが、深い山でございますので、山奥へは足を踏み入れる

のも難しく、よくわかりません。

　1, 죽도의 넓이에 대해서는 대나무와 수목이 우거져 있어, 잘 알 수 없습니다. 섬을 [배로] 돌아보니, 대개 10리 정도 되는 것으로 생각됩니다. 그렇게 도해하는 수주들은 말하고 있습니다. 회도는 별지로 해서 제출해 둡니다.

　一、竹嶋の廣さについては、竹や木が生い茂っていて、よく分かりません。島を[船で]廻って見ますと、おおよそ十里ばかりも有るように思います。そのように渡海の水主どもは申しておりました。繪図は別紙にして差し出し致し置きます。

　1, 조선인이 건너오는 시기에 대해서는 알지 못합니다. 호우키노쿠니 요나고에서는 2, 3월경에 출선하여 이즈모국으로 가서, 그곳에서 오키국으로 도해하여, 그곳에서 또 바다를 넘어 죽도에 착안합니다. 7월 상순에 요나고로 귀항합니다. 호우키국에서 죽도로 직접 도해할 수는 없습니다. 그 섬에는 이쪽에서 소옥을 세우고 여러 도구나 어선 등을 넣어두고, 매년 도해할 때, 조사하고 있습니다만, 조금도 흩어지는 일 같은 것은 없었습니다. 그렇기 때문에, 조선인들이 처음으로 도해한 것이라고, 그렇게 생각하고 있습니다.

　1, 호우키국에서 죽도까지 해상으로 백오륙십 리, 죽도에서 조선국까지는 사십 리 정도 된다고, 그렇게 선원들이 말하고 있습니다. 이상입니다.

　一、朝鮮人が渡って來た時節については知りません。伯耆國米子からは二、三月頃に出船し、出雲國に向かい、そこから隱岐國へ渡海致し、そこからまた海を越え、竹嶋へと着岸致します。七月の上旬、米子へ歸港いたします。伯耆國から竹嶋へ直に渡海する事は出來ません。彼の島には、此方から小屋掛けをし、諸道具や漁船などを囲い置き、年々渡海の節、吟味致しておりましたが、少しも亂れているような事はございませんでした。そのようでございましたので、朝鮮人は初めて渡海を遂げたのだと、そのように思っております。

　一、伯耆國から竹嶋まで、海上百五、六十里、竹嶋から朝鮮國へは四十里ほどは有ると、そのように渡海の水主どもが申しておりました。

【막부 순견사에 대한 답변】

그러면 이 섬에 실제로 선단을 보내며 어로 활동을 경영해 온 오오야케와 무라카와케 사람들은 이 풍요의 섬을 어떻게 인식하고 있었던 것일까. 그들은 섬을 자신들의 섬이라고 생각하고 있었다. 그것은 막부에게 선조가 배령한 섬이라고 믿고 있었다. 엔호우 9(延宝: 1681)년 5월에 막부의 순검사(巡檢使)가 민정을 시찰하기 위해 산인 일대를 돌아왔다. 그 순검사를 요나고에 맞이하여 오오야 큐우에몬케가 순검사의 숙소를 명받았다. 그때의 일이다. 오오야케의 당주는 당시 순검사에게 죽도에 대해, 몇 가지 질문을 받았다. 그 항목 하나하나에 당주 오오야 큐우에몬 카쓰노부(勝信)가 서부로 회답했다. 그 서부 중에, 당시 오오야케의 인식이 나타나 있다. 다음과 같다.75)

1, 다이유우인님(토쿠가와 이에미쓰)의 어대, 지금부터 대개 50년 전의 일입니다. 아베 시로우고로우님의 주선으로 죽도를 배령하였습니다. 그리고 선조 때부터 [지금에 이르도록] 장군님의 알현도 명받아 실행하여, 참으로 감사하게 생각하는 바입니다.
1, 그 섬에는 매년 배로 도해하여 강치, 어유 및 꼬지 전복 등을 채취하는 일에 종사하고 있습니다.
1, 죽도에는 오키노시마 도우고의 후쿠우라에서 건너갑니다. 후쿠우라에서의 거리는 백여 리나 된다고 합니다. 해상의 일이라 자세한 것은 모릅니다.
1, 죽도의 주위를 돌면 10여 리 된다고 합니다.
1, 겐유우인(嚴有院: 德川家綱)님 어대의 일입니다. 죽도로 가는 길목을 따라가는 해상에, 돌자면 20정 정도의 소도가 있습니다. 초목도 없는 암도입니다. 이 섬을 지금부터 25년 정도 전에 아베시로우고로우님의 주선으로 배령했습니다. 즉시 배로 도해할 때, 이 소도에서도 강치, 어유 등을 약간 채취하는 일을 하고 있습니다. 위의 소도는 오키국 후쿠우라

에서 해상 60여 리나 됩니다.

위와 같이 어청서(御請書)를 제출합니다. 5월 13일

죽도로 가는 도중에 있는 초목도 없는 소도란 송도를 말한다. 죽도
도 송도도 요나고 상인이 어업경영을 위해 장군님에게 배령했다는
인식을, 막부 순검사에게 보고했다. 죽도는 토쿠가와 이에미쓰시대
에, 그리고 송도는 토쿠가와 이에쓰나시대에 배령했다는 것이다. 그
죽도 전복을 막부에 헌상하여 알현의 영광까지 누리고 있다고 했다.
이런 일을 자랑스럽게 이야기하며, 막부공인의 도해사업이라는 것을
진술했다. 여기에는 톳토리번이 관여한 이야기가 없다. 막부의 직참
(直參)인 하타모토(旗本) 아베 시로우고로우의 주선으로 승인이 이루
어진 것으로 되어 있다. 이 엔호우(延宝) 9년의 순검사 파견은 4대 장
군 이에쓰나에서 5대 장군 쓰나요시(綱吉)로 장군이 교체된 일로 인
해 행해진 일이었다. 쓰나요시정권이 계속되는 원록 6년의 시점에서
도, 이와 같은 인식이었다.

【톳토리번의 섬에 대한 인식】

원록 연간에 톳토리번의 에도 루스이(留守居)역을 지낸 오타니이
베에(小谷伊兵衛)가 막부에 제출한 죽도의 서부가 있다. 그곳에는 요
나고에서 쿠모쓰(雲津)까지 10리, 쿠모쓰에서 오키의 타쿠히야마(燒
火山)까지 23리, 타쿠히비야마에서 후쿠우라까지 7리, 후쿠우라에서

송도까지 80리, 송도에서 죽도까지가 40리라는 기재가 있다. 오타니
이베에가 제출한 죽도의 서부는 별지로 해서, 송도에 대한 정보도 전
하고 있다.

별지

1, 송도에는 호우키국에서 해로 120리 정도이다.
1, 송도부터 조선은 8, 90리나 있다고 듣고 있다.
1, 송도는 어느 나라에도 부속하지 않는 섬이라고 듣고 있다.
1, 송도에 어렵하러 가는 것은 죽도로 도해할 때 지나가는 길목에 있
기 때문이다.
이곳에 들러 어렵을 하나, 타령에서 이곳에 어렵 때문에 오는 자는 없다.
원래 이즈모국이나 오키노시마 사람은 요나고 사람과 같은 배를 타고
온다.

송도는 죽도에 도해할 때, 잠깐 들러 어렵을 하는 섬으로 되어 있
다. 그야말로 죽도도해의 도상에 있기 때문이다. 이 섬은 당시 어느
나라에도 소속되어 있지 않았다. 오키국, 이즈모국, 이와미국(石見國)
은 물론, 이나바국, 호우키국의 것이 아니었다. 즉 톳토리번의 것이
아니었다. 톳토리번령이라는 인식은 도해하는 요나고 상인에게도 없
었고, 톳토리번 그 자체도 가지고 있지 않았다. 톳토리번 내의 호우키
상인이 이 섬에 관련되어 있었으나, 그것은 번령에 의한 활동이 아니
었다. 막부의 허가를 받은 어업활동이라고 말할 뿐이다. 그러므로 톳
토리번으로서는, 섬은 어쩌면 막부령(天領)일지도 모른다고, 그렇게
인식하고 있었다.

그러면 죽도 쪽은 어떠했을까. 죽도에 대해서도 마찬가지이다. 톳
토리번에 톳토리번령이라는 인식은 없었다. 그러면 막부는 어떠했을
까. 막부가 그러한 무인도 하나하나를 바르게 인식하고 있었을 리가

없다. 당시 오키는 천령으로, 이와미의 다이칸(代官)이 지배하고 있었다. 그 오키의 멀고 먼 저쪽에 있는 섬으로, 이와미에서는 섬의 상황을 알 수도 없었다. 당연히 그 귀속에 대해서는 알지 못했다. 그렇기 때문에 조선인 둘을 연행하고, 그 보고를 이와미대관을 통해 막부에 올렸을 때, 막부는 다시, 그 섬에 대한 것을 톳토리번에 물은 것이다.

원록 6년 5월 21일에 칸죠우부교우(勘定奉行: 원록 기에는 勘定頭라 했다) 마쓰타이라 미노노카미 시게요시(松平美濃守重良)가 톳토리번에 질문한 일이 있었다. 왜 칸죠우부교우의 질문인가 하면, 칸죠우부교우는 재정이나 지배 등을 관장하고 있었기 때문이다. 번령(領)이나 막령을 파악해, 연공에 관련된 문제가 생겨, 신고한 내용과 다름이 없는가, 지배 영역의 확정도 포함해 정식으로 질문한 것이다. 섬에서의 이익, 그 어획량은 어떠한가, 이것에 세금(運上金)은 부과하고 있는 것인가, 그것을 톳토리번에 납부한 것인가, 오키 대관에게 납부한 것인가, 몇 개의 의문점이 있어 질문한 것이다. 그러나 물론 그것만은 아니다. 죽도는 천령인 오키보다, 더 먼바다에 있다. 이곳은 과연 천령인가, 아니면 어느 나라에 소속되어 있는가, 거의 소속 불명이기 때문에 질문한 것이다. 그것에 대한 톳토리번 에도번저의 회답이 조속히 다음 5월 22일에 이루어졌다. 다음과 같다.76)

1, 호우키국 요나고에서 죽도는 해상으로 대개 160리 정도입니다. 매년 요나고에서 출선하여 이즈모로 가서, 그곳에서 오키국을 거쳐 죽도로 건너갑니다. 요나고에서 직접 죽도로 건너가는 일은 없습니다.
1, 무라카와 이치베에, 오오야 큐우에몬이 에도에 와서 알현을 할 때는 죽도 전복을 헌상합니다.
1, 죽도에서 전복을 잡는데 세금(運上)은 없습니다. 호우키노카미(鳥取藩主、池田綱清)에게 하는 헌상도 위 두 정인이 갖추어 바치고 있습니다.

1, 죽도에서 강치를 잡아, 그곳에서 기름으로 정제하여 가지고 돌아와
상매하고 있습니다. 이 기름의 세금도 없습니다.
1, 죽도는 이도로 사람은 살고 있지 않습니다. 원래 호우키노카미의
지배하에 있는 섬이 아닙니다.
위에 이야기한 대로입니다.

이렇게 즉답했다. 답할 수 없는 항목은 다시 쿠니모토에게 묻겠다
며 다음과 같이 답했다.

1, 죽도도해의 일에 대한 상세한 것은 이곳에서는 알 수 없습니다.
1, 죽도도해는 주인(御朱印)을 지참하는 항해가 아닌 것 같습니다. 그
래서 다시 물어 알게 되면 보고하겠습니다. 주인의 문서 및 어봉서의 사
본 등도 이쪽에는 없습니다.
1, 죽도에 도해하는 배에 어문(御紋)의 선인(船印)을 세우고 항해하는
일 등을 이쪽에서는 전혀 모릅니다.
1, 무라카와 이치베에, 오오야 큐우에몬이 에도에 오는 것은 몇 년에
한 번의 일인지, 그에 관한 정확한 것은 이쪽에서 알지 못합니다.

이처럼 즉답할 수 없었던 항목에 대해서는 1개월 후에 다시 회답
했다. 이하와 같다.[77]

호우키국 요나고의 상인 무라카와 이치베에와 오오야 큐우에몬이 죽
도도해를 시작한 것은 겐나(元和) 4년의 일입니다. 아베 시로우고로우님
의 주선으로 도해허가를 받았다 합니다. 그 당시부터 위의 두 상인은 알
현을 명받게 되었습니다.
1, 죽도에 도해할 때는 주인의 허가증은 없습니다. 마쓰타이라 신타로
우(池田光政)에게 호우키국의 영지를 명하셨을 때, 봉서로 허가증을 내
렸습니다. 그때의 사본을 보여 드립니다.
1, 죽도 도항선이 아욱잎(葵) 무늬의 배 깃발을 허가받은 사정은 분명
하지 않습니다. 그러나 위 두 사람의 선조 때부터 지금까지 그 선인을
세우고 도항하고 있습니다. 선년의 일입니다만, 죽도에 도해했던 배가
조선국에 표착한 일이 있었습니다. 어문의 선인을 달고 있었기 때문에

일본선으로 판단하고 쓰시마국으로 송환하여, 요나고로 돌아올 수 있었다 합니다.

1, 위 정인이 당지(에도)에 오는 것은 4, 5년에 한 번씩으로, 그것도 한 사람씩 교대로 옵니다. 그때는 사사봉행들에게 인사하고, 그 안내로 알현의례를 원한다고 합니다. 알현한 후에는 계절 옷(時服)을 배령한다고 합니다.

이상입니다.

죽도는 톳토리번의 영지가 아니다. 이 시점에서 이미 막부에 이렇게 명확하게 보고하고 있었다. 톳토리번으로서는 이 섬은 어쩌면 막부의 영지일지 모른다는 인식이었다. 직참(直參) 하타모토(旗本) 아베 시로우고로우가 중개하여, 이 섬에 출어하는 막부의 허가를 받았다. 그러한 죽도에 호우키 상인이 도해하여 어렵을 하고 있다. 즉 번령이 아니므로, 번이 관계하고 있지 않아, 전복어렵이나 강치기름 채취 등에 톳토리번이 세금을 부과하지는 않았다. 다만 전복대금을 미리 대여하고 우선적으로 진기한 상품(죽도 전복이나 동물기름이나 특산의 재목 등)을 취득하고 있었으므로, 톳토리번에게도 충분한 이점은 있었다. 그 정도의 일일 뿐이었다. 아욱잎 무늬의 선인을 세우고 배가 이곳을 왕복하므로, 당연히 막부 관할하에 있는 섬이라고 생각한 것이다. 그러나 왕복하는 것은 톳토리번 지배 하에 있는 호우키 상인들이다. 그들이 장군의 허가를 받아 산업활동을 하는 어로현장이라는 인식이었다. 그러한 곳에 조선인이 도해하여 어장을 침범한 것이다. 그렇게 되면 호우키 상인을 돌보는 번으로서, 그저 보고 지나칠 수는 없다. 알현을 명받은, 막부가 공인하는 상인으로, 그들의 선인에는 아욱잎 무늬까지 휘날리고 있다. 보고를 게을리하면 장군의 권위를 무시했다 하여 엄한 처벌을 받을지도 모른다. 그래서 톳토리번은 관할

자라고 생각되는 장군에게 사건의 전말을 보고했다. 장군이 조선국에
알려 조선인의 도해금지를 새삼스럽게 의뢰하게 된 것이다.

【막부의 섬 인식】

　그렇다면 에도의 장군은 죽도에 대해 어느 정도의 정보를 가지고
있었을까. 바다 저쪽에 있는 무인도에 대해, 막부의 담당자가 자세히
알고 있었을 까닭이 없다. 아니 거의 알지 못하는 섬, 전혀 알지 못하
는 섬이었음이 틀림없다. 그렇기 때문에 전년의 원록 5년에 「아무런
준비도 없다」고 답했을 뿐이었다. 원래 이 섬이 막부의 영지라고는
조금도 생각하지 않았다. 어느 나라의 것인지도 모르는 섬, 막령인지
아닌지도 모르는 섬, 그저 톳토리번이 관련된 섬, 호우키 상인이 관계
하는 섬이라는, 그런 정도의 이해밖에 없었다. 그래서 톳토리번이 제
출한 보고서, 오오야 및 무라카와 선의 선두구상서, 조선인구상서 등
을 있는 그대로 신용했다. 그리고 쓰시마번을 매개로 해서 조선에, 그
나라 어민의 도해를, 이후 금지해달라고 요청했다.
　분명 톳토리번의 보고서는 근거에 입각한 것이었다. 인하쿠(因伯)
의 태수 마쓰타이라 신타로우 앞의 죽도도해면허장은 분명히 존재한
다. 그 사본이 당시 막부에 제출되었다. 다음과 같은 것이다.[78]

죽도도해면허장

　호우키노쿠니 요나고에서 죽도에, 선년에 배가 건너갔다 합니다. 그

래서 그처럼 이번에도, 도해하고 싶다는 것을, 요나고 정인 무라카와 이치베에, 오오야 진키치가 신청한 것에 대해서는, 위에서 말씀 드렸더니, 이의가 없으시다는 뜻을 명하셨으므로, 그에게 그 뜻을 얻게 하여 도해의 건은 명하여 주십시오. 삼가 아룁니다.
　　5월 16일

나가이 시나노노카미(나오마사)
이노우에 카즈에노카미(마사나리)
도이 오오이노카미(토시카쓰)
사카이 우타노카미(타다요)

　　마쓰타이라 신타로우님

　　竹嶋渡海免許狀
　　伯耆國米子より竹嶋へ、先年、船相渡の由に候、然らば其の如く今度、渡海致し度の段、米子町人村川市兵衛、大谷甚吉、申し上げしに付きては、上聞に達し候の處、異議有るべからずの旨、仰せ出され候間、彼に其の意を得させ渡海の儀、仰せ付けられ候、恐々謹言。
　　五月十六日

永井信濃守(尚政)
井上主計守(正就)
土井大炊守(利勝)
酒井雅樂頭(忠世)

　　松平新太郎殿

　　죽도도해를 허가하는 서부는 토쿠가와 히데타다(秀忠)의 노신들의 서명이다. 그들 4인이 가판할 수 있는 지위에 오른 것은 겐나 8(元和: 1622)년부터이고, 이노우에 마사나리가 에도성 안에서 살해된 것이 칸에이 5(寬永: 1628)년이므로, 이 서부는 그 시기간의 것이다. 칸에이 14(1637)년에 조선에 표류한 무라카와선은, 이 죽도도해면허의 사본을 지참하고 있었으며, 13년 전에 허가받았다고 공술했다. 그러므로 이 서부는 칸에이 2(1625)년의 것이라고 말할 수 있다.79) 이 시기에 오오고쇼(大御所) 히데타다의 지지로 신장군 이에미쓰(家光)정권이 시작되었다. 오오야케의 기록에 있는 「다이유우인(大猷院: 德川家光)님의 어대에 배령」했다는 기록과 일치한다.

그런데 때는 제5대 장군 쓰나요시(綱吉)의 시대이다. 부친의 대, 조부 대의 허가증, 부친의 시대, 조부의 시대 중신들의 서부, 그것을 당대에 무시할 수는 없었다. 그것은 장군이 다이묘우(大名)에게 보낸 정식문서이다. 그 관할 하에 있는 요나고 상인에게 업무를 승인하는 서부이지만, 해당하는 인하쿠(因伯) 태수에게 보낸 허가증이다. 마치 죽도의 처리(采配)를 이 톳토리번주에게 맡기는 형식으로 되어 있다. 즉 막령인 죽도의 관리를 톳토리번에게 위탁한 형식을 취하고 있다. 그래서 톳토리번의 요구, 즉 「다시는 조선어민이 이 섬에 건너는 일이 없도록 해 주었으면 한다」라는 요망에 대해, 장군은 즉석에서 동의했다. 그리고 나가사키 및 쓰시마에 서둘러 지시했다.[80]

제1절 주

1) 岡島正義『竹島考』文政11年, 鳥取縣立博物館藏

2) 小谷伊兵衛『元祿竹嶋繪図』元祿9年, 鳥取縣立博物館藏

3) 松岡布政『伯耆民談記』(『因伯叢書』)因伯叢書發行所, 1914

4) 奧原碧雲『竹島及鬱陵島』明治40年, 報光社, 2005年復刻, ハーベス
   ト出版

5) 越智唯七編纂『新旧對照 朝鮮全道府郡面里洞名称一覽』草風館, 平
   成6年

6) 『죽도에 관한 7개조 반답서』(島根縣圖書館藏) 말미의 「오보에(覺)」
   죽도에 호우키노쿠니에서 도해하는 인수와 선명은 아래와 같습니다.
   1, 元祿5 壬申年에 米子의 상인 村川市兵衛와 大谷九右衛門이 죽
   도에 배를 보낼 때 先頭와 水主 21인과 鐵砲 8정을 200石 용량의
   배에 1艘에 싣고 건너갔습니다.
   1, 동 癸酉年과 다음해에도 같은 선두와 수주의 수를 위와 같이 하
   여 건너가게 하였습니다.
   1, 철포를 지참하는 것은, 강치(海驢)를 잡을 때 쏘기 위해 지참하
   는 것입니다.

7) 전항 『죽도에 관한 七箇條返答書』에 있다. 또 大谷家文書 중의「
   船頭口上」, 川上 健三『竹島의 歷史地理學的硏究』p.145, 鳥取縣
   立博物館藏『竹嶋之書附』, 塚本孝『竹島關係旧鳥取藩文書 및 繪
   図(上)』, 『因府歷年大雜 集』에도 같은 기재가 있다.

8) 이카시마(イカ島)란 伊賀島를 말한다. 岡島正義『竹島考』소재의
   지도를 보면 이카시마란 竹嶼島로, 그 사이의 섬이 觀音島이다.
   위치적으로 잘 부합한다. 그러나 鳥取縣立博物館所藏『大谷家由

緒實記』附図에는, 이카시마란 苧洞里의 근변에 있어, 지금의 青島(北亭岩, 胃島)처럼 보이기도 한다. 그리고 사이의 섬이 2도로 그려져 있어, 그것이 지금의 竹嶼島와 觀音島처럼 보이기도 한다. 그러나 중간 섬이란 울릉도의 南面과 北面의 境界部로, 그 중간 섬을 의미할 것이므로, 위치적으로는 관음도이다.『죽도고』중간의 섬(間ノ島)은 1도로 되어 있다. 2도로 그려진 것은, 그 舊名의 島頂과 섬처럼 뻗은 岬, 즉 도항취(島項觜)를 2도로 본 결과일지도 모른다. 어쩌면 三仙岩 근처까지를 포함하여, 그 중간에 수로가 있다는「마노시마(間ノ島)」라는 의미로, 본래 복수의 섬을 포함한 것인지도 모른다. 어쨌든 죽서암과 관음도를 합하여, 이를 마노시마(間ノ島)에 대응시키기에는, 이 2도는 너무 떨어져 있다. 이 정도로 떨어져 있으면 본래 다른 섬으로 하여 이름 붙이는 것이 자연스러워, 마노시마로 해서 하나로 보는 것에는 무리가 있다. 다른 섬으로 본다면 역시 죽서도가 이카시마가 되는 것이다.

9) 『因府年表』元禄5年6月7日, 7月7日條

10) 『因府年表』元禄5年1月27에는「安養寺猪之助 勘略奉行被二仰付一、御鐵砲廿挺御預け」라고 되어 있다.

11) 鳥取藩『控帳』元禄5年4月9日條

12) 鳥取藩『御用人日記』元禄5年4月28日條

13) 鳥取藩『控帳』元禄5年5月10日條

14) 鳥取藩『控帳』元禄5年5月10日條

15) 鳥取藩『控帳』元禄5年8月2日條

16) 이 大谷船의 船頭(黑兵衛와 平兵衛) 보고서는『因府歷年大雜集』에 있다. 또「大谷家 의 古文書」(川上健三前揭書)에도 있다. 이 보고서가 후에「大谷村川口上書」로 해서 月番老中土屋相模守에

보고된다.

17) 토우센가사키(唐船ヶ崎)는 토우센가하나(唐船ヶ鼻)라고도 한다. 사키(崎) 혹은 하나(鼻)이므로 곶의 선단부분을 가리킨다. 울릉도의 남단, 지금의 가두봉(可頭峰)을 말한다. 다만 이 토우센가사키에 대해 「죽도고」지도나 「大谷家由緖實記」지도는, 섬으로 기재하고 있다. 아마도 이 곶(岬)의 선단의 섬을 가리키는 것 같다. 그렇다면 구갑암(龜甲岩)이라는 것이 된다. 혹 가두봉을 내려다보는 섬이라면 사동리(沙洞里)의 남쪽, 장흥동리(長興洞里)의 해변에 있는 수뢰암(水雷岩)일지도 모른다. 奧原碧雲『죽도 및 울릉도』의 부도에서의 가두봉은 간령(間嶺)으로 되어 있고, 그 남단의 곶은 국견기(國見崎)로 기록되어 있다. 그 곶의 앞에 두 개의 섬이 기록되어 있다.

18) 오오텐구(大天狗)는 키타우라(北浦)와 오오사카우라(大坂浦) 사이에 있다. 텐구(天狗)는 하늘(天)을 달리듯이 솟아오른 斷崖絶壁이거나 급경사의 산일 것이다. 그것도 바다에서 눈을 치켜뜰 정도로 보지 않으면 안 된다. 지금의 현포동과 천부동 사이에 그러한 명소를 찾는다면 추산(錐山)이라는 곳이 해당된다.

19) 『因府歷年大雜集』

20) 內藤正中·金柄烈『史的檢証 竹島·獨島』岩波書店, 2007, p.153

21) 塚本孝『竹島關係旧鳥取藩文書および繪図(上)』レアァランス, 昭和60年4月号

22) 『竹島記事』元祿六年九月四日條 「朝鮮人口書」에는 塩三俵라고 있다.『因府歷 年大雜集』이 記載하는 塩二俵는 誤記이기 때문에, 이곳에 三俵로 기록했다. 또 三人 一俵라고 있어, 乘船 九人으로 都合三俵라는 것을 알 수 있다.

23) 『竹島紀事』元祿六年七月朔日 「朝鮮人貳人申口」

24) 오키노리(沖乘) 항법은 「指南鐵(磁石)」의 지참을 전제로 한다. 그 정확한 방위, 그리고 走航의 거리감이 중요하여, 아마 竹嶋丸의 선두도 그것을 지참하고 죽도로 출발했을 것이다.

25) 『竹島紀事』元祿6年9月4日條 「朝鮮人口書」

26) 『朝鮮通交大紀』卷8, 靈光院公의 元祿六年條

27) 「元祿6年竹島에서 伯州로 朝鮮人을 連歸한 大谷九衛門船頭口上覺」

28) 『肅宗實錄』肅宗20年3月條

29) 『辺例集要』第17卷

30) 『竹島紀事』元祿6年9月4日條

31) 『大谷氏旧記』2 「唐人貳人之內通辭申方」東京大學史料編纂所

32) 鳥取藩 『控帳』元祿6年4月28日條

33) 『竹島紀事』元祿6年6月條. 元祿6年6月條는 鳥取藩의 支給品도 같이 記載한다.

34) 『竹島紀事』元祿6年9月4日條

35) 鳥取藩 『控帳』元祿6年4月30日條

36) 『因府歷年大雜集』

37) 『因府歷年大雜集』

38) 田川孝三『竹島領有に關する歷史的考察』「東洋文庫書報」第20号, 東洋文庫, 1989

39) 李翼『星湖僿說』의 壹, 天地門, 查陵島에는 「安龍福者 東萊府戰船櫓軍也 出入倭館 善倭語」라고 있다. 또 李圭景『五洲衍文長箋散稿』의 壹, 卷35, 查陵島事實辨 證說에도 「肅宗十九年癸酉夏 東萊戰船櫓軍安龍福 潛入倭 中 有爭之擧」이라고 되어 있다.

40) 『增補文獻備考』卷31, 興地考19에는 「初東萊安龍福隸能櫓軍, 善倭語, 肅宗十九年夏, 入海漁採, 漂到鬱陵島, 遇倭船, 云々」이라고 있다.

41) 『竹嶋考』에는 安龍福의 답변으로 해서 「吾의 在所는朝鮮國慶尙

道東萊縣의 者로, 안 핀샤, 나이는 42세이다」라고 되어 있다. 이 것을 연령 사칭으로 보고 허풍의 하나로 보는 설이 있으나, 돌연 납치당한 혼란과 이문화·다른 언어 속에서의 혼란이라고 이해 하는 것이 자연스러울 것이다.

42) 『竹島紀事』元禄6年7月朔日條
43) 『辺例集要』肅宗20年, 正月條
44) 『竹島紀事』元禄10年4月條의 謝意의 書簡, 元禄10年7月條 改撰書簡, 元禄11年 4月條의 再度의 改撰書簡, 그것들에 安龍福 업적의 기재가 있다.
45) 吉田光男「李朝末期의 漕倉構造와 漕運作業의 一例-『漕行日錄』 에 보이는 1875년의 聖堂倉-」『朝鮮學報』第113輯, 朝鮮學會編, 昭和59年10월호
46) 六反田豊「『嶺南大同事目』와 慶尙道大同法」『朝鮮學報』第131輯, 朝鮮學會編, 平成元年4月号
47) 헨드릭 하멜『朝鮮幽囚記』生田滋譯, 東洋文庫, p.161, 平凡社, 1969
48) 隱岐村上家 「元禄覺書」
49) 大西俊輝『續日本海と竹島』東洋出版, 2007
50) 矢田高当『長生竹島記』史籍記錄原簿第1067号, 島根縣立図書館
51) 『因府歷年大雜集』
52) 矢田高当『長生竹島記』, 島根縣立図書館
53) 토라헤에 대해 金柄烈氏는「토라헤란 토루아에(石童)」로 解讀한 다(內藤正中·金柄烈『史的檢証 竹島·獨島』岩波書店, 2007).
54) 『竹島記事』元禄7年2月條
55) 李俊九『十七世紀末, 戶牌·戶籍가 말하는 鬱陵島獨島의 守役安龍福과 朴於屯』(忠南大學 權五曄敎授의 敎示에 의한)기재.
56) 『肅宗實錄』肅宗20年3月條
57) 『備辺司謄錄』肅宗19年, 11月14日條

58) 『辺例集要』17 「鬱陵島」條, 肅宗20, 1月

59) 『辺例集要』17 「鬱陵島」條, 肅宗20, 7月8日條

60) 『竹島紀事』元祿7年2月15日條

61) 鳥取藩 『控帳』元祿6年1月19日條

62) 『竹島渡來由來記拔書控』第4代勝房의 代

63) 『增補珎事錄』元祿6年5月4日條

64) 『竹島紀事』元祿6年6月條

65) 『竹島紀事』元祿6年9月條

66) 大谷家古文書『乍恐口上覺』

67) 『辺例集要』17 「鬱陵島」條, 甲戌正月

68) 『因府歷年大雜集』

69) 『竹島紀事』元祿6年11月條

70) 『竹島紀事』元祿6年11月條

71) 下條正男『竹島は日韓どちらのものか』文春新書, 文藝春秋, 平成
16年

72) 『肅宗實錄』肅宗22年9月條

73) 松岡布政『伯耆民談記』前揭註

74) 『竹島에 관한 七箇條返答書』島根縣立図書館藏, 鳥取縣立博物館
藏『竹嶋之書附』에도 同文이 있다.(塚本孝『竹島關係旧鳥取藩文
書 및 繪図(上)』)

75) 『竹島渡來由來記拔書控』第三代大谷勝信의 條

76) 鳥取藩『御用人日記』元祿6年5月21日條

77) 鳥取藩『御用人日記』元祿6年5月21日條

78) 『竹島渡海由來記拔書控』

79) 池內敏『竹島渡海와 鳥取藩－元祿竹島一件考・序說－』,『鳥取地
域史研究』第1号, 1999

80) 『竹島紀事』元祿6年5月條

제2절
두 조선인의 나가사키 송부

【요나고의 두 조선인】

　원록 6년 4월 27일에 오오야 큐우에몬선의 선두는 조선인 둘을 호우키 요나고로 끌고 돌아왔다. 요나고에 도착한 후에 서둘러 사건의 전말을 번의 역인에게 보고한다. 마침 4월부터 요나고성에 아라오 슈우리(荒尾修理: 成紹)가 체재하고 있었다. 그 슈우리가 4월 28일 번청(鳥取藩廳)에 보고했다. 당시의 집정은 아라오 시마(荒尾志摩: 秀就)였다. 서둘러 에도번저에 7일 비각을 파견하여 지시를 받기로 했다. 그동안 조선인은 오오야 큐우에몬 댁에 두고, 아라오 히라자에몬(荒尾平左衛門), 즉 아라오 히로카즈(荒尾大和: 成倫)의 배하, 히로카즈쿠미(組)의 작회인(作廻人) 및 아시가루 번인에게 경호하도록 했다. 즉 요나고에서의 단속을 히로카즈쿠미가 맡았으며, 이는 아라오 슈우리의 지시였다.[1]

　하쿠슈우 요나고에 끌려온 두 조선인은 요나고 나다쵸우(灘町)에 있는 오오야 큐우에몬 댁에서 연금상태에 놓여 있었다. 그들을 가둔 곳은 오오야케의 창고였다. 「대파한 여러 도구 등을 정리해 두는 장소」였다.[2] 그들은 갇혀 있어 우울했기 때문에, 어떻게든 기분을 전환하려고 외출을 희망했으나 받아들여지지 않았다. 그러자 경호하는 자들에게 「많은 불평(色々わやく)」을 말했다고 한다. 경호하는 자들이 아라오 슈우리에게 물었더니, 밖에 내보내는 일은 [수인이기 때문에] 안 된다. [그러한 배려는] 필요 없다는 전달이 왔다. 또 그들을 달래기 위해 술을 주어도 괜찮은지 물었다. 안용복과 박어둔이 술을 좋아했던 것 같다. [이에 대해서는 약간의 배려가 있었다.] 단 주야로 3승을

넘어서는 안 된다[라고 제한했다.] 이러한 상담을 하며 [조선인을 경호하고] 그것을 아라오 슈우리에게 모두 보고했다.3)

5월 11일에 오오야케의 별가당주·오오야 토우베에(兵衛)를 번에서 호출했다. 토우베에는 당시 아직 7세의 어린 오오야 큐우에몬(勝房)의 후견인이 되어, 오오야케를 실질적으로 관리하고 있었다. 밤임에도 불구하고 서둘러 출두하자, 근일에 번의 감찰역(御目付役)이 [조선인 건에 대한] 것을 묻기로 되어 있다고 알려 주었다.4) 그리고 다음 5월 12일에 오오야 토우베에와 두 선두(쿠로베에와 히라베에), 이 셋에게 명일(5월 13일) 회소로 출두하라는 전달이 왔다. 서둘러 13일에 요나고 정회소에 가자, 감찰 및 오후나야쿠(御船役) 야마자키 슈메(山崎主馬)가, 이번에 죽도로 건너온 조선인의 일로 회의가 열리게 되었다고 알려 주었다. 그리고 토우베에와 선두 두 사람의 3인에게, 이 건에 관한 사정을 물었다. 그리고 전술한 조선인의 구상서가 만들어진다.

【월번노중에게 보고(원록 6년 4월~5월)】

이보다 앞선 4월 28일에 두 조선인에 대한 제1보를 비각으로 에도 번저에 보냈다.5) 에도에 도착한 것은 5월 9일이었다. 에도번저의 노직은 5월 10일에 번저의 키키야쿠(聞役) 요시다 효우마(吉田兵馬)를 보내, 월번노중(月番老中) 쓰치야 사가마노카미 마사나오(土屋相模守政直)에게 사건을 보고하고, 금후의 지시를 물었다. 요시다 효우마가 쓰치야 사가미노카미에게 보고하기 위해 지참한 것은 조선인의 구상서, 조선인이 소지했던 칼(刺刀), 품속의 서부 3통, 및 오오야·무라카와 선두의 구상서였다.6)이 중,「조선인구상서」와「오오야·무라카와구상서」는 이미 전장에서 소개했다. 그리고 조선인이 소지했던「칼」과「품속의 서부 3통」은 취조 시, 소지품 검사에서 확인했던 것이다. 이를 물적 증거로, 톳토리에서 에도번저를 통해 장군에게 제출했다.

이렇게 하여 요나고 상인의 소송은 요나고에서 톳토리로, 그리고 에도로, 에도번저에서 월번노중 쓰치야 사가미노카미에게 이르게 된다. 그것은 원록 6년 5월 10일의 일이었다. 이때 요나고 상인의 소송을 받고 톳토리번이 행한 신청은「향후 그 섬에 조선인이 오지 못하도록 해 주십시오. 그리고 죽도산 전복을 이전처럼 막부에 헌상하고 싶습니다」라는 내용이었다.7) 오오야, 무라카와 양가 및 톳토리번이 행한 요구가, 조선어민의 죽도에 대한 출어금지였음을 알 수 있다. 그것은 톳토리번령에 사는 요나고 상인에게 죽도산 전복을 배타적으로 확보할 수 있는 권리를, 계속 유지시켜 주고 싶다는 희망이었다. 간략히 말해 죽도 및 주변해역에서의 어업권 문제, 섬의 재산권 문제였다. 그것이 이번에 침범당했다며, 장군에게 시정을 요구한 것이다. 사건의 첫 발단은 영토권 다툼이 아니었다. 그러나 이렇게 톳토리번을 통해 장군에게 보고하게 되면, 단순한 어렵권·재산권 다툼으로 끝나지 않는다. 사태 경과는 관련자들의 예상을 크게 뛰어넘어 전개된다. 그러나 시작단계에서는 누구도 예측하지 못했다. 요나고 상인이 섬에서 어렵을 하게 된 것은, 원래 하타모토인 아베 시로우고로우의 주선 결과였다. 그 아베 시로우고로우케의 실책으로 코부신쿠미(小普請組)로 전입되어, 아베케는 중개능력을 상실하게 된다. 그 결과 요나고 상인과 막부관료의 연줄이 단절되고, 이를 대신하는 형태로, 톳토리번이 주선을 행하게 되었다. 그것은 아베 시로우고로우케가 힘을 잃은 엔호우(延宝)경부터였다. 장군과의 연줄이 번을 통해 계속되자, 호우키 상인 측도 죽도에서의 어로 활동을 계속할 수 있어, 해산물 유통과 판매 활동을 유지·발전시킬 수 있었다. 또 톳토리번도 진기한 죽도 전복 등을 막각·대명들에게 선물하여, 우호적이고 친밀한 교류를 도모할 수 있었다. 즉 상호 간에 공통이해를 가지게 되었다. 그러나 이 섬에 톳토리번의 영민 등은 없었다. 때문에 연공을 부과하지 않았다. 요나고 상인이 독점적으로 어렵하고 있었으나, 그것을 번이 허가하여 특별히 비호한 것도 아니었다. 그래서 특별히 세금(運上金)이나 영업세(冥加金) 등을 부과하지 않았다. 당연히 톳토리번에, 그 섬이 톳토리번의 영지라는 인식은 없었다. 이 섬은 천령인 오키에서 아주 먼 해중에 있다. 누구의 것인지도 알지 못하는 섬, 어느 나라의 것인지도 모르는 섬, 그러한 인식이었다. 당연히 마쓰타이라 호우키노카미(池田綱淸)의 영지로 인정되어 온 것도 아니었고, 번주와 가신에게도 그런 자각은 없었다. 톳토리번 입장에서는, 오키가 막령이므로, 그 앞의 송도와 죽도도 어쩌면 막령일 것이라고 막연히 생각했을 것이다. 단지 천령 오키가 이와미 대관의 관리 하에 있는 것처럼, 송도와 죽도도 호우키 상인을 매개로 톳토리번의 관할하에 있다고, 번의 일부는 그러한 인식을 갖고 있었을지도 모른다. 물론 여기에 성문화된 것은 아무것도 없다. 관습에 따라, 사실상 그러한 상황에 있을지도 모른다는 애매한 인식뿐이었다. 이러한 인식이 생긴 것은, 호우키 상인이 하타모토 아베 시로우고로우를 매개로 한 연줄을 잃고, 새로 톳토리번과 결부한 호우엔(延宝) 연간부터였을 것이다. 또한 역사가 짧았기 때문에 섬은 톳토리번의 것이라는 번 내의 공통인식도 아직 생겨나지 않았다. 번 관할하에 있다는 생각과 아무런 관계가 없다는 생각, 그러한 모순된 생각이 번 내에 병존하고 있었다.

만약 하타모토 아베 시로우고로우케가 힘을 잃지 않고, 이전처럼 건재했었다면 이 문제는 그렇게 커지지 않았을 것이다. 중개자 하타모토의 요구라면 단순한 상인의 어업권·재산권·영업권 문제로 끝났을 것이다. 그러나 톳토리번이 막부에 요구하였기 때문에, 상인의 권리관계 문제로 끝날 수 없게 되었다. 이는 인하쿠의 태수로서 산인 바다에 관계하는 톳토리번의 관할권·지배권 문제와 결부되기 때문이다. 번의 이익문제, 번의 관할 지배지에서의 치안 문제, 그것은 결국 막부의 정도(政道) 문제, 일본국의 「정치」에도 깊이 관계된다. 그래서 이 문제는 확대 전개되게 된 것이다.

당시는 지금과 같은 국제법이 없었다. 당연히 영토·영해의 엄밀한 개념도 없었다. 인하쿠 태수의 지배하에 있는 상인, 그 상인이 독점적으로 영업하는 섬이란, 결국 번의 이익과 관련된 섬이 된다. 그 권익이 침해당했다고, 막부에 소송한 것이다. 그러한 구도였다. 번의 정치를 통괄하고 지도하는 입장의 막부는, 조선이 번의 이익을 침해하는 것을 방치할 수는 없었다. 타국민의 행동을 그대로 방치하면 일본의 지배질서가 무너져, 장군으로서의 위신, 정도(政道), 위광에도 흠이 생긴다. 그러한 일이 걱정되어 서둘러 대조선 외교를 담당하는 쓰시마번에 이 사건을 알렸다. 원록 6년 5월 13일에 쓰치야 사가미노 카미가 쓰시마번 에도 루스이역을 출두시켜 이 사실을 전달했다.[8] 이렇게 해서 쓰시마번을 중개로, 조선국에 사건의 선처를 요구하게 된 것이다.

【섬의 관리】

톳토리번에는 도해표착하는 조선인에 대한 대처안이 이전부터 있었다. 그 전례는 막부가 지령한 송환명령에 근거한 것이다. 이미 칸에이 16(寬永: 1639)년에 장군의 명(浦触)으로 이국선이 표착했을 때는 이국인의 상륙을 허가하지 않고 나가사키로 회송한다는 방침이 정해져 있었다.9) 또 칸에이 18(1641)년의 포달(布達)은 당선·오란다선·조선선은 어디에 표착하든 예인선으로 나가사키로 예인하라는 명이었다.10) 그러나 표류민이 아프거나 다쳤거나, 지쳐 있다면 간호하여 육로를 통해 나가사키에 보내고, 배와 화물은 별도로 해로를 통해 보낸다. 즉 조선인은 나가사키 봉행소에 인도해 취조한 후에 쓰시마를 거쳐 조선본국으로 송환한다. 그러한 진행절차였다. 그 송환비용은 표류처가 부담한다.

> 조선인이 타국에 표류했을 경우 [그 본국에] 송환한다. 서국계 또는 북국계 어느 쪽이라도 조선인이 표류하면 전에 장군의 엄한 명령이 있어, 그곳의 영주는 서둘러 나가사키 봉행소로 [그 조선인을] 송치하지 않으면 안 된다. 그 후에 쓰시마의 사자가 [조선인을] 수취하게 되어 있다. 그리고 사자를 시켜 조선에 돌려보낸다. (중략) 일본땅에만 표착하면 [조선인은] 곳곳에서 대접받고 무사히 귀국할 수 있다.11)

죽도에 이국인이 도해했다. 이번에 그들을 끌고 돌아왔다. 증인으로 삼아 장군에게 보고를 마치면 그들을 본국으로 돌려보내야 한다. 그래서 안용복과 박어둔에 대해서는 표착의 경우와 동등하게 취급해, 전례에 따라 나가사키로 회송하게 된다. 그리고 쓰시마를 경유해 조선으로 송환한다. 톳토리번은 그렇게 알고 있었다. 사실 그대로, 장군의 지시가 보고 3일 후에 내려졌다.12) 원록 5월 13일에 쓰치야 사가미노카미가 「위의 조선인을 그곳에 보내니, 지시대로 나가사키 봉행소에 인도하도록」하라는 지시가 에도번저로 내려왔다. 그리고 「달리 죽도에 조선인이 남아 있으면 같이 그곳에서 관리 [단속]하고 나가사키 봉행소로 인도할 것」이라는 추가지시까지 내려졌다. 그러나 톳토리번의 역인을 죽도까지 파견해 소토(掃討)하는 일은 현실적으로 어렵다. 그래서 「죽도에 남은 조선인들은 이미 어디로 갔는지 알 수 없습니다. 관리하여 [단속하는] 일도 할 수 없습니다」라고 톳토리번은 정중히 거절했다. 나가사키 송부에 대한 막부 지시는 전례와 마찬가지로, 이전에 조선인이 표류했을 당시의 일을 참고로 했다. 나가사키로 보낸 사자의 총수도 전례에 따른 것으로, 이번에 각별히 많이 보낸 것도 아니었다.13)

원록 6년 5월 16일, 막부는 이미 붙잡아 둔 두 조선인을 톳토리에서 나가사키로 보내라고, 정식으로 톳토리번에 문서로 지시했다.14)이 문서 중에, 톳토리번의 요망에 동의한다는 내용의 답이 포함되어 있다. 즉 「조선인이 다시 오지 않도록, 그 나라에 요구한다」라는 것으로, 장군의 「듣고 동의하는 답서(御聞き届け)」가 존재한다. 마쓰타이라 호우키노카미(池田綱淸)가 나가사키 봉행에게 보낸 서간에도, 그러한 막부의 양해가 있었다고 기록되어 있다.15) 이처럼 막부가 양해했다는 정보, 그리고 조선인 이송의 지시가 비각을 통해 5월 26일 톳토리번 쿠니모토에 전해졌다.16)

【조선인의 톳토리 이송】

  막부의 통달은 5월 26일에 쿠니모토(톳토리)에 도착했다. 서둘러 조선인의 이송을 준비했다. 우마마와리(上士) 중에서 인성을 조사하여, 적합한 자를 사자로 삼는다는 방침 하에 인선을 시작했다.[17) 그리고 당일 5월 26일에 야마다 효우자에몬(山田兵左衛門)과 히라이 진에몬(平井甚右衛門) 둘을 사자로 명했다. 만일에 대비하여 두 사람을 뽑은 것이다. 인성을 기준으로 뽑은 두 사람은 아마도 온후하고 친절하며 균형감각도 있는 인물이었을 것이다. 오오토노사마[은거한 전번주(池田光仲)]도 양해한 인사였다.[18) 그리고 조선인을 이송할 경로를 검토했다. 육로로 갈 것인가 해로로 갈 것인가, 동해 측을 택할 것인가 세토나이카이 측을 따라 갈 것인가, 어떤 경로가 안전할 것인가를 검토했다.

  이미 에도에서 나가사키 봉행(에도에 근무하는 봉행)인 미야기 에쓰젠노카미 카즈스미(宮城越前守和澄)에게, 「오오사카까지는 육로로 가서, 그곳에서 나가사키로 출선하는 것이 어떤지, 아니면 톳토리에서 해로를 따라 직접 나가사키로 출선해도 좋다」고 전해졌다. 즉 중국 산지의 산을 넘어 산요우(山陽) 측으로 가는 육로를 택하거나, 산인 해안을 배로 가는 해로를 택하거나, 어느 쪽을 취해도 좋다는 허가를 받은 것이다. 미야기 에쓰젠노카미가 오오사카 재번의 도기 이요노카미(土岐伊予守: 오오사카[城代])와 마쓰타이라 고로우에몬(松平五郎右衛門: 大坂町 奉行)에게 보낸 서간, 즉 오오사카에서 선편을 사용할 것을 허가하는 서부도, 이미 톳토리번 쿠니모토에게 발송되었다.19) 육로라고 해도 오오사카부터는 세토나이카이를 항해하는 해로이다. 단 큐우슈우부터는 다시 육로를 따라 나가사키 가도를 이용한다. 또 해로의 동해 루트를 따라가는 경우에도, 도중에 육로로 갈 수도 있다. 또 바다를 항해하는 길도, 해변에 난 육로를 따라가는 경로도 있다. 그럴 경우 호우키 요나고부터 산인도우의 서쪽을 따라, 야스기(安來), 마쓰에(松江), 신지(宍道), 이마이치(今市), 유노쓰(溫泉津), 호즈미(鄕田), 하마다(浜田), 미스미(三隅), 마스다(益田)를 지난다. 그리고 마스다부터는 타카쓰가와(高津川)를 거슬러 쓰와노(津和野), 야마구치(山口)를 넘어, 오고(小郡)로 나간다. 이리하여 산요우도우로 나가 시모노세키에 이른다. 다시 칸몬(關門)해협을 지나 큐우슈우로 건너가면, 나가사키도우에 다다른다. 이즈모(出雲)나 이와미 (石見)에 표착한 조선인은 통상 이 동해 측 육로를 따라 나가사키로 이송되고 있었다.

그러나 톳토리번의 판단은 동해 측 루트를 피하는 것이었다. 험한 바다로 도망칠 가능성이 있어 불안하다는 것이 이유였다. 때문에 보다 안전한 육로, 산을 넘는 세토나이카이 경로를 택했다.20) 그러나 그 이유 때문만은 아니었다. 오오사카를 경유하는 일이 중요하다고 판단했기 때문이다. 이렇게 육로를 선택하고, 연행한 둘을 요나고에서 톳토리로 옮겼다. 톳토리를 기점으로 해서 이곳을 흐르는 센다이가와(千代川)를 지나 반슈우(播州)에 이르는 육로였다. 산을 넘기 때문에 두 조선인은 요나고에서 톳토리 성하로 옮겨졌다. 만일 해로 루트를 이용해 조선인 둘을 이송하게 되었다면, 요나고에서 톳토리로 이송하지 않고, 직접 서쪽으로 향했을 것이다. 둘을 톳토리로 옮긴 것은 센다이가와를 따라 산을 넘는 길이, 조선인을 보다 안전하고 확실하게 나가사키까지 경호할 수 있는 경로라고 생각했기 때문이다. 또

한 오오사카에서 장군에게 직접 보고할 수도 있는 루트였다.

5월 28일에 가내에 통달을 전했다. 「조선인 둘이 근일 성하에 오기 때문에, 집안의 부하들까지 구경 나오는 일은 금지한다. 특히 여자나 아이들이 나가는 일이 있어서는 안 된다.」21)라는 것이었다. 구경을 허가하면 마을 안에 군집하여 매우 혼란스러워진다. 이번의 이객(조선인)에는 포악한 자가 있다고 들었으므로, 일부러 흥분시켜서는 안 된다. 필요없는 혼란은 피하고 싶다는 배려였다. 또 혼란 중 도주하는 일이 발생해서는 안 된다는 염려가 있었을 것이다. 이곳은 성하마을로 번청이 있는 부중(府中)이다. 치안의 안전을 위해 사전의 교통규제도 필요했다. 그러한 교통규제는 조금도 특별하거나 예외적인 일이 아니었다. 표착한 이국인을 성하에 들여보낼 때, 가끔 그 같은 일이 있었다.22)

이처럼 교통규제가 이루어지고, 요나고에서 톳토리까지, 그들이 머물게 되는 장소의 촌장(庄屋)과 토시요리에게, 도주를 방지하기 위한 불침번을 서도록 명령이 내려졌다.23)

5월 29일에는 번노(藩老) 쓰다 쇼우칸(津田將監) 댁에서 임시회의가 열려, 여기서 조선인의 취급에 대해 다시 논의가 이루어졌다. 요나고에서 톳토리까지, 톳토리에서 나가사키까지, 그 도중의 자세한 일을 이노우에 진고로우(井上甚五郎)를 불러 검토했다. 지금으로 보자면 시뮬레이션이었다. 그리고 톳토리에 도착하자, 일단 정회소에 두고, 그곳에 감찰들이 가서 취조한다는 방침을 정했다.24) 두 조선인은 29일 아침에 요나고를 출발했다. 내일이라도 톳토리에 도착할 것이라는 연락이 요나고의 슈쿠오쿠리(宿送)를 통해, 자시(심야 1시경)에 번노(蕃老)에 도착했다.25)

【톳토리 성하의 두 조선인】

원록 6년 6월 1일, 두 조선인은 톳토리 성하에 들어왔다. 이때 경호역을 맡은 것은 요나고 주재 번사 야마토쿠미, 시카노 코우에몬(鹿野鄕右衛門)과 오제키에몬(尾關右兵衛)이었다.26) 또 나가미 치베에(永見治兵衛)와 요나고의 나카무라 겐타쓰(中村玄達)도 만일에 대비해 동행했다.27) 예정으로는 톳토리 본정(本町) 2정목에 있는 정회소에 이객을 안내하고, 그곳에 그들을 머물게 하기로 되어 있었다. 그러나 늦은 밤에 도착하여, 일단 아라오 히로카즈(荒尾大和) 집에서 1박하기로 했다. 그리고 두 조선인의 경호는 톳토리의 야마토쿠미가 담당했다. 이동한 당일 밤에 도주하는 일이 있어서는 안 되기 때문에, 요나고의 아라오 슈우리가 톳토리의 아라오 히로카즈에게, 즉 숙부와 조카가 연대한 분명한 인계인수가 있었다. 그리고 다음날 6월 2일에 와다 시키부(和田式部), 쓰다 쇼우칸(津田將監), 이케다 휴우가(池田日向) 3인의 번노가 아라오 히로카즈 댁에 모여, 두 조선인에게 질문했다. 조선인의 답변은 요나고에서 진술한 것과 거의 같은 내용이었을 것이다. 단 이번 이국인은 보통 표류인과는 달리, 위법적으로 도해한 산증인으로, 중요한 인질이었다. 때문에 나가사키까지의 이송에 체력적으로 견딜 수 있는지, 그 건강상태를 노직들이 관찰, 확인했다. 그리고 문제가 없음을 확인하고, 그날 안으로 정회소로 옮겼다. 그 후 번의 감찰이 정식으로 이들을 취조했다.

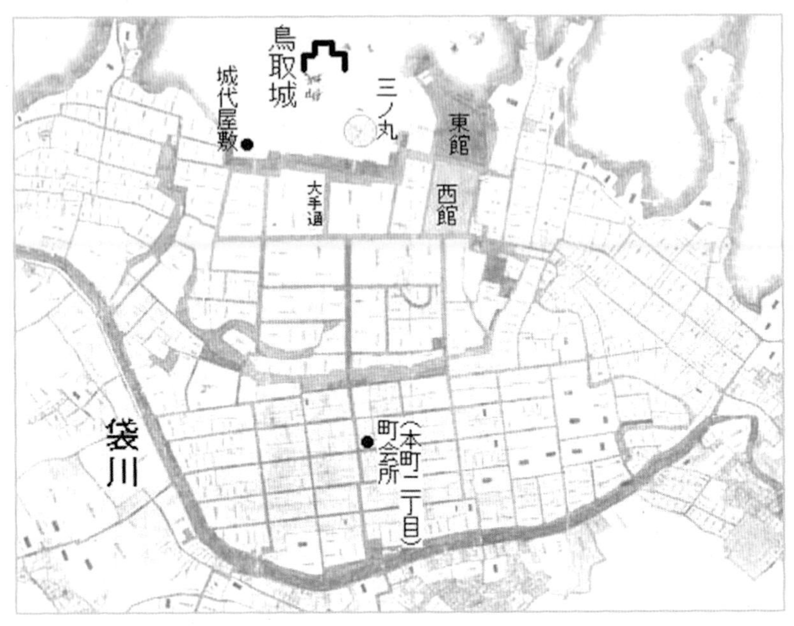

[図1. 鳥取城下의 町會所]

취조 결과 「조선인 안핀샤는 동래인으로, 나이는 42세, 화어통사였다. 토라헤는 울산인으로 34세, 시종 필연을 잡지 않아 기본자가 전하지 않는다 한다」라고, 문자를 알지 못하는 자들이라는 것을 취조관이 전하고 있다.28) 그러나 이 취조관이 좀 더 치밀하게 그들이 몸에 차고 있던 호패를 조사해, 그들의 답변과 비교해 보았다면, 안헨치우의 연령은 수정되었을 것이다. 그러나 의례적으로 보내온 취조서류에 의거하여, 그대로 기록했다. 취조라기보다는 이객에 대한 호기심으로 접한 것 같다. 토라헤는 어찌 되었든 안핀샤가 문자를 몰랐을 리 없다. 그는 후에 오키의 오오히사에서 동지들과 같이 기록활동을 했다.29) 그렇다고 문자에 능숙했다는 것은 아니다. 자세한 취조를 하지 않았기 때문에 취조관도 그들이 문자를 알고 있는지 여부를 구분하지 못했을 뿐이다.

『인부연표』의 6월 5일 자 기록에는 「타쓰노스케키미(辰之助君)가 조선인을 구경하기 위해 정회소로 들어가셨다」라고 되어 있다.30) 타쓰노스케란 번주 쓰나키요(綱淸)의 동생으로, 후에 이나바와카사(因幡若櫻) 번주가 되는 이케다 키요사다(淸定)였다. 당시 겨우 11세로 아직 호기심 많은 소년이었다. 그래서 무리하게 부탁하여 이국인을 구경하러 간 것이다. 서툰 일본어를 구사하는 모습을 구경하며 즐겼을 것이다. 번청의 역인들도 호기심 많기는 마찬가지였다. 안용복은 말도 통하고 문자도 알고 있어, 비교적 차분하게 방문객들에게 대응했을 것이다. 통사경험이 크게 도움이 되었다. 그러나 박어둔은 말도 못하고 문자도 알지 못했기 때문에, 이처럼 구경거리 취급을 받는 동안, 많이 불안했을 것이다.

그러나 톳토리에서는 요나고에서와는 달리 모두 친절했다. 태수가 주는 것이라며 여러 일용품이 하사되었다(殿樣からとして差し下された). 이것은 두 사람에 대한 여행준비였다. 한편 나가사키에 가는 사자가 된 야마다 히라자에몬(山田平左衛門)과 히라이 진에몬(平井甚右衛門)을, 6월 5일 번의 노신 와다시키부(和田式部)가 자택으로 불러들였다. 나가사키 봉행에게 보낸 서간 및 호송 도중에 필요한 규정 서출(書出) 등을 건네며, 모레 6월 7일에 출발할 것을 명했다.31) 여행준비로 두 조선인에게 건넨 물품은 다음과 같은 것이었다.32)

1, 布帷子(베홑옷)	七
1, 湯かた(목욕옷)	壹
1, 風呂敷(보자기)	貳
1, 鏡(거울)	壹面

　　1,　唐笠(갓)　　　　　　　　壹本
　　1,　布手袋(수건)　　　　　　三つ
　　1,　煙器(담뱃대)　　　　　　貳本
　　1,　皮多葉粉入(쌈지)　　　　貳
　　1,　布帶(허리띠)　　　　　　壹筋
　　1,　木綿布子(솜옷)　　　　　壹
　　1,　布足袋(버선)　　　　　　貳足
　　1,　かや(모기장)　　　　　　壹張

　베홋옷(布帷子)이란 의복 아래에 입는 일종의 내복이다. 갈아입을 것을 포함해 2인 몫으로 7벌이다. 2인분이라면 하나가 부족하거나 남는다. 때문에 다음의 「유카타(湯衣)」로 그것을 보충한다. 버선 2인분, 쌈지와 담뱃대도 2인분이다. 솜옷이 하나 있는 것은, 자신들이 갖고 있던 목면 홋옷 다섯 벌에, 나머지 하나를 더해 수를 조정한 것이다. 거울과 갓, 그리고 모기장까지 하사해, 여행을 배려한 것임을 엿볼 수 있다.

【육로여행】

　드디어 6월 7일에 나가사키로 출발한다. 조선인 일행을 경호하는 책임자는 앞서 말한 야마다 히라자에몬과 히라이 진에몬이었다. 그리고 고카치(御徒方) 5인, 더운 시기에 병자가 나올 것에 대비하여 의사 타케마 겐세키(竹間玄碩)를 동행시켰다. 조선인을 위해 요리인 1인, 또 조선인 1인에 4인의 아시가루(足輕)를 붙였다.33) 총수 10여 인34), 많아도 20인이 안 되는 일행으로, 진시(오전 9시경)에 톳토리를 출발

했다. 그와 동시에 조선인이 출발한 사실을 9일 비각으로 에도에 보고했다.[35]

그들이 가는 길은 육로이다. 톳토리의 센다이가와 강줄기를 따르는 길이다. 이는 톳토리번주의 참근교대 길로 전 태수(이케다 미쓰나카)도, 당대(이케다 쓰나키요)도 항상 왕복하는 길이었다. 그래서 숙소도 정비되어 있었고 가도에도 익숙한 자가 많았다. 일행에게 익숙한 길이었다. 번주의 참근교대 노정을 살펴보기로 한다. 톳토리를 진시(9시경)에 출발하면 모치가세(用瀨)에서 휴계(주식)하게 된다. 이 모치가세에서 더 올라가, 석양에 치즈(智頭) 숙소에 도착해 그곳에서 1박 한다. 다음날은 시토사카고개(志戸坂峠)를 넘어 아와쿠라(粟倉)에서 히라후쿠(平福)로 나간다. 사요우(佐用)에서 1박 하고, 이곳에서 이보가와(揖保川)를 따라 내려가 히메지(姫路)에서 1박 한다. 다시 해연을 걸어 아카시(明石) 혹은 아마가사키(尼崎)에서 1박, 그리고 오오사카에 도착한다. 서두르면 약 5일간의 노정이다. 오오사카의 도우지마(堂島)에는 톳토리번의 번저가 있다. 이곳에서 일행은 휴식을 취한다. 오오사카에서는 오오사카재번(在番)인 도기 이요노카미(土岐伊予守)와 마쓰타이라 고로우에몬(松平五郎右衛門)에게 인사하고, 미야키 에쓰젠노카미(宮城越前守)가 보낸 서부를 그들에게 건넨다. 그리고 선박 통행증(船手形)과 통해 허가를 받아, 오오사카 카와구치(川口)에서 서국으로 가는 공용선을 탄다. 이러한 노정이 상정된다.

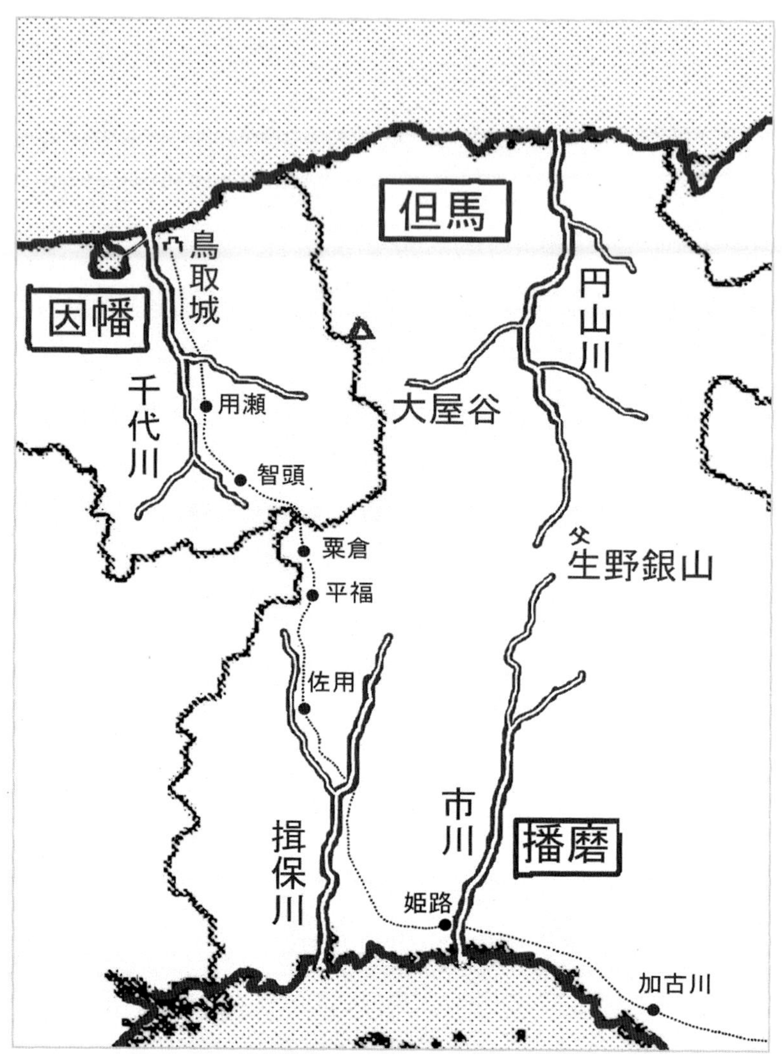

[図2. 鳥取藩主의 參勤交代路]

그러나 그들은 왜 오오사카에 들린 것인가. 톳토리에서 산을 넘어
세토나이카이(瀬戸內海) 측으로 가서, 그곳에서 바로 육로 또는 해로

로 나가사키로 가면 되는 일이다. 일부러 오오사카에 들린 이유는 무엇인가. 두 조선인이 막부에 소송하고 싶은 일이 있다고 강하게 주장했기 때문은 아니다. 톳토리번사 야마다 히라자에몬과 히라이 진에몬이 경호의 안전을 위해 그러한 것도 아니다. 이는 톳토리번주 이케다 쓰나키요와 노직들의 막부에 대한 배려에서 기인된 것이었다. 단순한 표류민의 송치라면 직접 나가사키로 향하지만, 이번에는 영역침범과 밀렵과 관련된 범죄자를 송치하는 일이었다. 당시 오오사카는 막부가 서국을 지배하는 거점으로, 서국대명의 동향을 감시하고 있었다. 긴급사태가 발생하면 장군을 대신해 지휘권을 발동한다. 그 오오사카의 죠우다이(城代)는 서일본 33개국의 소송을 재판하는 재판권도 가지고 있었다. 범죄나 요란의 억제, 치안유지 역할을 수행하고, 민정에 대해서도 마음 쓰고 있었다. 즉 서국감찰(探題)이라 할 수 있다. 톳토리번은 이 서국을 지배하는 오오사카 죠우다이에게, 이 외국인의 범죄에 대한 사건 전말을 보고해 둘 생각이었다. 다행히 미야기 에쓰젠노카미가 오오사카 죠우다이 도기 이요노카미와 오오사카 봉행 마쓰타이라 고로우에몬에게 보낸 서부가 있었다. 그것을 건네는 것만으로도 일은 끝난다. 조사는 나가사키 봉행소에서 행해지므로, 오오사카 성대와 오오사카 봉행이 보고를 받는다 해도, 이 건에 관해 깊이 조사할 일은 없다. 그저 들어 두는 것으로, 기록으로 남겨둘 필요도 없어 전혀 번거롭지 않은 일이었다. 그러나 톳토리번으로서는 그 구상 보고가 중요했다. 일을 분명히 해 두어, 양 국민이 함께 밀무역을 했다는 의심을 풀 수가 있었다. 호송단이 오오사카를 경유하는 의미는 톳토리번에게는 컸다. 후일의 일이지만, 텐보우 7(天保: 1836)년 「텐보우타케시마잇켄(天保竹島一件)」에서, 이와미 하마다번의 밀무역을

적발해, 에쓰야(會津屋), 혹은 이마쓰야(今津屋) 하치에몬을 포박한
것은 이 오오사카봉행이었다.36) 쿄우호우 4(享保: 1719)년의 「젠스케
잇켄(善助一件: 金錢을 횡령하여 鳥取에 潛伏)」에서, 이 젠스케를 톳
토리에서 포획한 것은 오오사카봉행의 배하였다.37) 톳토리번은 오오
사카 성대나 봉행에게 의심받아서는 안 되었다.

이 조선인의 도해는 톳토리번 관할의 섬, 즉 일본의 섬인 죽도에
이국선이 도해한 것이다. 역시 서부감찰(探題)의 임무를 지닌 오오사
카 죠우다이에 보고할 필요가 있었다. 그렇게 톳토리번은 판단한 것
이다. 이미 토쿠가와 이에미쓰(家光)시대에 이국선 취급 시의 규정이
정해져 있었다. 그들은 나가사키에서 다루지만, 오오사카 감찰(定番
衆), 오오사카 봉행에게도 이 일을 보고해야 한다는 통달이, 옛날에 전
번주(이케다 미쓰나카) 앞으로 내려졌었다. 쇼우호우 2(正保: 1645)년
의 통달을 톳토리번은 잘 기억하고 있었다. 다음과 같은 내용이다.38)

어봉서의 사본

이국선이 영내 포에 도래하여 소조(訴詔)의 일을 신청하는 일이 발생
하면, 선중에 있는 자에게 [특별히] 신경 쓰지 않도록 말해 두고, 나가사
키 봉행인이 소조를 접수하고 있다는 사실을 포함해 [설명하고] 안내를
붙여 그곳으로 송치해야 한다. 만일 [두류하는] 곳에 머무르며 소조하고
싶다고 말하면, 당번을 배치하여 지키게 하고, 그 취지를 오오사카 감찰
(定番衆), 오오사카 봉행, 나가사키 봉행인 및 코우리키 셋쓰노카미(高力
攝津守)에서 서둘러 주진하는 것이 가장 [적합한 대응방법]이다. 자연히
나가사키에 가는 일 없이, 또 항에 입항하지 않고 먼바다에 머물면서 소
선(端船)으로 [이동해 이쪽에] 신청을 하는 자에 대해서는 [상관할 필요
가 없다. 또] 항에 본선을 넣지 않고 확실한 자를 [연락하러] 보내지 않
는다면 [상황을 알지 못하기 때문에] 에도에 주진하려 해도, 그 보고할
[내용이] 없다. 게다가 당지에는 통사가 없기 때문에 나가사키로 가도록
[전하고] 그것이 안 된다면 귀범하도록 그 내용을 포함하여 [전해야] 한

다. 대응하는 일도 하지 말아 주기를 바란다. 어쨌든 일본에 상선을 도해
시키려고, 소조하게 되므로, 그러한 자들에 대해서는 대응할 필요가 없
다. 이렇게 알아 두었으면 합니다. 삼가 아룁니다.

아베 쓰시마노카미(阿部對馬守)

2월 12일　　　　　　　　　　　　　　　시계쓰기(重次)　　재판

아베 분고노카미(阿部豊後守)

타다아키(忠秋)　　재판

마쓰타이라 이즈노카미(松平伊豆守)

노부쓰나(信綱)　　재판

마쓰타이라 사가미노카미(松平相模守) 사마

【나가사키로 가는 길】

　오오사카를 출발하여 세토나이카이를 따라 내려간 일행은 어떤 경
로로 이동한 것일까. 단서가 될만한 흔적이 전혀 없어 알 수 없다. 옛
날의 만요우(万葉)시대에 견신라사가 파견된 경로이고, 근세에는 조
선총신사가 귀국 시 거쳐 간 해로이다. 카와무라 즈이켄(河村瑞軒)에
의하면 니시마와리(西廻) 해운항로의 정비로, 하가세부네(羽賀瀬船)
나 벤자이센(弁財船)이 왕래한 길이다. 그 길을 그들 또한 가고 있었
다. 그러나 그들은 해로의 풍경을 여유롭게 즐기며 이동한 것이 아니
었다. 또 각 항에 들러 그곳에서 상품거래를 한 것도 아니었다. 다만
공용선을 타고 바다의 비각처럼 일정을 서둘렀을 뿐이다. 그렇다면
어떠한 항을 거친 것인지, 개략의 항로를 더듬어 보기로 한다.

　톳토리번의 쌀 수송로 카이마이(廻米) 경로를 보면, 대개의 유추가
가능하다. 쿠니모토에서 오오사카 쿠라야시키(藏屋敷)까지, 세토나이

카이를 따라 톳토리번 지정의 후나야도(船宿)를 오오사카에서 귀국하는 순으로 보기로 한다. 그것은 하리마슈우(播州)의 무로쓰(室津), 쇼우도시마(小豆島)의 사카테우라(坂手浦), 비고(備後)의 토모노우라(鞆浦), 게이슈우(芸州) 오오자키시모지마(大崎下島)의 미타라시(御手洗), 호우슈우(防州)의 카미노세키(上關), 그리고 쵸우슈우(長州)의 시모노세키(下關)이다.39) 번의 어용선을 이용해 이러한 후나야를 지나는 해로의 행정이었다. 오오사카 쵸우다이의 관할 하에 있는 공용선의 경우도 역시 지정된 후나야가 있다. 어느 것을 이용했는지 알 수 없으나 이러한 후나야를 거치는 동안, 각각 하룻밤씩 정박지에 머물러도 도합 11박으로 시모노세키에 도착한다. 그 최종 정박지는 이 경우, 시모노세키가 아니라 대안의 모지쿠(門司)나 오쿠라(小倉)였을 것이다.

원록 9년에 쓰시마 사자로 에도에 간 카지마 곤하치(賀嶋權八)는, 쓰시마 후츄우에서 오오사카까지는 해로로, 오오사카에서 에도까지는 육로로 간 일이 있었다. 10일도 채 걸리지 않은 해로였다.40) 겐가이나다(玄界灘)를 건넌 후, 시모노세키(혹은 모지쿠나 오쿠라)까지는 서두르면 해로로 7일이나 8일 정도 걸리는 노정이었을 것이다. 반대 코스를 선택한 호송 일단은 어느 정도의 일정이 필요했을까. 여러 코스 중 하나를 예로 들면, 우선 요도가와(淀川) 하구, 가와구치(川口)에서 배를 낸다. 오오사카만을 가로질러 셋쓰노쿠니 효우고(兵庫)항으로 향한다. 그곳에서 아카시(明石)해협을 지나 후지에(藤江)에서 1박 한다. 후지에부터는 하리마나다(播磨灘)를 서쪽으로 해서, 히메지를 지나 하슈우 무로쓰에서 1박 한다. 무로쓰부터는 이에시마쇼토우(家島諸島)를 지나 쇼우도시마(小豆島)의 사카 테우라에서 1박 한다. 쇼우도시마부터는 사누키(讚岐)로 들어가 타카마쓰(高松), 사카이데(坂出)를 거쳐 타도쓰(多度津)에서 1박 한다. 타도쓰부터는 시와쿠쇼토우(塩飽諸島)를 거쳐 비고의 토모노우라에서 1박 한다. 토모노우라부터는 인노시마(因島), 오오미시마(大三島)를 거쳐 미타라이(御手洗)에서 1박 한다. 미타라이부터는 카마가리(蒲刈)를 거쳐 쿠라하시지마(倉橋島)에서 1박 한다. 쿠라하시지마부터는 스오우오오오시마(周防大島)를 거쳐 카미노세키(上關)에서 1박 한다. 카미노세키부터는 스오우나다를 서쪽으로 나아가, 나카노세키(中關:防府)에서 1박 한다. 그리고 나카노세키에서 스오우나다(周防灘)를 가로질러 시모노세키에 도착한다. 대안의 모지쿠 혹은 오쿠라에서 1박 한다. 이 해로로 최단 9박이다. 날씨를 살펴 바람을 기다렸다 출범하므로, 좀 더 머물렀을 수도 있다. 그들이 실제로 어떤 루트를 지났는지는 알 수 없으나, 악천후로 지연되는 경우를 제외하고, 다른 일 없이 서둘렀다면, 11일이나 12일 정도 걸렸을 것이다.

조선인을 호송한 일행은 시모노세키가 아닌 대안의 모지쿠 혹은 오쿠라에서 하선했다. 이곳부터는 나가사키가도이다. 이는 산인도우를 따라 나가사키로 가는 길과 같다. 산인에서 표류민을 호송하는 「카라비토(당인: 조선인) 보내기」 길로, 이를 순차적으로 더듬어 보기로 한다. 오쿠리에서는 쿠로사키(黑崎), 코야노세(木屋瀨), 이이즈카(飯塚), 우치노(內野), 타시로(田代), 칸자키(神埼), 우시즈(牛津), 쓰카자키(塚崎), 소노기(彼杵), 오오무라 (大村), 에이쇼우(永昌), 야가미(矢上)로 이어지고, 또 나가사키로 이어진다. 쓰시마번령의 타시로를 통과하는 길로, 쓰시마 본국에도 이 「조선인 보내기」의 통지가 통보된다. 송환 수속이 준비되는 것이다. 오쿠라에서 나가사키까지는 6일의 행정이다.41)

[図3. 瀨戶內海航路]

　날씨가 좋은 여름 6월(구력)의 일이다. 전 행정은 어느 정도의 시일이 걸렸을까. 톳토리를 6월 7일에 떠나, 오오사카를 경유하여 나가사키까지 가는 여행, 나가사키에 도착한 것이 6월 그믐으로, 23일이 경과했다. 톳토리부터 오오사카까지가 5일, 오오사카 체재가 1일, 오오사카에서 오쿠라까지가 11일, 오쿠라에서 나가사키까지가 6일, 그러한 시일을 상정하면 이 일정과 딱 맞는다.

　일행은 「나가사키로 갈 때, 도중(道中)의 공령 사령은 모두 대접을 잘해 주었다」와 같이, 각지에서 쾌적한 접대를 받았다고 한다.[42] 오오사카 성대나 봉행의 첨서, 즉 장군의 첨서를 지참하고 있는 그들을 소홀히 취급할 까닭이 없다. 『죽도기사』에서도 안용복 자신이 「톳토리를 출발하여 26일에 나가사키에 도착했다. 도중의 곳곳에서 대접을 잘 받았다. 밥은 된장국에 7, 8접시의 요리가 나왔다. 두 사람 모두 탈 것으로 나가사키에 왔다」라고 공술했다.[43] 그들은 소중히 대접받으며 이송된 것이다. 「조선인은 가마로 보냈다」라는 기술은 거짓이 아니다.[44] 중요한 산 증인이므로 건강한 모습으로 본국에 돌려보내지 않으면 안 되었다. 병에 걸리거나 상처를 입거나, 아니면 피로로 사망

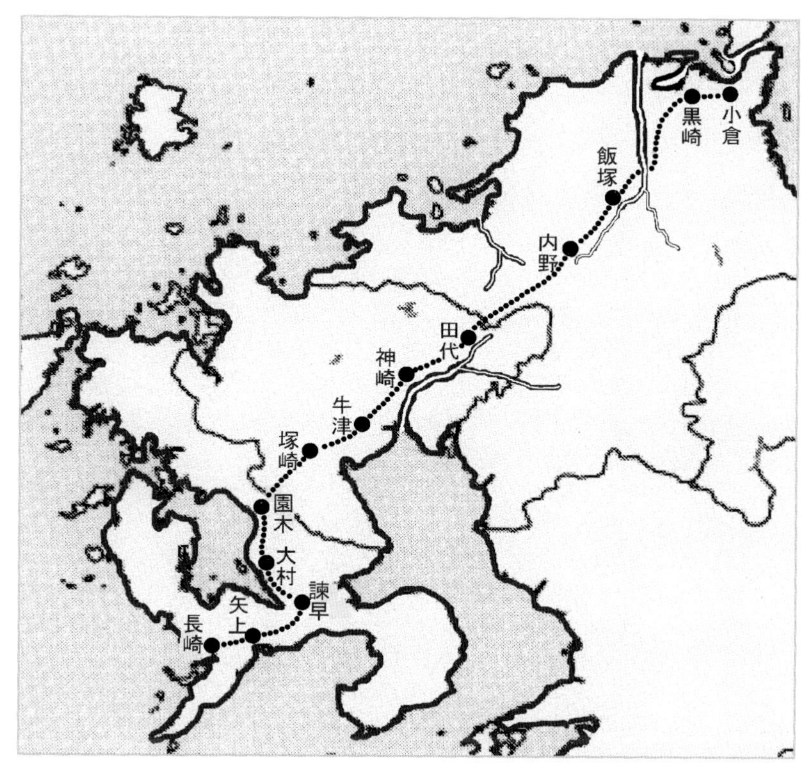

[図4. 長崎街道]

하게 할 수는 없었다. 때문에 의사가 동행한 것이다. 그리고 가끔 가마를 이용했다. 세토나이카이의 배 여행도 피곤하지 않도록 하기 위한 배려였다. 또 이송 도중에 도주하면 안 되기 때문에, 가마에 태워 이송하는 것은 도주예방을 위한 좋은 방법이었다. 그리고 금품의 하사가 이루어졌을 가능성이 있다. 『죽도기사』에 의하면, 톳토리번주가 여로를 서둘기 위해 금품으로 두 조선인을 유인한 것으로, 쓰시마번은 보고 있다. 그러한 배려 끝에 6월 그믐에 목적지인 히젠노쿠니 나가사키에 일행이 도착했다.

원래 표착 조선인에 대한 토쿠가와막부의 처우는 정중한 것이었다. 그리고 조선정부도 표착 일본인을 정중히 대했다. 서로가 무상으로 송환하여, 그 구호와 송환은 그야말로 봉사활동이었다. 산인연안에 표착한 조선인에 대해 자세히 검토한 키시 히로시(岸浩) 씨의 일문을 소개하기로 한다.

> 조선에 표착한 일본인도 일본에 표착한 조선인도, 발견한 어민의 결사적인 활동으로 구명된다. 거칠게 일렁이는 해중에 몇 번이고 뛰어들어 전달된 닻줄을 연결하고 부족한 식량을 주고 간호하여 경주에 급보하여 귀로를 연 것은 무명의 조선인이다. 해안 절벽에 부딪쳐 대파한 조선선을 끌어올려 장작을 태워 몸을 데워 주고 부족한 식량으로 죽을 쑤고 탁주를 마시게 하여 활력을 돋아 주고, 대관소에 급보하여 귀로를 연 것은, 역시 이름도 없는 일본인이다. 바다를 살아가는 자에게 국경은 없었다. 언어는 전혀 통하지 않으나 그저 「조선」이라는 말은 들으면 조선인으로 판단하고, 모우리번(毛利藩) 사람에게 양도할 때까지 모든 경비를 무명의 가난한 어부들이 나누어 부담했다.[45]

표착조선인의 완전보호에 가까운 송환은 토쿠가와 막부가 취한 친조선정책의 상징이다. 그러나 표착민에게 죽이나 술을 준 진정한 구조자에게는 작은 보수도 없었다. 그뿐만 아니라, 구조에 소홀히 한 점이 있으면 에도 평정소로 구인되어 엄벌을 받는다. 이송을 책임진 번도, 나가사키까지의 이송비용을 모두 번이 부담한다. 그것도 소홀히 하면 엄한 처벌이 따른다. 그렇기 때문에 호송 중에 소중히 대우받은 것이다. 도중에 들리는 막령이나 번령에 대해서도 그 간의 사정은 마찬가지이다. 만일 관계자들이 소홀히 취급하여 이국인 일행에 병자나 사자가 나오면 후에 문제가 된다. 막부 명으로 나가사키까지 이송하는 일은, 그 전말이 기록으로 보존되므로, 후에 조사하면 모두 알 수 있다. 그래서 병자나 부상자는 가마에 태우고 의사를 딸려 보냈다. 사망자가 생기면 석회염을 채워 방부처리를 한 다음에 운반했다.

원래 표착은 범죄가 아니라 불가항력이다. 호송 도중에, 이 곤궁한 조선인에게 마음을 담은 물건을 주는 민중이 있었다 해도 전혀 이상하지 않다. 구사일생으로 귀국 길에 오른 이국인을 물심양면으로 격려하는 것은 측은의 정이었다. 가도의 서민은 모두 이러한 이국인에게 따뜻한 눈길을 보내고 있었다. 경유지의 모든 번도 따뜻한 대접으로 이국인을 위안하려 했을 것이다. 그러한 일은 쉽게 상상할 수 있다. 안용복과 박어둔은 표착 조선인과 똑같은 대우를 받은 것이다. 아니 소중한 산 증인이었으므로, 호송자들은 더욱 소중히 대우했다. 둘을 무사, 무병하게 나가사키 봉행에 인도할 책임이 있었기 때문이다.

【장군과의 접촉】

이 여행에 대해 안용복은 귀국 후, 호우키번(鳥取藩)에서 에도막부로 인도된 사실을 공술했다.46) 조선조정도 에도에 연행된 어민이 오오키미(大君: 德川綱吉)의 위광으로 후대 받았다며 감사의 서간을 쓰시마번에 보냈다.47) 과연 안용복은 에도에 갔었던 것일까.『죽도도해유래기발서공』에도 같은 기사다 있다.「톳토리후에서 조사한 후 조선인을 에도후에 인도하게 되었다. 에도에서 조사를 마치고, 순서에 따라 물품을 하사하여 귀국시키게 되었다(鳥取府にてご吟味された上

で、唐人を江戸府へお引渡しになられた。江戸表でご穿鑿が濟み、順々に御下贈があり、歸ることとなる。別記があるのでこれを省略する)」라는 것이다.48)『호우키시(伯耆志)』에는 「이인을 에도로 불렀다 본토로 보냈다(異人江戸に召されて本土に送らる)49)」라고 되어 있고, 또『이혼호우키시(異本伯耆志)』에도 「이인을 에도에 보냈다(異人江戸へ送らる)50)」라는 에도행 기사가 있다. 과연 두 조선인은 오오사카에서 에도로 갔다, 그 후에 돌아와 나가사키까지 간 것일까.

오오사카에서 이가고에(伊賀越)의 이세(伊勢)로 나가, 이세에서 배로 미카와(三河)로 건너간다. 그 후에 토우카이도우(東海道)를 따라 동으로 가면 에도에 이른다. 에도에서 수일을 보내고, 그 후에 돌아오는 여행이 된다. 같은 길로 다시 오오사카로 돌아와, 그곳에서 세토나이카이로 배를 낸다. 그러면 나가사키까지 가는데, 이 거리가 상당하다. 6월 그믐에 도착하는 일은 도저히 불가능하다. 가령 톳토리에서 직접 에도로 가는 경로를 취한다 해도, 즉 오오사카를 경유하지 않고 쿄우토우에서 통상의 토우카이도우를 간다고 해도 6월 그믐에 나가사키까지 가는 것은 무리이다. 쿄오토우에서 에도까지의 토우카이도우를 왕복하는 것만으로도 소정의 일수를 넘고 만다.51) 이 설은 불가능하다.

그러면 왜 에도행을 언급한 것일까. 『조선통교대기』는 안용복이 나가사키를 에도로 오인한 것이라고 했다.52) 또 『죽도기사』도 안용복이 나가사키를 에도로 착각하여, 조선에 돌아가서 에도에 갔다고 진술한 것이라 했다.53) 그러나 안용복은 에도막부에 좋은 인상을 가지고 있었다. 따라서 나쁜 인상을 준 나가사키에서의 구류경험을 에도와 결부시키는 일은 도리에 맞지 않는다. 또 『죽도기사』의 다른 부분은 안용복이 요나고에서 톳토리로 이송된 것을, 에도에 송부된 것으로 착각한 것이라 했다.54) 즉 톳토리를 에도로 착각했다는 것이다. 그러나 이것도 이상한 이야기이다. 톳토리번사가 같이 나가사키에 갔다. 톳토리에서 나사사키까지 가는 길에 번사나 아시가루들과 접촉한 사실을 감안한다면 이것도 성립되는 이야기가 아니다. 오키의 무라카미케(村上家)의 『원록각서』가 발견되어, 안용복의 일본어 능력이 상당하다는 것은 이미 증명되었다. 톳토리를 에도로 오인할 수는 없다. 나는 전 저서 『일본해와 죽도』에서 안용복이 톳토리를 에도로 오인했다고 『죽도기사』에 따라 기술했으나, 이 설은 이미 성립되지 않아 이곳에서 정정해둔다. 결국 일행이 오오사카에 가서, 오오사카 성대와 면회한 것을, 안용복은 에도행으로 착각한 것이다.

『죽도기사』 원록 8년 7월 조에, 쓰시마번사 타키 로쿠로우에몬(瀧六郎右衛門)이 자신의 의견을 말하며, 안용복 등이 귀국 후 진술한 것으로 해서 「(우리들을) 수인으로 해서, 에도에 보내 7일째에 도착하게 한 일이 있었다」라고 한 부분이 있다.55)

그것은 톳토리에서 7일 정도의 여정으로 대도시에 도착해, 그곳에서 막부 고관을 면회했다는 것이다. 그것은 오오사카 성내였을 가능성이 있다. 톳토리번사도 오오사카 성대 앞에서 정중히 앉아 기다리고 있었을 것이다. 그러한 광경을 두 조선인이 목격했다. 에도와 오오사카를 착각했을 뿐, 그 장소는 분명 막부의 중추였다.

일본어를 할 수 있는 조선인이었기 때문에, 신기하여 틀림없이 말을 걸었을 것이다. 어떤 이야기였는지는 알 수 없으나, 어쨌든 이야기를 듣고, 귀국 후 에도에 갔다고 증언해도 조금도 이상하지 않다. 안용복은 허위를 이야기한 것이 아니다. 그것은 단순한 착각(도시의 착각)에 지나지 않았다. 일본 측 자료에 남는 조선인의 에도행도 톳토리번정(藩政) 자료에는 없다. 이것이 남아 있는 것은 『죽도도래유래기발서공』이라는 호우키상인의 집에 남아 있던 자료, 『호우키시(伯耆志)』, 『이혼호우키시(異本伯耆志)』라는 호우키의 민간유포자료이다. 조선인 일행이 나가사키로 가는 도중, 막부에 인사했던 것을 이들이 전하고 있는 것이다. 당사자가 남긴 기록이 아니라, 일행이 톳토리로 돌아온 후, 주변과 이야기한 것이 남겨진 기록이다.

【쓰시마번에 연락】

원록 6년 5월 13일에 쓰시마번의 에도저택에 월번노중 쓰치야 사가미노카미 마사나오(土屋相模守正直)의 연락이 있었다. 작년(원록 5)에 조선인이 죽도라는 곳에 어렵하기 위해 도해했다. 톳토리번의 지배하에 있는 자가 이를 보고, 다시는 건너오지 말라고 야단쳤다. 그러나 다시 40인 정도가 와서, 이 섬에서 어렵을 하고 있었다. 그 중 두 사람을 증거의 인질로 삼기 위해 끌고 왔다. 이 건의 보고가 톳토리번에서 장군에게로 왔다. 선처를 요망하는 것이었다. 그래서 쓰시마에 연락한다는 내용이었다.

막부의 톳토리번에 대한 지시는, 조선인 둘을 나가사키로 보내라는 명령이었고, 나가사키 봉행소에 대한 지시는, 톳토리번이 송부한 조선인 둘을 맞이해 쓰시마번에 인도하라는 것이었다. 그리고 쓰시마번에게는, 나가사키로 송부한 두 조선인을 수취하여, 그들을 조선으로 송환하라고 지시했다. 또 쓰시마번에게는, 금후 조선어민이 다시는 죽도에 도해하지 않도록 조선국에 요구하라고 지시했고, 죽도에 대한 정보도 첨부했다. 죽도라는 곳은 톳토리번의 영지가 아니며, 이섬은 이나바에서 160리 정도가 되는 원도라고 말했다. 전복의 명산지로, 대대로 톳토리번주가 죽도 전복을 장군에게 헌상해 왔다고 한다. 그러한 정보를 받은 쓰시마번은 서둘러 나가사키 봉행으로, 에도에 근무하는 미야기 에치젠노카미 카즈스미 (宮城越前守和澄)에게 연락했다. 그러자 미야기 에치젠노카미도, 이날 궁전에서 열좌한 노중에게 같은 명령을 받았다고 한다. 진지하게 명을 받았기 때문에, 빠짐없이 나가사키에 사자를 파견해 전하겠다는 것이었다. 그리고 쓰시마번에 대해서도 조언했다. 두 번 다시 조선국 어민이 오는 일이 없도록, 분명히 조선에 요구하라는 조언이었다.

쓰시마번은 다시 노중 아베 분고노가미 마사타케(阿部豊後守正武)에게 사자를 보내, 명령받은 일을 보고했다. 그리고 조선에 두 어민을 돌려보내고, 이쪽 요구에 대한 조선의 답서가 도착하면, 외교적 관례에 따라 이전처럼 보고하여, 그 지시에 따르겠다는 뜻을 전했다.56)

【쓰시마의 사자】

원록 6년 6월 3일에 쓰시마번의 에도저택에서 쿠니모토로, 두 조선인과 죽도에 관한 정보가 도착했다. 톳토리번이 두 사람을 나가사키로 이송하므로, 이를 수취하여, 나가사키에서 쓰시마로 이송하지 않으면 안 된다. 통상 표류인은 나가사키에 설치된 쓰시마번 저택의 근무자가 수취하고 모든 수속을 마친 후 쓰시마로 이끌고 간다. 그러나 이번에는 사정이 있어, 외교교섭을 행하기 위한 인질이므로, 그 취급을 엄중히 해야 한다. 그렇기 때문에 두 조선인을 수취하기 위해, 일부러 사자를 나가사키로 파견하기로 했다.

이리하여 쓰시마번의 쿠니모토에서 나가사키로 시마오 스가에몬(嶋雄菅右衛門)이 호송사자로 파견되었다. 시마오에게는 4인의 종자가 동행했다. 철포역(御鐵砲役)의 덴베에(伝兵衛), 오쓰쓰모치역(御筒持役)의 카자에몬(加左衛門), 기수역(御籏役)의 진베에(勘兵衛), 그리고 마부(御馬屋)의 이베에(伊兵衛)였다. 이 중 덴베에는 두 조선인의 시중역(賄役)도 겸하고 있었다. 각자에게 여러 일을 명했다.57) 나가사키에는 쓰시마번의 저택이 있다. 데지마(出島)의 옆이었다. 그 나가사키 저택에 그들은 두류했다.

나가사키 봉행소에서는 봉행이 여러 가지를 이야기했다.58) 금년에 죽도라는 곳에 조선인 40인이 와 어렵을 했다. 톳토리번 지배하에 있는 자들이 이를 보고 야단치고, 그 중 둘을 잡아두었다. 이 건은 바로 막부에 보고되어, 그 후 쓰시마번을 매개로 조선에 두 조선인을 송환하게 되었다. 그리고 이후 조선인의 도해를 엄히 제한하도록, 그 나라에 요구하라는 것이었다. 시마오 등 5인은 두 조선인이 톳토리에서 오는 것을 나가사키에서 기다리고 있었다. 6월 그믐에, 두 조선인이 톳토리번 야마다 효우에몬과 히라이진에몬에 이끌려 나가사키에 도착했다.

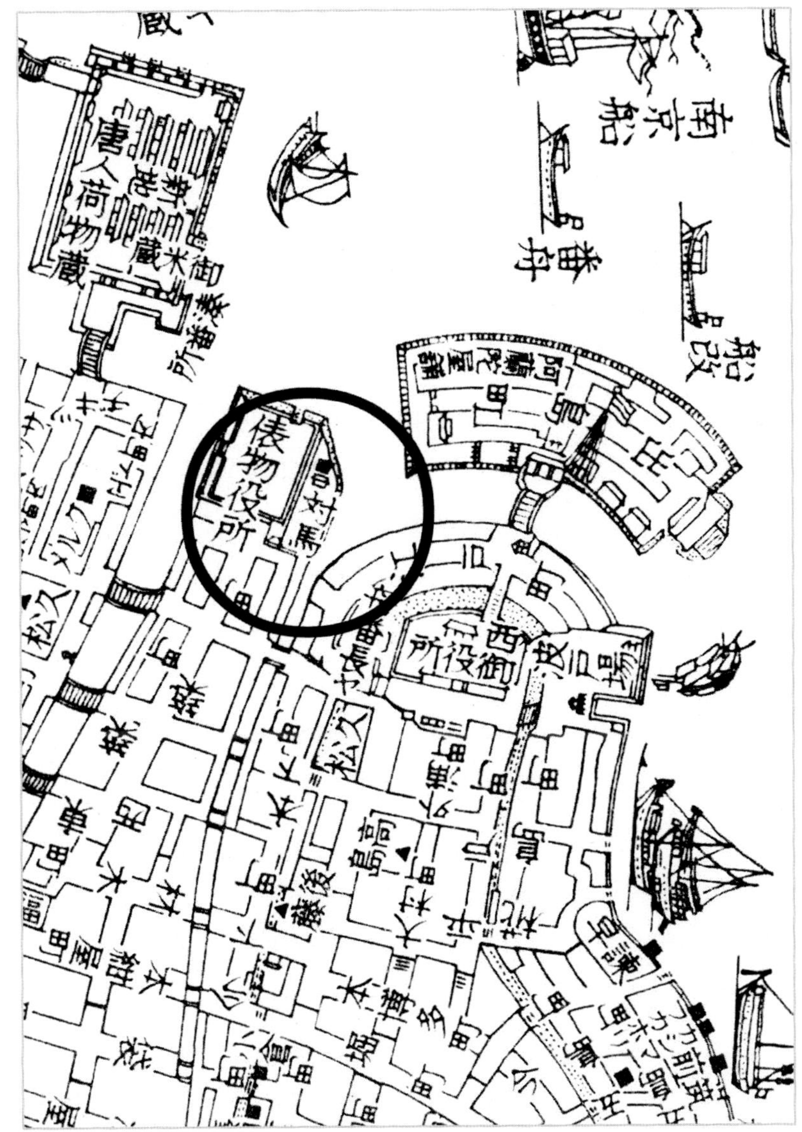

[図5. 長崎의 對馬藩屋敷]

【나가사케에서의 조선인 양도】

원록 6년 7월 1일에 나가사키 봉행소에서 카와구치 셋쓰노카미 사다가키(川口攝津守定恒)와 야마오카 쓰시마노카미 카게스케(山岡對馬守景助) 두 봉행이 열좌한 가운데 두 조선인을 인도하는 일이 시작되었다. 나가사키봉행소는 니시고야쿠쇼(西御役所)와 타테야마고야쿠쇼(立山御役所) 두 곳이 있다. 자이후봉행(江戶在住)이 미야기 에치젠노카미(宮城越前守)이고, 나가사키에 있는 봉행(長崎在住)이 이 두 봉행으로, 카와구치 셋쓰노카미가 선착봉행이다. 니시고야쿠쇼 쪽에는 신임봉행이 들어가고, 재임봉행은 타테야마고야쿠쇼로 옮기는 것이 관행이었다. 그러므로 타테야마고야쿠쇼에는 카와구치 셋쓰노카미가 있었고, 니시고야쿠쇼에는 야마오 카쓰시마노카미가, 서로 업무를 맡고 있었다. 안용복의 인도는 두 봉행이 열좌한 가운데 이루어졌다. 때문에 후임인 야마오카 쓰시마노카미가 선임이 있는 타테야마봉행소로 가야 했다. 즉 나가사키봉행소의 타테야마고야쿠쇼에서 집행되었다.

이미 타테야마고야쿠쇼에는 쓰시마번 나가사키 루스이역인 하마다 겐베에(浜田源兵衛)가 통사 카세 토우고로우(加勢藤五郎)와 오오우라 카쿠베에(大浦格兵衛)를 거느리고 참상했다. 톳토리번의 두 경호역 야마다 효우에몬과 히라이 진에몬이 두 조선인을 이끌고 왔다. 두 조선인은 이 역소에서 쓰시마번 통사에게 다시 자세한 심문을 받고, 쓰시마번에 인도된다. 그간의 조선인의 증언을 기록한 구상서의 초벌이 두 봉행에게 제출되자, 둘은 이 초벌기록이 톳토리번이 작성한 「조선인구상서」

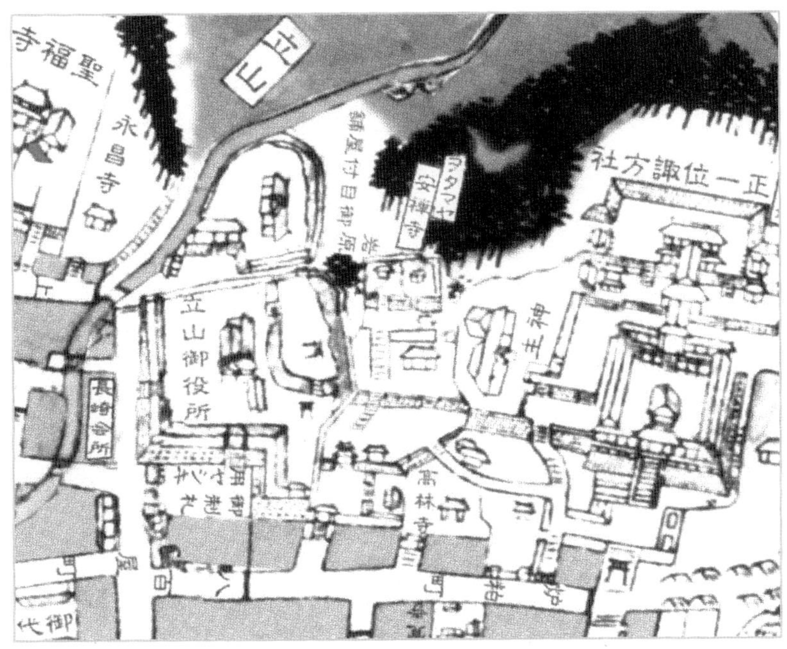

[図6. 長崎奉行所(立山御役所)]

와 같은 것인가를 조사했다. 다름이 없음을 확인한 후에, 다시 하마다 겐베에에게, 새로운 「조선인구상서」를 정서하여 명일(7월 2일)에 정식으로 제출할 것을 명했다. 그리고 두 조선인을 하마다 겐베에에게 맡겼다.[59]

또 나가사키 봉행은 지금까지 호송을 담당했던 톳토리번사(藩士)의 노고를 위로하고, 청서를 건네주며, 그들이 톳토리로 돌아갈 것을 인정했다. 야마다 효우에몬과 히라이 진에몬은 인도 결과를 서둘러 톳토리번에 빠른 비각으로 보고했다. 「사자 2명이 나가사키에 무사히 도착하여 인도를 마쳤다는 보고가 톳토리에 도착했다」라고, 『히카에쵸우』 원록 6년 7월 18일 조에 기록되어 있다.[60] 그 후 호위 일행은 나가사키에서 귀향길에 올랐다. 그들이 톳토리로 돌아온 것은 7월 24

일[61]), 또는 25일이었다.[62] 톳토리번은 여행의 노고에 대해 「9월 19일,
사자 2명과 동행한 의사에게 포상」하여 위로했다.[63]

【두 조선인의 진술】

쓰시마번 나가사키 루스이역 하마다 겐베에는 서둘러 두 조선인이
이야기한 것을 정서해, 나가사키 봉행에게 제출했다. 그것이 「두 조
선인의 진술(朝鮮人貳人申口)」이다. 다음과 같은 내용이다.[64]

1, 조선국 경상도 내 동래군 부산포의 안요쿠호키, 울산의 바쿠토라히
라는 자입니다. 우리는 울산이라는 곳에서 죽도라는 곳에 전복과 미역을
채취해 돈을 벌기 위해, 3월 11일에 출범하였습니다. 동 25일에 영해라
는 곳에 도착하여, 그곳을 동 27일 진시(오전 8시경)에 출범하여 유시(오
후 6시경)에 죽도에 도착하였습니다. 위의 전복이나 미역을 따려고 이
섬에 두류하고 있었습니다. 그러자 4월 17일에 일본인이 우리가 두류하
고 있는 곳에 나타나, 옷 등을 넣어둔 보따리를 압수하고 우리 두 사람
을 일본선에 태워 바로 오시(오후 0시경)에 출범하였습니다. 그리고 5월
초하루의 미시(오후 2시경)에 톳토리에 도착하였습니다. 죽도에는 전복
이나 미역이 풍부하다고 항상 듣고 있었기 때문에 배 1척에 10인이 타고
항해에 나섰습니다. 영해라는 곳까지 왔을 때 수부 한 사람이 아프다고
말했기 때문에, 영해에 남겨두고, 나머지 9인이 타고 위의 죽도에 왔습
니다. 수부 중 9인은 울산사람이고 1인은 부산사람입니다.
1, 우리들의 도선(渡船)과 동류의 도선이 있는데, 모두 합해서 3소(艘)
입니다. 그 중 1소는 전라도의 배라고 들었습니다. 이 배에 승선한 인수
는 17인입니다. 또 1소의 배에는 15인이 타는데, 그들은 경상도 내 가덕
이라는 곳의 사람들이라고 들었습니다. 우리 두 사람이 일본인에게 붙잡
혀 바다 건너로 끌려간 일로, 그들은 무서워 즉각 조선으로 돌아갔는지,

또 어느 쪽으로 갔는지, 그 전후 사정을 우리들은 알지 못합니다.

1, 이번에 우리들이 전복을 따러 건너간 섬의 일입니다만, 보통 조선국에서는 무루구세무라고 말합니다. 일본 내의 죽도라고 말하는 것은 이번에 처음으로 알게 된 일입니다.

1, 이번에 나가사키까지 끌려왔습니다만, 그 여행하는 동안 경호하는 자들에게 대접을 잘 받았습니다. 베, 목면, 의류 등도 주셔서 기쁘게 받았습니다. 자세한 내용은 이나바의 구상서에서 말씀드린 대로로, 그것에 틀림이 없습니다.

1, 우리들은 죄가 없어, 좋은 결과가 나올 것을 항상 원하고 있습니다.

1, 바쿠토라히의 연령은 34세, 안요쿠호키의 연령은 40세입니다. 그러나 이나바에서의 취조에서는, 안요쿠호키는 43세라고 말씀드렸습니다. 이것은 말이 통하지 않았기 때문에 생긴 일로, 어쩌면 잘못 들었을 수도 있다고 생각합니다.

위와 같이 죽도에 갔다 온 조선인이 말한 것을 기록하였습니다. 여기에 구상서로 해서 바칩니다. 이상입니다.

원록 6년 계유 7월 초하루

수큐슈(宿主)	스에쓰구 시치로우베에(末次七郎兵衛)	인
통사	오오우라 카쿠타로우(大浦格兵衛)	인
동	카세 후지고로우(加勢藤五郎)	인
소우	쓰시마노카미 내 하마다 겐베에	인

나가사키의 취조에서 안용복은, 이번에 자신들이 전복을 채취하러 건너간 섬은 통상 조선국에서는 무루구세무라고 불리는 섬이라고 말했다. 타가와 코우조우(田川孝三)의 『죽도 영유에 관한 역사적 고찰』은 이 무루구세무를 무룬세무(Murung sem)의 전와(轉訛)라고 해석했다. 「Murung sem의 g가 강하게 발음되어(慶尙道方言은 때에 따라 그렇다) 무룬세무가 무루구세무로 들렸을 것이다」라고 말했다.[65] 세무(sem)란 조선어로 섬(島)을 의미한다. 울릉도가 옛날에 무릉(武陵, 茂陵), 우릉(羽陵, 于陵) 등으로 기록된 것으로도 알 수 있듯이, Murung sem(Murung do)혹은 Urung sem(Urung do)으로 발음되었다고 타가와

는 지적한다. 무릇구세무란 울릉도를 말하고, 그들은 분명히 이 섬에 도해했었다. 그곳을 일본의 죽도라고 한다는 것은 이번에 처음으로 알았다고 진술했다.

【쓰시마의 정보탐색】

한편 쓰시마의 쿠니모토에서는 어떠했을까. 에도 번저에서 사건의 일보가 전해졌다. 6월 5일에 쿠니모토의 토시요리 스기무라 우네메 (杉村采女)가 서둘러 죽도에 관련된 정보를 탐색하기 시작했다. 조선 부산에 있는 초량화관의 통사 · 나카야마 카베에(中山加兵衛)에게 질문의 서장을 보냈다. 다음과 같은 내용이다.

　1, 죽도를 조선에서는 부룬세미라고 말하는 것 같은데, 혹시 죽도라고 쓰고, 조선음으로 부룬세미라고 말하는 것인가. 혹시 그렇지 않다면 부룬세미는 어떻게 표기하는 것인가. 죽도 해역에는 울릉도라는 섬이 있다 하는데, 이 섬을 어민들의 말로 부룬세미라고 말하는 것 아닌가. 일본에 서는 울릉도를 이소타케시마(磯竹嶋)라고 하는데, 울릉도와 부룬세미는 같은 섬인가 다른 섬인가, 실제로는 어떠한가. 부룬세미를 일본인은 죽 도라고 말하는 것 같은데, 이것은 누가 말한 설인가. 귀전은 어떻게 듣고 있는가.
　1, 죽도에 조선인들이 건너기 시작한 것은 재작년(원록 4년)이 처음이 라고 말하는데, 과연 그러한가. 더 이전부터 건너고 있었으나 몰래 건너 오기 때문에, 재작년부터 건너왔다고 말하고 있는 것이 아닌가. 조선인 들의 도해는, 자신들의 생활비를 벌기 위해 몰래 하는 것인가, 그렇지 않 으면 조선조정의 의도에 따라, 그것이 이루어지고 있는 것인가. 금년에 도 도해를 예정하고 있는 계획적인 어렵인가.

1, 일본에서 죽도로 건너갈 때 12, 13반의 돛을 단 배가 2 내지 3척씩 매년 도해한다고 한다. 그 섬에 공동 거처 3, 4채를 만들어 놓고, 섬에서 작업을 한다고 한다. 지금도 그렇게 하고 있는가. 그렇게 하며 섬에 건너 가는 일본인이란 어느 지역 사람들인가.

1, 죽도는 조선국에서 어느 방향에 해당하는가. 어떤 곳에서 어떤 풍 향을 타고 배로 건너오는 것인가. 그 해로의 거리는 어느 정도인가. 특히 쓰시마에서는 어떤 방향에 있고, 해로는 어느 정도의 거리에 있는가.

이러한 내용을 물었다. 회답내용에 따라서는 에도의 막각에, 다시 섬에 관해 보고하지 않으면 안 된다. 어쨌든 이 섬에 대한 자세한 정 보가 필요하다. 그러한 내용이었으므로, 나카야마 카베에(中山加兵 衛)에게 「친한(懇志) 조선인에게 이를 은밀히 물어, 회답의 서부를 빨 리 보내주었으면 한다. 확실한 이야기가 아니라도 상관없고, 서민들 의 이야기라도 상관없다. 어쨌든 들은 대로 자세히 서부로 보내달라」 고 요청했다. 그리고 원록 6년 6월 13일에 통사 나카야마 카베에가 스기무라 우네메에게 회답했다.66)

금년에도 작년과 마찬가지로 그 섬에 생활비를 벌기 위해 부산포에서 상매선 3척이 도해했다 합니다. 이 건에 관해서는 한비치야구라는 부산 주재의 조선인들과 상담하여, 섬의 상황이나 그 외의 여러 가지 일을 자 세히 알아보려고 합니다. 해로 정보도 자세히 조사해 회답할 생각입니 다. 위 사람들의 이야기뿐 아니라, 필요하다면 다시 정보탐색을 위해 몇 사람을 해변에 보낼 생각입니다. 그들이 돌아오는 대로 다시 자세하게 물어, 바로 보고하겠습니다. 우선 지금까지 들은 것의 대략을 서부로 올 리는 바입니다.

1, 부룬세미는 다른 섬으로 죽도가 아닙니다. 자세히 물었더니 죽도 는, 저쪽에서는 우루친토우라고 하는 섬이라고 합니다. 부룬세미 섬은 우루친토우 섬에서 북동에 해당하는 섬으로, 희미하게 상호 간에 바라본 다고 합니다.

1, 우루친토우 섬은 배로 1일 반에 돌 정도의 크기라고 합니다. 섬의

상황을 말하는데, 그곳에는 아주 높은 섬이 있고, 논밭이 되는 넓은 토지가 있고, 거목 등이 우거져 있다고 합니다.

1, 우루친토우에는 강원도 에구하이(영해)라는 항에서 남풍을 타고 출범한다 합니다.

1, 우루친토우에 도해하기 시작한 것이 재작년(원록 4년)부터라는 것은 틀림없는 일입니다.

1, 우루친토우에 도해하는 것은 조선 조정이 전혀 알지 못하는 일 같습니다. 어민들이 자신들의 생활비를 벌기 위해 몰래 건너간 것 같습니다.

위와 같은 일입니다만, 이외에 더 의문이 있는 항목에 대해서는 한비치야구가 돌아오는 대로, 자세히 물어 다시 회답하겠습니다.

쓰시마에 있는 스기무라 우네메의 지식으로는, 죽도란 조선에서 말하는 부룬세미라고 생각하고 있었던 것이다. 그 부룬세미는 무룬세미(Murung sem)의 무(Mu)가 강조되어 부룬세미(Bu rung sem)가 된 것으로, 분명히 울릉도(Ururung sem Ururung do)를 말한다. 타가와 코우조우(田川孝三)의 말에 의하면 부룬세미의 부룬이란 무릉(武陵)의 음독이고, 세미는 섬(島)의 훈독이라는 것이다. 때문에 스기무라의 판단은 틀린 것이다. 왜냐하면 조선 측은 이 해역에 우산·무릉 2도가 있다고 이해하고 있어, 이 섬이 무릉도(무루구세무, 무룬세미, 부룬세미)라면, 또 하나의 섬은 우산도가 되는 것이다. 포박된 안용복은 그러한 이해를 보이고 있었다.

그러나 나카야마는 그러한 견해와는 다른 회답을 보냈다. 죽도는 부룬세미가 아니다. 그것은 섬을 잘못 안 것이라고 말했다. 그리고 죽도를 조선에서는 우루친토우라고 부른다고 회답했다. 이 우루친토우는 울진도(蔚珍島)를 말하는 것으로, 울진의 먼바다에 있는 섬이며, 부룬세미(武陵島 곧 鬱陵島)란 이 우루친토우에서 북동에 해당하는 희미하게 보이는 섬이라는 것이다. 그러면 우루친토우는 우산·무릉

2도 중의 우산도라는 것이 된다. 우산도를 남서에, 울릉도를 북동에, 그렇게 배치하고 있는 조선의 고지도의 세계가, 나카야마의 견해였다. 그리고 그 우르친토우, 즉 우산도가 죽도라고 말한다.

섬의 이름은 다르나 이것은 안용복의 답변과 같다. 그들의 이해에는 큰 차이가 없다. 큰 섬이 둘 있다. 그 하나는 울릉도이고 그 북동 또는 남서에 또 하나의 사람이 살 수 있는 섬이 있다는 것이다. 그러한 거대한 두 섬이 존재한다는 공통인식이 있었다.

그런데 이곳에 한비치야구라는 조선인이 등장한다. 통사 나카야마 카베에와 친한 인물이므로, 아마 일본어에도 능통한 통사 동료였을 것이다. 울릉도 해역정보에도 밝아, 부산의 배 3척이 금년에도 이미 도해했다는 것을 알고 있었다. 어디론가 여행을 떠난 듯하여, 다시 돌아오면 그 바다에 대한 정보를 한치야구에게 자세히 묻는다고 한다. 이 해역의 교류에 스스로 참가한 한비치야구란 도대체 누구일까. 한비치야구란 아마도 한(韓)이라는 성을 가진 비장을 말할 것이다. 안비샨 또는 안비슌이 안비장인 것처럼, 한비치야구란 한비장을 말하는 것으로, 동래부에 속하는 비장(부관)의 한 사람일 것이다.

원록 5년에 무라카와선이 죽도에서 조선인 일단과 조우했을 때, 그곳에는 일본어에 능숙한 통사가 있었다. 그리고 원록 6년에 오오야선이 죽도에서 조선인 일단과 조우했을 때, 그곳에 일본어에 능통(堪能)한 통사 안용복이 있었다. 그리고 또 이곳에 울릉도에 대한 사정을 잘 알고 있는 한비치야구라는 통사가 있다. 이 3인의 통사의 인식은 일치하고 있다. 즉 전원이 울릉도에 관한 정보를 알고 있고, 제금된 섬으로 도해하는 것이 특별히 나쁜 일이라고는 인식하고 있지 않다. 또 매년 섬에 건너가 어렵하는 일을 당연한 것으로 생각하고 있

다. 그 이익이 수반되는 행동을 시인하고, 그 해역의 교류에 스스로도
참가한다. 그것이 그들의 공통인식이다. 즉 그들 3인은 같은 경제집
단, 동일교류집단에 속해 있었다. 그렇게 보지 않으면 안 된다. 그들
을 하나로 묶는 것이 삼계(三界)의 샤쿠완, 즉 부산계(釜山浦) 상관이
아니었을까.

한비치야구를 포함해, 나카야마 카베에의 정보망은, 이 죽도해역에
대해 기괴한 정보를 가지고 있었다. 우루친토우라는 섬, 그곳의 북동
에 있는 부룬세미라는 섬, 서로의 섬은 보일 듯 말듯한 거리에 있는
섬이라 한다. 이러한 정보를 이 부산 교류집단은 가지고 있었다. 이것
은 원록 5년에 조우한 통사로 보이는 인물도 언급한 사실이다. 그들
이 건너간 섬에서 북동에 또 하나의 섬이 있고, 그곳에 건너갈 계획
이었는데, 이 섬에 건너오고 말았다는 답변이었다. 이것은 안용복의
정보와도 일치한다. 안용복도 이쪽 섬의 북동쪽에 또 하나의 섬이 있
다고 말했다. 그것도 섬에 있는 동안 2회 정도, 그 멀리 저쪽에 있는
섬을 보았다 한다. 그 섬을 알고 있는 자가 말하기를, 그것은 우산도
라는 섬이라는 것이다. 안용복은 북동 방향에 우산도, 남서방향에 무
릉도(울릉도)를 머릿속에 배치시키고 있었다.

그런데 안용복이 일본인에게 붙잡힌 장소는 섬의 북면, 즉 북해안
이다. 북포에서 오오텐구(大天狗)를 지난 장소, 그곳에 소옥을 짓고
매일같이 어렵을 하고 있었다. 그곳에서 북이나 북동쪽의 바다는 일
부러 보려 하지 않아도 매일 눈앞에 펼쳐진다. 그러나 그곳에서 동남
쪽에 있는 현재의 죽도＝독도는 아무리해도 보일 리가 없다. 북동쪽
에 또 하나의 커다란 섬이 있다고 믿고 있었던 안용복은, 멀고 먼 저
쪽에 보이는 구름이나 안개를, 어쩌면 섬으로 오인했는지도 모른다.

이 해역은 난류와 한류가 합쳐지는 해역으로 돌연히 구름이나 안개가 발생한다. 지평선 저쪽에 갑자기 구름이 생겨, 그곳에 섬이 있다고 믿어 버리면, 그것은 섬으로 보인다. 매일 거주하는 동안, 두 번 정도 그렇게 보였다는 것일 것이다. 다만 안용복이 두 번 정도 그러한 도영(島影)을 보았다고 말한 것을, 단지 구름을 착각한 것이라고 단정해서는 안 된다. 그가 울릉도의 남측으로 이동해, 그곳에서 죽도＝독도를 보았을 가능성도 역시 부정할 수 없기 때문이다. 그러나 일단 소옥을 준비하고 잠수어렵을 시작하면, 그렇게 멀리로 어장을 이동하지는 않는다. 그러므로 남측에 이동했을 가능성은 낮다고 말하지 않을 수 없다. 또 북동쪽에 우산도가 있다고 믿고 있었으므로, 만일 남동쪽에 있는 섬을 발견했다면, 그것은 우산·무릉 양도와 다른 제3의 섬으로 인식했을 것이다. 그러한 제3의 섬에 대해, 당시 그는 아무런 발언도 하지 않았다. 그저 이 북해안의 북동방향에 있는 섬으로 보이는 것을 두 번 정도 보았다고 말했을 뿐이다. 그것은 결국 두 번 정도 섬 같은 구름을 보았다는 것일 것이다. 있다고 믿어서 보인 섬, 그야말로 심상 속의 우산도이다. 그것은 삼계의 샤쿠완과 그 지배 하에 있는 자들이, 그곳에 있다고 믿는 섬, 그들에 의한 집단환상의 섬에 지나지 않는다. 무릉도와 우산도는 실로 동일한 섬, 울릉도를 가리킬 뿐이다.

【쓰시마번의 영호사자】

　나가사키로 간 두 조선인은 어찌 되었을까. 7월에 두 조선인은 나가사키에서 취조를 받았다. 그것을 나가사키 봉행소가 에도에 보고하고, 에도의 지시를 기다리게 되었다. 그때까지는 쓰시마번이 이용하는 나가사키 후나야도(船宿: 末次七郞兵衛宿)에 두 사람을 맡겼다. 물론 경호역의 엄중한 경비가 있었다. 그러나 시마오 스가에몬은, 나가사키 봉행이 에도의 지시를 기다리는 동안, 일단 쓰시마로 돌아가도 상관없다는 말을 들었다. 때문에 경비해야 하는 조선인 둘을 후나야도에 맡겨둔 채 쓰시마로 돌아갔다. 당연히 쿠니모토에서는 그 경솔한 행동을 질책했다.

　8월 13일 에도에서 연락이 왔다. 두 조선인을 쓰시마 본국으로 인도히어, 그곳에서 조선으로 送還하라는 명령이었다. 다음 8월 14일에 시마오 스가에몬(嶋雄管右衛門)과 교대하여, 새로 쓰시마에서 온 이치노미야 스게자에몬(一宮助左衛門)에게 두 조선인을 인도했다. 단 이때, 이번의 조선인은 통상의 표류민과 다르기 때문에, 두 사람이 나가사키에 체재한 동안의 비용에 대해서는 나가사키 봉행소가 지불하지 않는다고 말했다. 쓰시마번이 비용을 부담하게 된 것이다. 둘은 표류민이라는 자선의 대상이 아니었다. 어디까지나 죄인 취급을 받은 것이다. 만일 필요하다면 쓰시마번은 그 비용을 조선에 요구해야 한다는 것이 막부의 판단이었다. 그렇기 때문에 쓰시마번은 이 비용을 조선정부에 청구할 것을 검토한 흔적이 있다. 안용복은 귀국 후, 인질로서의 체재비용에 대해, 지불 요구가 있었던 일을 혼란 속에서 이야

기했다. 숙종 22년(원록 9년)에 안용복을 심문한 유집일(兪集一)에게 쓰시마에 대한 불만을 말했다. 즉 쓰시마 사람이 2천금으로 자신을 사서 [이 몸을] 본국에 보낸다고 거짓말을 했다. [실제로는 좀처럼 송환하지 않았다.] 그 [지불한] 은은 [조선] 본국에서 받아 [그 일부를 나에게도 준다고 했으나 결국 주지 않았다]라고 말한 것이다.67) 봉행소와 쓰시마 간에 비용부담의 거래가 있어, 그 경비는 결국 조선에 청구해야 한다는 것이다. 그러한 이야기가 있었던 것이다. 그것이 변상금(贖い銀) 2천금이다. 그것을 조선이 쓰시마에 지불하면, 그것에서 얼마간의 위로금을 두 조선인에게 주어도 좋다는 것을, 안용복은 옆에서 듣고 있었다. 그러나 그와 같은 변상금을 그 후 조선에 청구한 일도 없었고, 또 지불한 일도 없었다.

드디어 두 사람은 나가사키에서 쓰시마로 이송되게 되었다. 그것은 북으로 향해, 히라도시마(平戶島), 히가시마쓰우라반도(東松浦半島), 이키(壹岐)를 지나, 쓰시마에 이르는 항로였다.

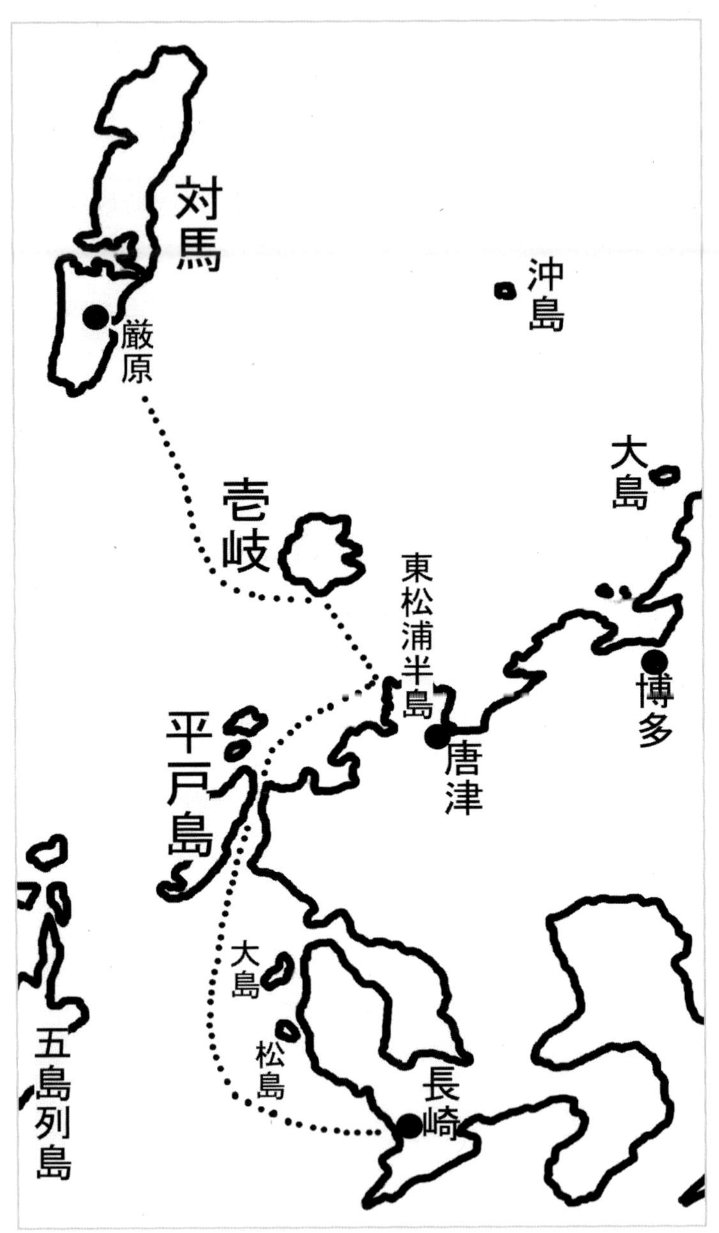

[図8. 對馬로 가는 항로]

항해의 안전을 위해 두 봉행(山岡對馬守, 川口攝津守)이 모든 문서를 이치노미야 스케자에몬에게 하사했다. 다음과 같이 각 포구를 상대로 한 지령문(触書)이었다.[68]

> 조선국 경상도 내 동래군의 부산포 사람 1인, 또 울산사람 1인이 당 3월(원록 6년 3월)에 죽도라는 곳에 왔다. 위 두 사람의 조선인을 소우 쓰시마노카미 측의 부하에게 인도한다. 경호선에 태워 쓰시마로 넘겨 조선국에 송환할 예정이다. 각 포구[의 관계자는 이 방침을] 어기는 일 없이 [송치선의 운항에 협력하여] 자연의 물이나 땔감이 부족하면 [이것을 제공하고] 풍파가 심해 [操船에] 힘든 장소에 [배를] 매고 머물 때는 지체없이 [유도 조력하여 그 항해에 임해] 적절히 대처해 줄 것을 명한다. 이상이다.
>
> 원록 6년 계유 8월 16일　　　　　　　　　　야마오카 쓰시마노카미　인
> 　　　　　　　　　　　　　　　　　　　　　카와구티 셋쓰노카미　　　인
>
> 곳곳의 포구의 한슈우츄우(番衆中)에게

경호선은 이 우라후레(浦触)의 서부를 지참하고 나가사키를 출발했다. 그리고 9월 2일(혹은 3일)에 쓰시마에 도착했다.[69] 쓰시마에서는 두 조선인을 후츄우(府中: 지금의 嚴原町)의 고시샤야(御使者屋)에 수용하고, 경호를 붙여 숙박하게 했다.[70]

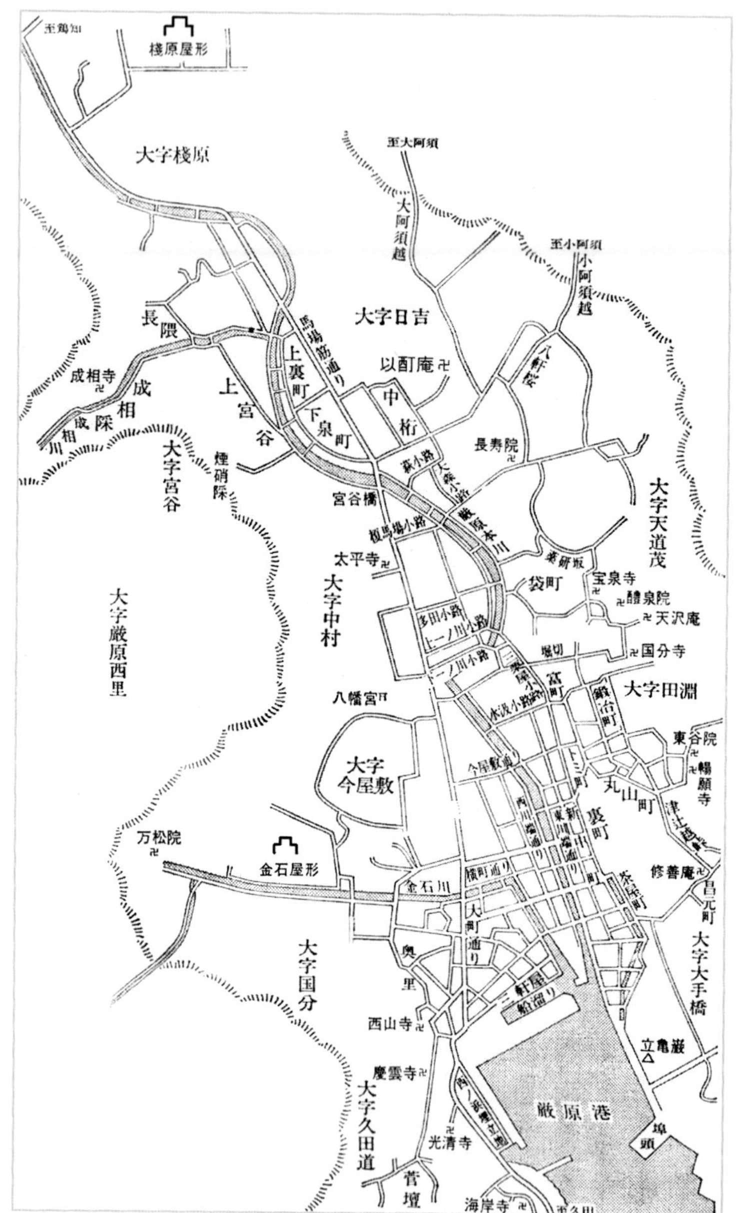

[図9. 對馬府中의 거리풍경]

1) 鳥取藩『控帳』元祿6年4月28日條

2) 『大谷九右衛門 竹島渡海由來拔書控』第4代勝房條

3) 鳥取藩『控帳』元祿6年5月11條에 이 내용이 기재가 되어 있다. 그
러나 朝鮮人 둘이 하루(주야)에 3합이라는 주량은 아무리 생각해
도 너무 많다. 이것은 둘을 감시하는 자들도 포함한 경호역을 위
로하는 소비량으로 보아야 한다. 즉 술값으로 준 실질적인 임시수
당이었을 것이다. 「술을 마시게 해주고 싶으나」라고 말한 것은 그
러한 수당의 요구였다.

4) 鳥取藩『控帳』元祿6年5月11條

5) 鳥取藩『控帳』元祿6年4月28日條

6) 鳥取藩『御用人日記』元祿6年5月15日條

7) 鳥取藩『御用人日記』元祿6年5月10日條

8) 『竹島紀事』元祿6年5月13日條

9) 高柳眞三・石井良助編『御觸書寬保集成』35, 唐物幷唐船等之部, 岩
波書店, 昭和9年

10) 『通航一覽』卷8, 國書刊行會, 1913

11) 『古事類苑・23』外交部11, 朝鮮4「兩足院朝鮮記錄」神宮司廳, 1903

12) 鳥取藩『御用人日記』元祿6年5月13日條

13) 鳥取藩『御用人日記』元祿6年5月15日條

14) 『鳥取藩史』第6卷, 殖産商工志, 事変志

15) 鳥取藩『御用人日記』元祿6年5月15日條

16) 鳥取藩『控帳』5月26日條

17) 鳥取藩『御用人日記』元祿6年5月15日條

18) 鳥取藩『控帳』元祿5月26日條

19) 鳥取藩『御用人日記』元祿6年5月15日條

20) 鳥取藩『控帳』元禄5月26日條

21) 鳥取藩『控帳』元禄6年5月28日條

22) 池內敏『安龍福과 鳥取藩』전게 주

23) 鳥取藩『控帳』元禄6年5月28日條

24) 鳥取藩『控帳』元禄6年5月29日條

25) 鳥取藩『控帳』元禄6年5月29日條

26) 鳥取藩『御用人日記』元禄6年6月22日條. 호위자 둘의 이름은 『增補珎事錄』元禄6年조에 「加藤鄕右衛門, 尾關忠兵衛等付添」라고 있다. 또 『伯耆志』에는 「명이 있어 藤兵衛가 異人을 대리고 本府에 이르렀다. 番士加納氏、尾關氏가 수호했다」라고 되어 있다.

27) 岡島正義『竹島考』

28) 鳥取藩『控帳』6月4日條

29) 隱岐村上家「元禄覺書」

30) 『因府年表』6月5日條

31) 鳥取藩『控張』6月5日條

32) 『竹島紀事』元禄6年7月條

33) 『御用人日記』元禄6年6月10日條에 있다. 『因府年表』元禄6年6月7日條에는 「今日陸路肥前國長崎로 發程했다. 그 외에 御医師竹間玄碩, 御徒五人, 輕率, 御小人若干, 並에 脚力, 料理人도 附屬시켰다」라고 되어 있다.

34) 『竹島紀事』에는 일행의 총수를 「九十余人」으로 하고 있다. 朴炳涉氏는 이 「九」를 「凡」의 오자로 보고 「대개 十余人」으로 해석했다(朴炳涉『安龍福事件과鳥取藩』北東아시아文化硏究, 第29号, 2009). 타당한 해석이다.

35) 『控帳』元禄6年6月7日條

36) 「天保竹島一件」이란 天保年間, 竹嶋(鬱陵島)에 도해한 會津屋(今津屋라고도 한다)八 右衛門사건. 그 부친 金屋淸右衛門도 天保 4

年, 竹嶋渡海했다. 이 부자는 天保 4年, 5年, 6年, 7年에도 도해하
여, 그것이 발각돼 처형 받았으나, 그것이 번에서 주도한 도해교
역이었기 때문에 번주 松平周防守(筆頭老中으로 근무한 인물)와
번의 중신들도 무거운 처벌을 받았다.

37) 「善助一件」이란 享保 4年, 大坂城代였던 安藤對馬守의 동료 善助
가 금전을 횡령하여 欠落하고 西國으로 도망친 사건이다. 鳥取에
잠복했다는 정보를 받고 大坂町奉行所의 同心이나 大坂長吏 등
6명이 즉시 鳥取에 가서 탐색하여 善助를 채포했다는 사건.

38) 『竹島紀事』元祿9年6月條

39) 『鳥取藩史』第2卷, 職制志・祿制志

40) 『竹島紀事』元祿9年7月條

41) 大庭良美『唐人おくり』후루사토文庫, 山陰中央新報社, 昭和59年

42) 鳥取藩『御用人日記』元祿6年8月9日條

43) 『竹島紀事』元祿6年9月4日條

44) 『竹島紀事』元祿6年6月條

45) 岸浩『長門沿岸에 漂着한 朝鮮人의 送還을 둘러싼 여러 問題檢
討』(『朝鮮學報』第119・120輯, 朝鮮學會)昭和61年7月

46) 『星湖僿說』壹, 天地門, 査陵島

47) 『肅宗實錄』肅宗20年8月條

48) 『竹島渡來由來記拔書控』第四代大谷勝房條

49) 『伯耆志』竹島問題硏究會, 資料集

50) 田村淸三郎『島根縣竹島의 新硏究』島根縣發行, 1996년

51) 東海道53次는 全長126里(약500㎞)이다. 빠른 여정의 행정, 1日이
동거리는 40㎞(時速4㎞로 10시간 이동)로 계산해도, 이 왕복에는
22일이 걸린다.

52) 『朝鮮通交大紀』卷8, 靈光院公項

53) 『竹島紀事』元祿7年9月10日條

54) 『竹島紀事』元祿8年6月條

55) 『竹島紀事』元祿8年7月條

56) 『竹島紀事』元祿6年5月13日條

57) 宗家文書『國元表札方每日記』6月5日條

58) 『竹島記事』元祿6年6月條

59) 『竹島紀事』元祿6年7月朔日條

60) 鳥取藩『控帳』元祿6年7月18日條

61) 『鳥取藩史』에「7月24日、使者二名、鳥取에 귀착」이라고 있다.

62) 『因府年表』6月7日條에「7月25日、使者二名、鳥取에 귀착」이라고 있다.

63) 鳥取藩『控張』9月19日條

64) 『竹島紀事』元祿6年7月朔日條「朝鮮人貳人申口」

65) 田川孝三『竹島領有에 관한 歷史的考察』東洋文庫書報, 第20号, 1988

66) 『竹島紀事』元祿6年6月5日條

67) 『肅宗實錄』22年10月23日條

68) 『竹島紀事』元祿6年8月條

69) 『竹島紀事』元祿6年9月條. 이 9月條의 첫 부분에, 어국에「9월 3일 착선」이라고 되어 있다. 그러나 동조 중, 쓰시마번과 나가사키봉행소의 왕복서간에「지난 2일 무사히 對府에 착안」이라고 되어 있다.

70) 고시샤아(御使者屋)는 항의 옆, 西山寺 옆에 있었다.

제3절

대차사의 외교교섭

【쓰시마의 취조】

이치노미야 스케자에몬 일행이 쓰시마에 도착한 후, 서둘러 9월 4
일부터 두 조선인의 취조가 시작된다. 쓰시마 후츄우한(府中藩)의 대
감찰(大目付)·우치노 큐우로우자에몬(內野九郞左衛門)이 그 둘에게
질문했다. 그에 대한 두 조선인의 답변서, 즉 「조선인구상서」가 다음
과 같이 기록되었다.[1]

조선인구상서

1, 우리들 두 사람 중 하나는 부산포 사람 안요구라고 합니다. 또 한
사람은 울산사람 바쿠토라히라고 합니다. 우리들[의 항해는] 1소에 10인
이 타고 있었습니다만, 그 중의 한 사람이 [병을] 앓게 되어 영해라는 곳
에 남겨두고, 나머지 9인이 타고 죽도로 건너갔습니다. [그때 승무원의
이름은 다음과 같습니다.] 선두는 키무요치야키, [그 외에] 킨바타이, 킨
덴토이, 그리고 울산 사람으로 세코치, 이하니, 키무토구소이, 챠구챠춘
입니다.

위의 1소의 배에 타기 위해 울산에서 준비를 시작하여 3월 11일에는
승무원 모두가 모여, 동 15일에 울산항을 출선하였습니다. 동일 중에 울
산 안의 브이카이(흥해)라는 곳에 도착하여, 동 25일에 브이카이를 출범
하여 경상도 안의 엔하이(영해)라는 곳에 도착했습니다. 동 27일의 진시
(오전 8시경)에 엔하이를 출범하여 동일 유시(오후 6시경)에 죽도에 도착
했습니다. 엔하이와 죽도 간의 거리는 대개 50리 정도일 것입니다. [그
위치는] 조선의 강원도의 동쪽에 있고, 섬의 정도는 조선의 마키노시마
(牧之嶋: 絶影島)보다 약간 큰 것 같다고 생각할 수 있습니다. 산의 상황
은 험(嶮阻)하여 오르기에는 너무 높습니다.

1, 그 섬에 서식하는 조류나 수류나 어류 등에 특별히 변한 것은 없습
니다. 고양이는 섬에 많이 있습니다.

1, 그 섬에는 낡은 소옥의 부서진 흔적이 있고, 생활 도구도 남아 있
었습니다. 아무래도 일본인이 산 흔적처럼 생각되었습니다.

1, 그 섬의 이름은 조선에서 무루구세무(Murung-sem 武陵島)라고 합니다.

1, 그 섬에 대해서는, 그것이 일본의 영지인지, 조선의 영지인지, 그러

한 일은 일절 모릅니다. 일본에 건너와서, 일본의 영지라는 것을, 그곳에서 처음으로 들었습니다.

1, 같이 섬에 건너온 배 중에 1소는 전라도 내의 슌덴(順天)이라는 곳의 배로 인수 17인이 타고 있었습니다. 또 같은 1소는 경상도 내의 카토쿠(加德島)라는 곳의 배로 인수 15인이 타고 있었습니다. 이 2소 모두 4월 5일에 그 섬에 착안하였습니다. 2소에 탄 사람에 대해서는, 그 선두를 비롯하여 알고 있는 사람은 한 사람도 없었습니다.

1, 우리들의 배에는 식반의 준비로 쌀 10표와 소금 3표를 싣고 섬에 왔습니다. 그 외의 하물은 없습니다. 물론 다른 종류의 2소에도, 그 화물 상황은 우리가 탄 배와 같은 것이었습니다.

1, 우리들이 그 섬에 건너려고 한 것은 전복이나 미역이 섬에 풍부하다고 들었기 때문입니다. [생활비] 벌이를 위해 온 것입니다. 동류의 2소도 마찬가지입니다. 특별히 상매(잠상, 즉 밀수)를 하려는 마음으로 [이번에] 건너온 것은 아닙니다.

1, 그 섬에서 일본인과 상매(잠상 즉 밀수) 등은 결코 하지 않았습니다. 동류의 2소에 대해서는, 어떤 상황인지 [우리들은] 전혀 모릅니다.

1, 우리들은 이번에 처음으로 그 섬에 건너갔습니다. 승조원 한 사람 킨바타이라는 자가 있습니다만, 이 자는 작년에 그 섬에 한 번 돈벌이하러 건넜던 것 같습니다. 섬의 상황을 잘 알고 있었습니다. 그래서 우리들도 [그 안내에 따라] 건너왔습니다.

1, 카토쿠(加德島)에서 온 배에 2인 정도 그 섬에 전에 한 번 건넜던 일이 있는 인물이 있었습니다. 그렇게 들었습니다.

1, 우리들이 그 섬에 건너간 것은, 특별히 남모르게 비밀리에 한 일이 아닙니다. 작년에도 울산사람 20여 인 정도가 이 섬에 건너갔습니다. 그리고 [조선] 조정의 지시에 따른 것이 아니라. 그야말로 자신들의 생활을 위해, 돈을 벌기 위해 건넌 것입니다.

1, 그 섬에 조선국에서 건너가는 것은, 옛날부터 건너가고 있었던 것인지, 아니면 근년부터 건너가게 되었는지, 그것에 대해서는 전혀 알지 못합니다.

1, 우리들이 그 섬에 체재하고 있는 동안에 [생활을 위해] 소옥을 짓고, 그 소옥의 당번으로 바쿠토라히라는 자를 남겨 두었습니다. 그러한 곳에 4월 17일, 일본선 1소가 와서, 전마선(天間船)을 내고, 그곳에 7, 8인을 태우고 [상륙하였습니다. 그리고] 우의 소옥까지 와서 바쿠토라히를 붙잡아 전마선에 태우고 말았습니다. 그때 소옥에 놓아두었던 보따리 하나를 취하여 배에 태우고 가려고 하였습니다. 그러한 곳에 안요구가 나가서, 거절(만류)하였습니다. 바쿠토라히를 육지에 올려 달라고 부탁하려

고, 전마선에 올라탔습니다만, 즉시 서둘러 배를 출발시키고 말았습니다.
이리하여 두 사람 모두가 본선으로 옮겨져, 그곳에서 서둘러 출선하는
일이 되고 말았습니다. 그리고 오키국(隱岐國)에 동월 22일에 착안하였습
니다. 그동안에 [다른 섬에 들리는 일 없이] 해양 속을 항해하였습니다.

1, 동월 28일에 오키국을 출선하여 5월 초하루에 톳토리에 도착했습
니다. 그리고 34일[간] 두류하게 되었고, [그 후 6월 4일]에 톳토리를 출
발하였습니다. 동월 그믐에 나가사키에 도착하였습니다.

1, 톳토리를 출발한 이래 [여행을 계속하여] 나가사키까지 26일 지나,
드디어 도착하였습니다. 그동안 곳곳에서 대접을 잘 받았습니다. 그 식
사[의 내용을 말하자 면] 1즙 7, 8채 정도나 되었습니다. 우리 둘은 가마
로 나가사키까지 왔습니다. 이상입니다.

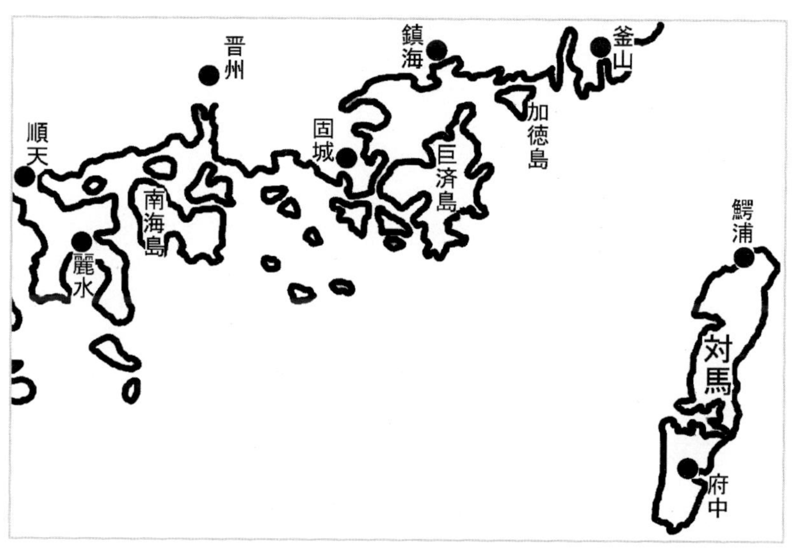

[図1. 조선반도 남안(加德島와 順天의 위치)]

【소우 요시자네의 위구】

　조선인이 쓰시마로 옮겨져 취조가 진행될 무렵, 번주(宗義倫)의 부친으로 은거한 소우 요시자네(宗義眞)가 자신의 생각을, 킨슈우야쿠(近習役) 카노우 코우노스케(加納幸之助)를 통해, 번노들에게 전한 일이 있었다. 이하와 같은 내용이다.2)

　　죽도라는 섬은 이소타케시마(磯竹嶋)라고도 칭하는 섬이다. 선년에 다이유우대군(大猷 大君: 德川家光)시대에, 이 섬에 이소타케 야자에몬(磯竹弥左衛門)이라는 자가 거주하고 있었다. [어떤 사정이 있어] 이 자들을 붙잡아 오라고 [막부에서] 코우운인공(光雲院公: 宗義眞의 부 宗義成)에게 명을 내렸다. 그래서 붙잡아 바치게 되었다. [죽도에 관해서는, 이렇게 우리 쪽에 막부가 명령을 내렸다.] 그렇다면, 죽도라는 곳은 [어쩌면 톳토리번 관할 하에 있다고 할 수 없는 것일지도 모른다.] 만일 막부가 [이 섬을] 일본 호우키 내의 섬이라고 생각하신다면, 호우키의 태수에게 야자에몬과 닌자에몬을 붙잡게 하여, 장군에게 바치라고 명했을 것이다. 그러나 그렇지 않았다. [조선과 교류를 하는 역할을 하는] 어국(對州)에 일부러 명령을 내린 것은, 이것은 어쩌면 조선[령으로서의] 죽도라고 [그때 장군은] 생각하고 계셨던 것은 아닐까. 그러한 일이 상정된다. 그러므로 위의 사정을 확인하기 위해 일단 장군에게 [지금 한 번] 질문하여, 그 생각을 들어보면 어떠할까.

　은거한 소우 요시자네는 죽도가 어쩌면 조선령일지도 모른다는 걱정을 하고 있었다. 만일 그렇다면, 톳토리번의 요구「조선인이 섬으로 건너오는 일을 금지하도록」이라는 요구는 이치에 맞지 않는 일이다. 그렇기 때문에 지금 한 번 장군에게 사정을 여쭈어 보는 것이 어떨까라고, 의견을 말한 것이다. 그러나 쓰시마 번정은 신 번주와 그를 지지하는 노중들의 신 체제로 변화되고 있었다. 그 노직들의 중의는 소우 요시자네의 의견과는 달랐다. 공명으로, 조선에 장군의 뜻을 전달하게 된 이상, 그저 순순히 따르는 것이 좋다. 일부러 여쭈어 보는 등의 일은 잘못된 일이라고 결론을 내리고, 일부러 장군의 의향을 거스르는 것은 오히려 이쪽에 불리한 일이 될 것이라고 우려했다. 오히려 적극적으로 참판사를 파견해, 한결같이 그 취지를 저쪽 조정에 전달해야 한다는 것이 노직들의 결론이었다. 즉 장군의 명령을 그대로 순순히 실행하려고 했다. 여기에 은거자 요시자네와 신번주 요시쓰구 간의 방침 차이가 보인다. 그것은 양자를 둘러싼 가신단의 방침 차이이기도 했다. 그리고 결국 참판사를 파견하는 일이 결정되어, 즉각 파견을 준비했다.

참판사란 조선에 파견하는 정식사자를 말한다. 쓰시마도주(藩主)와 조선정부의 참판(參判: 정부의 차관)은 동격으로 취급되었다. 그 참판에게 보내는 쓰시마도주의 서간을 지참하는 자를 참판사라고 한다. 참판사가 조선 부산에 건너가면, 조선정부는 이 참판사와 절충할 동격의 접위관(응접관)을 도성에서 부산으로 파견한다. 그리고 이 접위관이 참판사의 서간을 수취하는 것이다. 그리고 그 서간이 도성의 참판에게 보내지고, 참판이 쓰시마도주에게 보내는 답장이 도성에서 내려온다. 그러면 접위관이 이 서간을 참판사에게 건네고, 참판사는 그 답서를 가지고 쓰시마로 돌아가, 쓰시마 당주에게 바치는 절차로 되어 있었다. 이러한 교섭의 사자를 참판사라고 한다. 이 교섭을 지탱하는 자가, 일본 측에서 말하는 화관의 책임자 관수(館守)이고, 화관에 주재하는 외교관으로서의 재판(裁判)이다. 그리고 조선 측의 담당자는, 동래부의 책임자가 동래부사이고, 동래부 소속의 외교관인 판사, 즉 양역관들(訓導와 別差)이다. 그들에 의해 죽도 교섭이 전개된다.

[図2. 동래부의 회도]

【정사의 파견】

　장군은 연행한 두 조선인을 조선으로 송환하라고 쓰시마번에 명령했다. 그와 더불어 이후로 조선어민이 죽도에 도해하는 일이 없도록 조선정부에 요구하라고 명했다. 그렇기 때문에 쓰시마 번주 소우 요시쓰구는 명에 따라 사자를 선정하고, 서둘러 파견준비를 추진했다. 참판사(정사)에 임명된 것은 쿠니모토 노직 타다 요자에몬(多田與左衛門)이었다. 그를 도와주는 도선주(都船主: 도해하는 일행의 총책임자)에 우치야마 코우에몬(內山鄕右衛門)이, 그리고 봉진(封進: 회계책임자)에 테라사키 요시에몬(寺崎与四右衛門)이 선발되었다. 그들에게 도해준비를 명했다. 그리고 정사 파견을 조선에 알리는 선향사(先向使)로 나가세 덴베에(永瀨伝兵衛)를 10월에 지명했다. 나가세는 서둘러 조선에 가서, 부산 동래부에 그 뜻을 담은 서류를 건넸다. 양국의 교섭이 개시된 것이다.

　그러나 이 서류를 수취한 조선 측(동래부)에서는, 이 건에 관해 바로 사정을 조사하여, 두 조선인이 붙잡힌 장소가 조선령 울릉도라고 판명했다. 울릉도를 일본이 일본령 죽도로 칭하고, 조선인의 도해제금을 요구할 예정이라고 하니, 이는 도리에 맞지 않는 이야기이다. 그렇기 때문에 이 건에 관해, 어떻게 대응하면 좋을까를 검토하기 시작했다. 바로 거절하고 싶으나, 그렇게 하면 분쟁을 부를 수도 있다. 조선 측으로서는 고심되는 일이었다. 선향사의 서간에 대해, 10월 10일 도성에서 서간이 내려왔다. 다음과 같은 내용이었다.3)

죽도라는 곳에 조선인이 갔다. 2인이 인질로 붙잡힌 [일이 있었다. 그 일이] 동무에 보고되어 [2인은] 나가사키에 보내지게 되었다. 그것 때문에 쓰시마노카미가 조선의 참판에게 사자를 보내게 되어, 먼저 선향사를 파견했다. 죽도는 특별한 사정이 있는 섬이므로, 특별히 문제 삼을 일이 아니다. 그러나 혹시 [죽도가] 우리가 말하는 울릉도라는 섬이라면, 이것은 고래로 조선 내에 있는 섬으로 매번 우리가 왕래하던 섬이다. 그러한 사정이 있는 섬 안에서 조선인을 붙잡아 [인질로 잡아두는 일이] 되었다. 그러고도 참판의 사자까지 딸려 일부러 돌려보내는 일은 생각할 수 없는 이야기이다. 그렇지 않아도 당년은, 매번 참판사자를 보내어, 조선국에는 [특별히 비용부담이 많아 참으로] 반갑지 않은 일이었다. 그러한 사정이 있으니, 이번에 사자를 파견하는 것은 거절하고 싶다.

이에 대해 화관의 재판(외교관)인 타카세 하치에몬(高勢八右衛門)은, 이는 동무의 의사에 따른 사자파견이라며 강경하게 요구했다. 그리고 어떻게든 사자파견을 승낙받으려고 했다. 이에 대해 조선 측 외교관인 양역관(훈도와 별차)은 이를 온건하게 수습하려고 했다. 분쟁이 되지 않도록 타협안을 찾았다. 울릉도와 죽도가 별도의 섬이라면 대화에 응할 가능성이 있다며, 다음과 같이 이야기했다.

죽도의 일에 대해서는, 이것을 조선에서는 울릉도라 한다. [서로 호칭이 다르기 때문에] 참으로 이상한 일이 되었다. 그러나 일본이 말하는 죽도라는 것이, 조선에서 말하는 을릉도와 어쩌면 다른 섬일지도 모른다. 만일 그렇다면, 사자가 도해하여 [대담을 가진다 해도] 특별히 문제가 될 것은 없다. 무사히 대담이 끝날 것이라고 생각된다. 어쨌든 양국 간에 분쟁이 일어나는 일은 없도록 하고 싶은 것이다.

이에 대해 타카세 하치에몬도 응했다. 금년은 참판사가 자주 도해하여 조선국의 출비가 많다고 듣고 있다. 이번의 사자에 대해서도, 접대하는 일이 어렵다는 이야기를 들었다. 그렇다면 이번 사자에 대해서는 대접을 사양하는 것으로 한다. 준비는 더 하지 않았으면 좋겠다. 이렇게 요구했다. 그리고 10월 13일에 대일외교의 현장책임자인 동래부사가 재판 타카세 하치에몬에게 회답을 보냈다. 이하와 같은 것이었다.

> 이번의 참판사는 각별한 일이기 때문에, 그 사자의 도해를 [우리 쪽은 수용한다.] 그것을 알고 [지참하는] 서간의 취지를 도성에 보고하여, 상문할 수 있도록 [우리 쪽은 준비하자. 단] 그때의 일이나, [미리 선향사가 요구한 것과 같은 섬에 도해금지를 요구한 것에 대해서는, 이것은 조선의 울릉도이므로 당연히] 거부의 답서를 올리는 일이 된다. [그것을 인식한 후에] 사자를 파견하도록 할 것.

이렇게 하여 사자의 수용이 정해져, 10월 22일 쓰시마번의 정관(정식사자) 타다 요자에몬이 조선을 향해 쓰시마 후츄우항을 출발했다. 연행한 조선인 둘도 같이 출발했다. 정관 일행은 11월 1일 부산의 절영도에 도착하여 2일에 초량화관으로 들어갔다. 일본에서 온 참판사를 응대하기 위해, 조선 측에서는, 도성에서 특임 접위관이 동래부로 내려온다고 한다. 접위관은 홍문관 교리로, 정5품 관직에 있는 홍중하(洪重夏)라는 인물이었다.

[図3. 絶影島와 和館의 船艙]
(韓國國史編纂委員會所藏『釜山浦草梁倭館之図』에서, 그 일부)

【교섭의 시작】

　정사로 부산에 파견된 타다 요자에몬은 장군의 명령이라는 명분으로, 망설이는 동래부사 성관(成瓘)에게 교섭 자리에 나올 것을 요구했다. 그리고 접위관 홍중하(洪重夏)가 빨리 동래로 내려올 것을 요청했다. 그러나 정사가 도해한 후, 첫 연석의례 준비조차, 아직 일부 실무자 간에 합의도 이루어지지 않았다. 따라서 상의도 시작하지 못했다. 원래 조선 측은 일본이 말하는 죽도가 조선의 울릉도라는 것을 이미 알고 있었다. 그러나 조선은 지금까지 고려하지 않았던 소도의 일로, 당시 쌓아 올린 일본과의 우호관계를 손상시키고 싶지 않았다. 그러나 한편으로 울릉도에 일본인이 거주하여 일본령이 되는 것도 걱정이었다. 때문에 회담을 끌면서 정식교섭 이전의 물밑접촉을 개시했다. 어떻게 하면 어려운 문제를 해결할 수 있을지, 서로 합의할 수 있을 것인지, 그 방안을 먼저 찾고 있었다.

　훈도 변동지가 화관 주재의 재판 타카세 하치에몬을 방문해 다음과 같이 말했다.4)

　　죽도는 조선에서 말하는 울릉도임이 틀림없습니다. 이번에 일본이 요구한 것과 같은 일, 즉 섬을 일본에 양도하는 것과 같은 일은 어려운 일입니다. 조선의 것이 아니라는 등을 말할 수 없습니다. 이곳에 두 섬이 있으므로 하나는 울릉도 또 하나는 죽도로 정하는 것이 좋지 않을까라고 판사들은 말하고 있습니다. 접위관의 의향도 분명히 그러할 것입니다. 버려두었던 섬이기는 하지만 반드시 울릉도의 일을 거론할 것이므로, 그와 같은 일이 예상됩니다.

[図4. 草梁和館周辺図]

조선 측은 울릉도에 대한 영유권을 지킬 의도에서, 궁여지책으로 죽도와 울릉도가 마치 별개의 섬인 것처럼 기도하고 있었다. 게다가 그것을 훈도 변동지(卞同知)가 노골적으로 일본 측에 알려 왔다. 교섭 준비로서는 실로 대담했다. 해결책은 이 해역의 2도를 분할하는 것이었다. 우산·무릉의 양도를 하나는 조선의 울릉도로, 또 하나는 일본의 죽도로 한다는 타협안이다. 이는 사람이 사는 섬이 둘이라는 전제하에서의 이야기이다. 섬 하나를 일본에 넘기면 우산·무릉 양도는 1도가 되고 만다. 그래도 국내의 문제로 처리할 수 있을 것이라고, 조선 측은 생각하고 있었다. 「일설에는 우산·울릉은 본래 1도」라는 『신증동국여지승람』의 문언을 그들은 알고 있었다. 우산·무릉은 결국 울릉도 1도라는 설명으로, 이 건을 처리할 생각이었다. 사실 그대로, 이 양도는 1도였다. 그러나 2도가 있다고 믿고 있던 조선 측은 이러한 제안을 했다. 더욱이 도성에서 내려온 수역(수석역관) 박동지(朴再興)도 이 같은 타협안을 제시했다. 박재흥은 텐나 2(天和: 1682)년에 조선통신사(德川綱吉의 將軍職襲封祝賀)일행의 일원으로 일본에 갔다 온 일이 있는 인물이다. 그래서 일본 사정에 밝았다. 쓰시마로 돌아가는 타카세 하치에몬과 동행하여, 부산에서 와니우라(鰐浦)로 도해하는 배에 동선해, 그 선 중에서 타협안을 제시했다. 그리고 타카세의 동의를 요구했다.5)

> 그 방향[의 해역]에는 3도가 있습니다. 하나는 울릉도이고 하나는 우산도라는 섬입니다. 그리고 또 하나의 도명은 [불명이기 때문에] 이름을 들 수가 없습니다. 그러나 [어찌 되었든 3도가 있습니다.] 이 3도 중 어느 섬이라 해도 좋으니, 일본에서 죽도라고 칭하는 섬을 [일단] 죽도로 정하고, 그 외의 섬을 조선국의 울릉도로 지정하면, 조정의 체면도 서고

일본에도 성공적으로 대처할 수 있는 것 아닙니까.

이러한 일을 속삭였다. 우산·무릉 양도 외에 또 하나, 이름도 알지 못하는 섬이 있다고 한다. 이 박동지의 이야기는 중요하다. 앞에서도 언급했듯이 원록 6년의 안용복은 실제로 송도를 보지 않았을 가능성이 있다. 그리고 오키를 송도, 즉 우산도라고 착각하고 있었다. 안용복이 말하는 우산도는 환상의 섬이다. 그에 비해 박동지의 이야기는 구체적인 섬의 이야기이다. 그것은 그가 이름도 알지 못하는 섬이었으나, 어쨌든 이 해역에 사람이 살 수 있다는 우산·무릉 양도 외에 또 하나의 섬이 존재한다는 것을 분명히 밝혔다. 사람이 살 수 있는 섬이란 울릉도밖에 없으므로, 우산·무릉 양도는 1도로, 그것은 일본이 말하는 죽도이다. 그러면 이 이름도 알지 못하는 섬이란 송도, 즉 지금의 죽도=독도이다.

박동지의 역할은 내려올 접위관을 위해 교섭을 준비하는 일이었다. 교섭이 원활하게 이루어지게 하기 위한 준비였다. 그렇기 때문에 좀 더 자세히 수순을 설명했다. 죽도와 울릉도는 별개의 섬으로, 죽도는 일본의 것, 울릉도는 조선의 것이라고, 그렇게 분할하는 준비였다. 박동지도 그 단계에서 우산과 무릉은 사람이 살 수 있는 2도라고 믿고 있었다.

이 박동지는 접위관이 내려오기 전에, 앞서 부산에 내려와[그 준비를 정리하는] 선도역이었다. [그러한 선도역으로] 부산에 내려왔으니, 붙잡아 둔 조선인 어민 둘을 빨리, 이 박동지에게 건네주고, 위의 준비를 두 어민에게 잘 설명해 [그들이 울릉도가 아닌 죽도에 건너갔다고, 미리 알려두고 싶다.] 그런 후에 조정의 [접위관에게] 심문받을 때, 틀리지 않고 [답변할 수 있도록 준비]해 두고 싶다. 만일 [먼저 두 사람을 인도하지 않고, 그 후에] 차례를 할 시기에 둘을 인도하게 되면 [이 일은 잘되지 않을 수도 있다. 두 사람과 사전조정이 없었기 때문에] 그 [심문하는] 곳에서, 직접 접위에게 질문받으면, 그때 [죽도가 아닌] 울릉도에 건너갔다고 [두 사람이] 말할 염려가 있다. 그렇게 되면 위의 일은 [계획대로 되지 않아 목적과] 다르게 [일이 전개]되고 만다. 그렇게 되지 않도록 빈틈없이 [말을 맞추어] 계획대로 [일이 진행되도록 잘 준비해두지 않으면 안 된다.]

이러한 박동지의 제안에 대해 쓰시마번의 생각은 다음과 같았다.

그렇게 비밀로 도명을 바꾸어도 울릉도는 조선국 안에 있는 것으로 정해져 있기 때문에, 그 울릉도에 도해해도 문제가 되지 않고, 또 그 섬에 다수의 조선인이 건너게 된다. [그러한 일이 많이 있을 수 있는 이야기이다.] 그렇게 되면 다시 큰일이 되고 만다. 그렇기 때문에 조선 쪽도 반드시 그러한 이야기로는 수습되지 않을 것이다. 또 우산도를 울릉도라고 바꾸어 보아도, 우산도라는 섬이 이번에는 조선국에 없게 된다. 그렇게 되면 울릉도를 일본에 빼앗기든, 우산도를 일본에 빼앗기든 [어느 쪽이라 해도 마찬가지로] 역시 우리 섬을 타국에게 빼앗겼다고, 소문이 나쁘게 날 것이다. 그러므로 이러한 제안으로도 결국 분쟁을 해결시키기는 어렵지 않겠는가. 또 여기에 있다는 세 개의 섬을 일본에서는, 모두 죽도라고 말하고 있지 않은가. [그렇게 저쪽은 생각하고 있다.] 일본의 상황을 자세히 알지 못하기 때문에, 그렇게 생각하는 것이겠지만, 이 세 섬, 어느 섬에 조선인이 건너와도, 결국 일본 입장에서 말한다면 [죽도에 건너온 것이 되어] 문제가 된다. 이것은 그와 같은 이야기로 [그럴 경우, 문제를 다시 조선 측에 말해야 하지 않겠는가.] 그렇게 저쪽은 생각하고 있다. 그렇기 때문에 더욱 위와 같이 분쟁을 처리하게 되면, 틀림없이 잘못이 생기고 말 것이다. [이 건에 관해서는, 어떤 처리방법으로도] 어느 쪽으로도 해결되기 어려운 일이다.

이렇게 생각하고 결국 박동지에게 이 뜻을 전해, 섬을 나누자는 조선의 타협안을 거절했다. 그리고 어디까지나 일본령으로, 그 귀속을 분명히 하는 교섭을 정사 타다 요자에몬에게 명했다.

이 [타협안]은 하수인들의 재각으로 이루어지는 [잔꾀라고 말할 수 있는] 것으로 [결국 고식적인 해결책이다.] 이러한 속임수로는 [본질적인 해결이 안 된다. 이 문제는] 미래에 이를 때까지 중요한 일이므로 [여기서 깨끗하게 처리해 두지 않으면 안 된다.] 울릉도를 일본이 죽도라고 부르며, [일본인이 도해해 어로]하고 있는 것은 임진[정유]왜란(분로쿠·케이쵸우노에키) 이후의 일이다. [전란 중에 조선인은 이 섬에서 철퇴하여] 조선에서 [이미 도해해 어로하는 일이 없어졌다. 섬을] 지금까지 버려두었던 것이다. 그리고 일본에서는 오랫동안 섬을 지배해 왔다. 그러한 섬이므로 「이 섬이」 울릉도라 해도, 조선국에서 말할 근거는 이미 사라진 것과 같다. 토지의 [소유가 이동하고] 변화하는 것은 일본과 조선의 일만이 아니라, 한없이 넓은 모든 세계에 있는 이야기이다. 이전에는 타국의 토지였다 해도 오랜 세월에 걸쳐 이쪽에 속해 있었다면 이쪽의 토지가 되고 만다. [그것은 일일이] 자세하게 설명할 필요도 없는 일이다. 만일에 이 울릉도가 일본에서 말하는 죽도라 해도, 그것에는 조금도 부조리가 없다. 그렇게 이해하고 [교섭을 하면 된다.]

【정관과 접위관의 교섭】

원록 6년 12월 10일에 부산 초량의 연형대청(宴亭大廳)에서 드디어 참판사와 접위관의 회담이 이루어졌다. 그곳에서 정사 타다 요자에몬이 접위관 홍중하에게 서류를 전달(竹島渡 海禁止要求)하고, 두 조선인 안용복과 박어둔을 인도했다.6)

[図5. 宴享大廳]
(한국국립중앙박물관소장 『초량왜관도』에서, 그 일부)

　2인을 끌고, 경호역(警固役)으로 [이 차례의 장소에] 나온 것은 감찰역
(橫目改) 하마다 겐자에몬(濱田源左衛門)이었다. 대관 히구치 타로우베에

(樋口太郎兵衛)도 따라나왔다. 그러자 치주(馳走: 接待)역의 박동지와 김판사 두 사람이 나와서, 이쪽의 경호역 [하마다와 히구치] 양인에게 인사하고, 저쪽 사람을 많이 불러내어, 위의 두 어민을 수취했다. 즉시 새끼줄로 묶어 [두 사람을 구속한] 것처럼 보였다.

이 회담장에서 타다 요자에몬이 이야기했다. 작년에 이어 조선인 어민이 일본의 죽도에서 어렵을 하고 있었다. 그래서 어민을 구류해 증거로 삼기 위해 인질로 했다. 막부의 명령에 따라 지금 어민을 돌려보내고, 금후로는 조선인이 죽도에 가지 않도록 귀국에 요구한다. 이렇게 접위관에게 요구했다. 그리고 다시 이야기를 계속했다.7)

천한 사람들이기 때문에, 만일 일본인과 짜고 [이 섬에서] 몰래 상매(密貿易) 등을 하는 패거리가 나오지 않는다고는 단정할 수 없다. 그렇게 되면 큰일이다. [이번의 사건은] 처음 있는 일로, 어쩌다 건넜을 뿐 [전후 사정은] 알지 못한다고 말한 것과는 다르다. 이번에 되풀이된 발선(拔船: 密漁) 행위는 이미 해적선과 같은 행위이다. 엄하게 처벌하는 것은 조선의 [무육민정(撫育民政)]에 있어 [어쩌면] 어려운 일일지도 모른다. 그러나 이번의 일은 [일본의] 장군이 관대한 마음으로 죄를 용서하시고(御宥免), 아무 일 없이 [처리하고, 연행한 두 사람을 그대로 본국으로] 돌려보낸 것이다. 이 일은 양국의 성신을 [기반으로 해서 이루어진] 일로, 신중히 생각해 주었으면 한다. 더욱 규율을 엄하게 하여 [인민을 선도하고 교도해] 주었으면 한다. 물론 양국의 법도를 어긴 자들의 일이므로 엄하게 그 부정을 [밝혀 처벌 대상으로 삼아] 명령을 내려야 한다고 생각하고 있다. 이 하나하나를 동무가 지시하고 계시므로 [귀국의 어민에] 대응하는 상황을 [우리들은 동무에 보고하지 않으면 안 된다.] 만일 귀국이 반답(返答)하는 내용이 좋지 않으면 금후의 [양국관계는, 다시] 원만하지 않게 전개될 것이다. 그러한 일이 위구된다. 죽도에 건넌 어민들에게는 [이것을 지도한] 동량(首謀者)도 있을 것이다. 그자들 모두에게 죄가 있으므로 [처벌을] 명해야 할 것이다. 그러한 자세한 내용을 다시 알려주었으면 한다.

타다 요자에몬은 조선의 해금정책을 보다 엄중하게 해 줄 것을 요구했다. 이번의 두 조선인만이 아니라 같은 일행 모두와 그 동량(주모자), 즉 삼계의 샤쿠완까지 처벌할 것을 요구했다. 조선은 이 요구를 어떻게 받아들였을까. 『숙종실록』의 기록을 보기로 한다.8)

그해 겨울에 쓰시마에서 정관 타치바나 마사시게(橘眞重: 多田與左衛門)가 박어둔 등을 돌려보내며, 우리나라 사람이 죽도에서 어렵하는 것을 금지시켜 달라고 요구해 왔다. 그 통신에 의하면, 귀역 해변의 어민이 매년 배를 타고 본국의 죽도에 왔기 때문에, 토관(地域民政官)이 국금을 자세히 알려주고, 다시는 오지 말 것을 강하게 일러주었다. 그러나 금년 봄에도 어민 40여 인이 죽도에 와서 난잡하게 어렵을 했기 때문에 토관이 그 중 두 사람을 구속하여, 그때의 증거로 삼는 인질로 했다. 본국에서 이나바 태수가 동도에 서둘러 이 사실을 알렸기 때문에 어민을 폐읍(弊邑:對州)에 맡기고, 고향으로 돌려보내라 했다. 그러나 금후로는 그 섬에 결코 어민이 들어가지 못하도록 제금하여, 양국의 교의에 금이 가지 않도록 해 주었으면 한다.

이러한 요망이었다. 접위관은 타다 요자에몬에게서 구상과 그 내용을 기록한 서류를 받았다. 그리고 그것을 도성에 전달했다. 그러나 도성에서는 이 건에 대한 답을 좀처럼 주지 않았다. 그리고 해가 바뀌었다.

【조선의 복서】

원록 7년 1월에 드디어 조선정부(예조참판 權瑎)의 답서가 도착했다.

일본의 요구에 대해 조선정부의 답서는 「귀계의 죽도에 들」어간 조선인 어민에 죄과를 과하기로, 일단 일본의 요구를 받아들였다. 그러나 한편, 「우리나라의 울릉도(弊境之蔚陵島)라 해도 멀다는 것을 이유로, 임으로 왕래하는 것을 허가하지 않는다」라고 조선령 울릉도라는 문구를 답서 안에 삽입했다. 이것은 고육책으로 일본령 죽도와 조선령 울릉도를 병기하여, 마치 2도가 별도로 있는 것 같은 표현이었다. 양국의 분쟁을 회피하기 위해 고심한 서간이었다. 이하와 같은 것이다.9)

그런데 폐방(우리나라)의 해금은 매우 엄중하게 동해 해변의 어민을 제약하여, 외양에 나가는 것을 허가하지 않고 있다. 폐경의 울릉도라 해도 요원하다는 이유로, 일체 임으로 왕래하는 것을 허가하지 않는다. 하물며 그 밖에 있는 섬에 대해서는 말할 필요가 없다. 그런데 이번에 어선이 감히 귀계(귀국의 영역) 죽도에 들어가, 이를 영도하여 송환하는 등 번거롭게 했는데, 멀리서 서류로 알려 주어, 인국 상호의 우호로 사건을 처리해 주셨다. 참으로 흔쾌하게 생각하는 바이다. 해민은 어렵하는 것으로 생리(생업)를 이룬다. 어쩌면 강풍을 만나 표류 전전하는 고난도 없지 않을 것이다. 그 결과 경계를 넘어 깊이 들어가, 혼란 속에서 어채하게 되었을 것이다. 법에 따라 응징해야 할 것이다. 이번에 이 범인들을 연행하여, 법에 따라 죄과를 과하기로 했다. 이후, 연해의 곳곳에 엄한 과조를 세워 각별히 신칙(申飭)하기로 했다.

그러나 이 답서를 보고 쓰시마 측은 곤란했다. 그 내용은 마치 죽도와 울릉도가 2도인 것처럼 되어 있으나, 실제로는 1도이기 때문이다. 일본의 죽도가 조선의 울릉도라는, 이 1도 2명의 실정을, 2도인 것처럼 속여 막부에 보고할 수는 없다. 그래서 이 답서에서 「울릉도」라는 문자를 삭제할 것을 요구하는 교섭이 다시 시작되었다. 그러나 조선 측으로서는, 자국 판도의 울릉도를 일본의 요구대로 부정할 수는 없었다. 서로의 주장은 결국 결렬되어 교섭은 암초에 부딪혔다. 원록 7년 2월 22일에 정사 타다 요자에몬은 일단 쓰시마로 귀국한다. 그리고 상대역 접위관도 그 역할을 마치게 된다. 이렇게 하여 제1차 교섭은 종료되었다.

【조선의 정권교대】

당시 조선에서는 당쟁이 치열하게 벌어지고 있었다. 거슬러 올라가면, 세조(1417~1468)의 즉위(癸酉靖難)에 관계한 훈구파(공신 및 외적 일파)와 사림파(신흥의 과거관료 일파)의 주도권 다툼이 있어, 사림파가 점차로 세력을 확대하고 있었다. 그 후 16세기 말에 사림파는 동인파와 서인파로 나뉘어 대립과 투쟁을 반복했다. 동인파는 그 후 북인파와 남인파로 분열했고, 서인파는 노론파와 소론파로 분열했다. 이것을 사색당파라고 한다.

조선의 당파

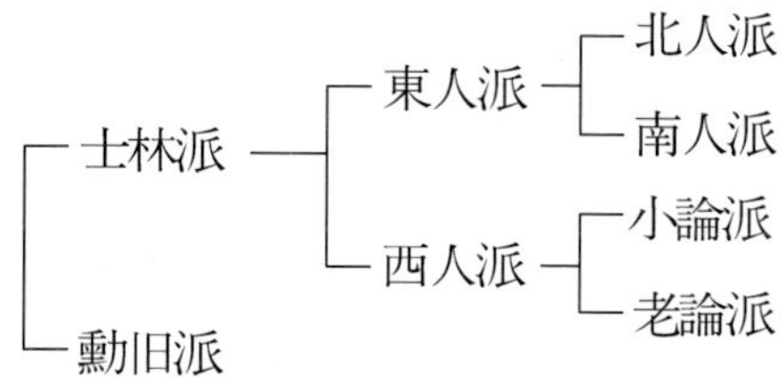

숙종이 즉위한 해(1674)에 정권을 쥐고 있던 것은 남인파였다. 이

남인파 정권은 숙종 원(1675)년에 서인파의 영수 송시열과 김수항 등을 유죄에 처하고 자신들의 정권기반을 굳혔다. 그러나 숙종6(1680)년에 서인파가 역습하여 남인파의 영수 허적(당시의 영의정)을 추방하는 데 성공한다. 허견(허적의 아들)의 모반을 구실로, 정변(경신환국)을 달성해, 허적 이하 많은 남인파 요인을 사형에 처했다. 형을 받은 서인파의 면면이 다시 권력의 좌로 복귀했다. 이리하여 정권을 장악한 서인파였으나, 내부에서 권력투쟁이 시작되었다. 남인파에게 강경한 자세를 취한 노론파(송시열, 김수항 등)와 온건한 자세를 취한 소론파(윤증, 남구만, 박세채 등)로 분열되어, 이 노론 중심의 정권이 성립됐다. 그러나 숙종 15(1689)년에 세자(모는 희원 장씨) 책봉문제가 발생해, 책봉의 시기상조론을 주장한 서인파의 영수 송시열이 다시 실각하고 영의정 김수항이 파면되면서, 서인파(노론파)정권이 붕괴했다. 희원 장씨와 결탁한 남인파가 이를 대신하여 다시 정권의 좌에 올랐다. 영의정에 권대운, 좌의정에 목래선, 그리고 우의정에 민암이라는 포진이었다. 그 정변(기사환국)으로 권력을 장악한 남인파는 서인파에 보복하고 처벌한다. 송시열이나 김수항 등은 사형에 처해졌고, 많은 서인파는 유죄에 처해졌다. 왕비 민씨도 폐했다. 그러나 숙종 20(1694)년에 우의정 민암이 서인파가 일으킨 폐비 민씨의 복위운동을 적발해, 다시 서인파를 숙정하는 대옥을 일으키려 했다. 이 시기에 희원 장씨(경종의 모)에서 숙원 최씨(영조의 모)에게로 총애가 옮겨갔기 때문에, 장씨와 결탁한 남인파의 세력증강을, 숙종은 더 이상 원하지 않았다. 숙종은 결속한 서인파의 편을 들어, 결국 남인파 정권은 붕괴했다. 이 정변(갑술환국)으로 등장한 것이 서인파(소론파)이다. 영의정에 남구만, 좌의정에 박세채, 우의정에 윤지완이 취임하여 폐비 민씨를 복위시켰다.

숙종시대의 후궁세력 관계

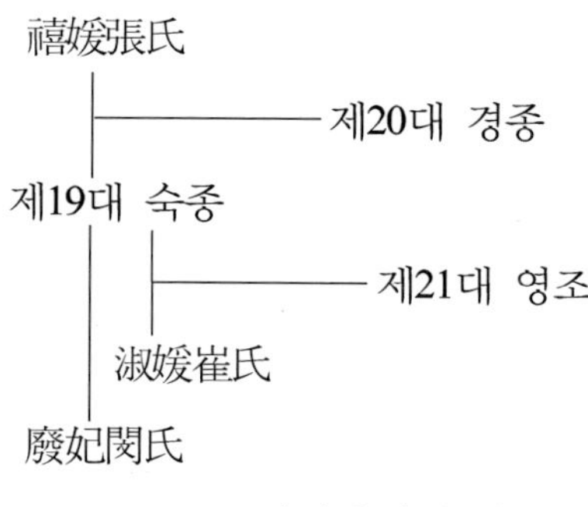

숙종시대의 정변의 추이

숙종 6(1680)년 경신환국으로 남인파가 실각하고 서인파가 집권

숙종 15(1689)년 기사환국으로 서인파가 실각하고 남인파가 집권

숙종 20(1694)년에 갑술환국으로 남인파가 실각하고 소론파가 집권

죽도일건의 전후에는, 정권은 서인파(노론파)에서 남인파로, 그리고 서인파(소론파)로 교체되어 간다. 그때마다 정권은 크게 흔들렸다. 원록 7년은 조선에서는 숙종 22(1694)년이다. 이 4월에 정변(갑술환국)이 일어났으며, 그것은 제1차 교섭과 제2차 교섭의 중간 시기였다. 정변 후의 제2차 교섭은 당연히 제1차 교섭과는 다른 대응이었다. 이 소론파 정권은 남인파 정권의 제1차 교섭에 비판적이었다. 융화적으로 대응하며 「섬의 쟁론」에 소극적이었던 외교방침은, 그런 연유로

완전히 바뀌었다. 남인파 정권이 실현하려 했던 애매모호한 해결책은 여기서 일전하여, 울릉도를 조선의 배타적 영토로 보고, 일본에게 이를 인정시키려는 방침으로 전환됐다. 그와 같은 제2차 교섭이 소론파 정권에 의해 시작되었다.

【제2차 교섭의 개시】

원록 7년, 즉 숙종 20년 5월에 다시 타다 요자에몬이 교섭타결을 위해 조선으로 도해했다. 초량화관에 도착한 것은 윤 5월 13일이다. 어디까지나 「폐경 울릉도」라는 문구를 삭제시키기 위해, 다시 소우 요시쓰구의 서간을 가지고 있었다. 또 이전에 수취했던 조선의 서간 (제1차 복서)도 가지고 있었다. 역시 수리할 수 없다며 반납하기 위한 도해였다. 그것 때문에 상당한 각오를 하고 도해했다. 이 정사(참판사) 파견과 더불어, 조선에서는 새로운 접위관으로, 사헌부장령 정4품의 관직에 있는 유집일(兪集一)이 5월 25일에 임명되었다.[10] 이것으로 제2차 교섭이 구체적으로 시작된다. 그러나 새로운 소론파 정권은 남인파의 융화정책을 이미 파기하였다. 그러므로 당연히 타다의 요구를 거절한다. 사전교섭 차원에서 역시 소모적인 교섭이 느리게 진행되었다. 그것도 교섭 상대인 접위관 자체가 좀처럼 부산에 내려오지 않았다. 그래서 더욱 집요하게 타다는 개찬서계(제1차 복서)를 요구했다.

그러는 사이에 부산부임을 뒤로 미루고 있던 접위관 유집일이 8월 3일에 동래부에 도착했다. 도착하자 서둘러 사건의 증인인 안용복에게 일련의 이야기를 들었다. 즉 다시 한 번 안용복과 박어둔을 취조했다. 그러나 안용복은「호우키슈우에서 받은 은화 및 문서를 쓰시마 사람에게 협박당하여 빼앗겼다」라는 일만을 호소했다.11) 자신에게 준 은화를 타자에게 빼앗기면 역시 분할 것이다. 그의 말대로, 쓰시마 사람이 은화를 빼앗은 흔적이 있다. 그것을 되찾고 싶다고 안용복은 호소했다. 그리고 문서도 그들에게 빼앗겼다고 호소했다. 그 빼앗긴 문서란 안용복 등에게 은화 및 물품을 톳토리번이 급부(給付)했다는 문서였을 것이다. 사실 여러 가지 일용품이 토노사마(松平伯耆守)의 하사품으로, 그들에게 내려졌다. 그러한 하사기록은 나가사키에서 조사하여 쓰시마번도 알고 있었다. 금품을 주었다는 기록문서가 그들의 수중에 있는데, 그 금품이 실제로 없다면 쓰시마 사람이 탈취한 것이 된다. 그렇기 때문에 금품과 더불어 문서도 탈취했을 것이다. 표착 조선인에게 준 물품을 쓰시마 사람들이 강탈하는 일은 당시 자주 있던 일이었다. 『카시마 효우스케가 말하여 올리는 상서(賀島兵介言上書)』 제31조에 이런 내용의 기록이 있다.12)

제31조 작년 봄에 표류한 조선인을 모국으로 송환하는 일이 있었다. 그들이 왜관에 도착했을 때 문제가 생겼다. 일본에 거주하는 동안, 이쪽에서 조달해 보낸 물품이 있었다. 냄비, 작은 통(小桶), 난로(囲爐裏), 노, 삿대(水棹), 망 등이다. 쓰시마 이외의 나라에서 받은 것도 포함한, 이것들을 왜관의 대관이 빼앗았다. 표류 조선인들이 각각 고향으로 돌아가려고 해도 이 냄비, 통, 화로가 없었기 때문에 밥을 지을 수가 없었다. 삿대, 노, 망이 없었기 때문에 배를 저을 수도 없었다. 힘든 나머지 동래부에 읍소하여 반환을 요구하는 소송으로 발전했다. 이러한 대관의 수탈행

위는 참으로 한심스러워, 성신외교와는 너무 동떨어진 것이다.

쓰시마에 성신의 마음 같은 것은 없었다. 그렇게 안용복은 접위관에게 호소했다. 안용복의 사사로운 분노는 어찌 되었든, 쓰시마에 대한 불신에 대해서는 유집일도 동의했다. 쓰시마는 신뢰할 수 없는 상대라고 이야기했다. 그리고 그는 두 사람과 같이 울릉도에 갔던 자들, 즉 김덕생(金德生) 등 7인에 대한 재심문도 행했다. 그 결과 일본에 연행된 안용복 등 2인에 대해「국금을 어기고 월경한 범죄자」라는 종래의 인식을 버리고, 반대로「어렵을 위해 2인은 조선령 울릉도로 들어갔는데, 갑자기 나타난 일본인이 불법으로 일본으로 끌고 갔다」는 인식으로 전환되었다. 즉 피해난민으로 인정한 것이다. 안용복과 박어둔 등의 증언은 다음과 같았다.13)

죽도에서 포박되어 우리들은 죄인이 되어 에노도 보내졌습니다. 그러할 때, 에도에서는 [이 자들을 죄인으로 하는 등] 당치도 않는 일이 되어, 이렇게 된 것은 억울하기 짝이 없는 일이었습니다. 우리들을 붙잡아간 자들은 참죄를 명받았습니다. 우리들에게는 의복 등을 내려 주시고, 그 위에 정중한 대접도 해주며, 나가사키까지 보내주었습니다. 도중에도 [정중히] 가마에 태워 주고, 좌우에서 부채질로 [더위를 견디게 해주었으며,] 금은을 주기도 하며, 의외로 잘 취급해 주셨습니다. 그러나 나가사키에서 쓰시마의 역인들이 [우리들을] 인도받은 후에는, 다시 수인처럼 취급되었습니다. 에도에서 대접(御馳走)받은 상황을 보아, [우리들에게 죄가 없다는 것을, 조정의 여러분이] 이해하여 주실 것을 원합니다. 우리들을 수인처럼 취급하고, 다시는 그 섬에 건너오지 못하도록 하라는 것은, 에도의 생각이 아닙니다. 오로지 타이슈우가 [공을 세우려는] 마음에서 하는 일입니다.

에도에서는 매우 후한 대접을 받았는데, 나가사키, 그리고 쓰시마로 이송된 후에는 취급이 아주 혹독했다. 이렇게 연행된 두 어민이 진술했다. 에도 장군이 우호적이었던 것에 비해 쓰시마번은 조선인에게 엄했다. 그것은 쓰시마번이 장군에게 공을 세우려고 하고 있기 때문이라고 증언했다. 취조에 임한 유집일은 안용복과 박어둔의 증언을 믿었다. 「집일은 용복에게 물어, 처음으로 그 사실을 알았다」라고 까지 단언했다.14) 그들은 죄인이 아니라 납치당한 억울한 피해자였다. 그들에게 죄가 없다는 것은 에도 장군도 잘 알고 있었다. 울릉도를 죽도라고 부르며 일본 섬이라고 주장하는 것은, 에도에 공을 세워 보이려는 쓰시마의 공명심에서 기인된 것이었다. 이번의 섬을 둘러싼 논쟁은 에도의 장군이 의도한 것이 아니라, 모든 것이 쓰시마가 공을 세우려고 하는 의도에서 기인된 것이다. 유집일은 그렇게 확신했다.

그리고 유집일의 보고를 받은 영의정 남구만도 그러한 쓰시마의 음모설을 지지했다. 즉 쓰시마번이야말로 울릉도를 죽도로 부르며 일본령에 편입시키려는 원흉이라는 것이다. 남구만은 강경노선을 취하는 쓰시마에 대해, 원래 좋은 인상을 가지고 있지 않았다. 차비역관 박동지가 타다 요자에몬에게 전한 내용은 다음과 같다.15)

> 바로 지금은 이 첫 번째[의 지위에 있는 분(남구만)] 혼자서 [정무를 주도하고 계십니다. 그러나 역시] 모든 일이 [원활하게] 되기는 어려운 일입니다. 게다가 이 첫 번째 분은 처음부터 울릉도에 간 자들(안용복과 박어둔)의 증언을 그대로 믿고 있습니다. 그들이 호우키에서 경험했던 일, 죽도는 일본역 내에 있는 섬이 아닌데 [이곳에서] 조선인을 붙잡아 [호우키로] 끌고 간 일, 그 체포했던 일본인이 처벌받았다는 일을 들어서 알고 있다는 것, 또 나가사키로 보낼 때, 정중하게 탈것에 태워 이동시키고, 도중에는 [더위 속에, 길에] 물까지 뿌려주고, 게다가 돈까지 주었다는 일, 그것을 어국(쓰시마) 사람이 압수했기 때문에 되찾고 싶다고 자세히 호소한 일 등, 그러한 발언의 취지를 [모두] 당연하다고 생각하

고 계십니다. 에도에 대해서는 각별[한 유감이] 없습니다만, 유달리 어국
에 대해서는 [얼마간 불쾌하게 느끼는] 생각이 있는 것 같습니다.

소론파 정권은 이 사건(竹島一件＝蔚陵島爭界)을, 동무의 환심을
사기 위해 쓰시마번이 일부러 일으킨 소행으로 보고 있다. 그러한 쓰
시마의 외교상의 자기과시를 그대로 허용할 수는 없었다. 버려두었던
섬이지만 이번 기회에 완전히 조선령으로 선언하고, 실질적으로 지배
하지 않으면 안 된다. 그러기 위해서는 섬의 상황을 파악하고, 섬을
관리할 필요가 있다. 섬에 도항한 경험을 가진 안용복 일행의 증언은
그런 점에서 매우 유익했다.

【제2차의 복서】

원록 7년 9월에 개찬서계(제2차의 복서)가 예조참판 이여(李畲)의
이름으로 쓰시마번에 보내졌다. 물론 소론파의 외교방침에 따른 것이
다. 그 내용이란 지금까지 울릉도와 죽도를 2도 2명으로 한 방침을
완전히 철회하는 것이었다. 울릉도와 죽도란 1도 2명으로 그것은 조
선령이라는 것이었다. 이하와 같은 문서이다.

그런데 우리나라 강원도의 울진현에 소속하는 섬이 있다. 그 도명을
울릉도라 한다. 울진현의 동방 해중에 있다. 섬에 건너가려면 풍도에 따
른 위험이 있어, 배로 오갈 수가 없다. 그래서 중석(中昔)의 시기에 인민
을 본토로 옮기고, 땅을 공허로 했다. 그리고 때때로 검찰관을 파견하여

몰래 섬에 왕래하는 자들이 없는가, 섬을 수색 탐검해왔다. 이 섬 꼭대기에 있는 수목은 본토 쪽에서 확연히 망견할 수 있다. 그렇기 때문에 이 섬에 대해서는 널리 알려져 있어, 그 산천의 우곡(紆曲), 지형의 활협(濶狹), 민가 거주지의 유지(遺址), 토물의 산지 등은, 모두 우리나라의 여지승람이라는 서물에 실려 있다. 그러한 지견은 대대로 전해지고 있어 우리 사적임이 명백하다. 지금 우리나라 해변의 어민은 생업 때문에 이 섬을 왕복하고 있다. 그곳에서 생각지도 못한 귀국인과 조우했다. 귀국 사람은 스스로가 국금을 범하며 국경을 넘어 섬에 왔으면서, 오히려 우리나라의 두 어민을 붙잡아, 구금하고 끌고 돌아가 에도에 전송했다. 다행히 귀국의 대군이 그간의 사정을 분명히 살피고, 친절하게 자량(資糧)을 보내고 보호하여, 두 사람은 귀국하는 은혜를 입을 수가 있었다. 이는 교린의 정에 근거한 것으로, 그것이 일상처럼 이루어졌다는 것을 잘 알아두어야 한다. 삼가 그 고대한 뜻의 성취에 감격한다. 그 감격에 대해서는 할 말이 없다. 그렇지만 우리나라 어민이 어채하고 있었던 곳은, 원래 우리나라에서 말하는 울릉도이다. 그 섬에서 죽이 난다는 이유에서 죽도라고 부르기도 하는 섬이다. 즉 1도이나 그것에 2명이 있는 섬이다. 이 1도 2명의 상태에 있는 섬이라는 것은 우리나라의 서적에만 기록되어 있는 것이 아니다. 귀주의 사람도 이 사실을 알고 있다. 그러나 지금 사자가 가지고 온 서간의 내용은 죽도를 귀국의 영역 내에 있는 지방으로 확정하고, 우리나라에, 우리나라 해변의 어민이 어선으로, 왕래하는 것을 금후로는 금지시켜달라는 것이다. 귀국 사람이 우리나라 국경을 침범하여 우리 국민을 구집하는 실태를 논의하려는 것이 아니다. 이는 그야말로 성신의 도에 어긋난다고 해야 하는 일이다. 여기서 깊이 생각하고 원하는 것은, 이 서간의 말을 그대로 동무에 전보하여, 귀국 변해의 사람들에게 엄하게 명해, 울릉도로의 왕래를, 금후 허가하지 않도록 해주었으면 하는 것이다. 그렇게 하여 분쟁의 발단이 야기되는 일이 없도록 했으면 한다. 그렇게 되면 그것은 양국의 우호 우의에 크게 도움되는 일로 극히 행복할 것이다.

이러한 내용의 서간이었다. 원래 쓰시마번의 요구는, 조선어민이 섬에 왕래하는 것을 금지시켜달라는 내용이었다. 그런데 이번에 개찬된 제2차 복서는 그와는 반대로, 일본인 어민의 섬 왕래를 금지해 달라는 내용이었다. 정사 타다 요자에몬은 이러한 국서는 당연히 수취할 수 없었다. 그래서 자신의 사명 관철을 기하여, 집요하게 교섭을 지속했다. 그러나 교섭상대인 접위관 유집일은 조선국 정부가 보낸 서계의 수리를 타다가 거부하는 것은 국교의 예의에 어긋나는 일이라며 완강하게 응하지 않았다. 이 새로운 제2차 복서의 수리를 재촉하는 조선과 이에 대해 복서의 수취를 거부하며 다시 써줄 것을 요구하는 쓰시마, 즉 제3차 복서를 요구하는 쓰시마 측과의 교섭이 반복되고 있었다. 그리고 서로 한 발자국도 물러서지 않아 결국 교섭은 완전히 교착상태에 빠지고 말았다.

【쓰시마번주의 교대】

　이렇게 되면 지구전이다. 쓰시마번은 타다 요자에몬에게 명하여, 제2차 복서를 일단 화관에 놓아두고 타다 자신도 화관에 머물며, 제3차 복서를 요구하며 조선 측 상황을 지켜보기로 했다. 즉 반대 결과가 된 복서를 본국 쓰시마에 가지고 가지 않고, 조선의 화관에 놓아두는 형태로, 교섭을 계속한다는 것이었다. 그러나 그 와중에 쓰시마 번주 소우 요시쓰구가 에도에서 24세의 젊은 나이로 사망하고 만다. 그 후, 불과 11세의 유제 요시미치(義方)가 신 번주가 되었다. 이미 은퇴했던 부친 요시자네가 후견 임무를 맡게 된다. 교착한 조일 교섭도 이 번주의 교대로 번내가 혼란하여, 타다에 대한 지시도 두절되고 만다. 이미 완전히 기능이 정지된 상황이었다.

이 교섭을 어떻게 진행할 것인가, 당시 쓰시마번에서도 의견이 분분했다. 한쪽은, 울릉도가 옛날에는 조선령이었으나, 사실상 오랜 공도로 일본이 약 80년간 실효지배하고 있었으므로, 지금은 일본령이라는 것이다. 따라서 막부의 명에 따라, 어디까지나 강경하게 주장을 관철시켜 죽도(울릉도)를 일본령으로 고수해야 한다는 의견이다. 다른 쪽은, 조선의 서적 『동국여지승람(1481년간)』의 기사를 보면, 역시 울릉도는 본래대로 조선령으로 해야 한다는 의견이다. 그렇기 때문에 다시 장군과 조정을 위한 상담을 할 필요가 있다는 것이다. 번 내부는 이 두 논으로 분열된 채, 번주교대를 맞이하게 된 것이다.

이 사이, 조선 측은 실정파악을 위해, 삼척첨사 장한상(張漢相)을 현안의 울릉도에 파견한다. 섬의 상황을 사찰시킨 것이다. 숙종 20년, 원록 7년 10월에 장한상은 섬에서 돌아와 그 결과를 보고한다. 섬에 왜인이 왕래한 흔적은 있으나, 현재 정주하고 있는 것은 아니다. 이 섬에는 거목이 번무하고 평지가 적다. 토지가 비옥한지 여부를 확인하기 위해, 작물의 씨를 뿌리고 왔으므로, 내년에 다시 도항하여 확인하고 싶다고 복명했다.

섬의 실정을 이해한 영의정 남구만은 이후 2, 3년마다 섬의 상황을 확인하는 것만으로 충분하다고 했다. 그리고 주민의 거주를 허가하지 않는 공도정책을 지속할 것을 숙종에게 제언했다. 어쩌면 일본에서 섬을 지키기 위해 군을 파견할지도 모른다. 섬에 조선인이 있으면 소토당하여, 분쟁이 일어난다. 그러한 일을 걱정했기 때문이다. 당연히 어민이 어렵을 위해 섬에 왕래하는 일도 엄금한다. 양국분쟁의 불씨를 이곳에 남겨 두면 안 된다. 숙종도 그것을 인가했다.

【의문 4개조의 정시】

원록 7년이 지나 8년 2월에 쓰시마번은 새로운 전개를 위해, 재판 타카세 하치에몬(高瀬八右衛門), 스야마 쇼우에몬(陶山庄右衛門), 아비루 소우베에(阿比留惣兵衛)를 부산 화관에 파견했다. 그리고 제3차 복서를 요구하며, 그 문안을 쓰시마 측에서 제시하고, 교섭을 모색했다. 그러나 사태는 전혀 변하지 않는다. 결국 정사 타다 요자에몬 이하, 번의 사자 일행에게 일단 귀국할 것을 명했다. 국면의 전환이다. 그러나 타다 요자에몬은 여전히 집요하게 교섭을 계속한다. 번의 사자 일행이 철수하기 직전까지 제2차 복서에 대해, 계속해서 수정을 요구했다. 사실과 다른 점이 제2차 복서에 4개소 있다며, 조선 측에 엄중히 질문서를 보냈다. 조선 측의 불신을 힐문한 의문 4개조의 정시였다. 원록 8년 5월 15일의 일로, 이 의문 4개조에 대한 회답을 한 달 안에 달라고 요구했다. 다음과 같은 내용이다.16)

의문으로 하는 4개조가 있어 [여기에 기록하여] 동래부사 대인에게 정시한다. 경도(한성)에 전도하여 [이 의문에 대해 각각] 분명히 해 주었으면 한다.

1, [이번에 내려온] 회답서 중에 [조선에서는] 자주 정부의 사자를 [당해] 섬에 파견한다고 되어 있다. 이 섬에 왕래하며 [내부를] 수색 검사한다고 한다. 이것을 삼가 생각해 보기로 한다. 이나바와 호우키 2주의 변민이 매년 죽도에 가서, 이곳에 체류하며 어채한다. 그리고 이나바 호우키 2주의 태수는 매년 그 섬에서 잡은 전복을 동도(에도)에 헌상한다. 그 섬은 대해 중에 있어 풍도의 위험이 있기 때문에, 해상이 안온한 시기가 아니면 섬에 왕래할 수 없다. 귀국에서도 만일 정부가 사자를 섬에 파견한다면, 그것은 해상이 안온한 시기에 [배를] 왕복시킬 것이다. 대군(德川家康公)이 [일본국의] 역내를 통합하고 지금에 이르기까지, 이미 81년

이 경과했다. [이 사이에] 우리나라 어민은, 아직까지 귀국정부의 사자와 그 섬에서 조우한 사실이 없다. 그와 같은 일을 [과거에 장군에게] 보고해 온 예가 없다. 귀국정부의 사자가 만일 우리나라 어민과 그 섬에서 조우했다면 당연히 우리 어민이 그곳에서 살고 있다는 사실을 우리나라에 알려왔을 것이다. 그러나 귀국은 지금까지 그러한 사실을 알려온 일이 없다. 그러한데, 이번의 회답서 중 때때로 정부의 사자를 파견하여, 그 섬에 왕래해 수색 및 탐검을 해왔다고 말한다. 이것은 어찌 된 일인가. [사자 파견이라는 기재는 그동안의 사실에 맞지 않는다. 이것은] 이해할 수 없는 일이다. 이 의문의 시비를 답해 주실 것을 여기에 엎드려 원한다.

1, [이번에 내려온] 회답서 중에는 [이쪽을 향해, 범월 침섭이라는 비난의 말을 한 부분이 있다. 즉] 귀국(일본) 사람이 갑자기 와서 스스로 월경의 죄를 범했다고, 그리고 귀국 사람이 우리 경역을 침범하여, 이 섬에 건너왔다고, 그러한 문언이다. 이것을 삼가 생각해 보기로 한다. 양국 통호의 [길이 케이쵸우 14년, 즉 기유년 조약으로 재개됐다.] 그 후 죽도에 왕래하는 [우리나라의] 어민이 귀국(조선) 땅에 흘러 표착한 일이 있다. 예조참의가 서간을 폐주(쓰시마)에 주어, 표민을 송환한 일이 있었다. 그것은 총계 3회였다. 그 중 78년 전의 일은 그 당시의 서류에 왜인 마타자이馬多三伊(마타조우(又藏) 혹은 마타자에몬(又左衛門)] 등이 표착했는데, 그들은 미오노세키(三尾關 : 出雲國의 美保關)에 거주하며 울릉도에 왕래해 어렵을 했다는 기재가 있다. 또 59년 전의 일은, 그 당시의 서류에 호우키국 요나고의 이치베에의 부하가 표착했는데, 그들은 강치(海魚: 海獸)를 잡아 그것에서 기름을 취하기 위해 죽도에 도래했다는 기재가 있다. 그리고 또 30년 전에는, 그 당시 서류에 호우키국 요나고 거민이 죽도에 들어가, 이곳에서 표착했는데, 그들은 왕래하며 어채하고 있었다는 기재가 있다. 이러한 일을 생각하면 본 방의 변민이 그 섬에 왕래하며 어채하고 있었던 사실을, 귀국은 원래 알고 있었던 것이다. 재작년(원록 6년)에 우리 어민이 그 섬에 왕래하며 어채하고 있었던 사실을, 범월 침섭(월경의 죄를 범하며 침입하여 섬으로 건너간다)이라고 비난한다면, 78년 전, 59년 전, 30년 전의 세 서류에는 어찌하여 범월 침섭이라는 말이 없는가. 어째서 지금 [이번의] 회답서에서는 범월했다고 말하고, 우리 경계를 침섭한다고 말하는 것인가. 이것은 어떤 의미인가. 이해할 수 없는 일이다. 이 의문에 꼭 답해 주시도록 엎드려 원한다.

1, [이번에 주신] 회답서 중에 [이 섬이] 1도이면서 두 개의 이름을 가지고 있다는 것을 [명백하게 지적한 문언이 있다.] 그것은 우리나라(조선)의 서적에 기록되어 있을 뿐만이 아니다. 귀주(쓰시마) 사람들도 역시

이 일을 알고 있다고, 그렇게 기록해 둔 것이다. 이것을 삼가 생각해 보기로 한다. 처음의 회답서 중에는 죽도와 울릉도를 2도로 표현하고, 귀계의 죽도, 폐방의 울릉도라고 [그러한 문언이 같이] 기록되어 있었다. 울릉도의 이름은 이쪽 사자가 [최초로 드린] 서간 중에는 실려 있지 않은 도명이다. [이쪽은 1도 1명으로 하여, 원래 죽도라는 도명만 기록했을 뿐이다.] 그렇기 때문에 다시 사자를 파견해 서간을 드렸을 때 [2도처럼 들려 혼란하기 때문에] 폐경의 울릉도라는 문구를 제거하여, 이곳에 싣지 말 것을 서간으로 요청한 것이다. 그리고 사자에게도 구두로 제거에 관한 일을 요청하도록 [이쪽은 말을 전하는 역관에게] 명을 내렸다. 만일 울릉도라는 1구를 삭제하지 않을 시에는 삭제하지 않는 이유가 있을 것이므로, 이것을 알려 주실 것을 [이쪽이 요청하고 있었다.] 작년(원록 7년)에 태수(소우 요시쓰구)가 동도에 갔을 때 첫 회답서 사본을 대동하고 출발했다. [그래서 동도에는 귀계의 죽도, 폐경의 울릉도라고, 2도 2명의 형태로 보고하였던 것이다.] 귀국(조선)은 말한다. 1도 2명의 상태가 서적 중에 기재되어 있고, 또 1도 2명의 상태를 폐주(쓰시마) 사람도 모두 알고 있다고 했다. 그렇게 말하면서, 어째서 첫 회답서에서는 귀계의 죽도, 폐경의 울릉도라고 [일부러 병렬하여, 이것을] 기재했던 것인가. 만일 첫 회답서에서, 죽도가 곧 울릉도라고, 그러한 사실을 몰랐다고 한다면, 2도가 있고 2명이라고 [믿고 기록하고 있었다고] 한다면, 이번의 회답서 중에서, 왜 1도이면서 2명의 상태로, 이것은 오직 우리나라의 서적에만 기록되어 있는 것이 아니라 귀주의 사람들도 모두 이를 알고 있다고 말한 것인가. 이것이 곧 의문의 곳이다. [이 의문에 꼭 답하여 주실 것을] 여기어 엎드려 가르침을 원한다.

1, 삼가여 생각하여 보니, 82년 전에 폐주(쓰시마)가 서간을 동래부에 보내 이소타케시마(礒竹嶋)를 자세히 조사하고 싶다고 요구한 일이 있었다. [그때] 동래부사의 답서는, 이 섬은 우리나라에서 말하는 울릉도이다. 지금은 황폐해 있으나 어찌 타국인의 출입과 점거를 용인하여, 섬의 요과(鬧寡: 시끄러웠다가 조용해지는 일상생활)의 단서를 열게 하는 일이 있겠는가 라는 것이었다. 재답의 서간에도 역시 같은 일이 기록되어 있다. 즉 소위 이소타케시마란, 실은 우리나라의 울릉도를 말한다. 지금 [섬은] 폐기[의 상태]에 있다고 하나, 어찌 타국인의 모거(冒居)를 허용하여 분쟁의 단서를 만들겠는가 라고 있다. 이 [82년 전의 답서] 2서를 전사하여 [이번에 이쪽에] 전해 왔다. 이때[의 일을 말하자면] 대신궁(大神君: 德川家康)과 타이토쿠노키미(台德君: 德川秀忠)는 당시 오오사카성을 공격하고 있어 [이소타케시마와 같은] 변요(邊徼: 국경의 순찰)의 일을 들을 틈이 없었다. 폐주(쓰시마)가 이 두 서간을 [동무에] 전계하지 않았

던 것은, 곧 이 오오사카의 평정일을 기다리기 위해서였다. 그러나 우리
의 선군(宗義智)은 81년 전의 정월 3일에 이 [쓰시마]후에서 사거하고 말
았다. 그 윤자(胤子: 제2대 藩主인 宗義成)는 [이때] 겨우 12세였다. 가독
을 이어, 양국 통교의 일을 맡았으나, 이후에는 야나가와 시게오키(柳川
調興) 일당이 양국 통교의 요로에 관계하게 되었다. [야나가와 일당은]
위로는 집정을 속이고 안으로는 유주를 속여, 그 거짓과 만행이 미치지
않는 곳이 없었다. 그러나 그 폐악은 결국 노정되어, 일당은 모두 형륙
(刑戮)되었다. 81년 전, 오오사카 평정의 날에, 그 2통의 서간을 [동무에]
전계하지 않았던 것은, 이 시게오키 일당[의 짓]이다. 그들은 사탄을 행
하여 [결국] 성과 실을 잃게 되었다. 이러한 경과가 있었다. [그로부터 불
과 3년이 지난] 78년 전에 본 방의 변민이 섬에 가서 어로하다 귀국에
표류하게 되었다. 그때 예조참의가 폐주에 보낸 서간에는 [다음과 같이
기록되어 있다.]

    왜인 마타자이(馬多三伊) 등 7인이 변리에 붙잡혔다. [표도한] 사정을
물었더니, 그들은 미오노세키(三尾關)에 사는 자들로 울릉도에 가서 어
렵하고 있었는데, 강풍을 만나 표도했다는 것이었다. 그래서 이곳에서
돌아가는 왜선에 순부(順付)시켜 [그들을] 귀도(쓰시마)에 돌려보내기로
했다는 기재였다. 그리고 82년 전[에도, 이미] 타국인의 모거(冒居)를 허
용하여, 그것으로 섬의 요과(鬧寡: 日常生活)를 이미 열어 놓은 것 아닌
가. 즉 78년 전에 타국인이 섬에 가서 어렵하는 것을 [귀국인은] 듣고 있
었다. 그러나 이것을 허용했다. [이곳에는 금지한다는 문언이 없고, 또
그 금지의] 조리[를 나타내는 것 같은 것도] 없다. 당시 혹시 [섬의 일상
생활을 열게 하는 일, 즉 섬에서의 생활이나 노동을 허가하는 일이] 양
국 모두가 기뻐하는 일 [즉 평화를 유지할 수 있는 일]이었다면, [그 일
로] 이것을 금지하지 않았던 것이 아닌가. [그렇지 않다면] 우리나라 어
민이 섬에 가서 어렵하는 일이 있으면, 곧 서간으로 그 [금지를 알리고,
그 금지] 이유를 말하지 않을 리 없다. 그 섬이 [만일] 귀국의 속도라면,
타국인이 그 섬에 다년에 걸쳐 거주하는 일은, 그야말로 모점(冒占)이라
할 수 있는 일이 될 것이다. 또 한 시기, 섬에 가서, 이곳에서 어렵을 한
다는 것도, 역시 모점이라고 해야 할 일이다. 그렇다면 단지 다년의 거주
를 금하고, 그리고 한 시기 그곳에 가서 어렵하는 것도 금하는 것을 [귀
국이] 하지 않았다는 것은, 이치에 맞지 않는 일이다. 이러한 일을 보면
[이 섬이 귀국의 속도였다는 것은] 참으로 의심스러운 일이다. [섬은 실
제로 귀국에 속하지 않았던 것 아닌가.] 그래서 재작년(원록 6년)에 폐주
가 동도의 명을 받았을 때, 동래부가 보낸 [과거] 2서의 사본을 [장군에
게] 전계하지 않았다. 지금 회답서 중에, 1도 2명의 사정을 귀주인들도

모두 알고 있다라고 되어 있으나, 이것은 82년 전의 동래부 답서에 의한 것으로, 이소타케시마는 우리나라의 울릉도라는 문언이 있다는 것을 가리키는 것일 것이다. [그러나 그것은 82년 전, 오오사카 평정 시에 생긴 일로, 착종의 시기로, 그 문언 자체를 우리 장군이 정식으로 승인한 것도 아니다. 그래서 의미를 가지는 것이 아니다.] 귀국이 만일, 어떻게든 그러한 생각을 바꾸지 않는다면, 지금의 답서를 동도에 전계하는 일이 된다. 그때는 82년 전의 2서의 사본과 같이, 또 [78년 전의 서간도 같이 동도에, 그 상위하는 내용을] 전계하는 일이 된다. 그러면 그때, 이 82년 전의 서간이나 78년 전의 서간이 [막부에서 비교되어] 그 문언도 의미도 합치하지 않는다는 [것이 분명해진다. 그렇기 때문에 미리] 지금 이 일을 [그쪽에] 묻지 않을 수 없는 것이다. [이 합치하지 않는 의문에 반드시 답하여 주실 것을] 여기에 엎드려 원한다.

의문 4개조의 제1은, 영토로 삼아 정기적으로 관리하고 있었다는 조선 측의 주장이 잘못된 것이라는 것이다. 그 제2는, 80년간 섬은 실질적으로 일본령으로 사용되고 있었는데, 그것에 대해 조선 측이 이의를 제시하지 않았다는 것이다. 그 제3은 일본인이 건너가 어렵하고 있었던 섬이 죽도라고, 제1 서한은 인정하고 있다고 말하는 것이다. 그 서간에서는 조선의 울릉도는 죽도와 다른 섬이라고, 그러한 문맥으로 섬의 상황을 기록하고 있다. 그 제4는 조선령 울릉도라는 뜻을 일본 측에 전한 박경업(朴慶業)의 서간을, 착종의 시기였기 때문에 일본에 전하지 않았으므로, 일본 측에서는 인정하지 않았다는 것이다. 그래서 임진·정유왜란 이후, 일본 측의 실질지배가 계속되었다고 주장하는 것이다. 이런 의문 4개조의 정시로, 드디어 본격적인 섬의 영유논쟁이 전개되게 되었다. 이미 문자의 수정 문제가 아니었다. 삭제 운운의 문제가 아니었다. 양국은 그 주장을 첨예화시켜, 이미 타협의 여지가 사라지고 말았다.

【의문 4개조에 대한 회답】

이러한 타다의 힐문에 대해 조선정부는 좀처럼 회답을 주지 않았다. 그래서 결국 타다는 귀국을 결의한다. 원록 8년 6월 10일 회답을 받지 않은 채, 타다는 초량화관 항에서 출선했다. 그 대안의 절영도를 지난 지점에서 악천후로 정박하고 있었다. 그 선중에 갑자기 재판 타카세 하치에몬이 조선의 회답서를 지참하고 왔다. 6월 12일의 일이다. 타다의 의문점 4개조에 대한 동래부사명으로 된 반답서가, 지금 화관에 도착했기 때문에 그것을 서둘러 지참했다 한다. 이하와 같은 내용이다.[17)

> 의문으로 하는 4개조의 일이나, 그 가설[에 근거하는 의문]을 [바르게] 추구하여 논파하려고 하면 [그 해설은] 특히 사소(瑣末)하고 번잡함에 빠지게 된다. 그래서 잠시, 그 대략을 들어 설명하기로 한다. 과거 82년 전의 일, 갑인(1614, 慶長 19)년의 일로, 귀주인들, 즉 두목의 왜인 1명과 그 부하 13명이 이소타케시마에 건너와 그 섬의 대소, 상황을 탐색 망견한 일이 있었다. [그 결과를 포함하여] 서계를 [작성해, 섬에서의 생업의 지속을] 들고 나왔다. 조정은 이것을 임의로 일으킨 소원(訴願)으로 간주하고 [그 일행에 대한 관의] 대응을 허가하지 않았다. 지금 동래부 부사인 박경업에게 명하여, 그 서계에 대한 답서를 했다. 그 [답서]의 개략을 말하자면, 소위 이소타케시마란 사실은 우리나라의 울릉도이다. 경상도와 강원도 양도의 [멀고 먼] 해양 상에 있는 섬이다. 그러한 일은 [이미] 우리나라의 여지승람지도에 실려 있어, 처음부터 속였던 것이 아니다. 그 야말로 신라나 고려시대부터 지금에 이르도록 [우리나라 영역 내에 있는 섬이다.] 옛날에 방물[의 헌상이 있었고, 조정은] 이것을 수취한 일이 있을 [정도였다.] 우리 조선조에 이르러 자주 도주한 인민이 [섬에 숨어 사는 일이 있었다. 그래서 그들을] 쇄환하여 [끌고 돌아오는]일이 있었다. 지금 [우리가 섬을] 폐기한다 해도 타인이 멋대로 들어와 여기에 거주하여 요과(鬧寡: 붐비거나 한적하게 하는 일상생활)를 여는 일을 그대

로 인정한 것이 아니다. 귀주와 우리나라의 왕래, 그 통행은 [쓰시마가] 유일한 길로, 이외[의 항로, 즉 울릉도를 매개로 하는 항로 등]을 인정할 수 없다. [그러므로 왜선이 이 섬에 들르면] 즉석에서 표선인가 아닌가를 논의하지 않고 모두 적선으로 간주하고 처단한다. 폐방 [해변의] 진태(鎭台)나 연해의 장관은 그저 엄정하게 대처할 것을 약속하고 [이 지시를 [엄중히] 지킬 뿐이다. 단 원하는 것은 귀주의 구역[의 한계를 알아] 촌토[에도 분령이라는 것]이 있다는 것을 [이해하고 그 일을] 소상하게 하여, 경역의 한계는 침범하기 어려운 일이라는 것을 알았으면 한다. 그 후 서로가 신의를 지켜 오류나 비리(乖戾)를 범하지 않도록 행동했으면 한다고, 그러한 내용을 [박경업은 답서에서] 말하고 있다. 지금 이 서한의 말(書辭)을, 보내온 서한 의문 4개조에 대한 회답으로 다시 실어 둔다. 자세한 부분은 다르나, 대개 이와 같다. 만일 [이번에 의문을 가진] 일의 대략을 알고 싶다면, 이 [박경업의 답서] 하나(一書)로 [충분히] 만족할 것이다. 여러 가지 갈등과 같은 착종의 설을 [일부러 여기서] 인용할 필요는 없다. 그 후로 일본은 3회의 표류왜인 건이 있어, [그때마다] 혹은 울릉도에 가서 어렵을 한다고 하고, 혹은 죽도에 건너가 어채한다고 말하고 있었다. [1도 2명이었기 때문으로, 우리나라의 울릉도라는 것이 틀림없다. 이 3회의 표류왜인 건은 타국 사람의 비참한 표착이라] 예조의 서계는 동등하게, 이 표류왜인을 귀범하는 왜선에 실어 귀주로 돌려보내기로 했다. [최악곤궁했기 때문에 더 이상] 그 범월 침섭[의 죄를 물어] 그 책임을 추구하는 일은 하지 않았다.

각각 전후 사정이 있어, 왜인의 두목(선두)이 내항한 책임에 대해서는 신의로 대응하여, 섬의 형상을 탐색해 침월의 의도가 있는가를 판단했다. 다만 표류선은 [비참한 상태로] 흘러 왔다. 물에 빠져 지친 자들은 구조된 후, 조속히 귀환할 것을 원하며 요구했다. 그들을 귀국하는 도항선에 동승시킨 것은 [이 불쌍한 자들을 측은하게 여겼기 때문으로, 이송을 서둘렀다. [이때] 그 외의 [범월 침섭]을 묻는 것과 같은 여유가 있을 리 없었다. [구조를 우선으로 했던 것은] 우호국으로서의 예의이고, 당연히 그래야 했다. 그것이 어찌 우리영토를 [방기한 일이고, 우리나라가 그것을] 허용한 일이 되겠는가. 박경업의 답서는 연월이 가장 오래된 것으로, 그 문언도 가장 자세한 것이다. 그야말로 [이 일에 관한] 전거가 되는 문장일 것이다. 지금 제 각각의 사례로, 그 전후 사정이 다르다는 것을 [일일이] 설명하는 일은 하지 않는다. 회답하는 데 있어, 그저 [그러한] 이야기 형식은 [이번에는] 생략한다. 차이나 특수한 예를 [일부러] 끌어내어 [그것을 예로 들어] 질문에 해명하기 위해 엄밀히 조사하여(檢覈) 판단하는 것이 [적당한 일인가 생각되었기 때문이다.] 그러한 일은 성신의 교류로 서로 대하는 [양국교류의] 본질에 비추어 보면, 크게 어긋나는 일이 아닌가. 우리나라의 여지승람이라는 서물에는, 때때로 사자를 섬에 파견하여, 그곳을 왕래하며 탐색하고 있었던 일이 자세히 기록되어 있다. 즉 신라 시대, 고려 시대, 그리고 본조의 태종·세종·성종 3대에 걸쳐 때때(屢々)로 관인이 섬에 파견되었던 일이 이곳에 명백하게 기록되어 있다. 덧붙이자면 이전에 접위관 홍중하가 [도성에서] 내려와 [그 중하가 동래부를] 떠날 때, 귀주의 소우베에(惣兵衛)라는 자가 역관 박재홍에게 이야기하기를, 여지승람을 참고하면 울릉도는 그야말로 귀국의 땅이라고, 그렇게 말하는 것을 들었다고 한다. 이 서물은 귀주사람들도 이전부터 잘 알고 있는 것으로, 우리나라 사람이 [우리나라 토지를] 빠짐없이 언설한 서물이다. 근래 공적인 사자가 항상 섬에 왕래[하는 일에 소홀하여] 어민이 그 원방의 섬에 들어가는 것을 금지시키지 않았던 것은, 아마도 그 [왕래하는 데 있어] 해로가 험했기 때문일 것이다. [왕래가 많지 않은] 지금, 이전부터 기재되어 있는 이러한 여지승람의 내용이 [귀국에서는] 버려져, 신용 받지 못하게 되고 말았다. 오히려 피아의 주민들이 섬에서 조우하지 않았던 일을 가지고 [우리 조선국의 섬이라는 것을 귀국은] 의심까지 하게 되었다. 이것은 이상한 일이 아닌가. 1도이면서 두 개의 이름이 있다고 말한 것은, 박재홍의 서중에, 이미 의죽도(礒竹島: 이소타케시마)란 실은 우리나라의 울릉도라고, 그렇게 도명을 이야기하고 있다. 그리고 또 박재홍이 왜의 정관과 회담했을 때, 정관이 말하기를, 우리 조선국의 지봉유설이라는 서물에 실린 설을 이야기했다고, 그렇게 이야기하고 있다. 지봉유설은, 의죽도는 곧 울릉도라고 [그러한 일을 서중에] 기록하고 있다. 1도 2명의 설은, 우리나라의 책에 원래부터 실려 있는 것인데, 이번에 그것을 언급하는 발언은, 그야말로 귀주의 정관이 한 것이다. 회답의 서계 중에, 소위 1도 2명이라는 문구는 단지 우리나라의 서적에만 기록되어 있는 것이 아니며, 귀주인들도 모두 이 사실을 알고 있다고, 그렇게 말한 부분이 있는데, 이것은 곧 이 일을 가리켜 말하는 것이다. 이를 어떻게 의심하고, 이쪽에 질문할 수 있는 일인가.

계유년(원록 6년)에 처음으로 답서[를 보낸 일이 있었다. 그곳에는] 소위 귀계의 죽도 그리고 폐방의 울릉도라고 하는 [기재가 있었다. 이것은] 죽도와 울릉도를 2도[로 간주하는 듯한 표현]이었다. 그러나 이것은 그때의 남궁(예조)관이 고사(古史)의 일을 자세히 알지 못하여 [그렇게 기재한 것으로], 조정은 그것이 [실언이기 때문에, 그 남궁을] 처벌했다. 이때 귀주는 그 [이상한] 서계를 [우리 쪽에] 보내어, 이것의 개정을 요청해 왔다. 그렇기 때문에 조정은 그 요청에 따라 이를 개정하는 것으로,

첫 답서의 실언을 정정했다. 지금에 이르기까지 [두 번의 답서는] 그야
말로 단 하나로 개정하여 송부한 답서가 되었다. 그 [개정해 송부한] 답
서의 [기재를] 신뢰해야 한다. 처음의 답서는 이미 착오로 기재되었다.
이것을 개정한 오늘, 어찌하여 이를 근거로 [아직도] 의문의 구실로 삼
는 것일까. [이미 그럴 필요가 없을 것이다.] 이 외의 번잡한 서설(絮說:
구차한 이야기)에 대해, 일일이 회답(復答)할 수는 없다. 같은 [내용의 회
답]이 되기 때문에, 그렇게 생각하고 이 일을 양해해 주었으면 한다.
　　을해(원록 8년) 6월 일　　　　　　　　　　　　동래

【반답서에 대한 반론】

　그러나 타다는 이 회답의 반서에 대해 납득하지 않는다. 그는 선
중에서 즉시 재반론을 했다. 그리고 그날 중으로 이를 조선 측에 보
냈다. 이하와 같은 내용이다.[18]

　　오늘 재판 [타카세 하치에몬]이 [의문 4개조에 대한 회답이 되는] 개
시(開示)의 서부를 [졸자가 탄] 선상에 송달해왔다. 졸자는 삼가 이것을
읽었다. 그러나 그 개시의 [내용은] 명확한 것이 아니다. 이것은 소위, 오
류 그대로로 [개정하는 일 없이 그대로]이고, 또 그 [오류]를 [오류에] 의
거해 [그대로] 문언으로 만든 것과 같은 것이기 때문이다. [그러한] 개시
[의 내용이기 때문에, 당연히 문제가 많다. 그 문사의 문제는, 그] 명확하
지 않은 이유를 [구체적으로 열거하여] 좌에 들어둔다.
　　이 개시의 서부는 82년 전의 서사(書辭)를 보내, 의문 4개조에 [대한
회답으로 해서] 싣고 있다. 즉 [만일 이번에 의문이 된] 일의 대강(源委)
을 알고 싶다는 바람이라면 이 [박경업의 답서] 일서를 보면 [충분]하고
도 남는다. 어찌하여 여타의 갈등[과 같은 착종의] 설을 [일부러] 인용할
필요가 있겠는가 라고, 이렇게 말했다. [그러나 이 부분에는 문제가 있
다.] 일서로 충분하다는 문언은 참으로 사리[에 어긋나고 사정을] 알지

못하는 말이다. 82년 전 서부는 그야말로 신라, 고려, 그리고 조선 초기에 그 섬이 귀국(조선)에 속한다는 것만을 이야기했을 뿐이다. 그 섬이 본방(일본)에 속하는 것은 [그 이후에 생긴 일로, 즉] 82년 이래에 생긴 일이다. 그것을 어찌하여 82년 전의 서부를 가지고, 이번 일건의 근원(源委)을 설명하려는 것인가. 또 개시의 서부는 [표류선이 비참한 상태로] 유착했을 때, 허약해진 자들을 구조한 후에, 빨리 나라로 송환해 줄 것을 원했다. [그들을 귀국의 도항선에] 태워 보낸 것은, 수습하여 이송(資送)하는 것을 서둘렀기 때문으로, 그 외에 [범월침섭]을 묻는 것과 같은 여유는 [이러할 때] 있을 리 없다. [구조를 우선한 것은] 우호국으로서의 예의이고 당연히 그래야 하는 일이었다. 이것이 어찌 우리영토를 [방기한 일이 되고, 우리나라가 그것을] 허용한 일이 되겠는가라고, 그렇게도 말했다. 그러나 82년 전에 타인이 멋대로 들어와, 이곳에서 어렵을 한다는 것을 듣고, 이곳에 거주해 요과(鬧寡: 붐볐다가 한적했다 하는 일상생활)를 여는 일을 인정할 수 없다고 말하나, 그렇게 말하면서 [그 직후의] 78년 전에 타인이 섬에 왕래하며, 이곳에서 어렵을 한다는 이야기를 듣고, 이것을 허용했다는 것은 [전혀 수미가 일관하지 않아] 이치가 통하지 않는 일이다.

[그 설에 대해서는 이미] 선일에 보낸 의문서에서 [이쪽은] 자세히 이야기해 두었다. [그러하니 지금 다시 한 번 이것을 참조해 주었으면 한다.] 그러나 지금 해명한 서부는 쇠약해진 자들이 구원된 후에, 빨리 귀환하는 것을 원했을 때, 수습하여 보내는 것을 서둘렀기 때문에, 그 외에 [범월침섭을] 따질 여유가 없었다라고, 이렇게 말한다. 또 [구조를 우선으로 하는 것은] [우호국으로서의 예의로, 당연히 그렇게 해야 했다]라고도 말한다. 그러나 이러한 설명은, 할 말이 없어 본질을 떠나 회피하는 말이다. [그렇게 말한다면] 소위 [양국 간의] 예의란 [도대체] 어떤 예의인가. [그것을 질문하고 싶다.] 비례가 될 만한 예의를 [졸자와 교섭하는 동안에 접위관이나] 동래부사 어른들은, 하고 있지 않았다는 것인가. [그렇지 않을 것이다.] 졸자가 가만히 생각하건데, [의문 4개조에 대한] 귀국이 해명하는 문언은 [전혀 내용이 없는 것으로, 마치] 존재하지 않는 것과 같다. 그것을 [깊이 귀국을 위해] 한탄하는 것이다.

또 개시의 글에는 [이쪽의] 소우베에가 박재흥에게 한 말 가운데 「여지승람을 참조하면 울릉도는 그야말로 귀국(조선)의 땅이다」라고, 그렇게 말했다고 기록했다. 또 「여지승람이라는 서물은 귀주(쓰시마)의 사람들도 이전부터 잘 알고 있는 것으로, 우리 조선 사람이 [우리나라 토지를] 바르게 언설한 서물이다」라고, 그렇게 기록했다. 그러나 소우베에가 말한 것은, 즉 울릉도는 오랜 옛날에 귀국(조선)에 속한다는 것을 여지승람을 참조하면 알 수 있다고 말했을 뿐이다. 여지승람은 200여 년 전의 서적으로, 이 섬이 본방(일본)에 속하게 된 것은 80년래의 일이다. 여지승람을 가지고 이번 일건의 증거 표시로 삼으려는 일은, 고금의 변이 [즉 시대의 변천]이라고 하는 것을, 전혀 이해하고 있지 않은 것에 의한 발상이다.

또 개시의 기술은 말한다. 「자주 공적으로 사자를 섬에 파견해 도내를 수검해왔다. 그것은 우리의 여지승람에 자세히 기록되어 있다. 신라, 고려 및 본조에서 가끔 관인을 섬에 파견해 왔다. 근래 공적인 사자가 자주 섬에 왕래 [하는 일에 태만한] 것처럼 된 것은, 왕래하는 해로가 위험한 것이 원인일 것이다. [왕래가 적게 된] 지금, 이전부터 기록되어 있었던 이러한 여지승람의 내용이 [일본에서는] 버려져, 신용하지 않게 되어 버렸다. 오히려 피아의 사람들이 섬 안에서 조우하지 않는 것을 가지고 [우리 조선국의 섬이라는 것을 일본은] 의심하기에 이르렀다. 이것은 이상한 일이 아닌가라고. [그렇게 개시의 서]는 말한다. 그러나 여지승람이 신라의 시대, 고려의 시대, 국초의 시대에 관인을 섬에 파견한 일을 기록한 것은 [이전의 이야기로] 이번 일건을 증거하는 표시로 삼는 것은 [앞에서도 이야기한 것처럼 아무래도] 인정할 수가 없다. 이 80년래, 우리나라 변민이 연년 죽도에 왕래하며, 이 섬에서 어렵하여 왔으나, 그 간 아직 귀국의 공적인 사자를, 그 섬에서 조우한 사실이 없었다. 그렇기 때문에 이번 답서에는 오히려 [이상하게 생각하는 부분이 있다. 즉] 자주 사자를 파견하여 섬에 왕래하며 수검한다는 문언이 있으나 [이 일을] 의문으로 생각하는 것이다. 지금 개시의 서에 있는 여지승람을 예로 들어 증거로 삼는 것과 같은 일은 [아주 틀린 일이다.] 즉 이번의 답서에 있는, 자주 사자를 섬에 파견하여 왕래 수검한다고 말한 것은, 그야말로 허위의 이야기로 [그쪽이] 만들어 낸 것일 것이다. 졸자가 이 사실을 물었는데, 그 회답을 개시하지 못하고, 오히려 서중 문언에 [이 80년래, 왕래수검을 하는 것처럼 생각하게 하는 것과 같은] 허위기재를 하게 되었다. 졸자는 은밀히 귀국을 위해 생각하며, 이 일을 부끄럽게 생각한다.

개시의 서는 또 이야기한다. 「정관이 박재흥과 회담했을 때, 우리나라 (조선)의 지봉유설에는 이소타케시마(의죽도)는 곧 울릉도라는 기록이 있다. 그렇다면 1도 2명의 설은 원래 우리나라(조선)의 서적에 실려 있었다고는 해도, 이번에 그 말을 한 것은, 실로 귀주의 정관이 말한 것이다. 회답서계 안에, 소위 1도 2명의 상태는 우리나라 서적이 기록한 것만이 아니라, 귀주의 사람들도 역시 모두 이 사실을 알고 있다고, 그렇게 말하는 것은, 즉 이와 같은 사실을 가리켜서 말하는 것이다. 이 일을 어째서 의심하고, 어째서 의문을 [다시 표하며, 회답을 다시 요청하는 것일까]라고, 이렇게 개시의 서는 기록한다. 졸자가 박재흥과 회담했을 때, 지봉유설을 이야기한 것은 귀국에 대해, 폐주가 지봉유설이라는 책이 있다는 사실을 알고 [박재흥을] 통해 [은연중에 귀국에게] 알려주려고 했던 일이다. 그러나 졸자는 혼자 생각하는 일이 있어, 이러한 만필(생각나는 대로 기록한 글)의 기록에는, 양국 상론의 증거 표시로 삼는 일에 불만이 있다고 판단하고 있었다.

그렇기 때문에 지금 은밀하게 박재흥에게 말했을 뿐으로, 지난번에 송정한 의문 4개조의 글에서는, 이 일을 [일부러 취급하여] 말하지 않았다. 그러나 지금 개시의 서가 지봉유설을 가지고 울릉도 [즉 죽도]가 본방(일본)에 속한다는 증거 표시를 [일부러] 이야기하기로 한다. 졸자가 과거에 이 일을 생각하기를, 지봉유설(발행은 1614)의 자서(自序)는 82년 전에 기술된 것이다. 당시 우리 인민은 그 섬에 [건너가 그곳에] 거주하는 자가 있었다. 그 일은 본주(쓰시마)가 기록한 서적에 실려 있다. 그리고 지봉유설도 역시 이 일을 기록하고 있다. 즉 「최근에 들은 이야기이나, 왜인이 의죽도를 점령하고 있다고 한다」는, 그런 문언이다. 즉 타인이 점령하고 있는 사실을 알고, 이것을 허용한다. 그리고 타인이 왕래하며 어업을 한다는 것을 알고, 이것을 허용한다. 이러한 일은 지금까지 80년래 [이루어져 온 기성사실이라는 것]이다. 이것은 귀국 스스로가 그 섬을 버려서, 그래서 타인의 소유로 한 것을 [인정한 일]이다. 지금까지 [이러한 일에 이의나 문제를 제기하지 않았다.] 그러하면서 이번에 우리 인민이 그 섬에 왕래하는 것을 [돌연] 범월침섭이라고 [규탄]하는 것은 생각지도 못한, 심한 처사이다. 졸자가 [귀국의] 답서 중에 있는 [1도 2명의 상태를 함부로 의심하는 것은 처음의 답서와] 문언이 일치하지 않기 때문이다. 이 설에 대해서는 [이미] 의문 4개조의 서에서 이야기했다. 지금 [다시] 이것을 [여기서] 이야기하여 반복(贅言)할 생각은 없다. [그렇기 때문에 의문의 서를 다시 참조하기 바란다.]

개시의 서는 또 이야기한다. [계유년(元祿 6년)에 처음에 답서를 보낸 일이 있다. 그곳에는] 소위 귀계의 죽도, 그리고 폐경의 울릉도라는 [기재가 있었다. 그러나 이것은] 죽도와 울릉도를 2도[로 간주하는 표현]이었다. 그러나 이것은, 그때 남궁(예조)의 관이 고사에 있는 일에 자세하지 않아 [그렇게 기재한 것으로], 조정 쪽은 그것이 실언[이기 때문에, 이 남궁을] 처벌했다. 이때 귀주(쓰시마)는 그 [이상한] 서를 [이쪽에] 보내어, 이것을 고칠 것을 요청했다. 그래서 조정은 이 요청에 의해, 이것을 고치는 일로, 처음 답서의 실언을 정정했다. 이렇게 해서 [두 번의 답서는] 그야말로 단 하나로 개정되어 송부된 답서가 되었다. 그 [개정하여 송부한] 답서의 [기재를] 신뢰해야 한다. 처음의 답서는 이미 착오를 기

록했다. 이것을 개정한 오늘, 어찌하여 [처음의] 답서에 의거하여 [아직
도] 의문의 발단으로 삼는 것인가라고, 그렇게 말한다. 지금의 답서와 처
음의 답서의 문언은 [어떻게 해도] 합치하지 않는다. 졸자가, 왜 이러한
의문을 품고, 이것에 대한 답변을 일부러 요청하는가 하면 [이것에는 이
유가 있다.] 작년(원록 7년)의 봄에 앞의 태수(宗義倫)가 동도에 갔을 때,
첫 답서의 사본을 대동하고 동상했기 때문이다. [동무는 이미 첫 답서로
일의 내용을 이해하고 있었다. 그 정도로 중요한 문서이다.] 귀국은 지금
[첫 답서가 저지른 오류]의 죄를 남궁의 관리에게 돌리는 방법으로, 전
후 답서의 문언이 합치하지 않는 실태를 감추고 있다. 이번의 일건은 원
래 양국의 대사이기 때문에 [그러한 상황에서] 남궁이 작성한 답서의 문
언을 [다시 한 번] 조정이 열람[점검]하지 않았다는 식으로 하는 [책임
전가의] 이유는 [도저히 이쪽에서는 통용되지 않는다. 전혀] 이해할 수
없는 일이다. 졸자는 지금 이 개시의 서를 읽고, 깊이 귀국을 위해, 이것
을 부끄러워하고 있다.

  을해(원록 8년) 6월 12일   사자 타치바나 마사시게

그러나 이 반론에 대한 재반론이 더 이상 이루어지는 일은 없었다.
그저 묵살되었을 뿐이다. 제2차 교섭은 이렇게 끝났다. 사자 일행이
쓰시마 후츄우에 도착한 것은 6월 17일이었다. 결국 교섭은 타결되는
일없이, 완전 결렬되는 최악의 상태로 종료되었다. 그것은 그 문제가
영토문제로 완전히 전환되어 버렸기 때문이다. 일본의 죽도, 그리고
조선의 울릉도를 서로 강하게 주장한다. 이미 어느 쪽도 물러날 수
없게 되고 말았다. 그처럼 출구가 없는 교섭에 빠져버린 이상, 당연히
교섭 자체는 한 발도 전진 되지 않는다. 사절교섭은 와해되고 상담은
완전히 파탄되고 말았다.

【외교교섭의 파탄】

님구만을 필두로 한 조선 소론파의 강경론, 그리고 쓰시마 측의 변명에 따른 타다의 강경론은 결국 조일 교섭의 분열을 초래했다. 타다의 언동은 다시 무력의 위협(威嚇)까지 언급하는 태도였다. 그렇게 해서 조선 측을 궁지로 몰았다. 『숙종실록』 21년 6월 조에는, 인심이 크게 흔들려, 결국 임신의 변(문록의 역, 임진왜란)이 재차 일어날 것에 대한 우려가 기재되어 있다. 남구만도 영의정을 물러날 결의를 하고 6월 13일, 15일, 22일에 해직을 숙종에게 원했다. 그리고 실제로 7월 2일에 영의정을 일단 그만두고 한직인 영중추부사가 되었다. 7월 6일 기사에는 「구만, 다시 래부(동래부)의 일로 인책했다」라고 되어 있다.[19] 소론파 정권은 이 시기에 분명 위험한 상황에 처해 있었다.

한편 소우 요시자네(義眞) 쪽에서는, 아베 분고노카미(阿部豊後守)에게, 죽도에 수비대를 두어 실제로 섬을 지키면 어떻겠는가라며, 군을 파견하는 무투책(武鬪策)까지 건의하고 있었다. 수차례 어민들을 쫓아내면 그들은 다시 오지 않을 것이라고 이야기했다. 이 안은 쓰시마의 쿠니모토에서 타키 로쿠로우에몬(瀧六郎右衛門)이 건의한 것으로 「우리 쪽이 섬에 번인을 파견해 두었다가, 만일 조선인이 건너오면 쫓아내어, 다가오지 못하도록 한다, 그러한 명령을 내리면 어떠할까요. 그러한 [무위로 해결하는] 수단도 있습니다」라고 말했다.[20] 그러나 이러한 안은 아베 분고노카미가 받아들이지 않았다. 아베는 이렇게 말했다. 「죽도에 번인 등을 보내는 안은 [일본에서 멀리 떨어진] 원방에 있는 소도의 일로 [원정과 같은 일이 되고 말아, 외국의 평판

(御外聞)이 나빠] 이룰 수 없는 일이다. 게다가 소수의 번인들을 [섬에] 보내 두었다가, 저쪽에서 많은 세력이 건너와, 이 [번인들]을 쫓아내는 일이 되면 [더욱] 외문이 나빠진다. 그래서 이 안은 고려 외의 일로 [취할 수 있는 방법으로] 좋지 않다」라고, 이야기했다.

사실 조선 측은 숙종 20(원록 7, 1694)년에 실제로 군을 섬에 파견했다. 삼척첨사 장한상은 무신이다. 그는 기선(騎船: 고속의 軍船) 2척, 급수선(수송선) 4척에 총인원 150인을 통솔하고 9월 20일부터 10월 3일까지 섬에 건너갔다. 해방(海防)을 위해 진대(鎭台) 설치까지 고려했다. 이러한 군의 파견이라면 약간의 일본 번인 등은, 아베가 말한대로 간단히 쫓아버릴 수 있다. 그렇게 되면 분명히 외문도 나쁘고, 막부의 위신도 떨어지고 만다.

또 조일은 서로, 소도의 일로 군의 충돌이 일어나는 것을 피하고 싶었다. 아베 분고노카미는 일군의 파견에 대해서도 이야기했었다.「만일 일본이 병사를 보내 이 섬을 원한다면 손에 넣을 수 없는 것은 아니다. 그러나 무용의 소도에, 일부러 인국과의 우호관계를 깰 만한 가치가 없다」라는 내용이었다.21) 또 조선 측도 양군의 충돌이 일어나 창피한 결과가 되면 안 된다고 위구하고 있었다. 그래서 섬에 군병을 두는 일은 하지 않았고, 물론 진대 설치도 하지 않았다. 방어의 준비조차 회피하고 있었던 것이다.『숙종실록』21년 6월 조에 는 남구만을 평한 기록이 있다. 그곳에는「남구만이 잘못된 견해를 고집스럽게 바꾸지 않아 끝내 당당한 국가로 하여금 한낱 차왜에게 무한한 매도와 치욕을 당하게 했다(南九萬 執迷不回 終使 堂堂國家 受無限罵辱 於一差倭)」라고 되어 있다. 차왜란 타다 요자에몬을 말한다. 남구만의 강경론은 그 외교교섭의 전개와는 달리, 일본이 공격해 오는 것은 아닌가라는 위기감을 정부에 안겨, 크게 문제시되었다. 무용의 소도 때문에 일촉즉발의 전란 위기를 초래했다고, 남구만을 비난한 것이다. 그러나 남구만은 두려워하지 않고 계속해서 외교상의 강경노선을 취했다. 국왕에게 아래와 같이 진언했다.22)

예부터 [지금에 이르도록] 한 번도 망하지 않은 국가는 없습니다. [그러나 지난 임진 정유왜란과 같은 국난을 포함하여, 다시 망국의 위기를 초래하지 않도록] 그저 한결같이 무사할 것을 희구하여 [당면의 문제를 그저 수습만 하는 것은, 정견이 없는 외교교섭을 행하는 일입니다.] 일본인은 강하여 [그 무위를 배경으로] 이치에 맞지 않는 일을 말하고 있는데, 그 무위를 너무 두려워하여 [이쪽이 주장해야 하는 일을, 아예 제쳐두고 있는 것처럼 생각됩니다. 그렇기 때문에] 지금은 태평 시절[이면서도 호락호락] 아국의 토지를 [타국에] 조금씩 빼앗기는 교섭이 진행되고 있습니다. 그러한 일이 있어 좋을 리 없습니다. 반드시 반한에는 죽도[즉 울릉도]는 우리나라의 토지라는 것을 분명히 기록하여 [일본에 서간을] 보내지 않으면 안 됩니다. 그렇게 하여 만일, 일본이 화를 내어, 전투에 이르는 사태가 되면 [그러한 제안을 한] 저의 목을 취하시어, 이것을 일본인에 [건네주어, 그것을 기하여 전투를 중지하는 화평을] 제안하여 주십시오.

古から[今に至るまで]一度も亡び無かった國などは、ございません。[だが先の壬辰丁酉倭亂のような國難を踏まえ、再び亡國の危機を招かぬよう]ただ一筋に無事なる事を希求し[当面の問題をただ繕うだけの、定見のない外交交渉を我國は行っています。]日本人は強くて[その武威を背景に]理に合わない事を申すのですが、その武威の事に恐れ過ぎ[こちらが主張すべき事を、あえて控えているようにも思われます。それゆえ]只今、太平の時節に[ありながら、むざむざ]我國の土地が[他國に]削り取られるという交渉の道筋にあります。そのような事は有ってよい筈がありません。必ず返翰には竹嶋[すなわち蔚陵島]は、我が國の土地であると申す事を、しっかりとしたため[日本へ書簡を]遣わさなければなりません。そのような折、もし萬一、日本人が怒りを起し、戰鬪に及ぶような事態に至れば[そのような提案をした]私の首を御取りに成られ、これを日本人へ[お渡しになられ、それを期に戰鬪を中止し、和平の]申し入れをなさって下さい。

　이러한 남구만의 강경노선은, 그 혼자만의 제안이 아니었다. 남구만은 무력에서는, 조선이 일본에 뒤진다고 생각하고 있었다. 만일 전쟁이 시작되면 제발 먼저 책임을 지고 죽을 생각이었다. 그가 강경노선을 취하며 물러서지 않았던 것은, 이 정권을 유지하는 자들이 강하게 지지하는 정책이었기 때문이다. 앞에서도 거론한 장한상의 울릉도 파견은 그 강경론의 일환이었다. 『숙종실록』 숙종 20년 8월의 기사를 인용한다.23)

> 　처음에 남구만이 울릉도의 일로 임금께 아뢰길, 접위관을 파견하여, 그 회빈(回賓)의 작주(作主: 울릉도가 일본땅이라며 방자하게 구는 일)를 직접 책망할 일을 의논했다. 이때 차왜가 봄에 받아갔던 답서를 가지고 오며, 또 쓰시마 도주가 서계를 보내어, 우리가 보낸 서계에는 울릉이라는 말이 없는데 회답서에는 뜻하지 않게 울릉이라는 두 자가 있다. 이것은 이해하기 어려운 일이다. 그러니 그것을 삭제하기를 바란다고 요구했다. 남구만은 그 요구에 따라 이전의 편지를 고치려 하였는데, 윤지완이 불가하다며 말하기를, 이미 국서로 해서 돌아가는 사절에게 주어 보냈던 것을 어찌 감히 다시 고칠 것을 청할 수 있겠습니까. 이제 만약 죽도는 곧 우리나라의 울릉도인데, 우리나라 사람이 간 것이 어찌 경계를 침범한 것이 되는가 라고 책망하면, 왜인이 반드시 할 말이 없을 것입니다 라고 하였다. 마침내 남구만이 이것을 가지고 들어가 아뢰니, 임금이 가로되, 교활한 왜인의 정상은 반드시 점거하려는 것에 있으니, 전날 의논한대로 직접 거절해서 답하라고 하셨다. (중략) [남구만이] 삼척첨사를 택해 섬에 파견하여 그 형세를 살펴보고, 혹 백성을 모집하여 거주시키거나, 혹은 진을 설치하여 이를 지키게 해서 남이 엿보는 우환에 대비하는 것이 가함을 앙청합니다 라고 하였다. 임금께서 이를 허가하셨다. 드디어 장한상을 삼척첨사로 임명했다.

　타협에 기운 영의정 남구만에게 우의정 윤지완이 강경노선을 주장하며, 그쪽으로 되돌렸다. 울릉도에 무관을 파견해 그곳에 진을 설치하고, 주민을 모집하려 한 것은 윤지완의 제언에 따른 것이었다. 윤지완은 일본정세에 밝았다. 텐나 2(天和: 1682)년에 토쿠가와 쓰나요시의 장군직 취임을 축하하는 통신사의 정관으로 일본에 도해한 일이 있었다. 쓰나요시의 원록기란, 문화로 세상을 통치하는 시대였다. 이미 일본이 거국적으로 공격해 오는 일은 없다. 그렇게 윤지완은 파악하고 있었다. 걱정은 쓰시마의 폭거뿐이었다. 동무는 양식 있는 판단을 내릴 것이라고 생각하고 있었다. 준비가 필요한 것은 그야말로 쓰시마의 횡포에 대한 것뿐이었다.

조선 측은 어디까지나 쓰시마에게 강경노선을 취했다. 그러나 일국의 재상이, 혹 전쟁이 시작될 수도 있는, 그런 일촉즉발의 위기를 위구할 정도로, 숙종 21(원록 8)년 6월부터 7월까지는 절박한 상태였다. 그러한 단계에서는 당연히 평화의 길도 은밀하게 모색해 두게 된다. 앞에 나서서 강경노선을 취하는 한편, 그 수면 하에서는 또 다른 움직임이 있었다.

원래 외교의 길은 단일노선이 아니다. 또 하나의 길, 수면 하의 길을 살펴보기로 한다. 우선 원록 7년 가을로 돌아가기로 한다. 접위관 유집일이 동래부에 내려간 후, 개찬서계(제2차 復書)가 예조참판 명으로 쓰시마 측에 전달된 시점이다.

【에도로 가는 신 노선】

쓰시마 측이 조선에 요구한 것은, 조선어민이 섬에 왕래하는 것을 금지시켜달라는 내용이었다. 이에 대해 조선이 쓰시마에게 보낸 제2차 복서는 이와는 완전히 반대 입장의 것으로, 일본어민이 섬에 왕래하는 것을 금지시켜달라는 것이었다. 서로가 의도를 밀어붙인 강경노선의 결과는 정반대의 회답으로 나타났다. 쓰시마는 장군의 명령이라는 명분으로 교섭의 타협을 거절하며, 어디까지나 원칙을 지키며 주장을 관철시키려 했다. 이래서는 교섭이 이루어지지 않는다. 외교적 결착에 이를 수 없다. 쓰시마가 그처럼 입장을 바꾸지 않는 이상, 조선 측도 원칙을 주장하지 않을 수 없다. 즉 울릉도는 조선령이라는 원점으로 돌아가, 일본인의 섬 왕래를 거절했다. 그것은 조선 입장에서 당연한 일이었다. 서로의 입장에서 원칙론을 고집하면 한 발도 진전되지 않는다. 때문에 성과 없는 거래가 지루하게 반복되었다. 외교적 결과를 꾀하려 해도 그 수단조차 없었다. 교섭으로서는 완전한 실패였다. 외교로 해결하지 못하면, 그다음 단계는 무력에 의한 해결이 된다. 쓰시마는 그 무력행사를 암시했다. 서로 강경노선을 취하여, 교섭 전선에서는 서로의 교섭 허점을 일절 보이지 않았다. 그러나 양국의 본심은 무력행사는 피하고 싶다는 것이었다. 그래서 조선도 쓰시마도 각각 평화를 향해 별도의 길을 모색했다.

조선 측에서는 동무는 평화 우호를 원하고 있어, 이번의 죽도일건(=鬱陵島爭界)은 쓰시마의 음모이기 때문에, 쓰시마를 매개로 한 외교교섭을 계속하는 한, 문제는 해결되지 않으며 사태는 분규할 뿐이라고 생각하고 있었다. 그리고 조선도 동무(東武: 江戶)와 마찬가지로 평화를 원하고 있다는 사실을 동무에 전하고 싶었다. 전하기만 한다면 꼬인 문제가 해결될 것으로 믿고 있었다. 그러나 동무에 조선의 생각을 전하려 해도, 그 중개자 역할을 하는 쓰시마에 의해, 의도가 왜곡되고 말 것이다. 그래서는 진의가 전달되지 않는다. 때문에 동무에 직접 전달할 수 있는 길을 별도로 확보하지 않으면 안 된다. 그렇지 않으면 문제는 최악의 사태로 전개된다. 어쩌면 제2의 임진(壬申) 왜란이 일어날 수도 있다. 그러한 일은 어떻게든 피하지 않으면 안 된다. 그래서 해결을 위한 하나의 수단으로, 조선 측은 새로운 루트 개발에 나섰다. 그 신 루트를 개발하는 일은 왜관에 출입하는 상인들을 통해 이미 쓰시마에 전해져, 소우 요시자네의 귀에도 들어갔다.[24)]

화관에 출입하는 상인들의 이야기로는, 안동지가 용건을 명받아, 별도로 다른 책임자(地頭) 한 사람을 데리고, 두 척의 배로 울릉도에 파견되었다는 것이다. 그 섬의 상황을 자세히 조사하고, 그 후 이나바 호우키로 건너가는 입구로 [이 섬이 과연] 적당한가 어떤가, 자세히 [섬의 상태를] 살펴보고 근래에 귀국했다고 한다. 지금은 울진현이라는 곳에 배를 계류시켜 두었다는 것이다. 이러한 상황은, 조선에서 동무로 이어지는 [성신의] 교류를 [중간의] 쓰시마가 가로막고 있기 때문이라고 한다. [쓰시마는 조선에 최근] 여러 가지 난제를 요구한 일이 있는데, 그것이 조선의 생각하는 것과 다른 것이기 때문에 [상호의 교류가] 정체에 빠지고 마는 것이라고 한다. 그러한 때이므로 조선이 [쓰시마를 제외시키고] 직접 배를 보내, 동무에 이야기하고 싶은 내담이 있어도 [그것을 전할 경로 등이 없다. 쓰시마를 통하면 사실이 바르게 전해지지 않는다.]라고 생각하는 것이다. 그러할 때, 근래 동무에서 들리는 것은, 이번에 울릉도 일건이 발생하여, [쓰시마에서] 말한 것에 대한 [조선] 반간의 취지가 [약간] 좋지 않기 때문에 [쓰시마의] 사자가 수취하지 않는다고 한다. [이것을 다시 써달라고] 요구한다는 것이다. 접위관과 담론하고 있으나 좀처럼 해결되지 않는다. 그래서 그 반한을 동래에 놓아둔 채로 접위관

은 귀경하라고 명받았다 한다. 이러한 상황을 생각해 보면 틀림없이 이
번의 반한을 [쓰시마가] 수취하지 않기로 결정하면 [조선은] 울진현에서
바로 배로 건너 [울릉도를 중개로 이나바, 호우키로 가서, 그곳에서 일련
의 사정을 동무에 이야기할 계획이 아닐까.] 이번 일건의 상황을 [쓰시
마의] 사자가 중도에서 가로막고 [조선의] 반한을 받지 않는 일이나, 기
타 여러 가지 일에 대해, 즉 어국(쓰시마)에 어려운 일이 될 것 같은 일
들을 기록한 서간을 작성해, 이나바, 호우키의 국주에게 부탁하여, 동무
에 제출할 계획이 아닌가. 그러한 일이 조선국에서 소문나 있다고 한다.
이렇게 [화관의 상인들이] 이야기하고 있다.

울릉도로 건너가, 그곳에서 이나바 호우키로 가는 길이, 이 시기에
은밀히 검토되고 있었다. 그것을 명받은 것이 안동지와 지두였다고
한다. 이 지두란 부산 상인들의 이야기를 근거로 하면, 아마도 부산계
(釜山浦)의 지두를 말하는 것일 것이다. 그렇다면 안동지란 도대체 누
구인가. 어쩌면 후에 조울양도감세장신(朝鬱兩島監稅將臣)을 자칭하
게 되는 안동지(안용복)를 말하는 것이 아닌가. 안용복은 울릉도 해역
에 대한 지식이 있고, 또 울릉도에서 이나바, 호우키로 도해한 경험이
있다. 그리고 담력이 있고 통솔력이 있다. 무엇보다 일본어를 할 수
있다. 그래서 일본 측과 교섭을 할 수 있다. 신분적인 핸디캡을 제외
하면 그는 신 루트 개척에 관한 모든 요건을 갖추고 있었다. 그래서
더욱더 적임자였다. 그래서 신분적 조건을 비공식적으로 부여하여,
다시 말해 자칭을 묵인하여 도해시켜 보면 어떠할까. 그러한 일이 은
밀히 검토되어 파견으로 이어진 것으로도 생각할 수 있다. 그러나 안
씨 성을 가진 동지는 이미 동래부에 재주하며 일본과의 교섭에도 관
계하고 있었다. 그러한 안동지를 제쳐두고 천한 바다의 해민을 이 시
점에서 일부러 안동지라고 칭할 이유가 없다. 즉 본래의 안동지와 그
와 친한 부산의 지두가, 이 시점에서 지령을 받고, 일본과의 새로운

항해 루트를 모색하기 위해 나간 것이다. 그 안동지에 대한 상세한 것은 후에 이야기하기로 하고, 안용복이 도항했을 가능성에 대해 첨부해 두기로 한다.

안용복은 원록 7년 8월에 동래부에 내려온 유집일에 의해 무죄자가 되어, 형을 면하고 복권되었다. 당연히 삼계의 상관(샤큐완)의 주선도 있었을 것이다. 이 안용복은 경상좌도 수군 출신으로, 남해에서 동해에 걸친 수로정보에 밝다. 이번의 울릉도 해역 정보에 대해서도 상세히 진술하고, 또 일본의 현하 정정(政情)도 전했다. 즉 쓰시마의 이치에 어긋나는 기만과 작위를, 한 편으로는 동무의 조선에 대한 호의와 친선과 예절을 조선조정에 보고했다. 그야말로 탐색의 첨병으로서의 역할을 수행한 것이다. 그 중대한 정보가 이번 정부의 방침을 결정짓게 했다. 그렇기 때문에 다시 그를 울릉도에 파견하여, 그곳에서 이나바, 호우키로 가는 길을 개척하게 해, 일본 장군에게 쓰시마의 부조리를 직접 소송하게 한다는, 그러한 지략을 삼계의 샤큐완(상관), 혹은 정부 내의 누군가가 생각해냈다 해도 전혀 이상하지 않다. 그래서 부산의 지두와 안동지의 울릉도 파견에, 이 안용복을 동행시켰을 가능성이 높다. 울릉도에서 이나바, 호우키는 해로는 이어져 있다. 그 루트를 통해 장군에게 서간을 제출하면, 그 정보는 쓰시마를 통한 것처럼 왜곡돼 전달되지 않고, 있는 그대로 보고될 것이다. 설령 실패한다 해도, 잃을 것은 아무것도 없다.

이 루트 개발의 첨병으로, 시험 삼아 보낸 것이 안용복이 아니었을까. 안용복은 작년에 조선령인 이곳, 울릉도에서 붙잡혔다. 그야말로 산 증인이다. 그를 일본으로 보내면, 쓰시마의 횡포를 바르게 전할 수 있다. 혹 안용복이 붙잡혀, 다시 에도로 연행되는 일이 생겨도, 그야

말로 장군에게 직접 쓰시마의 횡포를 강력히 고소할 수 있다. 이 건에 관한 선처를 호소할 수 있다. 그러한 줄거리이다. 이와 같은 변칙적인 수단을, 가령 쓰시마가 알게 되어 불만을 이야기해도, 어차피「표풍의 우민」이 저지른 일이라고 말하며, 빠져나오는 일도 얼마든지 가능하다. 이렇게 하여 신 루트를 확보하기 위해, 희생양(捨て石)으로 안용복을 기용할 것을 검토했다. 그러한 방안이었을 것이다.

【예비 탐사선의 파견】

이나바, 호우키로 가는 길은 울릉도에서 가는 해도이다. 남구만의 지시(실은 윤지완의 제안)에 따라, 이 섬에 감찰관을 파견하는 일이 결행되었다. 앞서 언급했던 삼척첨사 장한상을 책임자로 하여, 총 150인이나 되는 군단(대조사단)을 파견하였다. 장한상 일행은 숙종 20(원록 7)년 9월 19일에 삼척을 출발하여 다음 20일 울릉도에 도착했다. 10월 3일에 섬을 떠나기 전까지 이 섬을 상세히 조사했다. 다시 삼척으로 돌아온 것은 10월 6일이다. 이 규모의 조사단을 다시 파견하는 데는 당연히 그 선견부대가 필요하다. 이 해역을 숙지하고 있는 인물, 그런 인물에 의한 선행 조사가 이루어졌다. 미리 알아 두어야 할 해로의 확인, 선단을 계류할 항의 확인, 150인의 인원이 숙영할 평지의 확인, 체재하는 동안의 음료수 및 땔감의 확보 등등이다. 그러한 예비탐사의 선견부대에, 부산첨사와 안동지가 기용되었다. 여기에 안

용복도 포함되지 않았을까. 이미 그는 죄인이 아니다. 복권된 그의 해
상 경험을 높이 산 것이다. 그것이 화관에 출입하는 상인들이 말한
「안동지가 용건을 명받아 다른 책임자(지두)를 데리고, 두 척의 배로
울릉도에 파견되었습니다」라는 부분이다. 전술한 대로, 이 안동지가
안용복과 동일인물일 리는 없다. 복권된지 얼마 안 되는 안용복에게
바로 동지의 역직을 주었을 리 없다. 그러나 유집일이 그를 심문한
직후, 장한상에 의한 울릉도 파견이 실행으로 옮겨졌다. 그러므로 유
집일이 안용복에게, 장한상 일단과 동행할 것을 명했을 가능성은 많
다. 우선 예비조사로 두 척의 배가 출항한다. 그 승조원들 중에, 울릉
도에 도해한 경험이 있는 안용복은, 틀림없이 포함되었을 것이다. 이
예비탐사의 정보를 동래의 차비관이 화관의 재판에게도 재차 전했
다.25) 단 우리 쪽의 정보는 소선 1척에 의한 파견이었다.26)

> 10월 14일에 재판 쪽에 박동지와 박첨지가 왔다. 그들이 전한 것은 접
> 위관[이 도성으로 향해] 출발한 시기에, 강원도 순찰사가 동래부사에게
> 빠른 비각으로 전달한 것이 있다고 한다. 그것은 울릉도로 도해하는 승
> 원 상황을 알리는 것으로, 섬의 상황 등 여러 가지를 조사하기 위해 9월
> 16일 소선 1척을 섬으로 보냈다는 것이다. [섬에서의 체류] 기간은 2, 3
> 일로, 그 도항선이 돌아온 후에, 이번에는 대선 1척에 소선 6척으로 [다
> 시] 김병사의 파견이 이루어졌다 한다. 이 사람은 무관으로 군의 대장
> [이다. 조선에서는] 상당한 고관이라고 할 수 있다. 지난 해 [일본을 향하
> 여] 조선통신사가 파견되었는데, 그때 [이 사람은] 도해하는 일행에 참가
> 하여, 군관으로 일본에 파견되었다는 것이다. 이 사람에게 안동지를 수
> 행시켜 [울릉도로] 건너가게 했다는 것이었다.

선견부대가 도해한 후 본부대가 파견되었다. 그 일단의 우두머리
를 이곳에서는 김병사(金兵使)로 하고 있다. 그러나 실은 장한상이 책

임자였다. 장한상은 텐나 2(1682)년에 조선통신사의 일원으로, 즉 무관인 훈련원의 부정(副正)으로, 분명 일본에 간 경험이 있었다. 그런 그의 지휘 하의 본대에, 안동지가 포함된 것이다. 이를 이 차비관의 정보가 전하고 있다. 선견부대와 본부대 양쪽 배에 안동지가 타고 있었다. 이 안동지란 어떤 인물인가. 실은 장한상의 일행 중에, 안이라는 성을 가진 인물이 등장한다. 그것이 별견역관(別遣譯官: 倭語譯官)의 안신휘(安愼徽)이다. 화관을 출입하는 상인들의 화제에 등장한 안동지란 이 안신휘를 가리킬 것이다. 왜어역관인 안신휘는 소우 요시쓰구가 번주를 계승할 때, 그 경하사(問慰譯官)의 수역(首譯)으로 원록 6년 12월에 쓰시마 후추우(府中)를 방문했다. 안동지(안신휘), 박첨지(朴有年), 김정(金正: 金図南)의 면면으로, 그들은 해를 넘겨 쓰시마에 체재했다. 그리고 춘 3월 초순에 쓰시마 후츄우를 떠나 조선으로 돌아갔다. 부산포에서는 당연히 화관에도 출입하여, 일본인과의 교류도 깊었을 것이다. 그러한 그라면 울릉도에서 만일 일본인과 만나도, 바로 응대할 수 있었을 것이다. 또한 분쟁이 일어나지 않도록 처신할 수 있는 인물이었음이 틀림없다. 부산첨사와 각별(昵懇)한 사이였는지도 모른다. 때문에 부산첨사 등도 장한상 일행에 참가했다. 그리고 복권된 안용복 역시 이 일단에 포함되었다. 안용복은 일본어 능력이 뛰어났다. 그리고 실제로 일본에 도해했던 경험이 있다. 무엇보다도 이 해역에 밝은 인물이다. 그래서 수선(水先) 안내인으로서의 역할을 충분히 수행했을 것이다. 즉 원록 6년에 이어, 원록 7년에도 안용복은 울릉도에 건넜을 가능성이 높다.27) 안용복은 동지라는 안신휘의 부관(비장)으로, 이때, 섬에 건너갔는지도 모른다. 어쩌면 안신휘의 대행인으로, 부산첨사 밑에서 실제 업무를 수행하고 있었는지도 모른다. 그리고 원록 9년, 그 대행인의 모습을 버리고, 통정대부로 일신하여, 스스로를 동지 안용복이라 칭하며, 용약(勇躍)하여 도해했다. 재차 도일한 것이다.

【섬을 중개로 하는 도항로】

울릉도에서 인하쿠(因伯)로는 쉽게 갈 수 있다. 이미 안용복은 숙종 19(원록 6)년에 그 길을 따라 일본으로 건너갔다. 그렇다면 일본어에 능통한 안용복을, 울릉도에서 인하쿠로 보내고, 그곳에서 쓰시마의 비리를 고소하게 한다면, 그 보고가 에도 장군에게 올라가고, 동무로 가는 루트 또한 확보할 수 있게 된다. 과연 조선조정이 이를 알지 못했을까. 동래부사 또한 알지 못했을까. 그럴 가능성은 크지만, 알고 있었을 가능성도 적지 않다. 교섭을 타결로 이끌어, 원활하게 종결시키기 위해서는 변칙 수단도 행해질 수 있다. 여러 가지의 비공식적인 이야기, 다종다양한 흥정이 먼저 수면 하에서 이루어진다. 다양한 모색 단계이다. 그것이 잘 진행되면 준 공식적인 수단으로 격상되어, 그에 적합한 담당관이 응대를 맡아 다시 교섭을 시작한다. 더욱 유력해지면 공식수단으로 격상되어, 결정권을 가진 책임자가 응대를 맡아 교섭 확인과 마무리가 이루어진다. 안용복의 울릉도에서 인하쿠로의 도해한 것은, 이를 위한 여러 모색방안 중의 하나였다. 실패해도 좋고, 효과가 없어도 좋으니, 한 번 시도해 보자는, 그런 정도의 수준이다. 즉 시험을 위한 사자, 그것이 안용복의 도해였다. 잘 진행되면 다음에는 정식사자로, 그때는 안신휘를 보낸다. 그러한 단계였다. 사실 남구만이 그러한 계획이었음을 후에 토로했다.

숙종 22(원록 9)년 6월 24일에 남구만은 영의정에서 물러났다. 그리고 약 4개월 후인 10월 13일 묘의에 출석하여 발언한다. 동무를 향해 쓰시마의 비리를 고소하는 사자를, 울릉도를 경유해 파견했다는 것이다. 즉 「만일 내가 사신을 직접 에도 장군에 파견하여, 그 허실을 자세히 밝히면, 이 일이 어찌 해결되지 않겠는가. 그렇게 강하게 추궁하면, 쓰시마는 반드시 크게 두려워하며, 죄를 고백하고 동정을 구하게 될 것이다」라고 말했다.28) 그 계획이란 동지 안신휘를 통정대부로, 정식사자로 임명해 일본에 파견한다는 것이었다. 그러나 정식 사자에 앞서 원록 9년 6월, 돈벌이를 위해 안용복이 샤쿠완의 교사에 따라, 이 루트를 통해 일본으로 건너갔다.

당시 이처럼 쓰시마를 통하지 않는 별도의 루트 탐색이 조선 측에서 모색되고 있었다. 만일 울릉도에서 호우키, 이나바로 가는 루트가 개발되면, 모든 진실이 조선의 소론파 정권에서 에도 장군에게로 바로 전달된다. 그것은 분쟁의 당사자가, 중간에서 비리를 저지르는 쓰시마를 제외시키기 위한 루트였다. 그러한 루트를 확보하는 일이, 이번의 교섭경험 결과 필요하다는 것을 알게 되었다. 쓰시마는 이미 부산의 초량화관에서 절영도를 거쳐 쓰시마 북단의 와니우라(鰐浦)에 이르는 길을 확보하고 있었다. 조선에서 에도 장군에게 서간을 보내기 위해서는, 당시 이 길을 거치지 않으면 안 되었다. 그러한 길로는, 만약 쓰시마번이 왜곡을 하게 되면, 진실이 전혀 전해지지 않는다. 과연 다른 루트는 없는 것인가, 조선 측은 여러 가능성을 모색하고 있

었다. 그러한 동안 다음과 같은 이야기가 흘러 전해졌다.[29)

이때 역관에서 은밀히 일본인에게 소문이 흘러들어 왔다. [그들이 말하기를] 이전에 네덜란드인(阿蘭陀)이 조선 제주도를 빼앗아, 배의 정박지로 삼으려는 [사건이 있었다.] 그것을 귀국의 대군이 들으시고, 조선은 인호의 나라인데, 그러한 곳에 네덜란드인이, 그러한 압령(押領)을 계획한다는 것은 [괘씸하다.] 그대로 놓아 둘 수는 없다라고, 그러한 의논이 있었던 것 같습니다. 서둘러 네덜란드인에게, 귀국의 대군이 깨우쳐 준 일이 있어, 그 네덜란드인은 [대군의] 엄명을 [받고 그 모든 것을] 생략하는 일 없이 [받아들였다는 것입니다. 덕택으로] 제주도는 병화를 면하여, 지금에 이르고 있는 것으로, 그 지역의 백성은 안도하고 있습니다. 이것은 그야말로 대군의 은택에 의한 일입니다. 그렇기 때문에 이 일은 고래로 말하는 것과 같은 [선린 우호의 증거로 하여] 조선국의 사람 [모두가] 감사하고 있습니다.

네덜란드인의 일본에서의 거점은 나가사키의 데지마(出島)였다. 그곳에 조선의 제주도가 더해지면 동아교역은 보다 강고해진다. 그러한 교류의 해도를 상정한 것이다. 네덜란드인이 제주도를 배의 정박지로 하려고 한 사건이란, 효종 4(承応원)년에 헨드릭 하멜 등의 제주도 표착사건일 것이다.[30) 그들이 조선을 탈출해 고토우(五島)열도를 경유하여 나가사키에 도착한 후, 그 잔류 네덜란드인의 인도교섭이 칸분 8(1668)년에 막부를 매개로 이루어졌다. 제주도와 나가사키를 연결하는 루트, 즉 조선본토, 제주도, 고토우열도, 히라도시마, 나가사키를 연결하는 길이야말로 에도 장군에게 가는 새로운 전달 루트가 된다. 그러한 생각을 조선 측은 여기서 약간 노출시킨 것이다.

그러나 이미 안용복과 박어둔에 의해 에도로 가는 길이 연결되었다. 울릉도에서 오키를 경유해 호우키, 이나바를 거치면 그 앞이 에도이다. 두 사람이 톳토리에 건너간 일로, 그 전달 경로가 분명 가능하다는 것이 증명되었다. 게다가 에도 장군은, 조선에 대해 우호적이라는 사실이 판명되었다. 그렇다면 쓰시마의 위험한 의도, 양국을 전란으로 이끄는 섬 관련 논쟁은 이것으로 수습된다. 쓰시마가 일으킨 분쟁은 이제 회피할 수 있다. 그러기 위해서는 쓰시마의 비리를 이 경로를 통해, 에도의 장군에게 바르게 전해야 한다. 톳토리에 가서, 소송 건으로 왔다고 전하면, 반드시 에도 장군에게 전달된다. 이것은 분쟁종결의 사자로, 평화를 가져오는 사자이다. 그렇기 때문에 반드시 장군의 승낙서가 필요하다. 그 결과 다시 조일 양국은 원래의 우의교류의 인국관계로 돌아갈 수 있다. 이 우호를 가져다주는 사자에게, 일본에서는 막대한 답례품을 보낸다. 조선통신사 파견으로 그것은 이미 증명되었다. 그러한 사자를 모방하여, 그 같은 이득을 얻겠다는 것이다. 그것이 숙종 22(원록 9)년 일본에 도해한 안용복 등 일행의 바람이었다. 즉 이익의 획득이야말로 안용복 일행이 도일한 진짜 이유였다. 울산에서 안용복이 뇌헌(雷憲)을 섬으로 유인하고, 이에 뇌헌이 응한 것도 이 「이득심」 때문이었다.

뇌헌만이 이득을 위해 움직인 것은 아니다. 일행의 다른 사람들도 이 때문에 움직인 것이다. 물론 안용복도 마찬가지였다. 이 안용복을 이득심으로 유인한 것은 당연 삼계의 샤큐완이었다. 양국 분쟁이 전란으로 발전되면 샤큐완 자신의 이득도 상실된다. 자신의 이익을 확보하기 위해서는 조일 양국이 평화로운 우호관계를 유지하지 않으면 안 된다. 그렇게 생각한 샤큐완은 안용복에게 톳토리로 가는 도항, 그리고 에도 장군에게 제기할 소송을 알려 주었다. 그것으로 막대한 이익을 얻을 수 있다고 말하는 것도 잊지 않았다. 물론 여기에는 샤큐완의 또 다른 의도도 숨어 있다. 그것은 안용복 자신이, 이번의 산 증인이라는 것이다. 안용복은 전년 조선령 울릉도에 도해했었다. 그때, 그가 연행된 죽도는 그야말로 조선령 울릉도였다. 그렇게 그는 일본에서 주장할 것이다. 쓰시마는 1도 2명이라는 사실을 장군에게 전하지 않았다. 장군에게 전한 것은 2도 2명의 제1차 복서뿐이다. 그래서 안용복이 1도 2명이라는 사실을 장군에게 전할 수 있다면, 쓰시마가 조일 양국 사이에서 정보를 왜곡하고 있다고 전할 수 있다면, 에도의 관백(德川將軍)은 조일 양국의 평화를 위해, 안용복의 소송을 취급하여 줄 것이 틀림없다. 그리고 울릉도는 원래 조선의 것이라고 이해해 줄 것이 틀림없다. 안용복을 일본에 보내 톳토리에서 장군에게 소송할 수만 있다면, 일은 일거에 해결된다. 샤큐완은 그렇게 생각하고 있었다. 안용복도 역시 그 모험으로 일확천금을 꿈꾸었다. 모험상인으로서 그의 피는 크게 약동했다. 그래서 그는 도해 준비를 강행했다.

그러면 왜 안용복의 도해는 8년이 아니고 9년이었을까. 그것은 교섭의 완전한 파탄이 원록 8년 여름에 발생했기 때문이다. 그때, 영의정 남구만은 궁지에 몰려 있었다. 정권 내부에서 새로운 해결책을 모색하고 있었고, 그 한 수단으로 울릉도 루트를 이용하는 일을 생각해 낸 것이다. 그 당시 도항 준비를 시작하면, 시기적으로 가을에서 겨울쯤의 도항이 된다. 그렇게 되면 열풍을 만날 확률이 높아, 너무 위험하다. 때문에 다음 해 봄에 도항하게 된 것이다.

【새로운 전개】

　타다 요자에몬이 제2차 교섭의 파탄으로 실의 속에서 쓰시마로 돌아온 것은, 원록 8년 6월 17일이었다. 그 교섭 파탄을 전제로, 조일 양국은 이후의 새로운 해결책을 모색한다. 쓰시마 측은 타다 요자에몬 대신, 쓰시마의 에이스 스기무라 우네메(杉村采女)를 대차사로 한 새로운 교섭단을 조직했다. 말하자면 제3차 교섭단으로, 새로운 참판사는 스기무라 우네메, 부관은 이쿠타비 로쿠에몬(幾度六右衛門), 도선주는 스야마 쇼우에몬(陶山庄右衛門), 봉진은 키데라 리베에(木寺利兵衛)였다. 번주 후견의 소우 요시자네는 더 강경한, 대조선 외교를 꾀하고 있었다. 필요하다면 시위도 마다하지 않겠다며, 종사자를 늘리고 무구를 갖춘 일대 사자단을 편성한다. 그러한 의욕 속에서 그들을 보내려고 했다. 그러나 타다가 행했던 교섭의 경험으로, 이미 강경책으로는 해결할 수 없다는 것을, 새로운 사자들은 알고 있었다. 때문에 그들은 재교섭의 파탄, 그 결과에 따른 자결까지도 각오했다. 그러한 결의를 안, 소우 요시자네는 원록 8년 7월에 교섭단 파견에 대해, 약간 생각을 수정하기로 했다. 그리고 스야마 쇼우에몬 등의 의견을 듣고, 결국 제3차 교섭단의 파견을 일단 중지하기로 한다. 그리고 장군과 이 문제를 재검토해 보기로 했다. 금후의 교섭을 어떤 방침으로 행할 것인가, 새롭게 준비한다는 것이다. 그것이 『죽도문담』의 기사로 밝혀졌다.

　스야야 쇼우에몬의 헌책에 따라 번주 후견의 소우 요시자네는 새로운 결의로 에도로 향한다. 원록 8년 8월 그믐에 소우 요시자네는 쓰시마 후츄우를 출발하여 동상(東上)했다. 그리고 동년 10월 5일에 에도에 도착했다.31) 서둘러 노중 아베 분고노카미와 협의하여, 새로운 전개에 이르렀다.

한편 조선 측도 타다의 귀국을 확인한 후, 다음 단계를 모색했다. 그것이 쓰시마를 대신하는 루트의 개척이었다. 그것으로 동무와의 직접교류를 기도했다. 가을에서 겨울의 동해는 거칠다. 도해는 맑은 날이 계속되는 봄부터 초여름의 시기가 적절하다고 판단해, 익년 원록 9년 봄에 도해를 결행했다. 동래인 안용복은 울산에서 동료를 모집해, 일단 울릉도로 가서, 톳토리로 향하기로 했다. 그러나 공교롭게 바다가 거칠어, 어쩔 수 없이 도중에 오키에 들렸다. 그러한 전개였다. 이 안용복의 도해, 그리고 오키에 들린 기록이 오키의 무라카미케(村上家)에 『원록 각서』라는 기록으로 남아 있다.

안용복의 새로운 루트 개척은, 쓰시마에게는 꺼림칙한 일이었다. 조선에 관한 일은 쓰시마가 전담하고 있었다. 당시는 그러한 결정이었다. 그것이 다른 루트를 통해 조선이 장군에게 통할 수 있게 되면, 쓰시마의 역할은 끝나게 된다. 아니 그렇게까지 되지 않는다 해도, 힘을 잃게 된다. 그 결과 조선무역도 다른 루트에 의거하는 일이, 경우에 따라서는 발생할 수도 있다. 이것은 큰 문제이다. 때문에 사태 타개를 위해 바로 행동하지 않을 수 없었다. 쓰시마의 재빠른 대응으로 결국, 조선인의 소송은 장군이 취급하는 일 없이 끝나 버리고 만다. 결국 조선인의 인하쿠(因伯) 도해는 사태 해결로는 연계되지 못했다. 그러나 울릉도에서 오키를 경유해 인하쿠로 가는 루트는, 이후 오랫동안 조선에 기억되게 된다. 『동국문헌비고(영조 46년 1770)』의 기재에는 「섬은 울진현의 정동 해중에 있고, 일본의 오키주와 가깝다」라고 있다.[32] 그들 안용복 일행의 모험이야기는 이렇게 해서, 결국 단순한 이야기로 끝나고 말았다. 죽도 교섭의 절차안은 그 이전에 쓰시마번 및 막각 측에서 이미 결정해 두었다. 노중 아베 분고노카미 마사타케(正武)와 쓰시마번 가로 히라타 나오에몬(平田直右衛門)을 축으로, 그들의 조정능력으로 새로운 사태 타개가 행해지고 있었다. 그 결과 새로운 결정이 이루어진다. 그것은 원록 9(1696)년 정월의 일이었다.

그 후의 전개에 대해서는 후 절에서 이야기하기로 하고, 우선 조선 측의 모색 방법을 오키 무라카미케의 『원록각서』를 통해 보기로 한다. 불발로 끝나기는 했으나 나름 충격적인 사건이었다.

제3절 주

1) 『竹島紀事』元祿6年9月條

2) 『竹嶋紀事』元祿6年9月條

3) 『竹島紀事』元祿6年10月條

4) 『竹島紀事』元祿6年11月條

5) 『竹島紀事』元祿6年11月條

6) 『竹島紀事』元祿6年11月條

7) 『竹島紀事』元祿6年11月條

8) 『肅宗實錄』숙종20年2月23日條

9) 『竹島紀事』元祿7年正月條

10) 『承政院日記』肅宗20年5月25月條

11) 『肅宗實錄』肅宗22年10月條

12) 『賀島兵助言上書』日本経濟大典, 제12권, 瀧本誠一編, 明治文獻

    社, 1967

13) 『竹島紀事』元祿8年6月條

14) 『肅宗實錄』肅宗20年8月條

15) 『竹島紀事』元祿8年1月條

16) 『竹島紀事』元祿8年5月條

17) 『竹島紀事』元祿8年5月條

18) 『竹島紀事』元祿8年6月條

19) 『肅宗實錄』肅宗21年7月條

20) 『竹島紀事』元祿8年6月條

21) 『朝鮮通交大紀』卷8, 靈光院公條

22) 『竹島紀事』元祿7年9月條

23) 『肅宗實錄』肅宗20年8月條

24) 『竹島紀事』元祿7年10月條

25) 『竹島紀事』元祿7年10月條

26) 朴世堂『西溪雜錄』게재의, 張漢相「鬱陵島事跡」조에는, 軍官 崔
世哲의 보고로, 탐사를 위해 어선 2척으로 울릉도에 건너간 일이
기록되어 있다.

27) 朴炳涉『안용복사건과 鳥取藩』(北東아시아文化研究, 第29号, 2009)
에서, 元祿 8(1695)년에 安龍福이 鬱陵島에 건너갔다는 설을 언급
했다. 이미 안용복은 죄인이 아니다. 훌륭하게 복권되었다. 그렇
기 때문에 원록 7년에 이어 8년에도 섬에 건너 이전과 마찬가지
로 울릉도에서의 어렵 및 동해에서의 해산물 유통에 관계하고 있
었다. 그것은 충분히 있을 수 있는 이야기이다. 원록 7년에 섬에
건넌 장한상은 토지가 비옥한가 어떤가를 확인하기 위해 작물의
씨를 뿌리고 왔으므로, 내년에 또 도항하여 확인하고 싶다고, 숙
종에게 복명했다. 그렇기 때문에 그 확인을 위해, 원록 8년에 다
시 부하 누군가를 파견했을 것이다. 그 도항하는 일행 중에, 안용
복이 있었을 가능성이 있다. 이것도 충분히 있을 수 있는 일이다.
그러한 경험을 고려하면, 원록 9년의 도일을 생각할 수 있다. 그
러나 유감스럽게도 원록 7년, 8년의 울릉도도해를 입증할 직접적
인 자료가 남아 있지 않다. 그 두 해의 도해는 어디까지나 상황증
거에 근거한 논증, 즉 추정일 뿐이다.

28)『承政院日記』肅宗22年10月13日條

29)『竹島紀事』元祿8年5月條

30) 헨드릭・하멜『朝鮮幽囚記』生田滋譯, 東洋文庫132, 平凡社, 1969

31)『宗氏實錄』泉澄一編, 淸文堂資料叢書, 1988, 이곳에「八月晦日
發船 是月五日抵東武」라고 되어 있다.

32)『東國文獻備考』興地考13, 關防3, 海防1

원록각서 자료
(元禄覚書 資料)

【서】

隱岐國[島前]海士村、村上助九郞家の記錄で、上紙を含め八枚にわたる書き付けである。

오키노쿠니 [도우젠] 아마무라, 무라카미 스케구로우케의 기록으로, 표지를 포함하여 8매에 걸쳐 기록한 서부이다.

【本文 1】

元祿九年(一六九六)丙子の年、朝鮮の船[一艘]が[隱岐國に]着岸した。[その出來事を]一卷にしたため覺書として記錄した。これは隱岐國島後[での出來事である。]

겐로쿠 9(1696)년 병자년에 조선의 배가 [오키노쿠니에] 착안했다. [그 상황을] 한 권으로 적어, 각서로 해서 기록했다. 이것은 오키노쿠니 도우고[에서 생긴 일이다.]

一、朝鮮の船一艘のあらまし。

その長さを示せば、船体の上方部分は三丈(約九㍍)、下方部分は二丈(約六㍍)である。船幅は中程の上方部分で一丈二尺(約三・六㍍)、

船の深さは四尺二寸(約一・三㍍)である。但し、八十石(約八トン)程
の米を積むことができるという大きさである。檣(帆柱)は二本あり、
帆も二つである。梶は一羽、櫓は五挺である。船を覆う蓬(篷、苫)を
備えている。木綿製の旗(幟、簸)を二つ艫に立てている。木製の碇
(繋留杭)が二挺、こうぞ(楮)製の綱が四房ある。敷物はござ(茣蓙)そ
して犬の皮がある。

　1, 조선의 배 1척의 상황.

　그 길이를 말하자면, 선체의 위 부분은 3장(9m), 아래 부분은 2장
(6m)이다. 배의 폭은 중간부분의 윗부분은 1장 2척(3.6m), 배의 깊이
는 4척 2촌(1.3m)이다. 단, 80석(약 8톤) 정도의 쌀을 실을 수 있는 크
기다. 돛대는 2개 있다. 돛도 둘이다. 키는 하나, 노는 다섯 자루다. 배
를 덮는 가리개를 준비하고 있다. 목면제의 기 셋을 뱃머리에 세우고
있다. 목제의 닻이 두 개다. 닥나무로 짠 그물이 넷 있다. 깔개의 거
적, 그리고 개가죽이 있다.

【本文 2】

　一、船中の人數は十一人である。俗人は六人で、そのそれぞれの
名は、安龍福、李裨元、金可果、他の三名の者は名を書き出さず、
年も書き出さなかった。坊主が五人いて、その一人を雷憲という。

雷憲の弟子で衍習というのがいる。他の三名は、やはり自らの名を
書き出さず、年も書き出さなかった。

　선중의 인수는 11인이다. 속인은 6인으로, 각각 이름은, 안용복, 이
비원, 김가과, 다른 세 사람의 이름은 써내지 않았다. 나이도 써내지
않았다. 스님이 5인으로, 그 한 사람을 뇌헌이라 한다. 뇌헌의 제자
연습이라는 자가 있다. 다른 세 사람 역시 자신들의 이름을 써내지
않았다. 나이도 써내지 않았다.

【本文 3】

　一、安龍福(アンヘンチウ)は午(うま)年(一六五四)生まれの人で、
年は四十三歳である。冠のような黒い笠を頭に載せ、水精(水晶)を付
けた緒で括り、淺黃色の木綿製の上衣を着ていた。また腰には札を
着けていた。その札の表面には「通政大夫　安龍福　甲午年」とあり、
そこには「住東萊(東萊に住む)」とあった。そして[証としての]印影が、
ここに彫り込まれていた。また印判を小さな箱に入れ、耳掻き楊枝
[の如き木片(おそらくは磁針)]を小さな箱に入れていた。この二種の
品を、扇に着けて[大切に]持っていた。

　1, 안헨치우는 갑오년(1654)에 태어난 사람으로, 나이는 43세이다.

관과 같은 검은 삿갓을 머리에 쓰고, 수정을 단 끈으로 매었다. 옅은 노란색 목면으로 지은 저고리를 입고 있다. 또 허리에는 표찰을 차고 있다. 그 찰 표면에는 '통정대부 안용복 갑오년 (1654)에 태어났다'라고 있다. 그 패의 표면(이면의 오기)에는 '주동래(동래에 산다)'라고 있다. 그리고 [인증으로서의] 인영이 이곳에 새겨져 있다. 또 도장을 작은 상자에 넣고, 귀이개와 [같은 목편(아마도 자석)을] 작은 상자에 넣어 두었다. 그 두 가지 물품을 부채에 달아 [소중하게] 가지고 있었다.

【本文 4】

一、金可果　年不書出　冠ノヤウナル黑キ笠木綿之紐　白キモメンノウハキヲ着申候　扇ヲ持申候

1, 김가과다. 나이는 써내지 않아 불명이다. 관과 같은 검은 갓을 쓰고 목면 끈으로 [목을 묶고 있다.] 흰 목면 상의를 입고 부채를 가지고 있다

【本文 5】

一、坊主がいる。そのうちの一人は興國寺(フンコウソウ)の住持で

雷憲(トイホン)という。年は五十五歳である。冠のような黑い笠を被り、木綿の紐[で結んでいる。]細美な上衣を着け、手には扇を持っている。己巳年(元禄二年、肅宗十五年、一六八九)閏三月十八日の日付[を持つ]金烏山の朱印狀を、この雷憲は所持していた。それを出してきたので寫し取った。また康熙二十八年(己巳年、一六八九)閏三月二十日の日付を持つ金烏山朱印の書き付けをも、この雷憲は所持していた。それを出してきたから、これも寫し取った。雷憲は、長さ一尺(約三十センチ)幅四寸(約十二センチ)高さ四寸(約十二センチ)の箱を所持していた。その箱には鈴(あるいは錠)が付けられている。中を見ると、竹製の算木(算盤)があり、また懸籠(かけご)に包まれた硯があり、筆や墨もあった。

一、雷憲には弟子がいる。その坊主の名は衍習(アンスツ)といい、年齢は三十三歳という。

1, 일행 중에는 스님이 있다. 그중 한 사람은 흥국사의 주지 뇌헌이라 한다. 나이는 55세다. 관과 같은 검은 갓을 쓰고, 목면의 끈[으로 목을 매고 있다.] 고운 상의를 입고 손에는 부채를 가지고 있다. 기사(원록 2년, 숙종 15년, 1689)년 윤3월 18일부[가 있는] 금오산의 주인장을, 이 뇌헌이 소지하고 있다. 그것을 제출했기에 베껴 두었다. 또 강희 28(1689)년 윤3월 28일부의 금오산 주인의 서부도, 이 뇌헌은 소지하고 있었다. 그것을 제출했기 때문에, 이것도 베껴 두었다. 뇌헌은 길이 1척(약 30cm), 폭 4촌(약 12cm), 높이 4촌(약 12cm)의 상자를 소지하고 있다. 그 상자에는 방울(어쩌면 자물쇠)이 붙어 있다. 안을 보니, 죽제의 산목(주판)이 있고, 또 그 안에 작은 상자에 싸인 벼루가

있고, 붓과 먹도 있었다.

1, 뇌헌에게는 제자가 있다. 그 스님의 이름은 연습이라 한다. 나이
는 33세라 한다.

【本文 6】

一、右の安龍福、雷憲、金可果の三人に對し、在番の役人が立ち
會い、取り調べを行った。その時、彼らは朝鮮八道の地図を八枚[の
図譜]にして所持していた。それを[この取り調べの場に]出してき
た。その八枚のそれぞれに八道の名が書き寫され、そこには朝鮮の
詞(文字)が書き付けられていた。この三人の中では安龍福が通譯の役
柄を果たしており、我々の質問に、その都度答えてくれた。

1, 우의 안용복, 뇌헌, 김가과 세 사람을, 재번의 역인이 입회하여
조사하였다. 그때 그들은 조선팔도지도를 8매로 해서 소지하고 있었
다. 그것을 [조사하는 곳에서] 제시했다. 그 8매 각각에 팔도의 이름
이 기록되어 있고, 그곳에는 조선의 말(문자)이 기록되어 있다. 이 세
사람 중에서 안용복이 통역 역할을 수행했다. 우리들의 질문에, 그때
마다 답하여 주었다.

【本文 7】

一、船中に荷物があるかと尋ねたところ、干し鮑(アワビ)が少々、和布(ワカメ)が少々あると答えた。これは[自分たち用の]食事の折に食べるものだと申し述べた。船中にある荷物(道具)は、後に記す書き付けに、別途記している。

1, 선중에 짐이 있는가 라고 물었더니, 말린 전복 약간, 미역이 조금 있다고 답했다. 이것은 [자신들이] 식사할 때 먹는 것이라고 이야기했다. 선중에 있는 짐은, 뒤에 기록한 서부에 따로 기록되어 있다.

【本文 8】

一、船中に坊主が五人いる。乗船させた理由を尋ねると、竹嶋見物を希望したので、連れてきたのだと申し述べた。

一、その五人の沙門について、その宗派は五人とも同じ一宗か、それとも別な宗なのか、果たして何宗なのかと、彼らに尋ねた。すると雷憲が、その質問に答えて書き出した。だがそこに書き記したものは判讀し難く、また聞いても不明瞭なものであった。そこで翌二十一日、再度、その宗旨の名称や、伯耆國へ参る理由、また荷物の詳細を書き出すことにして[その折に再び]尋ねた。すると病に伏

せっていた李裨元が筆を取り、書き出した書き付けが有り、それを
差し出してきた。

　1, 선중에 스님이 다섯 사람 있다. 승선시킨 이유를 묻자, 죽도 관
광을 희망했기 때문에 데리고 온 것이라고 이야기했다.
　1, 그 다섯 사문에 대해, 그 종파는 다섯 모두가 같은 일종인가 그
렇지 않으면 다른 종파인가, 도대체 무슨 파인가라고 그들에게 물었
다. 그러자 뇌헌이 그 질문에 답하여 써냈다. 그러나 그곳에 기록한
것은 판독하기 어려워, 다시 물어도 불명료한 것이었다. 그래서 다음
21일에 다시, 그 종파의 명칭과 호우키노쿠니에 가는 이유, 또 화물의
상세한 내용을 써낼 것을 [그때마다] 요구했다. 그러자 병에 걸린 이
비원이 붓을 잡아 기록한 서부가 있어, 그것을 제출했다.

【本文 9】

　一、安龍福が申すことには、竹嶋は[竹が繁っているので]竹の島と
申すのだという。朝鮮國の江原道(カンヲンタウ)の[沖合いに在り]東
萊(トウナイ)府の管轄內に鬱陵嶋(ウンロンタウ)という島がある。こ
れを[日本の側で]竹ノ嶋というのだという。朝鮮八道の図に[この鬱
陵嶋は]記されていて、その八道の図を彼らは、今、所持している。

1, 안용복이 말하는 것은, 죽도는 [대가 우거져 있기 때문에] 대의 섬이라고 말하는 것이라 한다. 조선국 강원도의 [먼 바다에 있고] 동래부 관할 내에 울릉도라고 하는 섬이 있다. 이것을 [일본 측에서] 죽도(타케노시마)라고 말한다 한다. 조선팔도지도에 [이 울릉도는] 기록되어 있고, 그 팔도지도를 그들은, 지금 소지하고 있다.

【本文 10】

一、松嶋は右の同道の中にある嶋で、ここには[朝鮮で言う]子山(ソウサン)という嶋がある。これが松嶋だという。この嶋も八道の図に記されていると、彼らは申していた。

1, 송도는 우의 동도(강원도) 안에 있는 섬으로, 여기에는 자산이라고 하는 섬이 있다. 이것이 송도라고 한다. 이 섬도 팔도지도에 기록되어 있다고, 그들이 말하고 있다.

【本文 11】

一、この子の年(元禄九年、一六九六)三月十九日[彼らは]朝鮮國を

朝飯の後に出船した。そして同日の夕べには、もう竹嶋に着いてい
た。[島で]夕飯を食べたと申している。

　1, 이 병자년(원록 9, 1696) 3월 19일에 [그들은] 조선국을 조반 후
에 출선했다. 그리고 동일 석양에는 이미 죽도에 도착했다. [섬에서]
석식을 먹었다고 말하고 있다.

【本文 12】

　一、[竹嶋に渡った彼らの]船數は十三艘である。それぞれ一艘ごと
に、九人、十人、十一人、十二三人、十五人などで乗り込み、竹嶋
まで來たという。人數の高(合計)を問うたが、それについては一向に
答えなかった。

　1, [죽도에 건넌 그들의] 선수는 13척이다. 각각 1척마다 9인, 10인,
11인, 12 · 13인, 15인 등이 타고, 죽도까지 왔다 한다. 인수의 합계를
물었으나, 그것에 대해서는 일체 답하지 않았다.

【本文 13】

　一、右の十三艘のうち十二艘までは、竹嶋で若布取りや鮑取り、また竹を伐り取っている。このような作業は[これまでも行ってきたし]今年も行っている。ただ今年の鮑の水揚げは、とても多いとはいえない。そのようなことを申していた。

　1, 우의 13척 중 12척까지는 죽도에서 미역 채취나 전복 따기, 또 대를 벌채하고 있었다. 이러한 작업은 [지금까지 해왔으며] 금년에도 하고 있다. 다만 금년에 딴 전복 양은 많다고는 말할 수 없다. 그러한 것을 말하고 있다.

【本文 14】

　一、安龍福が申し述べるには、自分たちが乗ってきた船には十一人がいる。これから伯耆國へ行き、鳥取藩の伯耆守様へ訴え出る用件がある。そのため罷り越してきたという。折惡しく順風を得る事ができず、その結果、当地に寄港したという。順風があり次第、伯州へ向け渡海するつもりであるという。[彼らは]五月十五日に竹嶋を出發し、同日には松嶋に着いた。翌十六日、松嶋を出發し十八日の朝、隱岐島の西村の海岸に着いた。そして二十日に大久村へ入港したということである。西村の海岸は荒磯であったから、同じ十八日に[隣の]中村の港に[避難し]入港した。だがこの港も停泊には悪く、翌十九日には出發し、同日の晩、大久村の村域にある通い浦という處に舟を寄せ、停泊した。そして二十日、この大久村に至り、ここの港に舟を繋ぎ止めたという次第である。

1, 안용복이 이야기하기를, 자신들이 타고 온 배에는 11인이 있다. 지금부터 호우키노쿠니에 가서 톳토리번의 호우키노카미님에게 소송할 용건이 있다. 그것 때문에 넘어왔다 한다. 운 나쁘게 순풍을 만나지 못해, 그 결과 당지에 기항했다 한다. 순풍이 부는 대로 호우키를 향해 도해할 계획이라고 한다. [그들은] 5월 15일에 죽도를 출발하여 동일에 송도에 도착했다. 다음 16일에 송도를 출발하여 18일 아침에 오키노시마 니시무라의 해안에 도착했다. 그리고 20일에 오오쿠무라에 입항했다는 것이다. 니시무라 해안은 거친 해변이었으므로 동 18일에 [이웃] 나카무라항에 [피난하여] 입항했다 한다. 그러나 이 항도 정박하기에 나빠 다음 19일에는 출발하여 동일 밤에, 오오쿠무라 안에 있는 카요이우라라는 곳에 배를 대고 정박했다. 그리고 20일에 그 오오쿠무라에 이르러, 이곳 항에 배를 묶고 머문 것이라고 한다.

【本文 15】

　一、竹嶋と朝鮮との間は三十里で、竹嶋と松嶋との間は五十里である。そのように彼らは申している。

　1, 죽도와 조선 사이는 30리이고, 죽도와 송도 사이는 50리이다. 그렇게 그들은 이야기하고 있다.

【本文 16】

　一、安龍福とトラべの二人は、四年前の酉年(元禄六年、一六九三)の夏、竹嶋から伯州の船に連れられ、当地に参っている。そのトラべも、この度[竹嶋までは]召し連れて來たが、そのまま竹嶋に殘し置いてきたという。

　1, 안용복과 토라베 두 사람은 4년 전 계유년(원록 6년, 1963) 여름에, 죽도에서 하쿠슈우의 배에 끌려, 당지에 왔었다. 그 토라베도 이번에 [죽도까지는] 데리고 왔으나, 그내로 죽도에 남겨두고 왔다 한다.

【本文 17】

一、朝鮮を出發する時には、米五斗三升入り[の大俵を]十俵ほど積んできた。だが十三艘の乘組員たちによって、その悉くが、もう費消されてしまった。今に至れば飯米の蓄えは無く、實に乏しく心細いばかりだという。

1, 조선을 출발할 때, 쌀 5두 3승 들이 [큰 가마니를] 10가마니 정도 싣고 왔다. 그러나 13척의 승무원들에 의해, 그 모두가 이미 소비되고 말았다. 지금에 이르러서는 밥쌀을 모아둔 것이 없어, 모자라 참으로 불안하고 걱정스러울 뿐이라 한다.

【本文 18】

一、伯耆國で用事を濟ませ、竹嶋へ戻るつもりである。そして[殘っている]十二艘の舟と共に荷積みをし、改めて六月か七月の頃、朝鮮へ歸國するつもりであるという。歸國すれば朝鮮の殿樣へ、運上金を差し上げる手はずになっていると、そのように申し述べている。

1, 호우키노쿠니에서 용무를 마치고 죽도에 돌아갈 계획이다. 그리고 [남아 있는] 12척의 배와 함께 짐을 싣고, 다시 6월이나 7월경에,

조선에 귀국할 생각이라 한다. 귀국하면 조선 관리에게, 세금을 바치
기로 되어 있다. 그렇게 이야기하고 있다.

【本文 19】

一、竹嶋すなわち鬱陵島は、江原道の沖合にある島である。そこ
は東萊府の管轄內である。[國土を統べる]朝鮮國王の支配下にある島
であるという。その支配する王の御名はクモシャンである。その天
下において語られる御名は主上(チウシャン)という。そして東萊府の
殿の名は一道方伯(イルトハンバイ)、同所の支配人の名は東萊府使
(フシ)というと、そのように申し述べた。

1, 죽도 곧 울릉도는 강원도의 먼바다에 있는 섬이다. 그곳은 동래
부 관할 내이다. [국토를 지배하는] 조선국왕의 지배하에 있는 섬이라
한다. 그 지배하는 왕의 어명은 쿠모샨(금상)이다. 그 천하에서 말하
는 어명은 주상이라 한다. 그리고 동래부 부사의 이름은 일도방백, 동
소 지배인의 이름은 동래부사라고 한다고, 그렇게 이야기했다.

【本文 20】

一、四年前の癸酉年(元祿六年、一六九三)十一月、日本で貰ったも
のを書き付けた帳面を一冊出してきた。それゆえ、それを寫し取った。

　1, 4년 전의 계유년(원록 6년, 1693) 11월에 일본에서 받은 것을 기
록한 장부 1권을 제출해 왔다. 그래서 그것을 베꼈다.

【本文 21】

一、朝鮮人三人と在番役人との對談が終わり、三人は共に連れ
だって舟へ歸っていった。その後、書簡を差し出し、干鮑六包を添
えて來た。六包のうち一包は大久村の庄屋殿へ、殘る五包は在番役
人への心遣いである。だがその包みの差し出しを[こちらは]受け取ら
ず、六包とも返却した。差し出した書簡の中には、その最後の部分
に、生菜、靑菜、實果が欲しいと書いてあった。それゆえ苣(ちし
ゃ)、根深(ねぶか)、榧實(かやのみ)、芹(せり)、生姜(しょうが)など
を与えてやった。もちろん書簡に對する返事も添えてやった。

　1, 조선인 셋과 재번 역인의 대담이 끝나자, 3인은 같이 출발하여
배로 돌아갔다. 그 후, 서간을 보내어, 말린 전복 6포를 같이 보내왔

다. 6포 중 1 포는 오오쿠무라의 쇼우야님에게, 나머지 5포는 재번 역인님에 대한 마음을 나타낸 것이다. 그러나 보내준 그 꾸러미를 [우리는] 받지 않고 6포 모두 돌려 보냈다. 보낸 서간 중에는, 그 마지막 부분에, 생채, 청채, 실과가 필요하다고 써 있었다. 그래서 참깨, 파, 비자나무 열매, 미나리, 생강 등을 주었다. 물론 서간에 대한 답장도 첨부해 보냈다.

【本文 22】

　一、二十一日、安龍福から書付が差し出された。[持参した]飯米が盡きてしまい、もう夕飯から食べるものがないと報告があった。そこで彼らの舟に、庄屋の与次右衛門と出かけることになった。様子を尋ねると、確かに飯米が無くなり難儀をしている。朝鮮では他國の舟がやってきた時、ご馳走することになっているが、こちらでは、そのような習慣はないのだろうかと申してきた。そこで庄屋が申し聞かせた事は、こちらでも異國舟が風にあって流され漂着してきた折には、飯米など様々なものを提供し、それ相応の援助を行うことになっている。だが、お前たちは鳥取藩の伯耆守様に訴訟するといって、わざわざやってきた。それならば飯米など、予め用意しておくのが当然であろうがと申してやった。すると不審に思われるのはもっともなことだと、彼らも了解した。ただ竹嶋を十五日に出發し、そのまま[目的とする]日本の地に到着するものとばかり思っていた。その日本の地では、もう困る様なことは無いと考えていた。だから[準備を怠ってしまった]。そして右のような事情のことが起こってしまった。そのように彼らは申し述べた。だがやはり[飢えさせたままでは]心配である。[確認のため]舟中をよく觀察しておこうと庄屋が申すので、なるほどと納得し觀察しておくことにした。見ると飯米を入れていた叺(かます)に、もう僅か三合ほどしか殘っていない。庄屋が言うことには、確かに飯米は無くなっている。そのことは見届けた。ただ当地では去年、農作は不作で、こちらも米不足の中にある。少しばかりの備蓄米も全くの粗惡品である。だがもしそれでよければ、少々都合を付け用意してやろうと[彼らに]申し伝えた。すると是非、都合を付けて用意して頂きたい。そのように申してきた。在番所から取り寄せ、用意するには時間が掛かる。そこで取り敢えず大久村の地元で搔き集めた白米を、四升五合ほど与えた。これを朝鮮升で量れば一斗一升五合の手配になる。やがて在番所から、追って白米が送られてくる。それは一斗二升三合ばかりの米量であるが、朝鮮升で量れば三斗にもなる手配である。この両方から提供された米で、二十一日の夕飯と二十二日の三度の飯は、充分に確保される。こうした段取りを以て[今後の]予定を立て、また追い追いに米を準備し、時々に飯米をあてがうことにした。

1, 21일 안용복이 서간을 보냈다(지참했다). 먹을 쌀이 떨어져, 이미 저녁부터 먹을 것이 없다는 보고가 있었다. 그래서 그들의 배에 쇼우야의 요지에몬과 같이 가게 되었다. 상황을 살펴보니 분명히 식

량이 떨어져 어려워하고 있었다. 조선에서는 타국의 배가 왔을 때, 대접하게 되어 있는데, 이쪽에는 그러한 관습은 없는 것인가라고 물어왔다. 그래서 쇼우야가 이야기하길, 이쪽도 이국 배가 바람을 만나 표착했을 때는, 식량 등 여러 가지를 제공하고, 그에 상응하는 원조를 하고 있다. 그러나 당신들은 톳토리번의 호우키노카미님에게 소송한다고 말하며, 일부러 왔다. 그렇다면 식량 등도 미리 준비해두는 것이 당연할 것이라고 말해 주었다. 그러자 이상하게 여기는 것도 당연하다고, 그들도 이해했다. 단 죽도를 15일에 출발하여, 그대로 [목적하는] 일본 땅에 도착할 것이라고만 생각하고 있었다. 그 일본 땅에서는, 더 이상 곤란한 일도 없을 것으로 생각했다. 그래서 [준비에 소홀히 하고 말았다.] 그리고 위와 같은 일이 생기고 말았다. 그렇게 그들이 말했다. 그러나 역시 [굶게 놓아두는 것은] 걱정이다. [확인하기 위해] 배 안을 잘 관찰해 두자고 쇼우야가 말했기 때문에, 옳다고 납득하고 관찰해 두기로 했다. 살펴보았더니 식량을 넣어둔 가마니에 겨우 3합 정도밖에 남아 있지 않았다. 쇼우야가 말하기를, 분명히 식량이 떨어졌다. 그것은 보고 확인했다. 다만 당지는 작년에 농작이 흉작으로, 이곳도 쌀이 부족한 상태이다. 조금 있는 비축미도 조악품이다. 그러나 그것이라도 괜찮다면, 조금 어떻게 하든 준비해 주겠다고 그들에게 말했다. 그러자 꼭 준비해 주시기 바란다고, 그렇게 이야기 했다. 재번소에 연락하여 모으는 데 시간이 걸린다. 그래서 일단 오오쿠무라 지역에서 긁어모은 백미를 4승 5합 정도 주었다. 그것을 조선말로 계산하면 1두 1승 5합 정도가 된다. 드디어 재번소에서 서둘러 백미를 보내왔다. 그것은 1두 2승 3합 정도의 쌀의 양이나, 조선말로 계산하면 3두나 되는 조치였다. 이 양방에서 제공된 쌀로, 21일 저녁과

22일 세끼 밥은 충분히 확보되었다. 이러한 준비로 [금후의] 예정을
세워, 또 이어서 쌀을 준비해, 때때로 쌀을 충당해 주기로 했다.

【本文 23】

一、十一人のうち、まだ名前や年齢の分からぬ者、また宗門についても分からぬ者、それを書き出すように申し伝えた。なお銘々に願い事がある場合、それを書き出すように、そして伯州への訴訟の理由についても、また書き出すようにと申し渡した。すると最初は承知いたしましたと得心していたのが、二十二日の朝になって、そのような事は書き出すまでもないことです。伯耆へ直接参り、委細を申し述べるつもりですからと答え、重ねての質問は御無用ですと、書面にて提出してきた。

1, 11인 중, 아직 이름이나 연령을 알지 못하는 자, 또 종문에 대해
알지 못하는 자, 그것을 써내라는 말을 전했다. 또 각각 원하는 일이
있을 경우, 그것을 써낼 것을, 그리고 하큐슈우에 소송하는 이유에 대
해서도, 써낼 것을 이야기했다. 그러자 처음에는 알았다고 이해했으
나, 22일 아침이 되자, 그러한 것은 써낼 것까지는 없다. 호우키에 직
접 가서, 자세한 것을 이야기할 계획이라고 답하고, 거듭되는 질문은
필요없다라고 서면으로 제출해 왔다.

【本文 24】

雷憲が二十二日、陸に上がった時の服裝は、次の通りである。

一、上着は白木綿のものであるが[白色ではなく、もはや着古して]ねずみ色に似たものとなっていた。そのような上着を着けていた。

一、帽子は日本の禪宗の僧侶が用いているようなものを着けている。その帽子の生地は細身[の糸で織られ]裏地は白い麻製である。

一、數珠も日本の禪宗が用いているようなものを持っている。その珠の數は十個ほどである。笠は着けていない。

弟子の衍習も陸に上がってきたが、その服裝は雷憲と同じである。但し、衍習の數珠の大きさは雷憲のものと同じであるが、その珠の數は多いようにも見えた。

뇌헌이 22일 육지에 올랐을 때의 복장은 다음과 같다.

1, 상의는 백목면의 것이었으나 [백색이 아니라, 이미 오래 입어서] 쥐색 비슷한 것이 되어 있었다. 그러한 상의를 입고 있었다.

1, 모자는 일본 선종의 승려가 사용하고 있는 것과 같은 것을 쓰고 있었다. 그 모자의 천은 가는 [실로 짜고] 이면은 흰 마제였다.

1, 염주도 일본의 선종이 사용하고 있는 것과 같은 것을 가지고 있었다. 그 염주의 수는 10개 정도다. 삿갓은 쓰고 있지 않았다. 제자 연습도 땅에 올라왔으나 그 복장은 뇌헌과 같았다. 단, 연습의 염주 크기는 뇌헌의 것과 같으나, 그 염주의 수는 많은 것처럼 보였다.

【本文 25】

　右の二十二日、安龍福、李裨元、雷憲、そしてその弟子(衍習)が上陸してきた。その上陸の理由とは、浜では西風が強く吹き、舟が搖れるため、靜かに物書きができないというものであった。上陸して落ち着いて書きたいと申すので、海辺に近い、とある百姓家に入居させた。入居することとなって、ようやく前々から行ってきた書き付けを、ここで書き出すことになった。それは前日の二十一日、舟の中で[書き綴り]取り掛かっていた證文の書簡である。此の度の訴訟のため一卷としたもので、長々と書き連ねた下書きである。それを本格的に書き上げ、證文らしき樣相にあつらえたのである。二十二日に上陸し[互いに]相談しての結果[このような訴訟の準備行動を、ここで改めて]決定したようにも見えた。このような経緯と、以前の[飯米が無いと窮狀を訴えた]書き付けなどから、この一連の始終が、おおよそ理解可能となった。それらを踏まえ、彼らを差配することにした。

　우의 22일에 안용복, 이비원, 뇌헌, 그리고 제자(연습)이 상륙했다. 그 상륙 이유는 서풍이 강하게 불어 배가 흔들려, 차분히 문서를 작성할 수 없다는 것이었다. 상륙하여 차분히 쓰고 싶다고 말하기 때문에, 해변 가까이 있는 민가에 들어가게 했다. 입거하게 되자, 드디어 전부터 작성하고 있던 서류를 이곳에서 쓰기 시작하게 되었다. 그것은 전날 21일에, 배 안에서 [글로 엮어] 쓰기 시작했던 증문의 서간이다. 이

번의 소송을 위해 한 권으로 한, 길게 늘어 쓴 초고다. 그것을 본격적
으로 완성하여, 증서 형식으로 맞춘 것이다. 22일에 상륙하여 상담한
결과 [여기서 다시] 결정한 것처럼 보인다. 이러한 경위와 이전에 [식
량이 없다고 궁상을 호소한] 서류 등으로, 이 일련의 자초지종을 대충
이해할 수 있게 되었다. 그것들을 포함하여 그들을 취급하기로 했다.

【本文 26】

一、二十一日から二十三日まで風雨が强く、西鄉へ朝鮮舟を廻船
しようにも、引き舟を使って動かそうにも、とても難しいことで
あった。だから張り番となる舟を付け、見張りの役人を置き、大久
村にそのまま繫留しておくよう申し渡した。この十八日から西風が
每日吹き、海は荒れていたから、舟の行き來ができない狀態が續い
ていた。

1, 21일부터 23일까지도 풍우가 강하여, 니시무라에 조선주를 회선
시키려고 예인선을 이용해 움직이려 했으나, 참으로 어려운 일이었
다. 그래서 배를 감시하는 배를 정해두고, 지키는 역인을 남겨두고,
오오쿠무라에 그대로 계류시켜 두라고 말했다. 이 18일부터 서풍이
매일 불어, 바다가 사나웠기 때문에 배의 왕래가 불가능한 상태가 지
속되었다.

【本文 27】

一、石見の代官所に、右の次第を注進することにした。その役目を松岡弥次右衛門に命じた。二十二日に弥次右衛門を[大久村から]呼び戻し[石見に向け]渡海を申し付けた。松岡に代わり、高梨杢左衛門と河嶋理太夫とを大久村へ派遣した。飯米などの廻送を見計らいつつ、それを庄屋方から渡すようにした。[食料を得たことで]朝鮮人たちは滿悦し[感謝の]由を書面にて差し出してきた。

1, 이와미 대관소에 위의 사정을 주진하기로 했다. 그 역할을 마쓰오카 야지에몬에게 명했다. 22일에 야지에몬을 [오오쿠무라에서] 불러들여 [이와미를 향해] 도해할 것을 이야기했다. 마쓰오카 대신에 타카나시 모쿠자에몬과 카와지마 이타이유를 오오쿠무라에 파견했다. 식량 등의 회송을 배려하며 그것을 쇼우야님에게 전하도록 했다. [식량을 얻은 일로] 조선인들은 기뻐하며 [감사의] 뜻을 서면으로 제출했다.

【本文 28】

右のような此の度の朝鮮人の出來事を、ここに一卷の書き付けとして提出する。併せて朝鮮人の差し出した書き付けを目録に記し、使者たる弥次右衛門によって、これを持參致すことにする。そして口上によっても、この報告を致すことにする。以上である。

　　　　五月二十三日　　　　　　　　中瀨彈右衛門
　　　　　　　　　　　　　　　　　　山本淸右衛門
　　　石州
　　　　御用所

　위와 같은 이번의 조선인에 대한 일을, 이곳에 한 권의 서류로 하여 제출한다. 아울러 조선인이 제출한 서류를 목록에 기록하여 사자인 야지에몬에게 지참시킨다. 그리고 구두로도 보고하게 한다. 이상과 같다.

　　　　5월 23일　　　　　　　　　나카세 히키에몬
　　　　　　　　　　　　　　　　　야마모토 키요에몬
　　　세키슈우
　　　　어용소

【本文 29】

朝鮮舟に在る道具についての覺え書き
一、白米が叺に三合ほど殘っている。

一、和布(若布)が三俵ある

一、塩が一俵ある

一、干鮑が一束ある

一、薪が一〆ある

一、竹が六本ある。その長さは六尺八寸あり、一尺廻りのもので
ある。また同じく長さ三尺五寸のものがあり、また三尺のものもある。

一、刀が一腰ある。この刀は武具として使用するには難がある。
つまり粗惡品である。

一、脇差が一腰ある。この脇差は、確かに脇差であるが調理に使
用していたから、包丁同然のものである。

一、鑓(やり)が四筋ある。いずれも鮑取りの道具である。その長柄
は四尺ばかりのものである。

一、長刀が一つある。

一、半弓が一つある。

一、矢が一箱ある。

一、帆柱が二本ある。その内の一本は八尋の長さである。そして
他の一本は六尋である。この内の一本は竹製の柱である。

一、帆が二端ある。この内の一つは、方(方形の筵)が五枚下り、六
枚[並びのもの]である。もう一つは、方が四枚下り、五枚[並びのも
の]である。

一、梶は一羽ある。一丈四尺五寸のものである。

一、水縄網が一羽ある。藁(わら)や葛(かづら)や科(しな)[で作られ
ている。]

一、苫(とま)が十枚ばかりある。その内の二枚は、長さが五尺、横

が一丈二尺である。殘りのものは、日本の苫より少しばかり大きい。

一、犬皮が三枚ある。

一、敷き莫蓙が三枚ある。帆莫蓙の類である。

右の通りに見分けを行った。間違いのないところである。

조선 배에 있는 도구 일람

1, 백미 가마니에 3홉 정도 남아 있다.

1, 미역 3표 있다.

1, 소금 1표 있다.

1, 마른 전복 1속 있다.

1, 장작 한 묶음 있다.

1, 대가 6그루 있다. 길이 3척 85촌이고, 둘레가 1척의 것이다.
   또 마찬가지로 길이가 3척 5촌의 것이 있고, 3척의 것도 있다.

1, 칼 한 자루가 있다, 이 칼은 무기로 쓰기는 어렵다. 즉 조악품이다.

1, 협도 1자루가 있다. 이것은 분명히 협도이지만 요리에 사용하는
   식칼과 같은 것이다.

1, 창이 4자루 있다. 모두 전복을 잡는 무구다. 긴 자루는 4척 정도
   의 것도 있다.

1, 긴 칼이 하나 있다.

1, 반궁(半弓)이 하나 있다.

1, 화살 하나가 있다.

1, 돛대 2개 있다. 그 중 하나는 8발의 길이다. 그리고 다른 6발이
   다. 그 중의 하나는 대나무로 만든 돛대다.

1, 돛이 2개 있다. 그 중 하나는 사각(사각형의 자리)이 5매 매달린,

6매를 [늘어놓은 것]이다. 또 하나는 사각형의 자리가 4매 매달
리고, 5매를 [늘어놓은 것]이다.

1, 키는 1우 있다. 1장 4척 5촌의 것이다.

1, 엮은 그물이 하나 있다. 짚이나 넝쿨, 참피나무의 껍질[로 만들
었다].

1, 멍석이 10장 정도 있다. 그 중 2장은 길이가 5척, 폭이 1장 2척이
다. 남은 것은 일본 멍석보다 조금 크다.

1, 개가죽이 3장 있다.

1, 까는 방석이 3장 있다. 돛의 걸개 종류다.

위와 같이 조사하였다. 틀림없다.

【本文 30】

朝鮮人の俗名を、以下に記す。

李裨元(イビジャン)、金可果(キンサウクハウ)、柳上工(ユシャコ
ウ)、金甘官(キングハングハン)、ユウカイ、安龍福(アンヘンチウ)
と、六人の俗人(一般人)がいる。ユウカイについては、どのような文
字であるか尋ねたが、書かなかった。おそらく下人であろう。常に
末座に控えていたからである。

僧侶の名を以下に記す

興國寺(フンコウソウ)の僧の雷憲(トイホン)、さらに靈律(ヨンユク)、
丹冊(タンソイ)、騰淡(スウクハネイ)、そして雷憲(トイホン)の弟子
の衍習(エンスツ)、この五人の坊主がいる。

俗人の六人と、五人の坊主、合計十一人の朝鮮人一行である。

조선인의 속명을 이하에 기록한다.

이비원, 김가과, 유상공, 김감관, 유우카이, 안헤치우의 6인의 속인
(일반인)이 있다. 유우카이는 어떤 문자인가를 물었으나 쓰지 않았다.
아마 하급사람인 것 같다. 항상 말석에 대기하고 있었다. 안용복과 6
인의 속인이 있다. 승려의 이름을 이하에 기록한다. 흥왕사의 스님 뇌
헌, 그리고 영율, 단책, 등담, 연습 뇌헌의 제자 위 5인의 스님이 있다.
속인 6인과 5인의 스님, 합계 11인의 조선인 일행이다.

【本文 31】

朝鮮の八道を次に示す

京畿道(チョクイダウ)

江原(カンヲン)道　この道の中に竹嶋と松嶋が有る。

全羅(チェンナア)道

忠清(チグチョク)道

平安(ペアン)道

咸鏡(ハンギョン)道

黃海(ハンパヘ)道

慶尙(ケムシャム)道

조선 팔도를 다음에 나타낸다.

경기도

강원도　이 도 안에 죽도와 송도가 있다.

전라도

충청도

평안도

함경도

황해도

경상도

제5절

원록각서 해설
(元禄覚書)

【도해의 선단】

　오키에 건너온 조선선 1소(艘)는 전장 9m, 횡폭의 최대경(徑)이 3m 60, 80석(石)적의 배였다. 그것에 11인이 타고 있었다. 돛대(帆柱)가 둘인데, 하나는 방형(方形)의 거적(筵)을 종5매 횡6매를 붙인 6단돛 (反帆)의 명석돛이고, 또 하나는 종4매 횡5매를 붙인 5단돛 (反帆)의 거적돛이다. 이 2매돛으로 바람이 있을 때는 범주(帆走)한다. 바람이 없을 때는 물론 노를 저어(櫓走) 나아간다. 노가 5정(挺) 있다고 있으므로 우현에 2정, 좌현에 2정, 후방에 1정으로 노를 젓는 배이다(櫓漕). 그러한 풍노(風櫓)의 항해로 오키까지 건너왔다. 참고로 오오야 (大谷)·무라카와(村川)가 원록 5년, 6년에 도해한 타케시마마루(竹嶋丸)는 약 2배 강의 200석적의 배로, 승무원도 약 2배인 20수인이었다. 이 조선선은 그것보다 훨씬 경량으로, 그래서 간단히 풍파에 영향을 받는다. 울릉도에서 직접 톳토리로 향한다는 것이 황천(荒天)을 만나 긴급히 피난하여 오키에 착안했다.

　먼저 그들의 행적을 살펴 보면, 3월 19일에 조선본토에서 출선하여 그날 안에 울릉도로 건너갔다. 이후 5월 15일까지 약 2개월 간 섬에 체재하며 어로활동을 했다. 섬에는 그들의 배를 포함해 13척의 배가 건너와 있었다 한다. 그것들이 각각 10수인을 태우고, 같이 섬에서 어로활동을 하고 있었다. 이들 집단을 한 단체로 본다면 그야말로 대선단이다. 그들은 식량을 서로 융통하고 있었으므로 같은 그룹일 가능성이 있다. 그 후, 그들의 배만이 일본으로 향했다. 섬에는 지난번에 안용복과 같이 일본에 납치당했던 박어둔(朴於屯)도 있었다. 그 박어둔은 일본에 동도하는 일을 삼가하고, 섬에 남아 있었다 한다. 다른 배의 사람들과 같이 섬에서 어로활동을 한다고 한다. 안용복 일행도 톳토리에서의 용건을 마치면, 다시 울릉도로 돌아가 다른 12척과 같이 다시 조선본토로 돌아간다 한다. 그렇게 일치단결하는 이야기를 들으면, 이 선단은 그야말로 동일그룹에 소속한다. 아니라 해도, 적어도 동일의 교역유통 그룹에 속하는 자들일 것이다.

이렇게 몇 개월이나 걸리는 장기간의 도해, 그리고 어로활동, 또 그러한 항해를 가능하게 하는 준비를 그들 그룹이 하고 있었다. 그러한 준비 후에 이루어지는 섬에서의 활동이다. 이처럼 몇 개월에 걸쳐 도항하는 선단을 조직하기 위해서는 상당한 경제적 기반을 필요로 한다. 배의 보유는 물론, 그것의 수리보전, 돛대나 키(楫), 노(櫓)의 정비, 돛(筵帆), 기, 망, 닻(木碇) 등의 준비, 수개월에 이르는 식료의 준비, 그 비축과 이동, 또 취사용기 및 연료의 준비, 그리고 수십 인에 이르는 어부의 임금 등, 그것들을 미리 준비해 두지 않으면 안 된다. 생각해 보면 단 1척을 운행하는 데도, 엄청난 경비가 든다. 오오야·무라카와 도항선 1척을 보아도, 그 1척에 많은 경비가 들었다. 그래서 톳토리번에게 미리 대여하고 있었을 정도였다. 일개인의 안용복이 단지 동료를 모았다고 해서 바로 실행할 수 있는 일이 아니다. 선원을 모으고, 배를 준비하고, 식료를 확보하는 일들은 쉬운 일이 아니다. 하물며 13소의 배를 도해시키기 위해서는 도대체 얼마 정도의 경비가 필요한 것인가. 설령 복수의 선주가 있었다 해도, 강력한 상업자본의 존재가 이 도해어로의 배경이 되었다고 보아야 할 것이다.

앞에서 언급한 것처럼 안용복의 경력으로 보면 산군복합의 상업자본이 여기에 엿보인다. 그러나 그것만이 아니다. 오키에 도해한 일행 11인 중 그 반의 5인이 승려였다. 이 사실을 어떻게 볼 것인가. 일행

이 단순한 어로활동으로 도해했다면, 어업과 관계없는 5인의 승려는 설명할 수 없다. 죽도관광이라고 한 안용복의 말은 충분한 설명이 되지 못한다. 탁발승(乞食坊主) 집단으로, 단지 노동력을 제공하고 있었다면, 뇌헌의 복장 등을 어떻게 설명해야 할 것인가.「관과 같은 검은 모자를 쓰고 목면의 끈을 목에 매고 있다. 고운 상의를 입고 손에는 부채를 가지고 있다(冠のような黒い笠を被り、木綿の紐で首に結んでいる。細美な上着を着け、手には扇を持っている)」라는 부분이다. 섬에서 어렵을 하기에는 어울리지 않는다. 이 승려의 참가는, 사실 유통업의 발전에 참여한 사원자본의 진출이 아니었을까. 그 첨단을 이루는 승려들의 활동이란, 해산물 조달과 비축, 그 수송과 판로의 확대, 유통경제에 투하한 자본의 회수와 재투자, 그러한 사원집단이 정교하게 행해 온 활동의 구체적인 반영일 것이다. 울릉도에 간 승려들의 배경, 그 신분에 의해 이 일행의 기반, 자본참가를 적극적으로 추진했던 종교세력의 존재, 그리고 산군복합 세력과의 관계가 어느 정도 분명해진다. 일단 일행의 각각에 대해 살펴보기로 한다.

【도해 일행의 승원들】

에도(江戸)막부가 편집한 『통항일람(通航一覽)』에는 「이 해(원록 9년) 여름에 조선인 11인이 이나바슈우(因幡州)에 왔다 운운」이라고 되어 있다.[1] 선중의 인수는 분명 11인이었다. 『숙종실록』에도 이때의 일행 11인

의 명단이 있다.2) 또 『죽도고』에도 이 11인의 이름이 실려 있다.3) 그리
고 무라카미케(村上家)의 자료 『원록각서』에도, 그 이름이 남아 있다. 그
것들을 병기한다. 일단 다음과 같은 시안을 제시할 수 있다.

《肅宗実録》	《竹島考》	《村上家「元禄覚書」》
安龍福(東萊人)	安同知(三品堂上臣)	安龍福(안헨치우)
李仁成(平山浦人)	李裨将(進士軍官)	李裨元(이비쟌)
金成吉(楽安人)	金裨将(進士軍官)	金可果(킨사우쿠하우)
金順立(延安人)	金沙工(帯率)	金甘官(킨한구한)
劉日夫(興海人)	劉漢夫(帯率)	柳上工(유샤코우)
劉奉石(寧海人)	劉格率(帯率)	ユウカイ(유우카이)
雷憲(順天僧)	憲判事(金鳥僧将釋氏)	雷憲(토이혼)
勝淡	淡法主(釋氏帯率僧)	膽淡(스우쿠하네이)
連習	習化主(釋氏帯率僧)	衍習(엔스쓰)
霊律	律化主(釋氏帯率僧)	靈律(욘유쿠)
丹責	責化主(釋氏帯率僧	丹冊(탄소이)

　　호우키국 요나고의 오오야케(大谷家)에 남아 있는 고문서 『죽도도
해유래발서공』에는, 원록 6년에 「끌고 온 조선인(唐人)의 이름이 안
히챤(アヒチャン), 토라에이(トラエイ)」라고 있다. 이것에 대해서는
제1부에서 이야기했다. 안용복은 아히챤(アヒチャン), 박어둔(朴於屯)
은 토라에이(トラエイ)라는 이름을 남긴다. 쓰시마의 기록 『죽도기사』
원록 6년조는, 「안용복은 안요구(アンヨヴ)라는 부산 조선인(唐人)」
으로 기록한다. 안핀샤(アンピンシャ), 아히챤(アヒチャン)이란, 전술
한대로 안비장(安裨將)을 의미한다. 비장이란 장군을 보좌하는 부장
(副將:部隊長)이다. 안용복은 이미 원록 6(1693)년에 비장을 자칭했다.
그리고 원록 9(1696)년에는 통정대부(通政大夫)를 칭했다. 또 이를 증
명하는 호패를 몸에 달고 있었다. 호패에는 증명을 위한 각인까지 있

었다. 통정대부란 동반계(東斑階) 정삼품 당상이라는 고위였다.

조선통신사(正使)나 동래부사(長官), 도호부사(都護府使:長官) 등이 칭하는 당상 관위이다. 그가 이번에 오키에서 이나바로 도해했을 때 『죽도고』에 의하면 조울양도감세장(朝鬱兩島監稅將)으로 삼품당상의 신·안동지(安同知)라고 자칭했다. 그러나 사노인 그가 통정대부이자 삼품당상의 신일 리 없다. 이에는 신분 사칭의 의구심이 든다. 그러나 당시에는 이미 매관제가 확산되어 있었다. 매관제가 확산하는 것은 숙종 3(1677)년부터였는데, 그것은 진휼책(賑恤策)에 의한 결과였다. 당시 흉년이 잦아 많은 사람이 굶주리고 있었다. 그것을 구제하기 위한 재원확보였다. 공명첩(空名帖)을 발행하여, 실직이 아닌 명목상의 관직을 수여했다. 특히 무임소역이었던 통정대부 등은 매관의 좋은 대상이었다. 바다의 유통업자에게는, 해관을 통과 시, 그러한 기록의 신분증명이 중요했다. 고가라 해도 그로 인해 상당한 이익을 얻을 수 있다면 손에 넣을 가치가 있다. 그들 그룹은 그러한 원활한 운수요통을 원하고 있었다. 항만에 들어갈 때 고관이 타고 있다는 것을 알리면, 혹은 공조(公租)의 운반처럼 행동한다면, 항만 역인에 의한 화물(積荷)에 대한 뇌물(ピンハネ) 혹은 과징금 청구는 미연에 방지할 수 있었다. 통정대부와 같은 관위 취득은 이동 왕래 시, 또는 상거래 시, 일을 원활하게 해 준다. 금전을 내고 취득한다 해도 충분히 수지타산이 맞는다. 때문에 안용복의 자칭을 허풍(大言壯語)이나 신분사칭으로 단정해서는 안 된다.

안용복의 호패는 이미 원록 6년에 일본에서 압수되었다. 그래서 귀국한 후 재발급 받지 않으면 안 되었다. 그러나 죄과를 물어 수감되어 있었으므로 그럴 수 있는 입장이 아니었다. 그 후 원록 7년 가을

에, 접위관 유집일(兪集一)의 재 심문으로 그는 겨우 복권되었다. 그리고 계속해서 울릉도 탐색에 협조한 공으로, 새로운 호패를 취득했다. 유집일이나 장한상(張漢相)의 배려, 물론 샤쿠완(シヤクワン)의 후원도 있었을 것이다. 그가 도해하는 것에 대한 보수가 이때, 호조의 역인들에게도 전해졌다. 그 결과, 노예의 신분에서 벗어나, 통정대부의 호패를 취득할 수 있었다. 아니 호우키·이나바로 도해하는 조건으로 통정대부의 호패를 입수했는지도 모른다. 이 호패에는 역소의 것으로 보이는 인영이 있다. 즉 정식발행된 호패였다. 그렇기 때문에 의기양양하여 이 호패를 오키 역인에게 보였을 가능성이 있다.

그런데 그 일행이 톳토리번령에 입항할 때, 그 도항선에 선험(船驗)을 걸고 있었다. 그 선험의 기에는 「조울양도감세장신안동지기(朝鬱兩島監稅將臣安同知騎)」라고 기록되어 있다. 『죽도고』에 게재된 것이다. 이것은 조선 양도의 감세장인 신·안동지가 기승(騎乘)하는 배임을 선전하는 기인(旗印)이다. 조울양도란 조선의 울릉도 해역에 있는 양도, 즉 무릉도와 우산도를 말한다. 그 해역을 감독하고 세를 징수하는 시장이다. 그것이 「조울양도감세장신」인 안동지라고, 그렇게 자칭한 것이다. 그야말로 과장된 사칭으로 들린다. 여기에 어느 정도의 사실이 포함되어 있다고 보아야 하는가. 울릉도에 건너간 13소의 배 중, 혹시 안용복이 탄 배가 이 일단의 리더 선이었다면, 그들 13소의 배를 감독했다는 것을 의미한다. 섬에는 그들 밖에 없었으므로, 곧 울릉도 해역의 감독을 행하고 있었다는 것을 뜻한다. 그리고 일단의 섬에서의 작업 결과, 해산물을 수확하고, 그것을 가지고 돌아오게 되면, 그 배들의 수확물의 과다에 따라 삼계[후산카이(釜山浦)의 후가

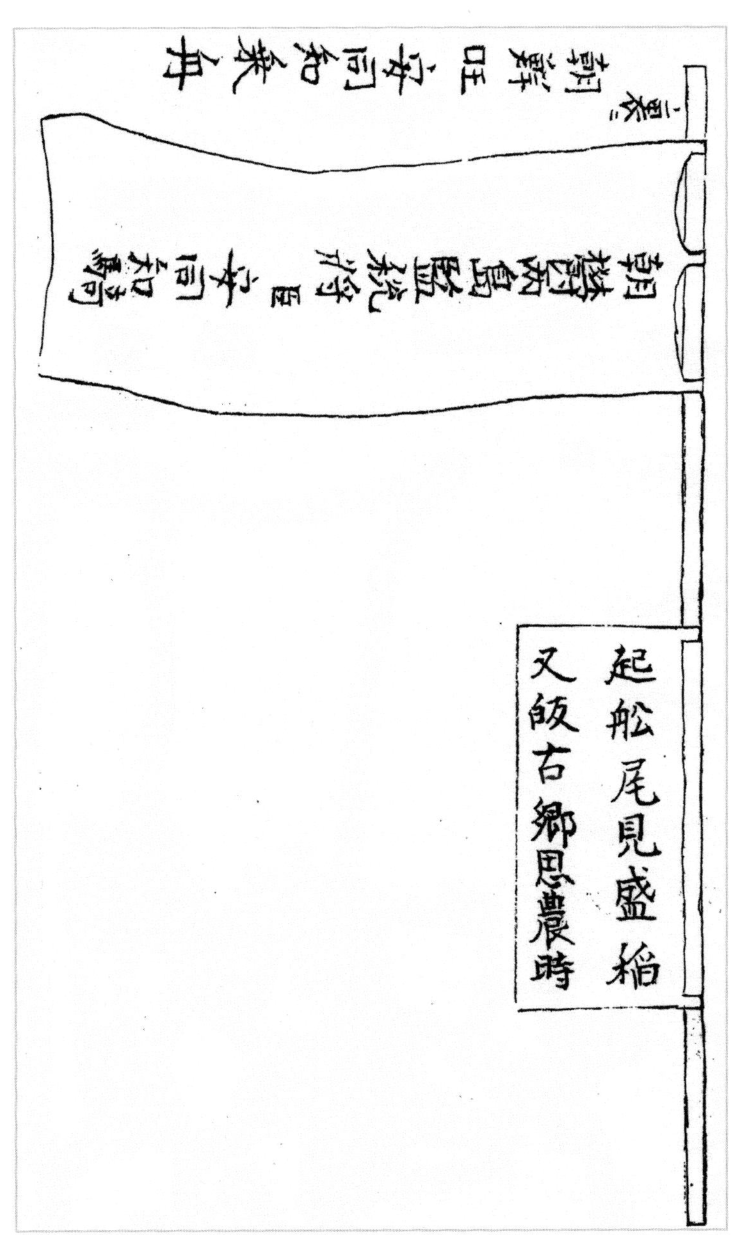

[図1. 죽도고의 기(旗印)]

생략된 음일 수 있다]의 샤쿠완(上官)에게 상납하는 양을, 그가 결정하는 입장이었다. 그것은 세의 징수에 관계된 역직이라고 말할 수 있는 것이다. 이 울릉도 해역은 공도정책 결과, 당시 관활 역소가 없었고 담당역인도 없었다. 본래라면 직근의 강원도를 다스리는 감찰사가 이것에 관계해야 했으나, 안용복은 울릉도를 「동래부 내」라고 말하고 있었다. 즉 부산계(界)의 샤쿠완(シャクワン)이야말로 그 통괄자였고, 그 명을 받은 안동지가 직접 지배에 임하고 있었다. 그러한 논리이다. 비공식적이라 해도, 상사인 삼계의 샤쿠완한테, 그 출동을 허가받았다면 「조울양도감세장신」의 칭호는 허위라고는 말할 수 없게 된다. 그러한 칭호를 가지게 되면, 비록 자칭이라 해도, 동지라고 칭하는 일은 조금도 이상하지 않다. 그러나 동지란 종2품의 관직이다. 그가 자칭한 관위는 원록 6년의 비장을 근거로 하자면, 원록 9년에는 너무나 고위직이다. 어디까지가 진실(名目)이고, 어디부터가 허위(大言壯語)인가, 그 진실을 알 수는 없다. 그러나 그렇게 칭해도 이상하지 않은 입장에, 그가 존재했을 가능성이 있다.

원록 9년 오키에서의 안용복의 이름은, 한자기재와 더불어 안헨치우(アンヘンチウ)라는 음으로 기록되어 있다. 안용복은 안욘보쿠(アンヨンボク)로, 이것을 안헨치우라고 읽을 수 없다. 앞에서도 언급했듯이 안변장(安辺將) 혹은 안병사(安兵使)였을 가능성이 있으나, 이것을 탁음으로 하면 「안벤치우(アンベンチウ)」가 된다. 『장생죽도기(長生竹島記)』의 「아벤테후(アベンテフ)」가 그것이다. 안동지(アンドンチ)라고 칭한 것을, 잘못 들었는지도 모른다. 이미 오키에서 그렇게 칭하고 있었던 것은 아닐까. 이번에 안용복과 같이 도해한 이비원(李裨元: 李仁成)과 김가과(金可果: 金成吉)는, 이전에 그가 칭했던 비장

을 칭했다. 그들 두 사람은 조울양도감세장인 안동지의 부관이라는 역할로, 각각 이비장, 김비장이 되었다. 『죽도고』가 기록한 내용이다.

진사군관의 이비장은 『인부연표(因府年表)』에서는 계진사(季進士, 실은 李進士)라고 기록되어 있다. 「조선화전계진사서(朝鮮花田季進士書)」라고 서명한 글씨가 있다는 것이 『죽도고』에 기록되어 있다. 「아오야에 잠시 두류할 때, 화전 계진사라는 자에게 마을 사람들이 종이를 내밀며 필적을 소망했더니 많이 써주었다(青谷へ暫く逗留しける中、花田季進士と云者に村人ども紙を出して筆跡を所望しければ、數多く書きける由)」라고 되어 있다. 미농지(美濃紙)에 쓴 서 중에는 「조선 화전 이진사서」라고 서명한 것이 있다. 이비원은 남해도(南海島) 평산포(平山浦)의 화전 출신일 것이다. 어쩌면 조선의 화랑(花郎)을 표현하고, 그것에 이어 이진사라고 서명했는지도 모른다. 이비원은 이비쟌(イビジャン), 그리고 김가과는 킨사우쿠하우(キンサウクハウ)라는 음을 달았다. 이비쟌이란 이비장일 것이고, 킨사우쿠하우란 김성길(金成吉)일 것이다. 김성길(金可果)은 『죽도고』에 의하면 진사군관의 김비장으로 되어 있다. 일행 11인은 각각 나름의 역할을 가지고 있었다. 오키재번 역인과 대좌하는 곳에는 안용복과 뇌헌, 김성길이 참가했다. 그것은 아마도 그가 가진 문자능력에 따른 것이었을 것이다. 읽고 쓸 수는 있으나 아직 충분하지 않았던 안용복을 대신하여, 그것이 가능했던 것이 이인성과 뇌헌, 그리고 김성길이었을 것이다. 이인성이 역인과 대좌하는 장소에 나가지 않은 것은 이때, 그가 와병 중이었기 때문이다. 그것은 황해의 항해가 동반하는 수질(배멀미)이었을 것이다.

[図2. 李進士의 書]

원록 9(1696)년에 이인성과 김성길은 진사를 칭하고 있었다. 진사란 과거 합격자를 가리킨다. 즉 읽고 쓰기가 가능한 인물이었다. 이인성 등은 앞에서도 언급했듯이 아오야(靑谷)의 마을 사람들에게 휘호를 부탁받자 흔쾌히 응하여, 그들에게 써 주었다. 그들의 배에는 선험(船驗:旗)이 펄럭이고, 그곳에는 「조울양도감세장신안동지기」라는 묵서가 써 있었다. 이면에도 「조선안동지승주(朝鮮國安同知乘舟)」라고 묵서되어 있었다. 그리고 그 기의 하부에 또 하나의 작은 기가 걸려 있었고, 그곳에도 「선미에 서서보니 풍성하게 익어가는 벼이삭이 보인다. 다시 돌아갈 고향, 그 농촌을 생각한다(起船尾見盛稻 又歸古鄕思農村)」라는 묵서가 써 있었다. 오키 체재 시, 소지물을 조사할 때는, 이러한 묵서는 나오지 않았다. 따라서 오키를 떠나기 직전이나, 아니면 이나바로 가는 해상에서, 이 묵서가 만들어졌을 것이다. 묵서 내용의 「선미에 서서보니 풍성하게 익어가는 벼이삭이 보인다」란, 가슴에

끓어오르는 풍요의 광경, 부귀를 희구하는 심정이다. 그리고 파도의 저쪽에, 녹음이 짙은 고향의 전원풍경을 그리며 「다시 돌아갈 고향, 그 농촌을 생각한다」는, 이득을 얻어 귀향해 그 기쁨의 웃는 얼굴로 고향사람들을 마주할 심정이다. 그것이 그의 성공담이다. 그 모험용사의 마음, 그 심정을 이인성이 써서 표현했을 것이다. 그가 아오야 마을사람들에게 써준 글씨 중에는 「秋來見月多歸思」라는 문언이 있다. 「가을이 오면 달을 보고, 귀향을 많이 생각한다」라는 문구는 소기의 문자가 표현한 내용과 같다. 그러한 문자를 기록한 기를 펄럭였다는 것은, 이 항행에 건 그들의 흥분된 마음과 강한 결의를 나타낸 것이었다.

그런데, 이러한 비장에게는 종자(帶率)가 따른다. 동도한 면면에는 대솔(從者) 역학을 하는 자도 있었다. 원록 6년에 동도한 박어둔이 일본에서 칭한 것도, 이 토라헤(トラヘ: 帶率)였다. 원록 9년에는 대졸로 기록된 인물이 셋 있다. 안동지, 이비장, 김비장의 셋을 따르는 대졸(帶卒)로, 김사공(金沙工), 유한부(劉漢夫), 유격솔(劉格率) 셋이 기록되어 있다. 사절 일단으로, 그러한 형식을 취했던 것이다. 그 대졸의 면면, 각 사공은 연안인(延安人) 김순립(金順立), 즉 김감관(金甘官: 킨한구한)일 것이다. 유한부란 홍해인(興海人) 유일부(劉日夫), 즉 유상공(柳上工: 유샤코우)을 말한 것이다. 그리고 유격솔(劉格率)이란 홍해인 유석봉(劉奉石), 즉 유우카이(ユウカイ)를 말한 것이다.

안용복은 동래(慶尙南道東萊郡)사람, 이인성은 평산포(平山浦: 慶尙南道南海郡平山浦)사람, 김성길은 낙안(樂安: 全羅南道樂安郡)사람, 김순립은 연안(延安: 黃海道延安郡)사람으로, 그 출신을 연결해 보면, 이것은 부산에서 도성으로 가는, 물자의 조운루트에 해당된다. 김순립이 칭한 김사공이란 조운로의 선원(沙工)을 말한다. 또 유일부는 흥해(브이카이)사람이고, 유석봉은 영해(요구호이)사람으로, 각각 안용복이 원록 6년에 울릉도로 도해 시, 배를 정박시킨 항의 출신이다. 그야말로 그들은 서해, 남해, 동해의 조운업무에 관계하는, 그러한 동료들이었다.『숙종실록』에는 「영해고공유일부(寧海篙工劉日夫)」라는 문구가 있어,4) 흥해인 유일부는 영해에서 고공(篙工: 뱃사람)으로 일하던 중, 울산에서 일행에 참가한 것이다. 당연히 이 해로를 몇 번이나 왕래했을 것이므로, 해로에 대한 정보도 충분히 알고 있었다. 울릉도에 대한 정보도 밝았을 것이다. 유일부가 칭한 한부란, 장한(壯漢), 대장부(偉丈夫)라는 것이다. 근골이 당당한 남자였는지도 모른다. 또 유봉석(劉奉石)이 칭한 격졸이란, 격(格: 水夫) 졸(卒: 별로 취할 것이 없는 일꾼, 十把一絡げの小者), 즉 배를 운항시키기 위한 노동자, 하나의 수부(평수부)라는 것이다. 유우카이란 유격의 음으로, 유격솔을 말한다. 그는 문자를 알지 못했다. 「아마 하인일 것이다. 항상 말좌에 대기하고 있다」라고 『원록각서』에 기록되어 있다.

咸鏡道
平安道
黃海道
延安
京畿道
江原道
忠清道
慶尚道
全羅道
東海
西海
鬱陵島
寧海
興海
蔚山
東萊
巨済島
順天
楽安
南海島
平山浦
済州島
南海

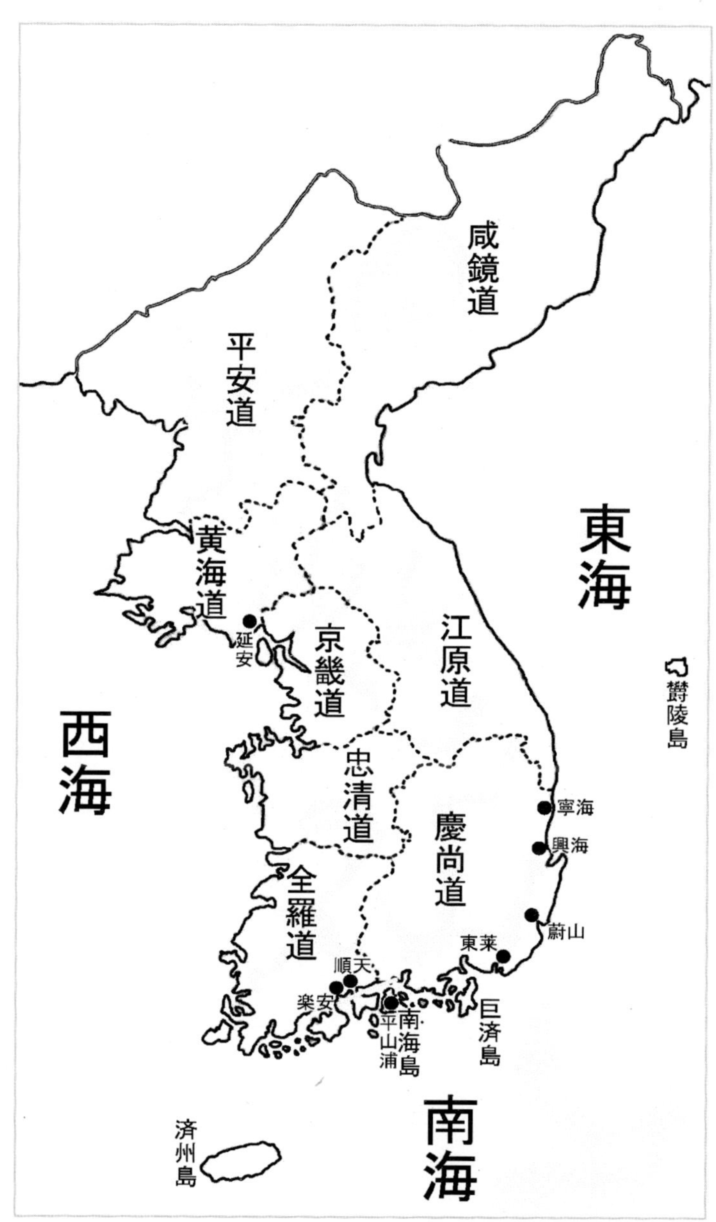

[図3. 朝鮮八道와 세 바다]

【금오승장 뇌헌】

　여기서 승려들에 관해 살펴보기로 한다. 먼저 뇌헌에 대한 것으로, 『숙종실록』 22년 9월 무인조에 순천 승 뇌헌의 기록이 있다. 「동래사람 안용복은 모친을 문안하기 위해 울산에 가서, 그곳에서 순천 승 뇌헌을 만났다. 작년에 도해한 울릉도를 이야기하며, 그곳은 산물이 풍부한 섬이라는 것을 알리자, 뇌헌 등은 이욕심이 솟아 영해의 고공(뱃사공) 유일부를 꾀어 같이 섬으로 건너가게 되었다」라는 일절이다. 즉 뇌헌은 전라남도 순천 출신이다. 오키에 착안한 11인은 이욕심으로 울산에서 합의하여 도해를 결의했다. 이 뇌헌이 가장 소중히 한 것은 주판(算盤)이다. 즉 그는 경리에 밝았다. 이 일행, 일단의 회계책임자일 것이다. 울릉도에서 어획량이 적으면, 이익을 올리기 위해 어떤 방법이라도 강구하지 않으면 안 된다. 그래서 안용복이 제안한 적극 과감한 도해교역(使節訪問)에 뇌헌 스스로가 참가했다. 원래 동해 통상교역의 이익을 위해 울릉도에 도해하는 일행에 참가하였으므로, 일본행에 참가한 것은 갑작스러운 행동이 아니었다. 울산에서 울릉도 도해를 계획했을 때부터 이미 준비하고, 듣고 있었던 것이다. 설령 울릉도에서 이득을 보지 못한다 해도, 일본으로 건너가면 그 이상의 이익을 얻을 수 있다는 손득계산이 있었다. 일본행은 처음부터 그들의 예정에 포함되어 있었다.

　이번 출발지 울산은 박어둔(朴於屯)의 출신지이기도 했다. 이번에도 마찬가지로 박어둔은 그들과 행동을 같이 했다. 그래서 울릉도까지 건너갔다. 그러나 원록 6년의 쓰라린 경험이 있어, 쓰시마의 엄중한 취조는 박어둔을 더 이상 도해로 몰아넣지 못했다. 즉 박어둔은 울릉도에 머물며, 이나바 톳토리로 가는 모험항해에는 섣불리 참가하지 않았다. 그에게는 소중한 부모와 처자가 있다. 이익을 쫓는 위험한 모험항해 보다는 가족이 기뻐하는 안전한 노동을 택했다.

뇌헌은 『죽도고』에 「금오승장석씨헌판사(金烏僧將釋氏憲判事)」라고 기록되어 있다. 즉 뇌헌의 성명은 석씨이다. 그러나 그것은 속명이 아니라 불문에 입법해 법명을 받은, 석존(釋尊: 釋迦)을 모시는 몸이라는 의미이다. 그래서 석뇌헌으로 이름한 것이다. 그는 회계를 맡고 있었으므로, 이 일단의 수지 감사관이다. 때문에 판사의 명칭을 가진 것이다. 금오승이라는 기술로 보아, 그가 승려로 수행한 곳이 금오산이었음을 알 수 있다. 게다가 금오산의 주인을 지참하고 있었다. 무라카미케에 남은 자료에서는, 이 금오산(金烏山)은 금안산(金鴈山)으로도 읽는다. 오(烏)의 윗부분을 뻗친 결과, 보기에 「민엄홈밑(冂)」이 된 것이다. 때문에 금안산을 말하는 것은 아니다. 『죽도고』 하권에 역시 금안(金鴈)의 문자가 있으나, 이 역시 마찬가지로 뻗친 금오(金烏)이다. 그리고 킨우(キンウ)라는 훈을 달았다. 여기서의 금오산이란 어떤 영산이었을까.

뇌헌이 지참한 주인장이란 도해(航海)의 안전을 기원하는 주인장으로, 영산인 금오산의 영험을 숭배하는 것, 즉 부적(符籍: 護符)이었다. 금오산은 영남 8경의 하나로 경상도 선산부(현재 龜尾市善山)에 있는 금오산(쿠무오산)이 유명하다. 그러나 남해에서 내륙으로 너무 깊이 들어가 있다. 여기서 말하는 금오산이란 어쩌면 삼랑진(洛東江의 분기점)에 있는 금오산을 말하는 것인지도 모른다. 낙동강과, 그 지류인 남강(南江), 황강(黃江), 밀양 등의 수운을 지키는 영산으로,

낙동강의 하천교역에 관계하는 교역민이 신봉하는 산신이다. 그 신위는 하구의 김해에서 부산, 그리고 남해 일대로 이어지는 해로의 안전을 보증한다. 금오란 금오옥토(金烏玉兎)의 금오로 태양신을 말한다. 기상, 천후, 방위를 나타내는 신, 즉 천지운항의 신이다. 또 금색으로 빛나는 신, 황금으로 뒤덮인 부귀의 신이다.

순천의 승 뇌헌의 행동을 추량해 보면, 당시 남해안의 유통기구에 관여한 움직임을 보인다. 낙동강 하천의 교류는 그야말로 유통항로의 중심에 위치한다. 순천의 승인 뇌헌이 울릉도로 간다는 것은 별로 특별한 일이 아니다. 희사나 봉납으로 금전을 모으는 사원은, 당시 지역 금융센터의 역할을 했다. 예를 들면 오키의 타쿠히야마(燒火山)에 있는 운죠우지(雲上寺)는 중세부터 근세에 걸쳐, 오키의 금융센터 역할을 수행하고 있었다. 그 관련사원 간에 적극적으로 환전거래(爲替取引) 등을 행하고 있었다. 호우키(伯耆)의 카쿠반산(角磐山) 다이센지(大山寺)나 이즈모(出雲)의 하구레산(浮浪山) 가쿠엔시(鰐淵寺) 등노 마찬가지로, 호우키나 이즈모의 금융센터 역할을 수행하고 있었다. 나라(奈良)의 코우후쿠지(興福寺)나 토우다이지(東大寺), 오오사카의 이시야마혼간지(石山本願寺) 등은 지금으로 말하자면 중앙금융센터로, 당시의 국가금융, 전국 규모의 금융유통에 깊이 관여하고 있었다. 그러한 각 사원과 그 배하 승려와의 관계는, 지금으로 말하자면 거대 도시은행과 그 안에서 일하는 은행원이라고 할 수 있는 관계이다. 혹은 거대상사와 그 안에서 일하는 영업사원이라는 관계였다. 즉 실태를 말하자면 승려는 유통업에 관계하며 금융거래에 깊이 관여하고 있었다. 물론 그것만이 아니다. 지역 기간사원은 그 지역의 기능기술센터도 겸하고 있었다. 사원건축 등 대토목공사는 원래 사찰로 가는

교각의 건설, 가옥이나 배의 건조, 뚝만들기(畊作), 샘의 굴삭, 병자의
시중, 자제의 교육 등 모든 산업활동, 문화활동에 관여하며, 그 지역
산업의 중추를 이루고 있었다.

승려란 영업사원이면서 한편으로는 그러한 기술자이기도 교육자
이기도, 생활상담원이기도 했다. 각자가 여러 역할을 지역에서 수행
했다. 뇌헌이 생활했던 흥국사도 그러한 경제활동, 문화활동에 당연
히 관계하고 있었다. 이곳에는 수많은 객주(穀物客主, 物産客主, 換錢
客主 등)들이 사문에 출입하며 다액을 희사하고 있었다.

[図4. 順天에 있는 靈鷲山 興國寺]

순천 승 뇌헌은 『원록 각서』에서, 이 홍국사의 주지라는 것을 밝혔다. 전라도 순천부 내에 있는 영취산 홍국사는 고려 명종 25(1195)년에 창건한 절이다. 그 근처에는 고려시대부터 조선소가 많아, 예부터 수운의 거점이었다. 임진왜란(文祿의 역) 경에는 이곳에서 거북선(龜甲船)이 건조됐다고 전해진다. 의승수군 훈련소가 있고, 가까운 곳에 전라좌수영이 있다. 뇌헌이 이름한 금오승장의 승장이란 승병승군(僧兵僧軍)을 이끄는 지휘관을 말한다. 임진왜란 때 봉기했던 승장은 지역 주요사원의 주지를 겸하고 있었다. 그가 홍국사의 주지를 칭한 것도 그 승장과 관련이 있었기 때문이다. 이 사원을 거점으로 군수물자의 집약이나 보관 그리고 이동에 그가 깊이 관계하고 있었음을 엿볼 수 있다. 이 명찰의 절은 순천만, 여수만, 광양만을 중심으로, 남해 일대에 전개된 운수유통업에 관계하고 있었다. 그 개개의 경제활동에 자금제공을 하고, 그들 간의 금융거래에도 깊이 관계하고 있었다. 그래서 사무의 원활한 전개와 그 자금회수를 위해 여러 스태프를 각지에 파견하고 있었다. 당연히 낙동강 운수의 거점인 삼랑진의 금오산과도 거래가 있었음에 틀림없다. 그렇게 각지에 파견한 승 중 한 사람이 뇌헌이었다.

이 홍국사의 동쪽 대안은 남해도의 평산포이다. 즉 동선한 이인성의 고향이다. 그리고 서쪽 대안에 이어지는 낙안군(지금의 順天市 樂安面)은 김성길의 고향이다. 뇌헌과 이인성과 김성길은 이 지역교류, 해역교류 중에 이미 업무를 같이 하는 동지들이었음에 틀림없다. 특히 뇌헌과 이인성은 인척관계이다.[5] 그들의 수운(物資流通)활동, 이익을 쫓아 이동 왕래하는 경제활동은 남해에서 동해로, 다시 울릉도로 옮겨갔다. 노군(櫓軍)활동에서 출발하여 수운에 관계한 안용복의 경력과 유사하다.

금오산의 주인장(부적, 호부, 증명서) 발행일은 기사(元祿 2年, 1689)년 윤 3월 18일이다. 그리고 금오산 주인의 서부(認許可証) 발행일은 강희 28(元祿 2年, 1689)년 윤 3월 20일이다. 즉 그들이 울릉도에 건너기 7년 전의 일이다. 당시 48세의 뇌헌은 이 주인을 몸에 지니고 금오산에서 여행을 떠났다. 금오산이란 금색이 빛나고, 금색의 빛을 발휘하는 영취산(靈鷲山)을 말하는 것이 아니었을까. 영취산 흥국사 전방에는 금오도(金烏島)라는 섬도 있다. 금오의 보호를 받으며 여행을 떠난 그는 다시 7년의 경험을 쌓아, 55세가 되었다. 그리고 다시 새로운 바다 동해로 진출해 나갔다. 금오승장으로 울릉도에 도해했을 때, 그는 부하 4인을 거느리고 있었다. 그 부하 4인 중, 본래 부하는 제자라고 기록된 연습(衍習: 엔슈쓰)뿐이었다. 나머지 셋은 울산에서 합류한 자들이다.

원록 6년에 안용복이나 박어둔과 같이 섬에 건너간 울산인이 있다. 그 중, 담사리(淡沙里), 서화립(徐化立)이라는 자가 있다. 『변례집요』의 기재이나, 아무래도 스님같은 이름이다. 만일 원록 9년의 담법주(淡法主: 勝淡)가 원록 6년의 담사리라면, 그리고 원록 9년의 율화주(律化主: 靈律)가 원록 6년의 서화립(徐化立)이라면, 그들은 박어둔과 마찬가지로 이미 알고 있던 울릉도에 재도해한 것이 된다. 과거부터 알고 있었던 섬인만큼, 재도해의 가능성이 크다. 담법주(淡法主: 勝淡)는 스우쿠하네이(スウクハネイ)라고 이름했다. 원록 6년의 담사리는 세호테키(セホテキ), 세코치(セコチ)라고 했다. 그리고 율화주(律化主: 靈律)는 욘유쿠(ヨンユク)라 이름했다. 원록 6년의 서화립(徐化立)은 야가이(ヤガイ), 치야구치야춘(チヤグチヤチユン)이라고 이름했다. 덧붙이자면, 책화주(責化主: 丹責: 丹册)는 탄소이(タンソイ)라고 이름했다. 원록 6년의 일행 중에 울산사람 텐쓰우엔(テンツウエン), 킨덴토이(キンデントイ)라는 인물이 있다. 이 인물은 『변례집요』에는 게재되어 있지 않으나, 나머지 이름은 『원록각서』의 이름과 유사하다. 이상 3인의 스님(坊主)에 대해 일단, 병기해 본다. 의문은 남으나 일단 시안을 소개한다.

竹島考	元禄覚書	肅宗実録	辺例集要	因府歴年大雑集	竹島紀事
淡法主	膽淡 (스우쿠하네이)	勝淡	淡沙里	세호테키	세코치
律化主	靈律 (욘유쿠)	霊律	徐化立	야가이	챠구챠츈
責化主	丹册 (탄소이)	丹責	…	텐쓰우엔	킨덴토이

그들 세 스님은 이 해역을 잘 알고 있었을 것이다. 그래서 재도해하는 모험에 참가했을 가능성이 있다. 그들은 목숨을 같이 한 동료들로, 그 결속력이 강해 이번 도해에도 같이 참가했을 것이다.

뇌헌을 흥국사 주지로 보는 것은 안용복을 안동지로, 이인성을 이비장으로, 김성길을 김비장으로 하는 것과 같은 논리이다. 그리고 뇌헌의 부하인 대솔승을 법주(법을 전하는 주, 즉 일문의 대표자)나 화주(교화의 주, 즉 유덕의 승)로 하는 것도 역시 같은 의미이다. 즉 당시 스스로가 원했던 신분(입장)으로 되어 있었다. 그렇게 되었으면 하는 희망대로, 각자가 자칭한 것이다. 그것은 일단 오키에서 일부 시작됐다. 속인으로는 처음으로 기록된 두 사람이, 안용복은 안헨치우로, 이인성은 이비쟌으로 칭하고 있었다. 승려는 뇌헌뿐으로, 그는 흥국사 주지를 칭하고 있었다. 이것이 톳토리로 도해한 후에는, 이미 전원이 각자의 나름대로의 역할을 칭하고 있다. 그리고 귀국 후 다시 본이름으로 돌아 왔다. 바다를 건너는 일로, 그들은 환상의 세계에 돌입했다. 그 의미는 명확하다. 이익을 찾아 떠난 모험여행이었기 때문이다. 그 전환 시점은 오키였다. 오키에서 시작되어, 오키를 경유하는사이 그 이미지의 모험 세계에, 그들은 더 깊이 몰입해 간다. 그리고스스로를 외교사절로 하여, 그 역할을 열심히 수행해 간다. 그것은 그들에게 있어, 충분히 이익을 가져다 줄 모험여행이었기 때문이다.

【승려의 항해】

  다섯 승려가 일부러 승선해 오키까지 도해한 후, 다시 톳토리까지가려고 한다. 일행 11인 중 5인이다. 그들은 도대체 무엇을 위해 여기까지 온 것일까. 이상하게 생각한 섬의 역인이 그렇게 물었다. 신분을파악하기 위해 5인의 종파도 집요하게 물었다. 이국선이 오면 당연히물어야 할 항목이다. 기독교인은 없는가, 이단 종파가 아닌가, 즉 종문의 확인이었다. 언어 전달이 잘 되지 않아, 5인의 종파는 불명이었다. 그러나 대체로 그들의 목적은 종문 교의를 전도하는 것이 아니었다. 소속이 불명인 것은 언어 장애 때문만은 아니었다. 뇌헌과 제자연습만 해도, 원래 항만의 운수와 유통 속에서 살아 왔다. 이익이 있는 곳을 찾아 사전(寺錢)에 모여 들어, 그 금융유통의 물류 속에서 차

익금을 번다. 그렇게 이동 왕래하는 승려들이다. 또 다른 3인은 울산을 축으로 해서 해변을 배회하는 자유승이다. 그들은 「자신들의 이름을 써 내지 않고, 나이도 써 내지 않았다」라고 되어 있듯이, 승려이면서 문자를 알지 못했다. 걸식중(乞食坊主) 혹은 노승(奴僧)이었는지도 모른다. 원래 종파를 운운할 수 있는 존재가 아니다. 흥국사를 축으로 해서 전라도 바다를 이동하고, 금오산의 영험을 믿고 경상도 바다를 건너 온 뇌헌이 울산에 이르렀을 때, 이 바다에서 일해 온 그들도, 그 세상살이에 능한 뇌헌에게 따라 붙었다. 경상도에서 강원에 걸친 바다란 뇌헌에게는 새로운 해역이다. 이 바다를 아는 3인과 결속하는 일은 뇌헌에게 손해가 아니다. 그들은 뇌헌에게 바다에 관해, 해로교류에 관해, 그 이동왕래 산물에 관해 자세한 정보를 제공한 것이 틀림없다.

그들 5인의 승려들은 오키 역인의 질문에 대해, 죽도관광에 동도한 것으로 답했다. 그러나 본래 업무는 따로 있었다. 뇌헌에 대해 말하자면, 염간물(塩干物) 제조 현장에 입회하는 일, 그 제품의 품질을 확인하고 포장하여 제조가치를 확정하고 있었다. 안용복이 승선한 배가 일련의 도항선의 리더선이었다면, 뇌헌의 수행 역할은 중요했다. 즉 품질관리, 가격설정, 보관과 배송, 그리고 어민들의 임금지불이다. 그러기 위해 주판의 지참은 필수였다. 뇌헌의 일이란 이 주판업무, 즉 경리재무담당, 그리고 조달물산의 운수판매 담당이었을 것이다. 『증보문헌비고』6)나 『강계고』7)에는, 분명 「상승뇌헌」이라는 문자가 있다. 그러나 4인의 부하는 어떠했을까. 그 중 한 사람 연습은 경리사무를 도왔는지도 모른다. 그러나 나머지 3인, 문자를 이해하지 못하는 승려들은 도대체 무엇을 하고 있었을까. 그들이 제공할 수 있는 것은 노동력뿐이었다. 즉 해빈노무, 곧 어로활동이었을 것이다. 그러나 만약 원록 6년의 담사리가 9년의 담법주이고, 원록 6년의 서화립이 9년의 율화주였다면 그들의 일은 분명하다. 『인부역년대잡집』에 실린 세호테키, 즉『죽도기사』에 실린 세코치, 그것은『변례집요』에 실린 담사리라고 생각할 수 있어, 세호테키가 목수였다는 것을 고려한다면, 3인의 승려는 목수일에 종사하고 있었다고 볼 수 있다. 즉 그들은 배의 목수로, 담법주가 대목수이고 나머지 두 사람, 율화주와 책화주는 조목수였을 것이다. 그들은 울릉도의 거목을 벌채하여 그것으로 배를 건조하고 있었다. 그리고 섬의 산물을 그것에 실어 운반한다. 그 자급체를 그 후의 운수유통에도 사용하는 것이다. 사원은 당시 여러 직종의 기술자 집단이 모이는 장소였다. 그들은 자유왕래 중에 어느새, 그러한 기술을 가진 승려의 일원이 되어 있었다. 이러한 섬에서의 조선(造船)은 오오야 · 무라카와의 도해사업에서도 이루어지고 있었다. 즉 칸분 6(寬文6: 1666)년에 오오야선은 2소로 도해하여 섬에서 1소를 건조해, 합계 3소로 귀범하려 했다. 그러나 귀범 중에 폭풍우를 만나, 신조한 1소만이 구조되었다. 또 후세의 일이지만, 고종 19(1882)년 울릉도로 건너간 이규원(李奎遠)의 기록『울릉도검찰일기』에도, 이곳에서 조선(造船)일을 하는 조선인의 상황이 기록되어 있다.8)

하지만 안용복 일행의 상품조달 및 운수유통 업무는 오랜 세월에 걸친 난획으로, 원록 9년은 흉어였다. 「당년은 전복이 많지 않기 때문에」라고 말하고 있다. 그래서 뜻을 정하고, 톳토리로의 소송 건을 감행하는 모험항해를 결단했다. 톳토리로 가면 반드시 이익을 얻을 수 있다고, 그들은 그렇게 생각했다. 또 그렇게 과장하여, 그들의 톳토리 도해를 강행시킨 인물이 있었다. 그것이 삼계(三界: 釜山界)의 샤쿠완으로, 이 운수유통의 총책임자였다. 안용복 일행은 모험상인이므로, 이동왕래를 위한 지도를 휴대하고 있었다. 유통업자에게 지리정보, 지역정보, 지산정보는 반드시 파악해두어야 하는 일이다. 그들은 『원록 각서』의 기록과 같이, 조선 팔도의 지도를 8매 소지하고 있었다. 그것은 경기도, 강원도, 전라도, 충청도, 평안도, 함경도, 황해도, 경상도를 1도 1매로 한 8매의 지도였다. 그들이 오키에 건너갔을 때, 그러한 지도를 오키재번의 역인에게 제시하며, 어떤 경로로 건너왔는가를 설명했다. 특히 강원도의 먼바다에는 무릉도와 우산도가 있다. 그러한 해역을 건너 오키에 왔다고 설명했다. 오키 역인은, 일본과 조선 사이에 있는 섬들이 일본에서 말하는 죽도와 송도라는 것을, 이미 알고 있었다. 그렇기 때문에 이곳에 죽도와 송도의 존재를 기록한다. 그곳에서 그들이 건너왔다고 기록했다. 그러나 그들은 왜 일부러 이러한 섬에 대해 이야기한 것일까. 그것은 「조울양도감세장신」이라고 칭한 일과 관련이 있다. 그 지도의 보유, 지리정보의 파악 사실은, 안용복이 이 해역의 담당관이었음을 나타낸다. 즉 스스로 신분을 밝힌 것이다. 그리고 소송을 위해 건너왔다고 하며, 정식 사자임을 밝힌 것이다.

【울릉도 해역의 지식】

　그들은 이 병자년(원록 9, 1696) 3월 10일 조식 후에 조선국을 출선했다. 그리고 동일 석양에는 울릉도(죽도)에 도착하여 저녁을 먹은 것으로 이야기했다. 천후와 풍향을 잘 만나면 조선본토에서 섬은 가깝다. 아침에 출발하면 석양에는 섬에 도착하는 것이다. 『세조실록』 3년 4월 조에 「삼척에서 서풍을 타면 축시(미명)에 배를 내어, 해시(심야)에 섬에 도착할 수가 있다」고 있다. 또 「바람이 미풍이면 1주 1야를 소비하여 도달할 수 있다. 만일 무풍이라면 노를 저어 2일 1야로 도착할 수 있다」고 되어 있다. 아주 옛날부터 바람의 강약으로 섬의 행정이 이야기되어 왔다. 천기청명이라면 섬으로 가는 거리는 계산 가능하다.

호우키 상인 오오야·무라카와 양가도 운슈우(雲州)에서 인슈우(隱州)로, 그리고 송도에서 죽도로, 그리고 조선국으로 간다. 그 해상거리를 알고 있었다. 요나고 상인이 파악한 거리는 오키에서 송도까지 70리, 송도에서 죽도까지 40리이다. 이것은 엔호우 9(延宝: 1681)년에 오오야 카쓰노부(勝信)가 막부에 제출한 청서에 기록되어 있는 거리이다. 또 『이나바야사(因藩野史)』칸에이 15(寛永: 1638)년조에도, 오키에서 송도까지 70리, 송도에서 죽도까지 40리, 그리고 죽도에서 조선까지 40리라고 기재되어 있다. 한편 이번의 안용복 일행이 파악한 거리는 「죽도와 조선 사이는 30리, 죽도와 송도 사이는 50리 있다」라고 했다. 조선본토에서 죽도를 경유해 송도에 이르는 거리는, 일본도 조선도 함께 80리라고 느끼고 있었다. 요나고 상인과 안용복 양자의 거리 감각은 같았다. 이것은 원록 6년 안용복이 납치당했을 때, 그 오오야선 안에서 선두와 수부로부터 들은 거리가 아닐까. 그 거리 감각의 기억을 토대로 일행을 거느리고 건너왔다. 전회의 경험으로, 용이하게 건널 수 있는 거리라고 판단했다.

그러나 천후가 좋지 않으면 이 섬들로의 도해는 너무 어려운 일이다. 배가 파손되거나 전복되거나, 또 표류되기도 한다. 어떻게 나아가고 있는지, 어느 방각으로 가고 있는 것인지, 과연 나아가고 있는 것인지 표류하고 있는 것인지, 그조차도 알 수 없게 된다. 안용복 일행이 오키에 도착한 18일은 강한 서풍이 불어 바다가 거칠었다. 강한 서풍이 불어 바다가 거칠었기 때문에 그들은 오키에 표착했다. 울릉도에서 송도로 도해할 때 바다는 조금 거칠었다. 그렇기 때문에 송도에서 1박했을 것이다. 그리고 그곳에서 직접 톳토리로 도해하려 했으나, 역시 폭풍을 만나 어쩔 수 없이 오키에 표착한 것이다.

그야말로 표착으로 어렵게 입항했다. 녹초가 되어 오오쿠무라(大久村)에 도착한 그들이었으나, 역시 바다의 남자들인 그들은 소소한 일에 굴하지 않았다. 다시 의기양양해졌다. 오키의 오오쿠무라에서는 천기가 청랑하면 산인(山陰) 본토를 바라볼 수 있다. 그것을 그들은 오오쿠무라 사람들에게 들었다. 풍파가 잦아들고, 청천이면 대안의 호우키(伯耆)와 이나바(因幡)가 시야에 들어온다. 그렇다면 찾아가는 것은 용이하다. 그러한 정보를 얻고, 그들은 결단을 서둘렀다. 항해의 안전을 확인하고, 날을 기다리며 바람을 기다린다. 밧줄을 풀 기회를 한결같이 엿볼 뿐이다. 그러나 소지한 식료는 이미 고갈되어, 체제 중 선원들의 공복을 채울 수단이 없었다. 그래서 잠시 마을 역인이나 군역소 역인들의 명령에, 그들은 얌전히 따랐던 것이다. 그러나 이 섬에서 그 소송의 자세한 내용을 밝힐 수는 없었다. 분명히 쓰시마가 그것을 우연히 듣게 되면 방해할 것이 틀림없다. 그렇게 되면 이득을 잃고 만다. 어중간한 상태에서 청천을 기다린 후, 출범할 기회를 엿볼 복안이었다.

도청(島廳) 역인들도, 그들이 따로 의도하는 것이 있다고 보고 있었다. 어떠한 소송일까, 이것은 차분히 듣지 않으면 안 된다. 그러기 위해서는 역시 오오쿠무라에서 오키군역소가 있는 사이고우(西鄕)로 그들을 이동시키지 않으면 안 된다. 그러나 공교롭게 악천후가 계속되어 배를 이동시킬 수 없었다. 때문에 번선을 배치해 감시역을 두고 오오쿠무라에 그대로 머물게 했다.

[図5. 安龍福 일행의 隱岐에서의 順路]

【바다활동의 진전】

　원래 그들은 마른 전복이나 건어, 마른미역 등, 당시 유통용 해산물(塩干物)을 취급하는 유통업자였다. 쌀이나 은자로 그러한 상품을 사들여 타소로 운반하여 높은 가격으로 판매해 차액을 얻는 것이다. 울릉도에서는 실제로 바다의 현장에서 그 염간 제조에 관계하고 있었다. 산지직산과 우송판매를 하고, 우송을 위해 선박까지 건조한다. 그 효율 좋은 작업으로 그들은 많은 이익을 얻을 생각이었고, 실제로 그것은 가능했다. 원록 5, 6, 7, 8년에 조선인이 울릉도에서 한 어렵활동은 양호했다. 그러나 9년의 사건은 그보다 1보 진전한 것이었다. 그것은 새로운 바다의 모험, 그것을 확장시키는 개시였다.

　이 새로운 1보에는, 그 전 단계의 행적이 존재한다. 안용복에 관해 말하자면, 원록 6년부터 울릉도도해를 추적할 수 있다. 그렇다면 그 이전의 울릉도도해는 과연 어떠했을까. 원록 5년의 조선인통사가 말하기를, 3년 마다 북의 섬(북에는 섬이 없다. 사실은 울릉도)에서 전복 등의 어로활동을 행하고 있었으며, 그것은 국주용으로 헌상하는 것이라고 말했다. 3년 마다란 3년 전의 원록 2(1689)년, 그 3년 전인 죠우쿄우(貞享3: 1686)년 경부터라는 것이 된다. 그때부터 약간의 조선인 어민이 이 섬에 건너와 어로하고 있었다. 그것이 원록 5년경부터 이익을 위해, 한 단계 나아가 대선단을 조직하고 다인수로 섬에 몰려오게 되었다. 그리고 원록 9년에, 더 나아가 톳토리번에 건너갔다. 이 사태의 추이는 무엇을 의미하는가. 조금씩 어로하는 동안에는 일본인 어민과 조선인 어민이 서로 다투는 일은 발생하지 않았다. 섬에서의 지역구분이 이루어졌다. 일본인 어민은 하마다우라(浜田浦)나 오오사카우라, 야나기우라(柳浦) 등에서 대규모 어렵을 하고 있었다. 조선인 어민은 눈에 띄지 않도록, 포구라고도 할 수 없는 작은 포구에서 조용히 어로활동을 하고 있었다. 그러나 이곳은 훌륭한 어장이다. 그러한 정보를 입수한 유통업자들은 양질의 해산물 및 그 정제품을 찾아, 이 섬에 본격적으로 도해하기 시작했다. 그것이 원록 5년의 사건이다. 그리고 매년의 난획과 다량의 해산물(塩干物) 제조가, 이전보다 많이 이루어졌다. 이 섬에서 대량 어획이 점점 심하게 이루어졌다. 서둘러 유통기구에 실려, 판로를 확장했다. 섬에 건너간 배는 모두 풍어로, 그들은 많은 이윤을 얻었다. 그러나 매년의 난획은 드디어 자원의 고갈을 초래했다. 쉽게 채취할 수 있는 천해에는 이미 어개류·해조류가 부족하게 된 것이다. 수확이 격감하여, 채취하기 위해서는 보다 심해에 들어가지 않으면 안 되었다. 대선단을 조직하여 이 섬에 건너가도 이미 이윤이 보장되지 않는다. 배마다 수확에 차이가 나기 시작했다. 많은 수확을 얻은 배는 괜찮지만, 그렇지 못한 배는 그대로 귀향할 수 없다. 가난한 채로는 돌아갈 수 없었다. 그래서 생각 끝에, 새로운 전개, 즉 톳토리로 가는 모험항해를 택하게 된다. 그 흐름에서 발생한 것이 원록 9년의 사건이다.

안용복 일행이 만일 교역을 목적으로 하는 항해를 생각하고 있었다면, 대량의 교역품, 즉 상품으로서의 염간물이나 더욱 가치 있는 죽도인삼(朝鮮人參), 그리고 그 외의 약초류를 오키로 도해 시, 배에 만재하지 않았을 리 없다. 그러나 그들의 선중에는 상품이 될 것만 한 것은 없었다. 그들의 톳토리 도해는 상품거래에 따른 이익을 기대한 것이 아니었다. 그렇다면 그들의 항해 목적은 무엇이었는가. 무엇이 그들을 호우키로, 그리고 이나바로 도해하게 한 것일까. 그것은 해로 개척이었다. 쓰시마 루트와 다른 새로운 루트의 개척, 그것으로 일본의 장군에게 갈 수 있는 길, 새로운 정보전달 루트의 확보였다. 그것은 발전되면 신 교역 루트가 된다. 그 새로운 길을 찾아, 이번에 쓰시마의 비리를 소송하는 것이, 삼계의 샤쿠완이 명한 업무였다. 그것은 안용복의 개인적 이해와도 충분히 일치하는 일이었다. 원록 6년에 안용복은 톳토리번에서 좋아하는 술을 마실 수 있었고, 여러 가지 신상품을 지급받았고, 게다가 금전(은화)도 지급받았다. 그러한 후우를 받은 기억이 있었다. 그러나 나가사키에서 쓰시마번으로 인도된 후, 후대는 일전하여 냉대 받았으며 금품 일체를 빼앗기고, 그것들을 기록한 서부도 몰수당하고 말았다. 그러한 쓰시마번의 탈취는 에도 장군의 뜻이 아니다. 쓰시마의 대조선외교의 자세에 따른 것이다. 그러한 쓰시마의 적대적인 자세는 이 기회에 바로잡지 않으면 안 된다. 이 일을 장군에게 소송하기 위해 안용복 일행은 톳토리로 떠난 것이다. 장군이 소송을 들어주면 조일 간의 평화가 회복된다. 일본 특사가 부산에 버티고 앉아 있는 일도 사라지고, 이전처럼 교역업무도 원활하게 운행된다. 그것이 샤쿠완이 의도하는 바였다. 그리고 안용복에게도 쓰시마에서 빼앗긴 금품 모두가 돌아온다. 아니 그 이상이 될 수도 있다. 원래 외교사절이 일본에 가면 그에 맞는 예절로 맞아주게 되어 있다. 막대한 위문품, 하사품이 일행에게 보내진다. 그와 같은 기대에 가슴 부풀리며 그들은 모험항해를 떠났다.

【울릉도의 출발】

울릉도에서 일본으로 향한다. 그것을 결단하게 한 사건이 있었다. 『숙종실록』 22년 9월 조에 실린 왜선의 침범이다. 「섬에 와보니 왜선 다수가 내박하고 있다. 동료 선인들은 가까이 가는 것을 두려워했으나 선두 안용복은, 울릉도는 본래 우리들의 경역이다. 어째서 왜인은 월경참범하는 것인가. 너희들을 묶어버리겠다라고, 큰 소리로 꾸짖었다. 그러자 왜인이 말하기를, 우리들은 원래 송도에 살고 있는 자들이다, 어쩌다 어채하기 위해 이 섬에 왔을 뿐으로, 지금 막 돌아가려는 참이라고 말했다. 그래서 송도란 자산도로, 그것 역시 우리나라의 땅이다. 그러한 곳에 어찌 너희들이 살고 있는가라고 꾸짖고, 도망치는 왜인을 쫓아갔다. 다음날 새벽에 노를 저어 배를 자산도에 도착했다. 그곳에는 왜인이 가마솥을 걸어놓고 물고기를 삶고 있었다. 안용복은 막대기로 솟을 때려 부수고 크게 그들을 꾸짖었다. 그러자 왜인이 서둘러 정리하여, 즉시 돛을 올리고 돌아갔다. 다시 뒤쫓았으나, 광풍을 만나 오키섬에 표착하고 말았다」라고 하는 부분이다.

이 원록 9년 1월 28일, 막부 노중의 연서로 톳토리 번주 이케다 쓰나키요(池田綱淸)에게 죽도도해금지가 전해졌다.9) 그것은 동년 8월 1일에 쿠니모토에서 호우키 상인에게 전해졌다. 그러므로 봄 시점에서는 오오야·무라카와 양가는 이 죽도도해금령을 아직 알지 못했다. 때문에 이 왜선을 오오야·무라카와의 배로 보는 설도 있다. 또 무라카미케의 문서에 실린 안용복의 공술에, 죽도에서 만난 일본인을 뒤쫓았다는 기록이 실려 있지 않아, 죽도에서의 일본어민과의 조우는 허위라는 설도 있다. 원록 5, 6, 7, 8년의 4년에 걸쳐 오오야·무라카와 선은 죽도에서 어렵을 행하지 못했다. 그리고 8년부터 톳토리번의 자금원조도 끊겼다. 이미 양가에는 막대한 경비가 드는 도해선을 9년에 준비할 만한 자금력은 없었다. 그렇다해서 양가의 배가 도해한 일을 전면 부정할 수도 없다. 그러나 그 가능성은 극히 낮다고 보지 않을 수 없다. 또 안용복의 오키도해가, 이 무라카미케 문서에 일본인을 뒤쫓아 출선한 것이 공술되어 있지 않다고 해서, 그와 같은 사실이 없었던 것으로 단정하는 것도 극단적인 이야기로 생각된다. 풍우를 피해 긴급히 피난한 토지에서, 그 토지 사람을 꾸짖고 야단치기 위해 쫓아 왔다고 이야기할 수는 없는 일이다. 그것도 식료는 떨어지고 바다는 아직 거칠다. 섬의 원조에 의지하지 않을 수 없는 상황이다. 허세를 부리는 그들이기는 하지만, 여기서 싸움을 거는 언동은 삼가는 것이 당연하다. 또 오키 사람들은 온건하게 그들을 접대했으므로, 더욱 그러하다. 안용복 등은 부족한 식량에서, 꼬지전복 6포로 사례했다. 그들의 정성어린 감사 표시였다. 그러한 상황에서 새삼스럽게 반발을 불러일으킬 수 있는 이야기를 할 리 없다. 그것도 뒤쫓은 일본인은 안용복 입장에서는, 송도에 사는 일본인이었고, 이곳은 오키라는 별개의 섬이다. 뒤쫓은 일본인이 사는 곳이 아니었다. 원록 6년의 호우키에서는 「이때 안힌샤는 맹성광폭(猛性狂暴)한 자」라고 기록되었으나, 이 원록 9년의 오키에서는 실로 억제력 있는 행동을 취하고 있었다. 때로는 허세도 부리는 담력이 있고, 또 행동력도 있었으나, 여기서는 지력도 판단력도 있는 현명한 인물처럼 기재되어 있다. 일본인을 뒤쫓았다는 안용복의 공술은, 그가 만들어낸 이야기라는 것을 부정하지는 않으나, 역시 무엇인가 근거가 있는 이야기로 보는 것이 타당할 것이다.

그러면 사실은 어떠했는가. 매년 오오야·무라카와의 죽도도해에 오키 어민이 참가하고 있었다. 『죽도고』는 그 예로, 칸분(寬文 6: 1666)년에 배1소 21인 중에 오키국 사람이 9인 타고 있었다고 기재했다. 매년 오오야·무라카와 선은 오키에서 얼마간의 수부를 모집했다. 가령 오오야·무라카와의 배가 도해하지 않는다 해도, 섬이 어개류의 보고라는 것을 아는 오키의 어부가 몰래 섬에 건너갔다고 생각하는 것이 이치에 맞는다. 일본 측 대선단을 조직하여 도해했던 시기에, 조선 측은 조심스럽게 건너갔다. 그것이 바뀌어 조선 측이 대선단을 조직하여 섬에 건너게 되자, 역으로 일본 측은 조심스럽게 건넜다. 역시 『죽도고』에 「세속에 구비로 전하기를, 이때 죽도에서 조선인들이 이쪽 배에 대총을 쏘며 해안 가까이 다가가지 못하게 했다고 말한다」라고 되어 있다. 이후 조심스럽게 건너고 있던 일본인은, 섬에 건너가려다 발견되면, 조선인에게 위협당하여 쫓겨난 것이다. 그러한 일이, 세간의 이야기로 퍼져 나갔다. 이때 숨어서 죽도에서 조업하고, 보다 안전한 송도에서 조업하고 있는 것을 안용복이 발견했다. 그러한 일이었을 것이다. 그러므로 이 안용복의 증언은 사실이라고 보지 않으면 안 된다.

그가 송도에서 일본선을 뒤쫓았다는 이야기는 전혀 황당무계한 것이 아니다. 아니 개연성이 매우 높다. 솟을 걸고 삶을 수 있는 장소가 송도에 없는 것이 아니다. 오쿠하라 헤기운(奥原碧雲)의 『죽도 및 울릉도』에는 「양 대서가 상대하는 곳, 동서 연안에 협소한 자갈밭이 있다. 이곳에 죽도어렵합자회사의 어렵소옥 2동이 있다. 하기 어렵자가 가주하는 곳으로, 어선은 모두, 이 자갈 위에 끌어 올려 놓는다」라고 되어 있다. 이 자갈밭 해변에서, 송도에 건너간 일본인은 작업하고 있었던 것이다. 물도 장작도 없는 섬에서 과연 작업을 할 수 있었을 것인가라는 의문도 생긴다. 그러나 명치의 도해사업에서도, 이 송도에서 강치를 해체하여 피혁, 말린 고기, 기름을 제조하고 있었다. 음료수는 배에 실어 운반했고, 부족하면 죽도에 가서 얼마든지 구할 수 있었다. 연료도 없는 섬이기는 하지만, 흘러온 나무나 마른 해초가 이곳에서 태워지고 있었다. 그야말로 해초로 소금을 굽는 형태의 작업이었다.

안용복의 일본도해의 계기는 어장습격을 당한 일이었을 것이다. 어획량이 줄어들었을 때의 도해이다. 뒤쫓아 회수하려 했다고 해도 무리가 없다. 송도까지 일본어민을 뒤쫓았다. 그러나 놓치고 말았다. 어획물을 훔쳐 도망쳤다는 생각은 분함과 더불어 새로운 획물의 획득으로 사고를 전환시킨다. 그대로 톳토리로, 그들은 선수를 향했던 것이다. 갑자기 뒤쫓은 배에 비축한 식량, 그 외의 짐이 실려 있지 않았다. 그들이 보유한 식량을『조선주재지도구지각(朝鮮舟在之道具之覺)』에서 확인해 보면, 말린 전복, 미역 외에 백미가 가마에 겨우 3합 정도밖에 없었다. 울릉도에서 톳토리로 11인이 항해하는 동안의 보존식으로, 그것은 불과 수 일분에 지나지 않는 양이었다. 즉 그들은 톳토리로 건너가면 그곳에서 접대받을 수 있고, 새로 식량을 얻을 수 있을 것이라고 믿고 있었다. 톳토리로 건너가기만 하면 식량과 더불어 새로운 이득을 얻을 수 있다. 먹을 것에 곤란할 일은 없을 것이라고, 그렇게 간단히 생각했다. 그래서 송도에서 일단 울릉도로 돌아가 식재를 싣고 다시 출발한다는 생각은 하지 않았다. 일본인을 쫓아 용이하게 송도에 도착했다는 것은 허위가 아니다. 그렇기 때문에 그곳에서 단번에 도해하는 모험항해를 기도했다. 그것은 원록 6(1693)년에 안용복이 도해했던 경험을 토대로 한 것이었다.

[図6. 松島(지금의 竹島＝獨島)의 자갈밭에서의 작업]

【안용복의 송도지식】

안용복은 원록 6년에 오키의 도우고(島後)에서 도우젠(島前)으로, 그리고 요나고(米子), 톳토리(鳥取), 나가사키(長崎), 쓰시마(對馬), 그리고 조선으로 회송되었다. 이때 7월 1일의 나가사키 봉행소 취조에서 「이번에 우리들이 전복을 잡으러 간 섬은, 보통 조선국에서는 무루구세무(무릉도)라고 말한다. 일본 내의 죽도라고 말한다는 것은 이번에 처음으로 들은 일입니다」라고 공술했다.[10] 안용복은 원록 6년에 일본에 끌려와 처음으로 조선에서 말하는 무루구세무(武陵島), 즉 울릉도가 일본의 죽도라는 것을 알았다. 그리고 이번의 원록 9년에 조선 강원도의 먼바다에 있는 운론타우(鬱陵島)를 일본에서는 죽도라고 말한다고, 원록 6년에 들어 알게 된 지식을 오키 역인들에게 피로했다. 그것이 원록 9년의 기록에 남아 있다. 안용복은 이 해역에 우산무릉(于山武陵)의 양도가 있다는 것을 알고 있었다. 그것은 그의 표현을 빌리자면 「조울양도」가 된다. 이 해역의 양도를 일본에서는 죽도와 송도라고 칭했다. 그것을 같은 원록 6년에 도해했을 시, 들어 알고 있었다. 그것을 이번에 또 오키 역인에게 말한 것이다.

이 해역 정보는 장한상이 숙종 20년(元祿 7, 1994)년 9월부터 10월에 걸쳐, 울릉도를 탐색해 명확히 했다. 그리고 안용복은 전술한 대로, 장한상 일단에 참가했을 가능성이 있다. 그 탐색은 150인이라는 대규모 인원으로 이루어졌다. 그들이 귀국 후 공공연히 주위에, 해역정보를 전한다. 그래서 이때의 경험과 지식은 바다를 살아가는 자들 간에 널리 공유된다. 장한상의 보고서 『울릉도사적』은 다음과 같이 기록한다.[11]

섬의 동방 5리 정도에 한 소도가 있다. 그 높이 크기는 심하지는 않
다. 해장죽(海長竹)이 일면에 총생(叢生)한다. 제우(霽雨)[즉 비가 개고]
아지랑이(靄)도 갠 날, 산에 들어가 중봉에 오르면, 남북의 양봉이 높게
(岌崇) 면전에 출현한다. 이곳을 삼봉이라고 말한다. 서를 바라보면[먼
저쪽에] 대관령(조선본토의 산)이 구불구불 굽어져(逶迤) 있는 형상이 보
인다. 동을 바라보면 해중에 1도가 있다. 떨어진(沓) 동남(辰) 방향에 있
다. 그리고 그 크기는 울도(蔚島)의 삼분의 일 미만으로, 삼백여리에 지
나지 않는다.

즉 울릉도의 동쪽 5리 정도에 소도가 있고 해장죽이 우거져 있다.
이것은 지금의 죽서를 말한다. 그리고 중봉(聖人峰)에 올라 멀리 동방
을 망견하면 동남의 방각(東南東)에 울릉도의 삼 분의 일 미만의 소
도가 있다. 그 간의 거리는 삼백 리 정도라고 한다. 이것은 지금 말하
는 리안쿠우루암(竹島＝獨島)을 말하는 것일 것이다. 그래서 이 해역
에 울릉도, 동의 소도, 동남동의 소도, 3도가 있다는 것을 장한상이 조
정에 보고했다. 그러나 그러한 지식은 이미 『죽도기사』에서 원록
6(1693)년 11월에 조선의 수역(首譯)인 박동지가 이야기했다. 이 해역
에는 3도가 있다. 하나는 무릉도, 하나는 우산도, 또 하나는 이름이
알려지지 않은 소도라고 말했다. 이 박동지가 말한 이름이 알려지지
않은 소도란, 장한상이 말한「떨어져서 동남 방향에 있는」소도를 말
하는 것일 것이다. 그러면 박동지가 말한 무릉도 우산도는 어떤 섬에
해당하는 것일까. 무릉도와 우산도는 본래 동일의 섬이다. 그러나 일
부러 2도로 이해한다면 우산도란 장한상이 말하는「해장죽이 일면에
총생」한「동방 5리 정도」의 소도일 수밖에 없다. 즉 죽서도(竹嶼島)가
우산도라는 것이 된다. 후년의 일이지만, 숙종 7(正德元, 1711)년에 울
릉도로 건너간 박석창(朴錫昌)이 보고한 지도가 있다. 이『울릉도도

형(図形)』에는 울릉도의 바로 동쪽에 부도(附島)처럼 우산도가 그려져 있다. 그 섬의 중앙에는 「해장죽전(田) 소위 우산도」라는 기재가 있다. 해장죽이 우거진 죽서도가, 당시 우산도로 취급되고 있었다. 당시는 우산에 관해 그 정도 지식밖에 없었다.

그러나 안용복은 죽서도가 우산도라고 처음부터 생각하지 않았다. 그가 생각하는 우산도란 그렇게 가까운 섬이 아니다. 울릉도에서 먼 저쪽에 있고, 보다 거대한 섬이다. 안용복의 말을 빌리자면, 그 섬은 「울릉도에서 북동의 위치에 있고, 배로 1일여의 거리」에 있는 것이다. 때문에 울릉도 직동의 죽서도가, 이 우산도일 리 없다. 죽서도는 울릉도의 한 부도에 지나지 않는다. 안용복은 이 해역에 울릉도와 우산도가 늘어선 것으로 상정한다. 그것은 원록 6년에 일본에서 얻은 정보이다. 죽도, 송도, 오키도가 징검다리처럼 늘어 서 있다고, 그렇

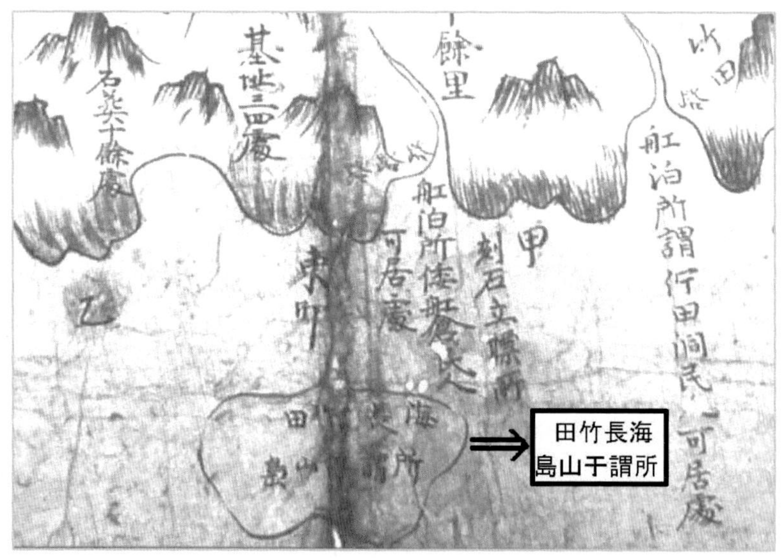

[図7. 朴錫昌 『欝陵島図形』의 于山島(1711)]

게 들었다. 그 죽도는 울릉도라고 알고 있었다. 그래서 송도는 우산도라고 믿고 있었다. 그러한 섬들을 돌아 이번에 오키에 온 것이다. 그러한 이야기를 안용복이 오키 역인에게 이야기했다. 울릉도에서 오키에 오는 도중, 송도에 들렀다고 말했다. 그러나 안용복은 그 섬을 소우산(子山島)이라 칭했다. 이는 그가 말하는 우산도(于山島: ウサン)가 아니다. 유사하나 다른 자산도(子山島: ソウサン)의 명칭이다. 자산도란 당연히 우산도의 오기이다12). 그러나 이 자산도의 오기가, 그대로 자산(子山) 섬(島)으로, 당시 통용되고 있었다. 그것은 울릉도에 부속하는 소도, 즉 죽서도로, 아이 섬으로 간주되고 있었기 때문일 것이다.

그러나 우산도 혹은 자산도의 실태는 불명이었다. 그렇기 때문에 어느 쪽으로도 이해된다. 코우베(神戸) 시립박물관에서 최근 발견된 지도를 보기로 한다. 16세기에 그려진 『팔도총도』의 우산도 위치에, 이 자산도가 그려져 있다. 아니 양도는 이곳에서는 서남과 동북의 위치에 그려져 있다. 그것은 초량화관의 통사 나카야마 카베에(中山加兵衛)가 이야기했던 위치와 같다.

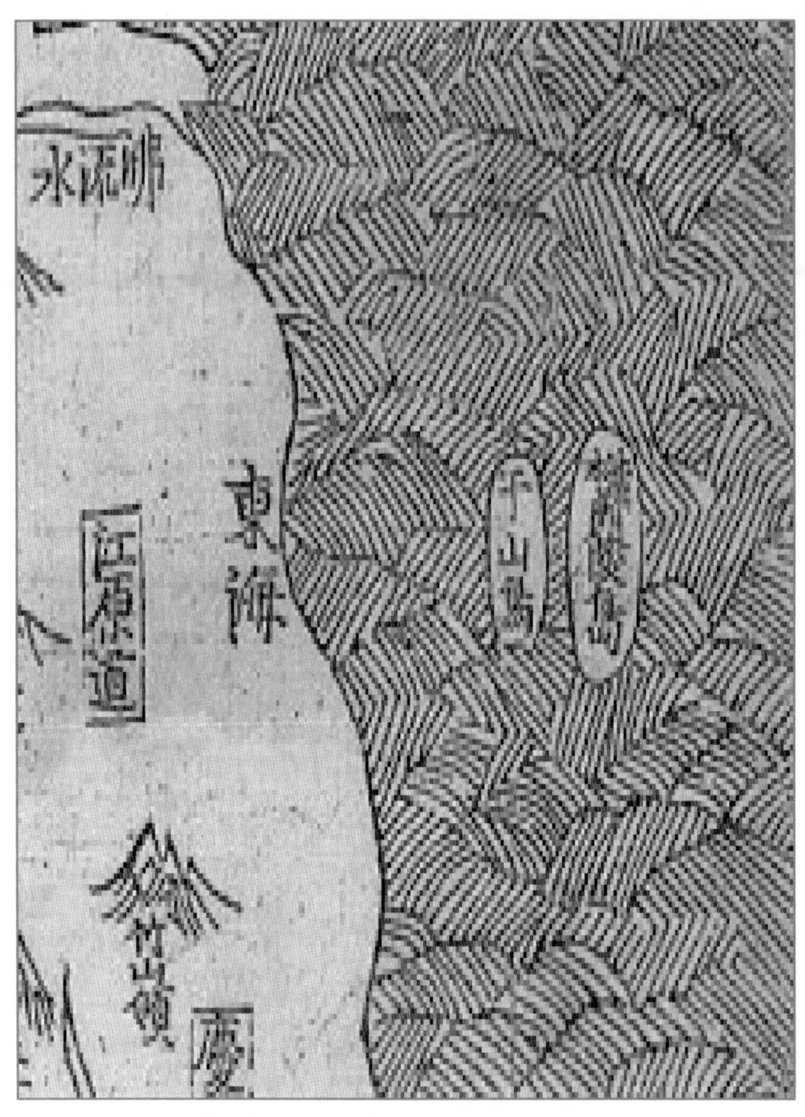

[図8. 『新增東國輿地勝覽　八道總図(鬱陵于山島図)』(1530)]
(『日本海와　竹島』 p.229의　図)

[図9.『江原道図(鬱陵子山島図)』(神戸市立博物館所藏)]

　안용복이 귀국한 후에 비변사에서 이야기한 것은, 송도에 사는 일본인을 이 섬에서 쫓아냈다는 것이다. 그가 생각하는 우산도, 즉 송도란 사람이 사는 거대한 섬으로, 그곳에 일본인이 사는 것으로 한다. 그렇다면 이 원록 9년에 그가 들린 소우산(子山島)이란 그가 생각하는 송도가 아니다. 이 암초 섬에는 초목도 물도 없다. 당연히 사람은 오래 살 수 없다. 그렇다면 왜, 이 소우산(子山島)을 송도라고, 오키역인에게 말한 것일까. 그는 송도를 사람이 사는 섬이라고 생각하고 있었다. 그것이 그가 가진 우산도의 이미지이다. 울릉도와 오키 사이에는 우산도가 있다. 그것은 사람이 살 수 있는 섬으로, 그것을 일본에서는 송도라고 한다. 그렇게 그는 생각했다. 울릉도가 죽도라는 것은 이미 알고 있었다. 그래서 우산도가 송도라 해도 별로 이상하지 않다. 이번에 건너온 소도는 분명히 울릉도와 오키 사이에 있었다. 그러나 사람이 살 수 있는 섬은 아니었다. 그래서 이것을 우산도의 일부, 즉 송도의 일부, 그 도서군의 1도라고 생각했다. 그러한 안용복의 이해가 아니었을까. 이 항해 시 천후가 나빴다. 그들 일행은 폭풍을 피해 오키로 건너갔다. 그래서 송도 근처에서는 담천(曇天)의 영향으로, 주위의 시계가 나빴다. 본래 보여야 하는 우산도의 본도가, 악천후 때문에 보이지 않는다고 생각한 것이다. 실제로는 그러한 본도는 존재하지 않으나, 존재한다고 믿은 안용복에게는, 그것은 실존하는 섬이었다.

【송도에서 오키로】

　안용복은 송도에 대해, 비변사에서 공술했다. 그가 이야기한 내용은 그가 생각하는 우산도이다. 그 우산도, 즉 송도는 강원도에서 오키로 가는 길목에 있다 한다. 죽도를 5월 15일에 출발하여 동일에 송도에 도착했다. 밀어하는 왜인을 쫓아 이르렀기 때문이라 한다. 그것은 분명히 송도로, 그것의 한 지도(支島), 즉 자산(소우산)이다. 그 지도(子山島)에서 본도로, 다시 왜인을 쫓아갔다. 그러나 천후 악화로 놓쳐 버리고 말았다. 그렇게 비변사에 보고했다.

　안용복 일행의 목적은 톳토리에 가서, 쓰시마에 대한 소송을 하는 일이다. 그래서 한 번에 동해를 넘어 인하쿠(因伯)의 해안에 착선하려 했다. 그러나 밀어하는 왜인을 쫓아, 그 기세로 송도의 지도(子山島)에 도착했다 한다. 출발한 후 천후에 대한 불안감을 느끼고 있었다. 그래서 송도의 지도(支島)인 자산도에 정박하여, 우선 안전을 점검했다. 그리고 송도의 주도(主島)를 향해, 다음 16일 아침에, 이 섬을 출발했다. 원래 송도의 주도(본도)에 갈 수 있는 일이 아니었다. 다시 1주야를 보낸 18일 아침에 오키에 도착했다. 아직 목적한 인하쿠 해안이 아니다. 긴급피난으로 오키에 들렀을 뿐이다. 그것은 도중에 생긴 천후의 급변에서 기인된 것이었다. 풍파에 놀아난 공포의 1주야였음에 틀림없다. 광풍에 휩쓸려 도착한 오키 해안은, 오키 북단의 니시무라(西村) 해안이었다. 거친 바다에 휩쓸려 표류했을 때는, 서린(西隣)의 이고해안(伊後海岸)과 더불어, 먼저 표착한다는 해안이다. 만입(湾入)이 없어 항에 정박해도, 배는 크게 흔들린다. 그들은 그날에도 동린의 나카무라(中村)항에 피난했다. 이 나카무라항은 만입이 있어, 겨우 선중에서 1박 할 수 있었다. 그리고 다음 날 아침, 즉 19일 아침부터 오키 동해안을 돌았다. 나카무라에서 이이비무라(飯美村), 그리고 후세무라(布施村), 우즈키무라(卯敷村)로 이어진다. 이 마을들의 먼바다를 주의 깊게 나아가, 그날 밤에 오오쿠무라(大久村)에 이르렀다.

오오쿠무라의 북단 「카요이우라」에, 그들은 이날 밤 그곳에서 정박했다. 카요이우라란, 즉 「오가는 포(通いの浦)」라는 의미이다. 오오쿠무라에서 북린의 우즈키무라에 오갈 때, 혹은 우즈키무라에서 남린의 오오쿠무라에 오갈 때, 도중의 휴식을 위해 가류하는 포이다. 이곳에 인가는 없다. 이곳에서 밤을 지내고, 다음 20일 아침 오오쿠무라항(大久湾)에 도착했다. 나카무라에서 오오쿠무라까지, 통상이면 1일도 걸리지 않는 거리이다. 수 시간 정도의 거리이다. 생각하건대 바다가 상당히 거칠었던 것 같다. 그래서 급거 피난을 위해 오키에 기항했다. 안용복이 비변사에서 이야기한 것처럼, 그야말로 광풍에 의한 표착이었다. 그러나 황천(荒天)은 그 후에도 며칠이나 계속되었다. 일행은 톳토리를 향해 좀처럼 출범할 수 없었다.

안용복은 오오쿠무라에서 「송도는 우의 동도에 있는 섬으로, 이곳에는 조선에서 말하는 자산(소우산)이라는 섬이 있다. 이것이 송도이다. 이 섬도 팔도지도에 기록되어 있다」라고 이야기했다. 조선팔도지도에는 무릉도와 우산도가 양도로 그려져 있는 것이 있다. 원래 무릉도도 우산도도 같은 울릉도로, 1도 2명의 섬이다. 그러나 언제부터인가 우산도는 울릉도를 떠나, 2도 2명으로 그려졌다. 그리고 울릉도 서측에도, 그리고 동측에도 이 우산도가 그려진다. 또 울릉도 북에 있다고도 믿었다. 그래서 후년에 우산도는 죽서도로, 혹은 리안쿠우루암

(竹島＝獨島)으로, 여러 섬으로 비정되어 간다.

　이 해역에 2도가 있다면 어떠한 이름이라 해도, 2도로 그려진다. 또 3도가 있다면 또 3도로도 그려진다. 혹은 울릉도에 부속하는 다수의 섬들 중, 그 중 하나로도, 또 둘로도, 이 우산도는 그려져 간다. 예를 들면 한국중앙도서관소장의 『울릉도도형』처럼, 우산도를 부속하는 복수의 섬으로 기록하는 지도의 출현이다. 이곳에는 대우산(大于山)과 소우산(小于山)이 기입되어 있다.

　이 지도에는 울릉도 본도가 표시되고, 그 주위에 다수의 부속도가 배치되어 있다. 그중에 눈에 뜨이게 큰 섬이, 대우도(大于島)와 소우도(小于島)이다. 이곳에서 우산도는 하나가 아니다. 우산도는 울릉도

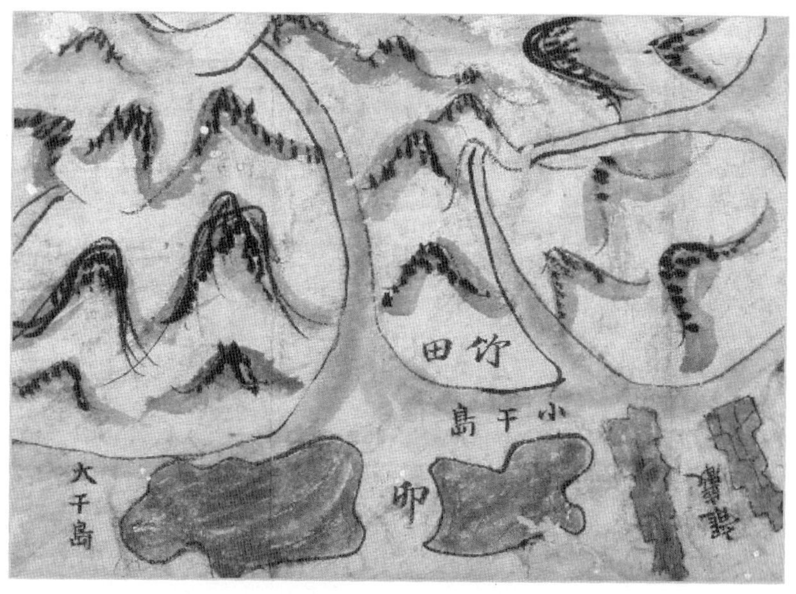

[図10. 大于山과 小于山]
(韓國中央図書館所藏 『鬱陵島圖形』에서, 그 일부)

의 동방에 있고, 두 개의 섬으로 구성된다. 큰 섬과 작은 섬, 즉 대우산과 소우산이다. 또 삼척박물관소장의 『울릉도도형』에도 마찬가지로 대우산, 소우산이 기록되어 있다. 지금의 죽도＝독도도 두 개의 섬으로 되어 있다. 남도와 여도, 혹은 서도와 동도이다. 울릉도의 동에 우산도가 있다. 그것은 두 개의 섬으로 되어 있다는 지식, 그것이 여기에 표현되어 있는 것인지도 모른다. 그러나 이러한 지도에는 울릉도의 주변에, 또 수많은 섬이 기재되어 있다. 그 배치로 보면, 대우도와 소우도란 울릉도에 부속하는 섬으로, 대우도는 죽서도에, 소우도는 관음암에 해당하는 것처럼 보인다.

【두 개의 우산도】

분명히 여러 섬에 이 우산도라는 이름이 붙여 졌다. 그것은 우산도가 이미지의 섬이었기 때문이다. 울릉도인 그 실체를 떠나면 상상 속에, 어떻게라도 우산도는 만들어진다. 안용복은 원록 9년에 도해하던 중, 송도가 우산도라고 주장했다. 아니 소도는 소우산도라고 주장했다. 그리고 자산의 문자를 붙였다. 그것은 오기가 아니다. 그는 귀국 후, 비변사에서 역시 자산(소우산)에 건너갔다고 말했다.

그런데 소우산이란 어떠한 섬이었을까. 그것은 어쩌면 소우산(小于山)이 아니었을까. 대우산(大于山)에 대칭 하는 소우산이다. 부우산(親于山)에 대한 자우산(子于山)이기도 하다. 안용복은, 우산도는 사람이 살 수 있을 정도로 큰 섬이라는 이미지를 가지고 있었다. 그러한 섬에 비해 현실의 송도는 작았다. 마치 아이의 섬 같았다. 그것은 그가 생각하는 우산도가 아니었다. 본래의 우산도, 즉 대우산이라는 것이 따로 있다고, 당연히 그렇게 생각했다. 원록 6년에 배에서 보인 거대한 섬이야말로, 그가 상정하는 우산도이다. 그 거대한 섬이 대우산(親于山)이라면, 이 작은 섬은 소우산 (子于山)이 된다. 즉 우산의 지도이다. 그렇게 안용복은 생각했다.

안용복이 소우산(子于山)에 들렀을 때, 그곳에는 일본인 어부가 있었다. 그것은 오키의 어민일 것이다. 그들은 이 송도에서 전복을 따고, 가마솥에서 강치기름을 정제하고 있었다. 그러한 그들에게 섬의 일을 물어, 이곳이 분명히 송도라는 사실을 알았다. 그리고 이 어민들은, 스스로를 오모(於母)의 섬(隱岐의 島後의 別称으로, 親島라는 의미)에서 온 자, 그 오모스(重栖)라는 동내에서 온 자라고 말했다. 사실, 그들은 오키의 북부 오모스(重栖)만에서 출선했다. 출발지 후쿠우라항(福浦港)은, 이 오모스만의 서만이다. 그들의 고향인 오키국 오치군(穩地郡) 고카무라(五箇村)는 원래 오모스 마을이다. 안용복은 그들이 어머니(母)의 섬, 오모니(オモニ: 母)의 마을, 그 어머니섬(母島: 親島)에서 왔다고 믿었다. 그것은 그야말로 그가 상상하는 부우산(親于山: 大于山)이다. 이 일본인 어부를, 오모(母)의 우산도에 사는 자라고 생각한 것이다.

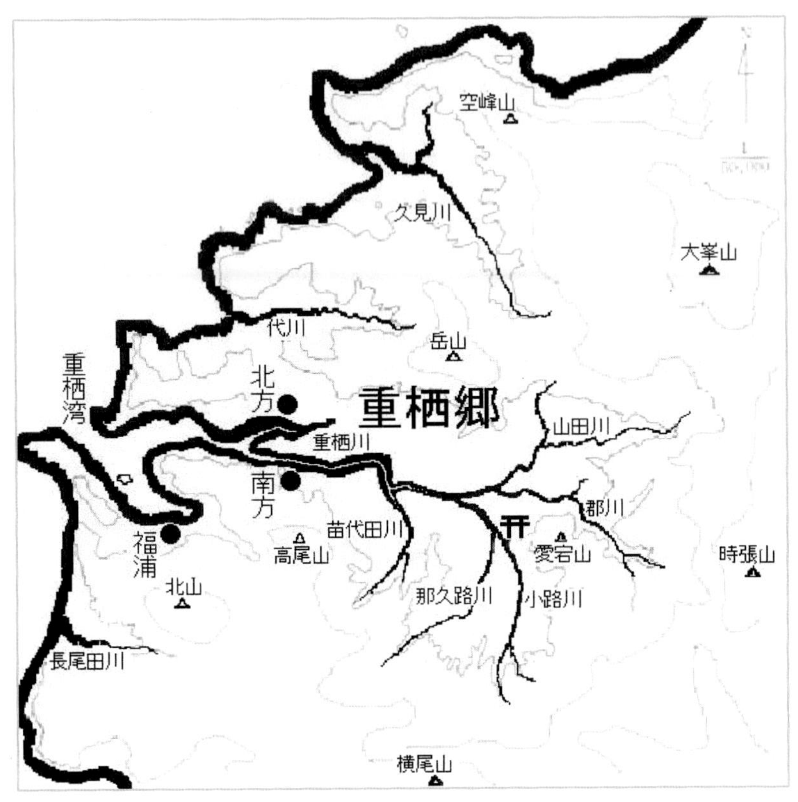

[図11. 오모스향(重栖の郷)]

작은 암초의 송도는 대우산(大于山)의 지도, 즉 소우산(小于山: 子于山)이다. 그리고 그러한 일을 귀국 후에 보고한다. 오키, 호우키, 이나바, 그리고 귀환의 항해를, 수많은 바다의 모험을 거듭한 결과 보고였다. 그렇기 때문에 그의 이야기는 모노가타리(만들어낸 이야기)처럼 각색된다. 그러나 보고 들은 사실 그대로를 축으로 한 이야기였다.

그러한 안용복에 비해, 오키재번의 역인은, 조선에서 오키 사이에 죽도와 송도밖에 존재하지 않는다는 것을 알고 있었다. 그것을 전재

로 안용복의 공술을 듣고 있었다. 그래서 모호한 섬의 이야기가 낄 여지가 없었다. 죽도가 울릉도(운론타우)이고 송도가 자산도(소우산)라는 것도, 그대로 순수히 이해할 수 있었다. 그래서 그렇게 기술했다. 그러한 조선의 섬이 그들이 지참한 조선 팔도 중의 강원도 지도에도 기록되어 있었다. 그곳에는 무릉도와 우산도의 2도가 「조울양도」라고 기입되어 있었다. 아니 우산도가 아니라 자산도라고 기입되어 있었는지도 모른다. 그러한 지도도 실존한다. 그러나 그 2도란 그것이 우리나라에서 말하는 죽도이고 송도이다. 그래서 「이 도(강원도: 역자주) 안에 죽도와 송도가 있다(此道ノ中ニ竹嶋松嶋有之)」라고, 그렇게 오키의 역인은 부기한 것이다.

그 자산도에 안용복이 들렀다. 우산도는 본래 사람이 살 수 있는 섬이라고 생각했다. 그러나 현실의 섬은 너무 왜소했다. 그야말로 지도의, 자산이었다. 그래서 그 가까이에 부도(父島: 親島)가 있다고 믿어 의심치 않았다. 그 부도(親島)에 도망쳐 돌아갔다고 말하는 일본인을 뒤쫓았다. 그러나 이 자산도는 우산의 여러 섬들 중의 하나, 즉 송도의 일부라고 생각하고 있었다. 그래서 그는 귀국 후, 비변사에서 취조받을 때 「송도라는 것은 자산도」라고, 역시 같은 자산도라는 문자로, 그 섬에 관해 공술했다.

그는 무릉·우산의 양도를 알고 있었던 것은 아니다. 무구구세무(ムルグセム: 武陵島)인 운론타우(ウンロンタウ: 鬱陵島)와, 그 동남에 있는 소우산(ソウサン: 子山)을 알고 있었던 것에 지나지 않는다. 그 소우산(子山)이란 장한상이 중봉에 올라 확인한 소도로, 동남(辰) 방각에 떨어져 보이는 소도를 말한다. 그리고 그것은 『죽도기사』에서 박동지가 이야기한 무릉도도 우산도도 아니다. 「이름을 알 수 없는 섬」이었다. 그러나 그것이 일본에서 말하는 송도라는 것을, 이 해역으로 2회 왕복하는 사이에 알게 되었다. 아니 송도의 제도 안에 있는 한 지도라고 생각했다. 그리고 그 이외에, 또 다른 송도의 주도가 있다고 믿고 있었다. 그것이야말로 조울양도의 1도, 사람이 사는 우산도(大于山)이다. 그곳에 사는 일본인은, 그 섬을 어머니(オモニ: 親)의 섬이라고 칭했다. 그것은 울릉도에서 북도 방향으로 1일여 거리에 있는 섬이다. 그저 있다고 믿을 뿐, 그 섬을 확인한 것은 아니다. 그러나 그러한 섬의 존재를 그는 깊이 믿고 있었다.

그러한 울릉·우산의 해역에서 그들 일행, 그리고 13소의 일단은 어로활동을 하고 있었다. 또 이후로도 어로활동을 행해나갈 것이다. 그러한 바다의 활동을 그가 통괄하고 있었다. 그러한 권한은 삼계(三界)의 샤쿠완(상관)에게 부여받았을 것이다. 그리고 그 샤쿠완에게 일본 도해를 명받았다. 톳토리를 매개로, 에도막부에 쓰시마의 비리를 소송하려는 일이었다. 그 때문에 시자모시의 가칭 관직을 수여하였다. 그것이 조울양도감세장신으로서의 통정대부 안동지였을 것이다. 이 해역의 책임자라는 의미이다. 그러한 명목상의 입장에서, 이번의 외교교섭을 행하는 것이다. 울릉도를 매개로 하여, 울릉도에서 가장 가까운 톳토리로 간다. 쓰시마가 사실을 바르게 전하지 않는다고 전하고 싶다. 조선의 일본에 대한 우의교류의 마음을, 중간의 쓰시마가 왜곡해 전하고 있음을 알리려 했다. 그러한 일을 쓰시마가 관계하지 않는 이 해역에서, 이 해역의 책임자가 소송하는 것이다. 이번의 항해는 그러한 용건의 항해였다.

【안용복의 소송】

　오키의 역인은 안용복 등에게 하쿠슈우(伯州, 실은 鳥取)에 소송하는 이유에 대하여, 서류로 제출할 것을 요구했다. 그러자 처음에는 알았다고 받아들였으나, 그 후에 제출할 수 없다며 거절했다. 톳토리에 가기 전에 그 소송 내용을 이야기해서, 그것이 혹이라도 쓰시마에 전해져 견제받게 되면, 소송은 실패하고 만다. 그렇기 때문에 직접 호우키에 가서, 그곳에서 자세히 이야기할 생각이라고 답했다. 그래서 답변은 없다.

　그러나 그들은 그 소송기록을 선중에서 길게 기록하고 있었다. 그것을 청서하려 했으나, 배가 흔들렸기 때문에 오오쿠무라(大久村)의 한 민가로 상륙해서 다시 기록하였다. 정리하여 추고하는 일이었으나, 대개는 전에 기록한 대로 정리한 것 같다. 그들은 그 소송에 대해서는 정식으로 답하지 않았다. 물론 소장 등도 보이지 않았다. 그러나 오키 역인은 그 시말을 「대체로의 까닭을 들었다(大体わけ聞へ申候)」라고, 그 내용에 대해서도 어렴풋이 알고 있었던 것 같다. 그것이 쓰시마에 대한 비난이었기 때문에, 일부러 그 보고서에 기록하지 않았다. 까닭도 모르고 타번에 대한 비판 등을 문자로 기록할 이유가 없었다. 이것은 이와미(石見)대관을 통해 막부에 제출할 서류이다. 어떤 피해가 쓰시마번에 미칠지를 알 수 없다. 그렇기 때문에 기록하지 않았다.

　그들이 오키 역인에게 사건을 전혀 보고하지 않은 것은 아니다. 오오쿠무라에 도착한 5월 20일에 안용복과 뇌헌과 김가과 3인이 재번 역인과 대담했다. 그것이 끝나고 배로 돌아간 후에, 서간을 보내왔다. 생채(生菜), 청채(菁菜), 실과가 필요하다는 것으로, 식량 차입을 의뢰하는 것이었다. 그리고 정성의 표시라며 마른전복 6포(包)를 보내왔다. 1포는 오오쿠무라 쇼우야(庄屋)에게, 나머지 5포는 재번 역인에게 보내는 것이었다. 이 회담, 그리고 서간 속에, 어느 정도 도해 사정을 언급한 부분이 있었을 것이다. 그리고 21일에 역시 서부를 제출하여, 반미(飯米)가 부족해 어렵다는 내용의 연락이 있었다. 그래서 승선하여 비축미를 확인하고, 부족한 반미를 준비해 주었다. 그때의 잡담과 서부에도 도해 사정을 언급한 부분이 있었을 것이다. 또 22일에 안용복, 이비원(李裨元), 뇌헌, 뇌헌의 제자가 상륙하여 재번 역인과 이야기했다. 「이번의 소송일권(今度之訴訟一卷)」을 청서하고 싶다는 내용이었다. 그 간에 역시 나름대로 설명했을 것이다. 그 대화나 서간 등을 통해 「대체로 까닭을 들었다」라고 말한 것이다. 즉 사정을 들은 후, 보고서를 정리했다. 물론 쓰시마에 대한 비난은 덮어둔 채였다. 그리고 23일에 보고서를 세키슈우(石州) 어용소(御用所)에 제출했다.

그들이 청서한 「이번의 소송일권(今度之訴訟一卷)」 초벌기록의 일부를 오키 역인이 필사했다. 그것이 「4년 전의 계유년 11월에 일본에서 받은 것을 기록한 장부 1책(四年前の癸酉年(元祿6年, 1693)11月, 日本で貰ったものを書き付けた帳面一冊)」이다. 이는 일본에서 받은 물품이나 금전의 일람으로, 이것이 이객의 접대, 온정의 증거라면, 막부에 제출하는 데 문제 될 것 없다. 그래서 이것은 보고서와 함께 첨부되었을 것이다. 그러나 무라카미케 문서에는 이러한 첨부문서가 남아 있지 않다. 때문에 그 장부 1책의 내용이 어떠한 것이었는지, 지금은 알 수 없다. 상상한다면 아마도 『죽도기사』에 있는 「일본에서 준

물건들(物共)」과 유사한 종류였을 것이다. 그래서 그들은 이 물품 일람을 정시하여, 받은 물품과 은화를 쓰시마에서 빼앗겼다고, 구체적으로 쓰시마의 불법, 비리, 포악 등을 막부에 소송할 계획이었다. 그것을 「이번의 소송일권」에 분명히 기입하고 있다.

쓰시마는 허위를 전해, 쓰시마를 통해서는 바른 정보를 전할 수 없다고 막부에 소송할 계획이었다. 그래서 다른 루트로 사자를 파견할 필요가 있고, 그 루트를 통한 사자의 이야기를 들어주었으면 한다고, 그렇게 톳토리를 통해 소원할 생각이었다. 그들은 정확하게 소송장을 기록하여, 상당한 결의로 후에 톳토리에서 이 소원을 서면으로 정시한다. 그 「정서의 일(呈書の事)」에 대해서는, 그 후 경과를 보면, 장군도 알게 되고, 장군의 연락을 받아 쓰시마도 알게 된다. 그래서 조일교섭 중에 쓰시마번이 조선정부에, 그 「정서의 일(呈書の事)」이 혹시 조정의 명령이었는지 힐문하기도 했다. 즉 오키의 역인들은 그러한 조선인의 서면정시의 목적을, 소할(所轄)의 오오모리(大森)대관소에 바르게 제출했다. 그리고 그것은 장군에게도 정확히 제출되었다.

원래 오키국은 천령(天領)으로, 막부가 지배하는 곳이었다. 그것이 운슈우(雲州) 마쓰에번(松江藩) 지배지로, 초대 마쓰타이라 나오마사(松平直政)시대에 운슈우번이 지배하게 되었다. 그러나 죠우쿄우 4(貞享: 1687)년 번주 마쓰타이라 쓰나치카(松平綱近)시대에 다시 지배하의 오키를 막부에 돌려주었다. 그 결과 오키는 한때, 이와미노쿠니(石見國) 오오모리긴잔료우(大森銀山領) 대관이 소관하게 되었다. 오오모리대관소는 이원(吏員)을 오키에 파견하여, 이 섬을 통치하였다. 그리고 쿄우호우 5(享保: 1720)년에 막부의 허가로, 다시 운슈우 마쓰에번에 맡겨졌다. 번주 마쓰타이라 노부즈미(宣維)는 오키에 군다이

(郡代) 및 대관을 파견하여, 다시 땅을 통치했다. 안용복 일행이 방문한 원록 9년의 오키는, 이 오오모리대관소 지배하에 있었다. 그래서 이 사건은 오키대관인 고토우 카쿠에몬(後藤角右衛門)의 명으로, 그 부하 테다이(手代) 나카세 히키에몬(中瀬彈右衛門)과 야마모토 키요에몬(山本淸右衛門)이 보고서를 작성하여, 사자 마쓰오카 야지에몬(松岡弥次右衛門)을 파견해, 이와미의 오오모리대관소에 일의 전모를 보고했다. 그것이 다시 에도 장군에게 보고된 것이다.

한편 톳토리번에도 사건의 전말이 보고되었다. 조선인 일행이 소송을 위해 톳토리로 향한다는 소식이 있었기 때문이다. 이러한 사정을 톳토리번에 미리 전해두지 않은 상태에서, 갑자기 조선인이 내방하면, 톳토리번이 당황하기 때문이다. 그러나 소송 내용에 대해 있는 그대로 전하는 것은 주저되었다. 안용복 일행은 쓰시마의 비리를 소송할 계획이라고, 그렇게 이야기하고 있었다. 그러나 타번에 대한 비난 등을 그대로 전할 수는 없었다. 근거도 없이 함부로 전하게 되면, 이후 어떠한 영향을 미치게 될지 알 수 없다. 그것은 그대로 전한 측에 불똥이 튈 수도 있는 일이다. 그래서 일단 「죽도지의(竹嶋之儀)」에 대한 일이라고만 언급했다. 분명히 그러한 이야기를 그들은 이야기하고 있었다. 쓰시마번이 죽도를 일본령으로 해서, 에도에 공을 세울 작정이라고, 그러한 이야기를 그들은 이야기하고 있었다. 그 「섬의 논쟁」이야말로, 이번 사건의 시작이었다.

그리고 오키의 무라카미케에도 보고했다. 무라카미케에 남은 자료란, 오키의 여러 마을의 쿠우몬(公文)에게 보내는 연락망에 의한 것이다. 안용복의 공술에 의하면, 아직 울릉도에는 다수의 조선인들이 있다. 그들이 소송을 요구하며 차례로 오키로 건너올지도 모른다. 오키

대관소는 그렇게 피상적으로 조선선이 오는 것을 위구했다. 그리고 또 조선인이 건너오지 않는다는 보증도 없었다. 각 포구의 쿠우몬들에게도, 이러한 사정을 알려두지 않으면 안 된다. 이국선이 기항하면 대관소에 그것을 즉시 보고하지 않으면 안 된다. 이렇게 해서 일의 전말이 토우젠(島前), 도우고(島後) 양도의 오오쇼우야(大庄屋)에게 알려지게 되었다. 도우젠의 오오쇼우야였던 무라카와케에, 이 서부가 남은 것에는 이러한 사정이 있었다.

【안용복의 귀국 후의 답변】

안용복이 도해한 목적은 『숙종실록』에도 있다. 귀국 후의 답변으로, 이쪽은 약간 내용이 다르다. 다음과 같은 것이다(숙종 22년 9월조).

오키 도주가 어떤 목적으로 래도한 것인가라고 묻기에, 작년에 이곳에 왔을 때, 울릉·자산 등의 섬을 조선 지역으로 정한다는 관백(關白: 德川將軍)의 서계가 있다는 것을 확인했다. 그러나 그 일은, 이곳에서는 철저하지 않다. 이번에 다시 [일본인 어민이 섬에] 월경침범하는 자가 있다. 이것은 어찌된 일인가. 도리에 맞지 않지 않은가. 이것을 호우키국 주에게 전하고 싶다고 말했다. 오키도주는 호우키국에 사자를 보내어, 그 일을 연락했다 한다. 그러나 언제까지 기다려도 회답이 없다. 그래서 분개하여, 배를 내어 바로 호우키국으로 향했다.

원록 6년에 안용복과 박어둔이 일본에 연행되었을 때, 그들은 「울릉·자산 등의 섬을 조선령으로 정한다고 하는 관백의 서계가 있다는 것을 확인했다」고 말한다. 이것은 어떠한 일을 가리키는 것일까. 일본인의 죽도도해정지가 결정된 것은 원록 9년 1월 28일의 일로, 그것이 톳토리의 쿠니모토에 전해진 것은, 원록 9년 8월의 일이었다. 원록 6년에 그러한 일이 두 사람의 조선인에게 전달되었을 리가 없다. 그렇다면 이 일은 어떤 사실을 반영한 것일까. 먼저 『죽도기사』의 모두부분, 원록 6년 5월의 기사를 보기로 한다. 어떻게 쓰시마번이 사건의 발단을 장군에게 들은 것인가. 이하와 같은 내용이다.13)

재작년 [즉 원록 6년 5월] 13일 해가 질 무렵의 일이다. 원번 노중 쓰치야 사가미노카미님의 부하들이 [쓰시마번 에도 저택의] 키키반(聞番)들에게, 편지를 보내 볼 일이 있다고, 그러한 연락이 들어왔다. 지금, 사람 하나를 [사가미노카미님이 계시는 곳에] 보내도록 하라고, 그러한 [지급의] 연락이 있었다. 그래서 스즈키 한베에(鈴木半兵衛)가 찾아 뵙고 [서둘러] 용건을 여쭈었더니, 어용인 코하타 모토에몬님(小畑元右衛門殿)이 나오셔서 [우리 쪽에, 일의 대강을] 말씀해 주셨다. [그것은 이하와 같은 일입니다.] 죽도라는 곳에 작년(원록 5년)에 조선인이 와서 어렵을 하고 있었다 한다. 마쓰타이라(松平) 호우키노카미(鳥取藩主 池田綱淸)님 [의 지배하에 있는 자들이] 이것을 보고, 두 번 다시 [이 섬에] 오지 않도록 일러서 돌려 보냈다. 그러나 [원록 6년의] 금년에도 다시 넘어왔는데, 그 인수는 40인 정도나 되었다. 어렵을 하고 있었기 때문에, 그 중에서 두 사람을 잡아 두고 [오키를 경유하여 호우키로 끌고 돌아왔다. 그 내용을 톳토리번이] 장군에게 보고해 올렸다. [그들 조선인 두 사람은] 나가사키 봉행소에 보내지기로 되어 있다. 나가사키에서 다시 다이슈우(對州)로 보내어 [조선으로 송환하기로] 한다. 그러한 [절차의] 지시가 있었다. 자세한 것은 [곧] 나가사키 봉행소에서 [귀번, 즉 쓰시마 후츄우번(府中藩)에] 연락이 갈것으로 생각한다. [그러나 그에 앞서 이러한 사정을 귀번에 전해두도록 하라. 그렇게 우리 번에 이야기해 주었다. 그리고] 금후 [조선국의 어민이] 다시는 [죽도에] 오지 않도록, 강하게 조선 측에 요구하도록 하라고, 그러한 [대조선 외교의] 지시가 있었다. 이 일을 쿠니모토에 전하여 [명령대로] 실행하도록 하라고, 사가미노카미가 말씀하셨다[라고, 어용인이 이야기했다. 그리고 다시 계속하여] 그런데 오늘의 일입니다만, 위와 같은 사정의 전달이 어전 내에서도 있었는데, [집정하시는 분이, 나가사키 봉행으로 에도에 재근하는] 미야기 에치젠노카미 (宮城越前守)님에게도 [역시 같은] 분부가 있었다. 그래서 [이것에 관한 쓰시마 후츄우번에게도, 역시 나가사키 봉행 미야기 에치젠노카미님한 테서, 다시 연락이 갈 것으로 생각한다. 그러한 사정을] 그분 (오바타 모토에몬: 小畑元右衛門)이 [쓰시마후츄우번의 분들에게] 전달해 두어야 한다고 [사가미노카미가] 그러한 내용을, 이 모토에몬에게 들려주었다. [그래서 귀전(鈴木半兵衛)에게, 이 일을 전해드리는 것이다.] 위의 죽도 라는 곳은, 호우키노카미님의 영내가 아니다. 그 이나바[나 호우키]에서 는 [멀리 떨어진 바다의 저쪽으로, 해로로] 160리 정도나 되는 곳이라 한 다. 그곳은 전복이 명물[인 섬]으로, 대대로 호우키노카미님이 [명물인] 죽도 전복을 장군에게 헌상하신다고 한다. 그러한 장소라는 것이다.

톳토리번도 쓰시마번도 그리고 월번노중인 쓰치야 사가미노카미 (土屋相模守)도 나가사키 봉행 미야기 에치젠노카미도 죽도가 톳토 리번의 영지가 아니라는 것을 당연한 것처럼 이야기하고 있다. 그러 나 조선령이라고는 완전히 생각하고 있지 않다. 어쩌면 막부령인가라 고 그렇게 어렴풋이 생각하고 있었다. 그 정도의 지식이다. 그러나 어 떠한 섬인가가 불명하기 때문에, 장군이 다시 톳토리번에 질문을 했 다. 이에 대해 마쓰타이라 미노노카미 시게요시(重良)가 톳토리번에 게 5월 21일부로 질문한 것이 있다. 이것에 대한 톳토리번의 회답이 다음 22일에 있다. 앞에서도 이야기한 5개 항목의 회답으로, 그 5번째 에 「죽도는 떨어진 섬으로, 이곳에는 사람이 살고 있지 않다. 원래 호 우키노카미의 지배하에 있는 섬이 아닙니다」라고 하는 것이다.14) 톳 토리번령이라는 것을 명백하게 부정하고 있다. 그렇게 즉답한 후에 아직 회답하지 못한 항목에 대해서는 쿠니모토에 물어 보겠다며, 1개 월 후에 다시 회답했다. 그 간, 에도번저와 쿠니모토 사이에, 이 건에 대한 문서가 오갔다. 장군에 대한 답서도, 그대로 쿠니모토에 전해지 고, 또 장군의 의향도 그대로 쿠니모토에 전해졌다. 그래서 번령인가 아닌가의 문제에 대해서는 쿠니모토 사람들도, 여러 가지로 이야기하였을 것이다. 그러한 서간의 정보를, 어쩌면 안용복 등은 흘러 듣거나 혹은 목격한 것은 아닐까. 톳토리 체제 중이나, 또는 나가사키나 쓰시마에서, 그 시점은 불분명하지만, 그러한 서부의 존재를 혹 그가 들어 알고 있었다면, 「톳토리번령이 아니다」라는 서류의 존재를, 어쩌면 「톳토리번령이 아니라 조선령이다」 라고, 즉 「울릉 · 자산 등의 섬을 조선의 지역으로 정하는 관백의 서계가 있다는 사실을 확인했다」라고 이해하게 된 것이 아닐까.

원록 6년 5월 시점에서, 죽도는 톳토리번령이 아니었다. 그것을 톳토리번도 쓰시마번도 알고 있었다. 그러한 톳토리번령이 아닌 섬에 건너갔다는 것만으로, 조선인을 죄인으로 톳토리번에 연행했다. 그러나 그 섬이 톳토리번령이 아니다라는 사실을 장군도 알고 있었다. 그것을 조선인들이 알고 있었다면, 당연히 그들은 무죄를 주장했음에 틀림없다. 그리고 무죄를 장군도 인정하고 있으므로, 그들을 나가사키로 송치할 때 정중하게 취급하며, 여러 가지 물품, 그리고 금품까지 지급했다. 그들의 주장을, 결국 장군이 받아들여 무죄를 인정하여 주었다. 그렇게 그들이 생각했다해도 무리는 없다.

사실 안용복 등은 귀국 후, 그러한 증언을 했다. 『죽도기사』에 영의정 남구만의 생각을 전하는 부분이 있다. 그곳에는 「이 제일의 지위에 있는 분은 처음부터 울릉도에 간 자들의 증언을 모두 믿고 계셨습니다. 그들이 호우키에서 경험한 일, 죽도는 일본의 영내에 있는 섬이 아닌데, 이곳에서 두 조선인을 붙잡아 호우키로 끌고 돌아갔습니다. 그 체포를 한 일본인이 처벌받았다는 것을 그쪽에서 알았다는 일, 또 나가사키로 송환할 때 당당하게 탈 것을 타고 이동하고, 도중에서는 더운 가운데, 길에 물까지 뿌려 주었고, 게다가 돈(金子) 등을 받았다는 것, 그것을 쓰시마 사람이 압수하였으므로 되돌려받고 싶다고 호소한 일 등, 그러한 발언의 취지 전부를 당연하다고 생각하고 계십니다」라고 되어 있다. 이것은 원록 8(1695)년 1월의 기록이다.[15] 원록 7년 8월에 접위관으로 내려온 유집일이 그들을 재심문할 기회가 있었다. 당시의 증언일 것이다. 그들은 분명 무죄를 주장했다. 그것을 알게 된 남구만의 의견이다.

그러나 쓰시마번은 그들이 무죄라는 것을 전혀 인정하려 하지 않았고, 오히려 심하게 대했다. 하사받은 은화나 물품은, 쓰시마에서 모두 빼앗겼다. 이것은 쓰시마의 횡포이다. 쓰시마는 관백 서계의 존재를 무시했다. 그 통달을 지키려하지 않는다. 이것을 장군에게 소송하면 쓰시마 도주는 반드시 처벌받을 것이다. 그러나 쓰시마는 아직도 죽도를 일본령으로 삼기 위해 악착같이 획책하고 있다. 그렇게 안용복, 그리고 조선 측은 생각하고 있었다.

원록 7년과 8년, 이미 일본어선이 죽도에 대대적으로 오는 일은 없어졌다. 그것은 관백의 서계가 있고, 그것이 지켜지고 있기 때문이라고 생각하고 있었다. 그러나 또 원록 9년에, 죽도에 일본인이 건너 왔다. 그렇게 월경하는 일본인을 발견해 추방했다. 일본에서는 관백이 발행한 통달을 아직도 지키지 않는다. 그것은 철저히 지켜야 하는 일이다. 그렇게 되지 않는 원흉은 쓰시마 이외에는 없다. 쓰시마는 대조선외교를 독점하고, 죽도, 즉 울릉도가 일본령이라고 아직도 주장하고 있다. 그러한 쓰시마의 부정, 비리를 그대로 장군에게 전하지 않으면 안 된다. 에도 장군은 이 울릉도, 즉 일본에서 말하는 죽도가 톳토리번령이 아니라고 말하고 있다. 그 섬에 조선인이 건너간 일에 대해,

장군은 무죄라고 인정해 주었다. 따라서 나쁜 것은 쓰시마라고 말해야 하는 것이다.

안용복 일행은 이러한 사분과 공분이 뒤섞인 분노를 가지고 오키를 거쳐 톳토리로 건너간 것이다. 물론 그것만은 아니다. 지루하게 지속되는 교섭, 막다른 골목에 빠진 교섭의 타개책을 찾기 위한, 삼계 사큐완의 지령이 있었기 때문이다. 그 지령이란 쓰시마의 포악을 쓰시마를 통하지 않는 루트로 소송하는 일이었다. 그 새로운 루트를 개척하기만 하면, 그 존재가, 조금씩 쓰시마를 압박하게 된다. 그와 같은 심산이 샤쿠완에게 있었다.

【항해의 지령】

그렇다면 항해 일행의 금후 예정은 어떠한 것이었을까. 톳토리에서 용건을 마치면 죽도(울릉도)로 곧바로 돌아갈 예정이라 했다. 섬에 돌아가면 나머지 12소의 배와 함께, 섬에서 수확한 것을 모두 싣고 6월이나 7월에는 조선으로 귀국한다는 것이다. 귀국하면 조선의 어른(殿樣)에게 세금(運上金)을 바쳐야 한다고 말했다. 그러나 그들의 울릉도에서의 활동이란, 사실은 비공식적인 활동이었다. 물론 공공연한 비밀이기는 하지만, 공식적으로는 금지된 활동이다. 때문에 암거래처럼, 조선의 어른(殿樣: 관리)에게 세금을 바치는 일은 없다. 그렇다면 왜 그러한 발언을 한 것일까.

그들 유통업자의 활동은 그것을 소비지에 옮길 때, 어디선가 세금을 매긴다. 해관을 통과할 때, 항만에 입항할 때, 화물을 상륙시킬 때, 항만 창고에 입고할 때, 그때마다 파악된다. 상품을 이동하여 시장에 진입하는 한, 항상 수수료는 발생한다. 그것은 비밀리에 울릉도에 가거나, 정상적으로 본래의 우송업무, 유통업무를 행하거나, 항시 시장에 들어가는 한 지불하게 되는 것이다. 그것이 싫어 암거래로 상품을 운반한다 해도 그 사회의 규칙 내에서, 그 나름대로의 수수료나 구전은 발생한다. 역시 세금을 대신하는 상납금이 필요하다. 그들은 은밀하게 금제의 섬으로 건너가는, 제도 밖의 세력이라 해도, 고향에 가족이 있는 향당의 일원이자 민중의 한 사람이었다. 조선국임을 증명하는 호패를 소지하는 자들이었다. 그 호패 소지자에게는 인두세가, 즉 조세(運上金)가 부과된다. 귀국하면 윗 사람에게 조세를 바치지 않으면 안 되는 입장이라는 것은, 어떤 경우라해도 변하지 않는다. 그러나 이런 경우는 일반적인 조세 조직의 이야기는 아니다.

그가 말하는 조선의 윗사람(殿様)이란 그가 소속하고 있는 운수통상 그룹의 장, 즉 삼계의 샤쿠완을 말한다. 윗사람에 대한 조세란, 그 샤쿠완에 대한 상납금을 말한다. 윗사람이라고 표현할 정도이므로, 샤쿠완은 비록 뒷세계라 해도, 상당한 고위 인물이다. 그 샤쿠완의 지령으로 안용복은 이 일행을, 그리고 일단을 이끌고 울릉도로 건너갔다. 그리고 다시 오키를 경유해 톳토리에 간 것이다. 안용복은 죽도, 즉 그들의 울릉도해역이 강원도 먼 바다에 있고, 경상도 동래부 관할하에 있다고 주장했다. 그것은 결국 조선국왕의 지배 하에 있는 섬이라는 것이다. 그리고 국왕의 어명은 금상(쿠모샨: クモシャン)이라고 이야기했다. 쿠모샨이란 어쩌면 「군주: 금상」을 말하는 것이겠지만, 츄우샨(チウシャン)이 「주상(主上)」임을 생각하면, 쿠모샨은 「금상

(今上)」을 말하는 것일까. 금상이란 상감(上監)·주상(主上)·군상(君上) 등과 동의어로 군주를 의미한다. 현왕인 군주는 그야말로 금상폐하(今上陛下)이다. 또 동래부 부사의 이름은 일도방백(一道方伯: イルトハンパイ)이라고 말했다. 경상도 방면의 방백(方伯)이라는 것으로, 1도에 걸친 방백이라는 것이다. 방백이란 방면총사령관(方面軍總司令官: 節度使)을 말한다. 즉 경상도 감찰사이다. 그리고 동래부 지배인의 이름은 그야말로 동래부사(トンネフシ)라고 한다. 샤쿠완은 이쿠모산(クモシャン)이나 츄산(チウシャン)과는 다른 사람이다. 또 일도방백(イルトハンパイ)이나 동래부사(東萊府使: トンネフシ)와도 별인이다. 그것은 도대체 어떤 인물을 가리키는 것인가.

삼계(釜山界: 三界)의 샤쿠완(上官: シャクワン)이란 부산계의 상관을 가리킨다는 오카지마 마사요시(岡島正義)의 설을 취한다면, 부산계에 있어 최고 권력자, 즉 무관인 부산첨사를 가리키는 것으로 판단된다.

【부산첨사의 힘】

부산첨사(釜山僉使)는 부산성을 진호하는 무인이면서 부산포 조운의 총책임자이다. 조운은 기존의 행정·군사기구에 크게 존재하며 운영되고 있었다. 그 조운을 운항하기 위한 노동력은 주로 수군에 종사하는 자들, 그것에 관계하는 자들이었다. 보유한 군선도 평화 시에는 조운업무에 전용되고 있었다. 원래 조운선단의 호송은 수군지휘관의 주된 임무이다. 그리고 조선의 수리(修理)나 신조(新造)도 수군이 관할하는 조선소·수리소에서 이루어진다. 또 조선에서 조창(漕倉)으로, 그리고 조창에서 조선(漕船)으로 옮기는 조전(漕轉)에 따른 물품의 출입이 있다. 그 출납·보관·방범·방재 등의 조운업무도 모두 부산첨사 관할하에 있었다. 부산에서 울산으로 그리고 동해로 옮겨가는 조운업무에 관계하고 있었다. 안용복의 행적을 생각하면, 이 부산첨사를 그의 상사로 상정해도 조금도 모순이 없다. 게다가 감독관·지휘관은 조운활동 중에 염공(塩貢: 塩稅) 탈세의 징수를, 그 직무로 하고 있었다. 또 회미활동(廻米活動) 중, 세곡 징수와 상납을 담당업무로 하고 있었다. 안용복이 「조선의 윗사람에게 조세를 바치게 되어 있다」라고 발언한 것도, 이 직무를 가리킨 것일 것이다. 그가 울릉도에서 산물을 운반해 들여오면, 그곳에 당연히 세의 징수가 이루어진다. 아니 조울양도감세장신을 칭하고 있었으므로, 그 자신이 그러한 염공(염세) 탈세의 징수를 공식이건 비공식이건, 아마도 제도권 밖의 세계에서 암거래 루트의 알선자로서의 수수료를 받고 있었는지도 모른다.

삼계의 샤쿠완, 즉 부산첨사는 부산포에서 남해, 동해에 걸쳐, 그 산군 복합체의 수령이었다. 밝혀진 면모도 있고 감추어진 면모도 있다. 이케우치 사토시(池內敏)는 그러한 「토노(님: 殿)」의 존재를 『정조실록』정조 11년 7월조를 인용해 이야기했다.16) 정조 11년의 경우, 권력을 장악한 것은 울산부사로, 울릉도 도해와 어로 허가증「병영지채 포공문(兵營之採鮑公文)」을 멋대로 발행하였는데, 안용복의 경우는 그 도해 및 어로허가증은 삼계의 샤쿠완, 즉 부산첨사가 수여하고 있었다. 이 부산첨사는 그 공권력과 사권력으로, 슬하의 안용복을 자재로 사역하고 있었던 것이다. 그러나 부산첨사라는 정식 지위는 중앙에서 임명한다. 5년 교대로 재임은 없다. 또 도성으로 돌아가고 만

다. 그렇기 때문에 부산에서 시종 변하지 않는 권력을 계속해서 가질
수는 없다. 때문에 그 지위는 그 힘의 원천으로, 새로운 부산첨사라
해도, 전임자와 마찬가지로 강한 힘을 가졌다. 무력과 금력을 장악하
고 있었으므로, 그 말 한마디에 모든 부하가 움직인다. 그러한 강한
힘을 가진 부산 지두(地頭)의 이야기가 『죽도기사』에도 실려 있다.[17]
부산 지두란 역시 부산첨사를 말한다. 여담이지만 그 힘을 시사하는 사
건을 소개한다. 죽도일건(竹島一件＝鬱陵島爭界)과 관련된 사건이다.

　원록 10년 8월 21일의 일이다. 화관의 일본인 일단이 제한구역(화
관의 경계)을 벗어나, 부산포를 지나 동평(東平)이라는 곳까지 외출한
일이 있었다. 원하는 문서(죽도에 관한 謝書)가 화관에 도착하지 않
아, 그것을 재촉하기 위해 행한 것으로, 말하자면 집단적인 시위활동
이었다. 본래 외출을 허가받지 않고 화관에서 일본인 일행이 의도적
으로 외출한 사건으로 「화관란출[和館闌出(らんしゅつ)]」이라고 칭한
다. 이것은 텐나 3(天和: 숙종 9, 1683)년에 조선과 쓰시마가 맺은 계
해조약[18]에 위반되는 것으로, 그것을 무시한 일본 측의 방약무인이
조선 측의 분노를 촉발했다.[19]

　이 후 부산의 지두는 부하에게 지시하여 멀리 외출한 일본인을 습
격했다. 말을 타고 외출한 30인 정도의 일본인 일단이 부산성 앞길로
나가는 것을, 돌연 많은 수가 둘러싸고 투석과 창 등으로 길을 막았
다. 일단이 옆길로 도망치려 하자, 다시 서둘러 뒤쫓았다. 맨 뒤에 있
던 철포역의 이치에몬(市右衛門)이라는 인물이 도망치지 못하고 머
리에 돌을 맞았다. 이치에몬은 그 강타로 기절했으나, 모두가 달려들
어 허리에 찬 도검을 탈취했다. 화관난출에 대한 폭행, 그리고 무장을
해제시켜 본보기로 한 것이다. 일본 측 일단도, 이후 즉시 조선인 셋

을 붙잡아, 그것은 관계없는 인물이기는 했으나, 이 세 사람과의 교환 조건으로, 왜인을 습격한 범인의 검거와 인도를 제시, 요구했다. 그러한 억지스러운 일본 측 요구에 대해, 지두는 거절하며 당사자를 보호했다. 그리고 붙잡힌 조선인 셋도 해방시켰다.

그러한 용기 있는 행동을 취한 부산 지두란, 안용복이나 뇌헌 등을 통솔하는 데 적임자이다. 부산첨사란 무관이 임명되는 역직이다. 즉 무(武)로 일신을 세우는 인물이 이 역직에 배치된다. 화관 역인들과 강한 자세로 절충하는 공적인 얼굴, 그리고 뒷 세계에서도 통용되는 폭력, 밀어 붙이는 강인함, 그리고 의리인정, 그와 같은 성격을 두루 갖춘 「님(殿)」으로서의 샤쿠완의 모습이, 여기에 부상한다. 부산포의 산군 복합 수령이 되려면, 이 정도의 기량을 갖추고 있지 않으면 역부족일 것이다. 그러한 인물이기에, 안용복을 오키에서 호우키로, 그리고 이나바로 가게 했다. 갑술(원록 7, 숙종 20, 1694)년 정월에, 부산첨사였던 이는 박횡(朴紘)이다.[20] 그러나 그 후 교체되어, 동년 9월에 부상첨사였던 이는 이홍적(李弘勣)이다.[21] 원록 7년 9월에 안동지와 같이 울릉도에 건너갔다는 부산 지두란, 이 이홍적을 말한다. 그리고 안용복의 복적 및, 그 후의 울릉도 도해를 수행하게 한 것도 어쩌면 이 이홍적이었을 것이다.

[図12. 釜山浦의 古倭館과 東平]
(『海東諸國記』附図에서)

제5절 주

1) 『通航一覽』卷137, 朝鮮國部113 「竹島」
2) 『肅宗實錄』卷30, 丙子22年8月條
3) 『竹島考』下卷
4) 『肅宗實錄』卷30, 丙子22年9月條
5) 『承政院日記』숙종22년 9월 27일조에서, 李仁成에 대해 그 죄를 묻는 곳에서 「則雷憲以其五寸叔」라고 뇌헌이 그의 5촌 숙부, 즉 遠緣의 숙부라는 것을 기록했다.
6) 『增補文獻備考』卷三31, 興地考19, 海防1, 東海條
7) 申景濬 『旅菴全書』第6卷 「彊界考」安龍福事條
8) 李奎遠 『鬱陵島檢察日記』4月30日條, 5月3日條, 5日條, 7日條
9) 『御用人日記』元祿9年1月28日條
10) 『竹島紀事』元祿6年7月條
11) 張漢相 『鬱陵島事跡』(宋炳基 『鬱陵島/獨島(竹島)歷史硏究』朴炳涉譯, 新幹社、2009년 게재)
12) 于山島를 子山島라고 쓴 기록은 岡島正義의 『竹島考』에도 보인다. 鳥取藩에 남아 있는 古記錄에도 于山을 子山으로 하는 朝鮮人의 공술이 그대로 남아 있다. 岡島正義는 이것을 于山의 오기라고 말하고 있다. 그러나 元祿 9年의 조선인 일행은 이 小島를 子山島라고 믿고 있었다. 그들의 인식은 于山島가 아니라 子山島였다. 또 岡島는 『竹島考』에서 于山國을 千山國라고도 기술했다. 千山도 역시 于山의 오기이다.
13) 『竹島紀事』元祿6年5月條
14) 鳥取藩 『御用人日記』元祿6年5月21日條에(다음 22일에 伊庭七郎左衛門이 美濃守殿에게 持參한 書付의 寫)라고 있으며, 5항목을

기재했다.

15) 『竹島紀事』元祿8年1月8日條

16) 池內敏『安龍福英雄伝說의 形成・노트』名古屋大學文學硏究論集, 史學55, 2009년

17) 『竹島紀事』元祿10年9月條

18) 癸亥約條

中世癸亥約條(嘉吉條約, 1443)과 혼동되나, 이것은 근세 癸亥約條(1683)의 일이다. 그 전년인 天和二年(1683)에 조선통신사를 파견해, 귀국 시 쓰시마에서 교섭이 시작되었기 때문에, 그 해를 기념하여 壬戌約條(1682)라고도 칭한다. 조선 측은 역관 박동지(朴再興)・변첨지(卞僉知:卞承業)・홍첨지(洪禹載)가, 쓰시마 측은 스기무라 우네메(杉村采女: 平眞賢)・타다 요자에몬(多田與左衛門: 橘眞重)・히구치마고자에몬(樋口孫左衛門: 平成昌)・히라다 하야토(平田隼人: 平眞幸)가 교섭에 임했다. 표류민 송환사의 도항제한과 화관 거류민의 난출금지에 대한 결정이다. 전5조로, 제1조가 「금표정외계(禁標定界外), 무론대소사(毋論大小事), 난출범월자(蘭出犯越者), 논이일조사(論以一罪事)」이다. 구역 밖으로 나오는 것을 금하고, 난출하는 죄를 범한 자는 죄1등(사형)에 처한다는 것이다.

19) 尹裕淑『近世癸亥約條의 運用實態에 대하여－潛商・闌出事例을 中心으로-』朝鮮學報, 第164輯, 朝鮮學會, 平成9年

20) 『竹島紀事』元祿7年1月條

21) 『竹島紀事』元祿7年9月條

제6절
원록 9년의 톳토리

【오키에서 호우키 그리고 이나바】

원록 9(1696)년 6월 2일, 오키에서 보고서가 톳토리번에 도착했다. 조선인 11인이 소송을 위해 호우키와 이나바에 올 예정이라는 전갈이었다. 그리하여 톳토리번은 그들의 내항을 기다린다. 톳토리번사 오카지마 마사요시(岡島正義: 1784~1859)가 저술한 『죽도고』의 「조선통사, 우리 번에 내항한다」조를 소개하다. 이 소송을 위해 도해한 조선인 일행은 오카지마의 시대에도 여전히 조선통사로 인식되고 있었다. 『죽도고』의 성립은 문정 11(1828)년의 일이다.

> 원록 9년 6월 4일, 호키국 아카사키나다(赤碕灘)에 조선국의 선박이 도착했다. 이러한 전갈이 급히 도착했다. 이전에 오키국 대관인 고토우 가쿠에몬(後藤角右衛門)의 하수인도 5월 20일에 조선선 한 척이 오키에 도착했다는 보고를 해 왔다. 상세히 묻자, 조선선 32척이 죽도(울릉도)에 도해했다고 한다. 그 중 한 척이 소송을 위해 오키에서 호우키국으로 건너 왔다는 것이다. 아카사키나다에 온 조선선이 그 선박일 것으로 보고, 선수역(船手役) 야마자키 슈메(山崎主馬)를 바로 현장에 보냈다. 문제의 조선선은 게타군(氣多郡)의 나가오바나(長尾鼻)를 돌아, 우리 해안에 다다랐다. 이 선박과 마주친 야마자키슈메는 정박하기 곤란하므로 견인선 수척을 보내, 아오야항까지 회항시켰다. 항구에 들인 후, 경비선을 붙여 이 배를 엄중히 경호하게 했다.

조선선박이 아카사키나다에 도착하자 바로, 쿠니모토가 에도번저(江戶藩邸)에 이 사실을 보고했다. 에도번저는 즉시 이 사건을 월번노중 오오쿠보 카가노카미(大久保加賀守)에게 전했다. 그 사실이 『어용인일기』 원록 9년 6월 13일조에 나와 있다. 그 구상서의 내용은 오카지마의 기술과 거의 일치한다. 오카지마는 번의 기록들을 꼼꼼히 조

[図2. 赤碕台場図]
(『新修鳥取縣史』인용)

사하여 『죽도고』를 완성했다.

구상서

조선선 한 척이 5월 20일, 오키국에 착안했다. 이로 인해 대관 고토우 카쿠에몬의 수하인 나카세 히키에몬(中瀨彈右衛門)과 야마모토 키요에 몬(山本淸右衛門)이 [승선한 조선인들의] 상황을 물었다. 그러자 [회답이 있어] 이번에는 조선선 32척이 죽도에 도해했다고 한다. [오키에 착안한 배는] 그 중 한 척으로, [승선]인수는 11명이라고 한다. 이들은 호우키국 에 청원할 것이 있어 도해했다 한다. 위의 두 사람이 비각을 보내, 이러 한 취지를 금월 2일 쿠니모토의 부하에게 알려 왔다. 동4일, 호키슈우 아 카사키라는 해안에 그 조선선이 도착했다고 그곳 번인들이 알려 왔다. 상세한 것을 물어 보고하겠다. 쿠니모토가 오늘 비각으로 그 취지를 알 려 왔다. 우선 [이를] 보고한다. 이상.   6월 13일

6월 4일, 조선선은 아카사키나다에 도착했다. 다음 날 6월 5일에 야마자키 슈메의 안내로 배는 아오야에 착안한다. 아오야의 센넨지 (專念寺)를1) 일단 그들의 거처로 했다. 『죽도고』에는 이 배의 깃발이

기재되어 있다. 「아오야의 차야 헤이스케(茶屋兵助)의 슬하에, 그때 온 이국선의 인원 기록 및 배의 소속을 나타내는 선험도가 있다. 다음과 같다」라는 기록이다. 그리고 「조울양도감세장신안동지(朝鬱兩島監稅將臣安同知騎)」와 같이 기록된 선인을 게재했다. 그들은 톳토리번에 대해 자신들이 조울양도감세장으로, 조선국왕의 사신이라고 소개했다. 이 사실은 『숙종실록』 22년 9월 무인조에 기록되어 있다. 여기에는 「울릉자산양도감세장(鬱陵子山兩島監稅將)」의 「사인(使人)」으로 칭했다고 기록되어 있다. 힐문당하자, 단순한 사신이라고 답변했다. 그러나 톳토리에서는 조선국왕의 사신통신사라고 공언하여, 끝까지 그가 사신이라고 믿고 있었다. 오키에서 호우키, 그리고 이나바로 건너간 당시의 상황을 『숙종실록』은 다음과 같이 기록하고 있다. (『숙종실록』 숙종 22년 9월조)

乘船直向伯耆州假稱鬱陵子山兩島監稅將使人通告本島送人馬迎之渠服青帖裏着黑布笠穿皮鞋乘轎諸人並乘馬進往本州渠與島主對座廳上諸人並下坐中階

[오키에서] 승선하여, 바로 호우키슈우로 가서, 울릉자산양도감세장의 사인이라고 가칭하고, 장차 사람을 시켜 본도(본주)에 통고했습니다. [본주]에서 인마를 보내어 맞이하였으므로, 저(안용복)는 푸른 철릭을 입고 검은 포립을 쓰고 가죽신을 신고 교자를 타고, 다른 사람들 모두는 말을 타고 고을로 갔습니다. 저와 도주는 청상에 대좌하고, 다른 사람들은 모두 중계에 앉았습니다.

톳토리번은 그들을 가마와 인마(人馬)로 맞이했다. 안용복은 푸른 관복을 입고 검은 갓을 쓰고 가죽신을 신은 정장차림으로 가마를 탔다. 다른 사람들은 말을 타고 당당히 톳토리 성하로 들어갔다. 안용복은 청사의 전상에서 국주(國主)와 대좌했다. 다른 이들은 중계(中階)에서 대기한 채, 회담이 이루어졌다. 이처럼『숙종실록』은 전하고 있다. 그러나 오키에서 취조할 때「조선주재지도구지각(朝鮮舟在之道具之覺)」에는 이처럼 훌륭한 관복이나 가죽신은 없었다. 그래서 이 이야기는 그가 만들어냈다는 설도 있다.

「조선주재지도구지각」에는 의복에 관한 기술이 전혀 없다. 11명이나 있는데, 상하의, 허리띠, 수건류가 전혀 없을 리 없다. 일부러 기록하지 않았을 수도 있다. 또 땔감은 있지만, 화로나 조리 도구류는 전혀 기재되지 않았다. 허리에 찬 칼을 조리용 칼이라 하고 있다. 그러나 냄비류, 식기류도 없다. 만약 실제로 없었다면 어떻게 밥을 지을 수 있고 먹을 수 있었겠는가. 죽도에서 일본인을 쫓아내려 했다. 즉 갑작스럽게 출발하여 준비하지 않고 배를 출항시켜, 그러한 물품은 해안의 임시가옥에 두고 왔다고 설명할 생각이었을까. 그러나 그들의 도해는 계획적인 도해였다. 분명 준비부족이었다는 것은 부정할 수 없다. 오키의 오오쿠무라에서 그 준비부족을 지적당하고 있다. 그렇다 해도 해상생활에 필수품인 취사도구가 전혀 없는 것은 납득이 가지 않는다. 게다가 그들은 오오쿠무라에서 쌀은 공급받았으나, 조리도구까지 대여받지는 않았다. 때문에 결국 그들은 필요한 조리도구 일체를 지참하고 있었다고 생각된다.

단지 그것을「조선주재지도구지각」에 오키의 관리가 의류와 마찬가지로 기술하지 않았을 뿐이다. 오키 역인에게 중요한 일은, 조선선의 장비, 즉 항해능력과 소지한 무기류(전투능력), 그리고 식료의 비축, 즉 지구력에 관한 파악이었다. 그 중요한 물품을 나열해 기술했을 뿐이다. 그것은 이국선이 갑자기 내항한 일에 대해, 오키 역인이 행한 최소한의 위기관리였다. 이국선의 능력에 대해, 힘을 다한 개략적인 평가였다. 여기에 기입한 것은 우선 상급관청에 보고할 항목으로, 해방(海防)이라는 관점에서 보면, 필요불가결한 정보였다. 기재된 것은 보고대상으로 가치가 있었고, 조리도구나 의류 등 생략된 것은 그 점에서 보고대상으로서 가치가 낮았던 것이다.

【소송하는 사신】

그들은 조선의 사신으로 그에 합당한 차림과 관명으로 「호우키국에 청원할 일이 있어 도해」한다고 말했다.[2] 그 청원(願之儀)이란 오키의 연락에 의하면 「죽도지의(竹嶋之儀)」에 대한 소송이라는 것이다. 그들을 통신사로 생각한 톳토리번은 표류민이나 포로가 아닌 사신으로, 그리고 이객으로 정중히 처우한다. 6월 8일, 번의 후신봉행(御普請奉行)인 기타무라가 부하관리와 함께 아오야에 도착해, 바로 그들과 절충에 임했다. 그러나 상세한 사정은 알지 못했다.[3] 아오야의 센넨지에 그들이 머무는 동안, 번청에서 사신으로 히라이 콘자에몬(平井金左衛門)도 파견되었다. 그리고 그들과 회담했으나 통사가 없어, 소송에 관한 상세한 사정 역시 알 수 없었다 한다. 때문에 유학자 쓰지반안(辻晩庵)을 파견하여, 그 송사에 대해 상세히 설명하도록 하여, 필담하기에 이르렀다. 그 결과, 소송 내용이 오키에서 미리 전해 온 것과 같은 「죽도지의」에 관한 것이 아니었음을 알았다. 쓰지반안의 이해에 의하면, 아무래도 그것과는 다른 것 같다는 보고였다.

> 앞서서 지난번에 오키국에서 알려온 내용은, 죽도에 관해 소송하기 위해 간다는 내용을 주진하여 왔으므로, 상황을 알아보라고 히라이 콘자에몬에게 명하여, 가게 하였는데, 통사가 없어 확실한 것을 알 수 없어, 쓰지반안을 아오야로 보냈다. 반안이 아오야에 도착하여 센넨지로, 안용복과 그 외 두 명을 불러 대담하며 들었으나, 죽도에 관한 소송 건도 듣지 못했다는 내용을, 콘자에몬이 반안에게 듣고 돌아왔다. 선중에 있는 물건의 기록도 쿠니모토에서 보내왔다.[4]

히라이 콘자에몬과 쓰지반안은 안용복과 그 외 두 명의 조선인과 센넨지에서 대담하였다. 그리고 그들의 이야기를 주의 깊게 들었다. 어떠한 소송이었는지 콘자에몬도 반안도 알고 있었던 것 같다. 그들은 조선인이 「기록해」둔 서부를, 그것은 선중에 보관되어 있었던 것이었으나, 이것을 센넨지에서 받았다. 아마도 오키국 오오쿠무라의 민가에서 조선인들이 기록하여 엮은 「이번의 소송일권(今度之訴訟一卷)」일 것이다. 이 서부를 본 쿠니모토의 관계자들은 이것이 이번 사신들이 소원(訴願)한다는 중요한 서부라고 생각했다. 때문에 쿠니모토의 가로들은 에도로 서둘러 이 서부를 보냈다. 이러한 쿠니모토의 결정은 6월 12일의 일이었다. 집정 아라오 시마(荒尾志摩/荒尾秀就)의 집에 간부가 모여 의논했다.

> 조선인의 건에 대해 오늘(6월 12일)시마댁에 모이는 일이 있었다.[5]

의논한 결과, 이 서부를 포함하여 에도에 보고했다. 그 한편으로, 조선인들에게 소송내용을 직접 듣기로 했다. 그래서 그들을 톳토리로 불러들이기로 했다. 즉시 아오야에 연락하여, 그들의 이동을 지시했다. 즉 조선선을 유도해서, 톳토리의 외항 가로항에 그들을 맞아들일 것을 명했다. 조선인이 가로에 입항한 것은, 논의가 행해진 이틀 후인 6월 14일이었다.

> 조선인을 아오야에서 오늘(6월 14일)에 가로 토우센지로 불러 들여 두기로 했다. 야마자키 슈메, 히라이 킨카에몬, 군 봉행이 두 사람과 동행하여 왔다.[6]

조선인 일행은 야마자키 슈메, 히라이 킨자에몬, 그리고 군봉행이 시종하는 가운데, 바다에서 인슈우의 주부(州府)로 들어 왔다. 그 외항인 가로에 도착했고, 새 숙소는 가로의 토우젠지(東禪寺)였다.[7] 번의 역인들은 일행의 상륙을 지켜보았고, 숙사에 그들이 도착하는 것을 확인하였다. 그리고 그들에게 다시 이야기를 들었다. 이를 듣고, 쿠니모토의 가로들은 다음날 6월 15일에, 이 건에 대한 대책을 검토했다. 역시 아라오 시마댁에 관계자가 모였다. 월번집정 와다 시키부 마사노부(和田式部眞信), 고죠우다이반(御城代番) 미노우라 쿠로우도(箕浦藏人), 어용인 노마 미키스케(野間造酒介) 그리고 오메쓰케(御目付) 등이었다. 또한 사신들에게 실례하지 않기 위해 시중역을 결정했다.[8]

> 1, 조선인 건에 대해, 오늘(6월 15일) 시마댁에 시키부(式部), 구로우도(藏人), 미키스케(造酒介), 오메쓰케(御目付)가 모였다.
>
> 동일
> 1, 조선인이 카로에 있을 동안, 모든 일을 돌보기 위해 오카치카시라(御步行頭), 군봉행(御郡奉行)에게 명하여 사람 하나를 보내 근무시키라고 명했다.

토우젠지(東禪寺)에 짐을 푼 조선인 일행에 우선 시중을 붙이고, 정중히 접대하기 위해 환영연을 예정했다. 향연은 토우젠지에 도착한 7일 후에 행해질 예정이었다. 시중역뿐 아니라, 원래의 손님을 접대하기 위해 새로 요리사도 결정했다. 토우젠지는 이름으로 알 수 있듯이 선종으로 「산문에서는 훈주를 불허한다(不許薰酒入山門)」와 같이 술을 공개적으로 마실 수 없다. 그러나 안용복은 애주가였다. 원록 6년에는 하루에 3승까지라는 허가를 받아, 마셨다. 토우젠지는 현재는 토우젠지(東善寺)라 불리는 정토종의 고찰로, 선종이었는지는 확실하지 않다. 그러나 어쨌든 절이기 때문에 자유롭게 술을 마실 수 있는 곳은 아니었다. 때문에 그의 기호에 맞춰, 술자리에서 환담자리를 갖

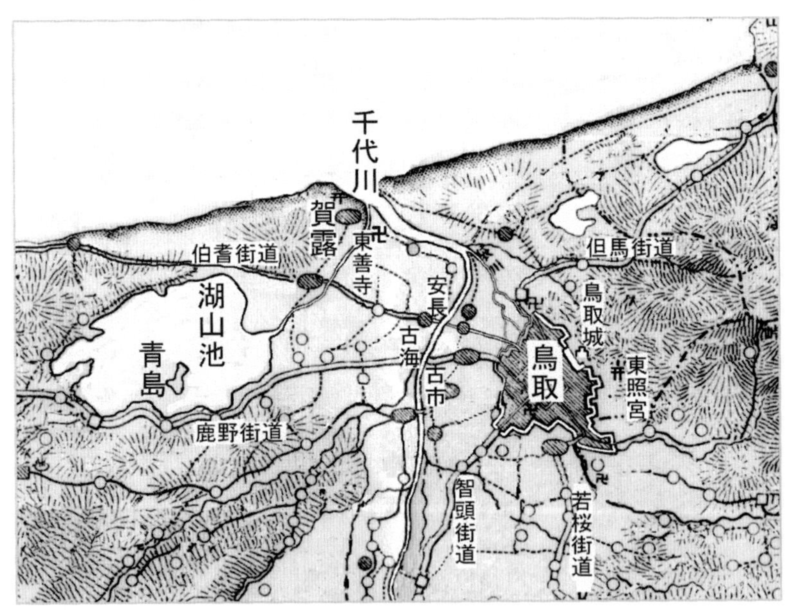

[図3. 賀露 주변의 지도]

기로 했다. 그 준비를 끝내고 드디어 연회일이 도래했다. 6월 21일로, 그곳까지 이동하였다. 이 일행의 이동에 있어, 그 행렬은 조선통신사를 흉내 낸 것이었다. 또는 쓰시마에서 조선에 파견되는 참판사의 행렬을 따라 한 것이었다. 때문에 규모는 작아도 가마가 준비되었다. 『인부연표』의 기술은 다음과 같다.

> 11일, 11명의 이객을 톳토리 성하로 맞이하였다. 말 9필을 보냈다. [안동지, 이진사 두 명은 가마에 탔다.] 토다 이치에몬(戸田市右衛門), 오카지마 후지베에(岡嶋藤兵衛), 마키노 이치요시에몬(牧野市良右衛門)이 이동 중 보호하여 본회소 [그 당시 2丁目에 있었다]에 두기로 하였다. 우라한(裏判) 조사역의 우하라 덴고베에(羽原傳五兵衛)에게 두류 중의 식사를 명했다.

안용복 일행이 톳토리에서 가마와 말을 타고 이동한 사실은 『인부연표』에도, 조선 측의 『숙종실록』에도 있다. 한일 양국의 기록에 남아 있듯이, 이 행렬의 이동은 사실이다. 이국 사절접대에 있어서는, 조선통신사와 참판사의 경우도 매우 정중히 행해진다. 톳토리번이 가마를 준비한 일은 충분히 타당성이 있다. 토우젠지에서 연회장으로, 그것도 자유롭게 술을 즐길 수 있는 곳으로, 그들은 이동했다. 『인부연표』는 그 장소를 「본정회소(本町會所)」로 한다. 그러나 그곳은 원록 6년에 안용복과 박어둔이 납치 감금된 곳이다. 그러한 곳에 그들을 데리고 갈 리가 없다. 이번에 온 사신 안동지가 원록 6년의 안핀샤(안히챤)이다. 그 일을 이미 톳토리번에서는 알고 있었다. 『죽도기사』에는 「11명 중의 한 사람은 이전에 죽도에 온 조선인 안히챠구로, 그는 사정을 잘 알고 대개의 일본언어를 말합니다」라고, 그렇게 톳토리번의 역인이 이야기했다.9) 그렇다면 그들을 감금해 두었던 장소에,

그 쓰라린 기억이 있는 곳에, 이번에 사자로 온 당사자를 안내하여 접대 장소로 한다는 것은 있을 수 없다. 그들은 손님이지, 통상의 표류민이나, 지난번과 같은 포로가 아니다. 일국의 사신으로 정중히 접대하지 않으면 안 된다. 그렇기 때문에 이전의 장소에 간다는 것은 불가능하다. 이 부분에 관해 말하자면, 원록 6년의 자료에 있는 「조선인 본정회소에 넣다(朝鮮人の本町會所入り)」라는 정보의 혼입이다. 이케우치 사토시(池內敏)는 그의 『안용복과 톳토리번』에서, 외국인의 톳토리 성하 입장은 행렬규제(行列規制)가 없는 일로, 이 안용복의 이송이 없었다는 것을 논증했다.[10) 하지만 처음부터 본정회소 들이가 없으므로, 행렬규제가 없는 것은 당연하다. 그러나 성하 들이가 없다 해서, 이 행렬이 행해지지 않았다고는 할 수 없다. 그들은 분명 어딘가로 갔다.

【연회석에서의 회담】

그렇다면 그들은 어디로 간 것일까. 구체적인 기술은 안타깝지만 없다. 그러나 가능성이 있는 기술이 남아 있다. 그것이 『숙종실록』의 「안용복이 도주와 청상에서 대좌」라는 부분이다. 안용복은 원록 9년 당시, 톳토리번주인 마쓰타이라 호우키노카미(松平伯耆守: 池田綱淸)와 대좌할 예정이었다. 그 준비가 우하라 덴고베에(羽原伝五兵衛)에 의해 착실히 행해지고 있었다. 당시의 안용복은 천한 어부도 모험상인도 아니었다. 일국을 대표하는 사절로, 삼품당상의 사신이었다. 즉 조선의 고관이라는 소문이었다. 번주와 대좌해도 이상하지 않다. 조선통신사는 장군과 알현한다. 사신은 그처럼 높은 지위를 지닌다. 때문에 샤쿠완은 조선통신사를 모방하는 계획을 세웠고, 안용복이 도일한 것이다. 그 사신과 번주의 본격적인 대담장소는 역시 톳토리성이다. 그리고 곧 번주가 귀국한다. 그러한 번주와의 대담이 있기 전에 실행된 준비로, 번노(藩老)는 그들에게 미리 이야기를 들어 두려고 생각했다. 그래서 연회석을 마련한 것이다.

그러나 안용복은 그 연회석을 예비담화라고는 생각하지 않았다. 여기서 대화를 나눈 중요인물을 당연히 번주라고 오인했다. 귀국 후 그렇게 발언하지만, 여기서 회담한 인물은 번주가 아니었다. 번노 중 한 사람으로, 아마도 아라오 시마(荒尾志摩)였을 것이다. 그 회담장소로 상정되는 곳은 가로에서 센다이가와(千代川)의 하반(河畔)을 조금 거슬러 올라간, 성과 가까운 후루미(古海)의 찻집(茶屋)이었을 것이다. 톳토리번에 있어, 그곳은 영빈관에 해당하는 접대연회석의 장소였다. 이 강 근처에는 이나바 토우쇼우구(東照宮)의 오타비쇼(御旅所)도 있다. 성스러운 의식 장소였다. 때문에 가로의 토우젠지에서 행렬지어, 가마를 타고 위풍당당하게 이 회의장소에 들어왔다. 이는 초량 화관(和館)에서의 참판사 행렬과도 유사하다. 참판사는 행렬지어 숙배소(肅拜所)에서 전폐(殿牌)에 예를 올린다. 그 후, 연향대청(宴享大廳)에 들어가서, 양국이 축연 중에 대담을 한다. 이 번의 사신 일행도 토우쇼우구(聖殿)와 그 오타비쇼(聖地)를 향해 절을 올리고, 그 후 후루미의 찻집에서 축연을 열고 대담을 시작했다. 이러한 절차였을 것이다. 이 행렬의 행로는 마을 안이 아니라 교외였다. 때문에 교통규제를 행하는 일은 없었다. 그리고 물론 찻집에서는 술을 마실 수 있었고 가무도 행해졌다. 이 찻집의 좌석에서는, 하급관리가 연좌한 가운데, 그 대담이 이루어졌을 것이다.

보다 전인 6월 11일, 번주의 동생 만노스케(이케다 미쓰나카의 5남, 이케다 키요카쓰)가 일족의 이케다 곤노스케 마사히로(池田權之助池田政弘)의 양자가 되어, 막부의 허가를 받기 위해 쿠니모토에서 출부했다. 그때 만노스케(万之助)는 이 후루미의 찻집에 들렀다. 아마도 출발 연회가 이곳에서 행해졌을 것이다. 이 찻집은 『예전(礼典)』에 있는 오리정(五里亭)이라는 곳으로, 5리 정도 떨어진 지경에서 공적인 송영이 이루어졌다. 이별의 향연 후, 만노스케 일행은 가로를 출발하여, 6월 13일 배로 에도로 향했다. 이 일행과 엇갈리듯이 안용복 일행이 아오야에서 가로로 들어갔다. 6월 14일의 일이다. 그리고 만노스케 일행과 반대순서로 가로에서 토우젠지, 그리고 이 후루미의 찻집에 도착했다. 6월 21일의 일이다. 여기서 환영연회를 끝내고, 다시 그들은 토우젠지로 돌아갔다. 번로에게도 이 회담은 유익했다. 조선 사신단에게 직접 이야기를 들을 수 있었다. 이제 번주의 귀향을 기다릴 뿐이었다.

[図4. 鳥取城의 繪図]

【회담의 내용】

여기서, 그 회담내용을 살펴보자. 『숙종실록』의 기술은 다음과 같다.[11]

島主問何以入來答曰前日以兩島事受出書契不啻明白而對馬島主奪取書
契中間僞造數遣差倭非法橫侵吾將上疏關白歷陳罪狀島主許之遂使李仁成
構疏呈納

도주(국주)가 어찌하여 들어왔는가를 물었다. [안용복이] 답하기를, 전
일에 [울릉 자산] 두 섬의 일로 서계를 받아낸 일이 명백한데, 쓰시마 도
주가 서계를 빼앗고 중간에서 위조하여, 자주 차왜를 보내는데, 이것은
비법으로 횡포 침범[이라고 말해야 한다.] 내가 반드시 [지금 이 일을]
관백에게 상소하여, 그 죄상을 두루 말하려 한다. 도주(국주)가 이것을
허가했다. 드디어 이인성에게 소를 지어 바치게 했다.

도주(톳토리번주를 지칭하나, 실제로는 번노)는 무슨 일로 일본에
도해했는지를 물었다. 안용복이 답하기를, 쓰시마의 잘못을 장군에게
소송한다는 것이었다. 이전부터 쓰시마는 울릉 자산 양도에, 조선인
어민의 왕래를 금지시키기 위해, 조정의 서계를 요청하고, 그 동안 거
래하고 있었다. 그러나 이 섬은 조선령으로, 그러한 요구가 부당하다
는 것은 명백한 일이다. 뿐만 아니라, 쓰시마 도주는 양국 사이에 있
으면서, 서계를 빼앗고 중간에서 그들의 상황에 유리하도록, 양쪽의
서계를 위조했다. 게다가 스스로 공을 세우기 위해, 그러한 취지가 포
함된 사자를 몇 번이고 조선에 보냈다. 이는 불법의 횡포로, 그야말로
범월로 보아야 한다고, 이렇게 말하며 안용복은 쓰시마를 비난했다.
그리고 이러한 쓰시마의 비리행위는 용서할 수 없다. 지금이야말로
동도의 관백(토쿠가와 장군)에게 상소문을 제출하여, 그 죄상을 피력

하여 진술하려고 생각한다. 그때문에 왔다고, 이렇게 도주(실은 번노)
에게 전했다. 그러자 도주는 안용복의 소송을 받아들여, 상소를 허락
했다. 그래서 이인성에게 문체가 정비된 상소문을 작성하게 하여, 이
것을 도주(번노)에게 제출하자, 그것을 도주가 받아들였다. 연회에서
의 대담은 이러한 내용이었다.

　오키의 대담에서 알 수 있듯이, 안용복의 일본어 능력은 상당한 수
준이었다. 소송의 의도를 전하기에 충분한 능력이었다. 톳토리번의
번노도, 안용복의 일본어 능력으로 보면, 그 의도를 대부분 이해했을
것이다. 도해목적인 쓰시마의 부당한 태도를 장군에 소송한다는 이야
기는 분명 그 자리에서 들어 두었다. 이는 아오야의 센넨지와 가로의
토우젠지에서 번사가 들은 내용과 같다. 다른 이야기가 아니었다. 즉
아오야 센넨지에서의 번사와의 대담, 그리고 이 후루미에서의 번노와
의 대담, 이 모든 것이 혼합되어 『숙종실록』의 대담장면으로 기술되
어 있다. 즉 센넨지에서 번사에게 건넨 「이번의 소송일권 (今度之訴
訟一卷)」도, 이 대담장소에서 도주(번노)에게 건넨 것으로 되어 있다.
어찌되었든 안용복이 대담 석상에서 전한 내용은 쓰시마가 조일 양
국 사이에서 부당한 행위를 하고 있다는 것이다. 그 불법행위를 관백
(토쿠가와 장군)에게 상소하는 일이, 그가 도해한 목적이었다. 그러나
이는 번노 입장에서는 다른 번에 대한 비난이다. 이를 어떻게 받아들
여, 장군에게 어떻게 보고해야 하는가, 번노는 어려운 판단을 하지 않
으면 안 되었다.

　덧붙이자면, 조선인 일행이 아오야에 체재할 때, 아오야의 찻집에
서도 접대 연회가 행해졌다. 오카지마 마사요시는 「아오야 찻집의 헤
이스케의 곳에, 그때 온 이국선원이 기록과 선험도(船驗ノ図)를 소지

하고 있다」고 기록하고 있다. 아오야 찻집의 헤이스케는 조선인 일행의 인수, 각각의 인물상, 또 일행의 상황 등을 똑똑히 관찰하고 있었다. 이는 연회의 진행을 담당한 자가 당연히 분별해 두어야 하는 일이었다. 그 연회 전후, 아오야의 센넨지에서 「이번의 소송일권」을 안용복이 톳토리번사에게 제출했다.

안용복은 이 「이번의 소송일권」이 에도에 보내지기를 원했다. 이것이 관백(토쿠가와 장군)에게 도착하면, 그의 도해목적이 달성되는 것이다. 쓰시마를 경로로 하지 않는 별도의 루트가 새롭게 연결되는 일이 된다. 이는 쓰시마에 대한 강한 견제가 된다. 안용복이 이 도주(실은 번노)와의 회담에 건 기대는 매우 컸다. 회담으로 그것이 착실히 실행될 것이라 생각했기 때문이다. 그러나 실제로는, 그들이 기록한 [이번의 소송일권]은 이 회담 전에 이미 비각에 의해 에도에 전달되었다. 번노와 대담한 다음 날, 즉 6월 22일에 그 소장은 에도번저에 도착하여, 다시 장군에게 제출되었다. 안용복의 기대는 착실히 실행되고 있었던 것이다.

【톳토리번의 대응】

아오야의 센넨지에서 안용복이 번사 히라이 콘자에몬에게 한 이야기는, 오키에서 연락해 준 것과 같은 「죽도의 건」이 아니었다. 쓰지반안도 보고했듯이 일단 「죽도의 소송 같지는 않다」는 것이었다. 그것은「섬의 논쟁」이 아닌, 쓰시마의 비리를 소송하는 것이 주목적이었기 때문이다. 전술했듯이 이때, 센넨지에서 그들은 안용복에게서「원하는 것(願之儀)」과「이번의 소송일권」을 제출받았다. 그「원하는 것」을 구상서로 기록한 것과「이번의 소송일권」을, 쿠니모토에서 에도번저로 보냈다. 그리고 6월 22일에 키키야쿠 요시다 히라마(吉田平馬)가 월번 노중 오오쿠보 카가노카미(大久保加賀守)에게「자세한 구상서(委細之御口上書)」, 즉「원하는 것」을 구상서로 기록한 것과, 그것과 더불어 조선인의「기록(書き記し)」, 즉「이번의 소송일권」을 정식으로 제출하였다.

今日大久保加賀守殿へ、御聞役の吉田平馬を以って、委細之御口上書、並びに朝鮮人の書き記しを、一所に御差し出し遊ばきれ候[12]
오늘 오오쿠보카가노카미님께서 키키야쿠 요시다 히라마를 보내, 자세한 구상서 및 조선인의 기록을 같이 제출하셨다.

그러나 톳토리번 입장에서는「쓰시마의 비리」라는 타번에 대한 비방을, 증거도 없이 그대로 장군에게 제출할 수는 없었다. 후일을 위해서라도 증거 없이 비난하는 일은 주저할 수밖에 없었다. 때문에 내용을 서부로 해서, 문서로 남기는 일에는 신중을 기했다.「말이 통하지 않아서」,「잘 알 수 없어서」라고 말을 흐리며, 소송이 있었다는 것만을 보고했다. 즉 조선인이 단순히 소송을 원한다는 보고에 그치고 있다. 이는 고심 끝에 생각해낸 교묘한 보고였다.

하지만 톳토리번 사람들은, 이 소송내용에 대해, 이미 잘 알고 있었다. 에도저택의 사람이 쓰시마번의 중개인에게 그 내용을 전했다. 『죽도기사』에서는「어찌되었든 그 쪽에 관한 일이라고 들었습니다」

라고 솔직하게 이야기하고 있다. 톳토리번 입장에서는 쓰시마번에 대한 비난의 소송 등에 같이 협력할 수는 없는 일이었다. 그러나 일국의 사절이 도해하여, 정식으로 막부에 전달해 주길 요구하고 있다. 이를 피할 수도 없는 일이다. 때문에 다음과 같이 기록한 것이다. 「말이 통하지 않아서」, 「잘 알 수 없어서」와 같이 장군에 보고하고, 그 소송에 대해 처리할 수 없다며, 조선외교를 전문으로 다루는 쓰시마번에 응원을 요구했다. 그 결과가 통사파견이었다. 쓰시마번의 통역사를 매개로 한 소송이라면 쓰시마번에 불리한 발언을 극력히 억제할 수 있다. 또 쓰시마 측의 의도도 알 수 있다. 그렇게 되면 톳토리번이 쓰시마번의 비난을 받는 일은 없을 것이다. 그러한 판단이었다.

이 「말이 통하지 않아서」, 「잘 알 수 없어서」라는 톳토리번의 보고를 받고, 장군은 통사파견을 결정했다. 그리고 쓰시마번의 통사와 잘 의논하여 조선인에 대처하라고 전했다. 이국의 소송은 나가사키에서 행하는 것으로 기록되어 있으니, 그렇게 설명하라는 지시도 내렸다. 조선인의 「이번의 소송일권」에 대해서는 모르는 척 넘어갔다. 이 단계에서 장군이 직접 그 내용에 관여하는 일은 없었다.

분명 안용복의 증언대로, 톳토리번은 그의 상소문 「이번의 소송일권」을 접수하여, 쿠니모토에서 에도번저로 보냈고, 에도번저는 그것을 장군에게 보냈다. 그리고 장군도 그러한 소송이 있다는 사실을 쓰시마번에 알렸다. 그래서 쓰시마번은 조선에 원록 10년 「지난 가을에 귀국인이 정단한 일이 있는데 조정의 명령에서 나온 일인가」라고, 외교교섭 중에 동래부에 질문하고 있다.13) 그에 대해 동래부사는 「표풍우민의 행위에 관해서는 만일 사실이라 해도, 조정이 알 바가 아니다」라고 답변한다. 조선정부가 관여한 일이 아니며, 우민이 행한 행위라고 답한 것이다. 그리고 「소송 건은 망작의 죄이다」라고, 처벌에 해당되는 일이라며 정부가 관여한 사실을 강하게 부정했다.14)

하지만 안용복의 행동을 과연 동래부가 몰랐을까. 이것은 조일 교섭의 눈속임 작전으로, 별동대의 행동이었다. 교섭이 난관에 부딪히자, 새로운 전개를 위해 비밀리에 행한 작전의 하나였다. 화관과 교섭하는 전선사령관(즉 동래부사)은 몰랐어도, 작전본부의 참모들은 잘 알고 있었을 것이다. 안용복은 그러한 작전의 희생양이었다. 다시 일본에서 포박되어, 이번에는 사형에 처해질지도 모른다. 그런 위험한 작전의 실행대장이었다. 그러나 그 위험에 상응하는 보수도 약속받았을 것이 틀림없다. 처음부터 일본에서도, 톳토리에서도 우구받을 것이라는 계산이 있었다. 큰 이익을 얻을 수 있을 것이라고, 그렇게 생각하고 있었다. 그래서 삼계(三界) 샤큐완의 지시대로 바다를 건너 호우키에서 이나바로 가서, 장군에게 소송했다. 물론 동시에 그의 사적인 울분도 전했을 것이다. 즉 쓰시마에서는 심하게 취급받고 금품을 빼앗겼다고, 대담 시, 톳토리번에 강하게 호소했음이 틀림없다.

【장군의 대응】

이번에는 장군의 대처방안을 모색해 보기로 한다. 에도에서 6월 23일에 월번 노중인 오오쿠보 카가노노카미가 쓰시마번의 당번 스즈키 한베에(鈴木半兵衛)를 불러 들였다. 『죽도기사』 원록 9년 6월 조를 보자.

6월 23일에 카가노카미님의 부하 아마노 요미에몬(天野与三右衛門)과
콘도우 효우타유우(近藤兵太夫) 쪽에서 이쪽(쓰시마번)의 루스이(당번)
쪽에 편지를 보내, 오늘 나오도록 하라는 명이 왔다. 그래서 루스이 스즈
키 한베에(鈴木半兵衛)가 찾아뵈었다. 전달자 토리이 쿠모하치(鳥井雲八)
를 대면하고, 부름이 있어 찾아뵈었다고 말씀드렸더니, 카가노카미님의
어전으로 안내했다. 용건이 있으니 가까이 오라고 [카가노카미님이] 분
부하셨다. 옆으로 다가갔더니, 지로우토노(次郎殿:對馬藩主 宗義方)에
[의뢰할 일이 있어, 그 일을] 카가노카미님이 말씀하실 것이니 [그것을
전해달라는 것이었다. 그것은] 조선인이 오키국에 와서, 대관들에게 말
한 것은, 이나바에 소송의 건이 있다고 말했다는 것이다. 그래서 그대로
오키국에서 호우키국에 알려 왔다. 조선인은 호우키국에 와서, 그리고
이나바에 왔는데, 대체로 말이 통하지 않았다. 그것에 대해, 당지[의 에
도에 있는 쓰시마 저택, 그리고] 오오사카[의 쓰시마 저택]에, 혹시 통사
를 두고 있으면, 이나바에 내일이나 모레에 [출발시켜 주었으면 한다.]
호우키노카미님(鳥取藩主 池田綱淸)의 부하 쪽에 가서 [그 톳토리번 저
택에서] 상의하여, 같이 이나바로 파견한다고 하는 일을 부탁하고 싶다.
조선인들이 말하는 것을 [어떻게든 이해하지 않으면 안 되는데, 아무래
도 말이] 통하기 어렵다. 지로우님[의 번]에는, 통사의 건은 그런대로 [인
재가 구비되어 있는 것 같아, 그래서 의뢰를 한다는] 것이다. [본래]서부
로 신청해야 하는 일이라고 생각하고 있으나, 잘 생각하여 진행할 수 있
는 [시간적 여유가 있는] 일이 아니다. 내일 오후 2시경에 다시 그쪽에·
[연락을] 드리려고 생각한다. 자세한 것은 [그때] 서부로 전달하기로 한
다. 일반적으로 말하자면 이나바국에 조선인이 왔으면 나가사키 봉행소
로 송치하여, 저쪽에서 모든 것을 이야기하는 것으로 되어 있다. 그렇게
선대분(德川家光)이 결정하셨다. 그래서 이번에도 위와 같이 이나바에서
[나가사키로 가도록] 명하였으나 [조선인들은] 받아들이지 않았다. 보통
의 표류인과 달리 [이번은, 일부러] 이나바에 소송하러 왔다고 말하고
있어 [전례대로는 안 된다. 그래서] 통사의 파견을 [이렇게] 이야기한 것
이라고, 이러한 내용의 [카가노카미님의] 지시가 있었다. 그래서 한베에
가 말씀드린 것은, 생각하시는 뜻을 [서둘러 돌아가] 지로우에게 전달하
겠습니다. 그러나 당지 [에도 및] 오오사카나 쿄우토[의 번저택]에 놓아
두고 있는 부하들 중에는 통사 역할을 수행할 자가 없다고 생각합니다.
지시하신 취지에 대해서는 지로우에게 전하고, 다시 [그것에 대하여] 보
고를 드리겠습니다라고, 그렇게 말씀드렸다. 그때 마쓰타이라 호우키노
카미님의 루스이 요시다 히라마가, 이 한베에보다 먼저 카가노카미님 옆
으로 불려 갔다. 카가노카미님이 히라마에게, 생각으로 해서 말씀하신

것은, 어찌되었든, 어떻게든 이나바에서 소송을 말하고 싶다고, 조선인
이 말하고 있으면, 이나바에서 [일단 그 말하는 것을] 취급하지 않으면
안 될 것이다. 한베에에게 대해서는 제사를 히라마와 상담하도록 하라
고, 그렇게 명하셨다. 그래서 두 사람이 같이 쓰기노마(御次間)로 물러나
[상담하는] 일이 되었다.

　쓰기노마에서 한베에가 요시다 히라마에게 상황을 물었더니, 히라마
가 말한 것은, 오키국에서 조선인 11인이 배 1소에 타고, 6월 4일에 호우
키국에 착선했다. 그 중 5인은 출가했다. 호우키에 잡아두고 있는 가로
분이, 이나바에 서둘러 연락해 주었다. 선대부터[의 결정으로] 이쪽에서
는 어떤 일도 취급하지 않고 [이국인의 일은 모두] 나가사키 봉행소[에
서 취급하게 되어 있다. 그러니 나가사키로] 보내도록 하라는 [법령의]
지시가 있었다. 그래서 [그들에게] 이나바에 갈 필요가 없다고, 그렇게
이야기했다. 그러자 화를 내고 삿대로 이쪽 사람을 때려눕히는 것과 같
은 일이 있었다. 그리고 말하는 것에는, 우리들이 먼저 이쪽으로 왔으나,
죽도에는 조선선이 [소송을 위해] 30여 소가 와 있다고, 그렇게 말했다.
[그리고 호우키를 출발하여] 다음 5일에, 조선인들은 이나바에 도착했다.
11인 중에는 작년에 죽도에 건너 왔던 조선인 한 사람, 안히챠쿠라는 인
물이 있다. 모든 일에 대한 사정을 잘 알고 있고, 간단하지만 일본어를
이야기할 수 있다. [그 자의 말에 의하면] 소송의 일은, 그쪽 분(쓰시마
번)에 대한 일이라고, 그러한 일이 [이쪽 에도번저까지] 들려왔다. 그러
나 카가노카미님에게는, 그쪽 분의 일이라는 것은 말씀드리기 어렵기 때
문에, 모든 일이 언어가 통하지 않으므로 라고 [말을 얼버무려] 말씀드
렸다. 그것에 대해 카가노카미님이 생각하신 것은, 필담을 하면 사정을
알 수 있는 것 아닌가. 필담을 하지 않았는가라고, 그렇게 말씀하셨다.
그래서 필담을 하면 [문언의 서부가 남아] 소송의 건을 접수한 것과 같
은 일이 됩니다. 그래서 필담을 하지 않았습니다라고 말씀드렸다. 어쨌
든 [조선인들은] 그쪽 분의 일에 대해 무엇이라고 말하고 있기 때문에,
이나바에 통사나 시중을 보내, 그에 상응한 [대책]을 부탁하고 싶다. 안
히챠쿠가 작년에 죽도에 왔을 때, 쿠니모토나 조선에서 [그를] 포박하는
등 [부당한 처사를] 취하지 않았는가. 그러한 일 등을 [그는 자꾸] 말하
고 있다. 어쨌든 무엇이라고 그쪽 분의 일을 [비난하는 것과 같은 것을]
말하고 있다. [그렇게 히라마가 말해 주었다.] 그래서 한베에가 말한 것
은, 그처럼 [부당한 처사를 한] 일 등에 대해서는, 대체로 [지금까지] 들
은 일이 없다. 이번의 조선인이 [일본의] 영지에 온 이상, 선대님이 이국
선의 일에 대해 지시하신 봉서의 사본 [그것들을 이쪽에] 주실 것을 요
구하고 돌아 왔다.15)

六月二十三日、加賀守様の御家來の天野与三右衛門と近藤兵太夫方か
ら、こちら(對馬藩)の御留守居方へ、手紙を以て今日罷り出る様にと申
し伝えが來た。そこで御留守居の鈴木半兵衛が參上した。取次の鳥井雲
八へ對面し、お召しがあり參上致しましたと申した處、加賀守様の御前
へ召し出された。御用の事が有るので近くに参る様にと[加賀守様が]仰
せられた。御側へ伺候すると、次郎殿(對馬藩主の宗義方)へ[依頼する事
があり、その事を]加賀守が申すので[それを伝えて欲しいとの事であっ
た。それは]朝鮮人が隱岐國へ參り、代官どもへ申した事は、因幡へ訴訟
の儀が有ると言う事であった。それゆえ、その通りを隱岐國から伯耆國
へ申し伝えてきた。朝鮮人は伯耆へ罷し越し、それから因幡へと參った
が、おおよそ言葉が通じ無かった。それに就いて、御当地[の江戸の對馬
藩屋敷、そして]大坂[の對馬藩屋敷]に、もしも通事が差し置かれている
のであれば、因幡へ明日なりとも明後日なりとも[出發させて欲しい。]伯
耆守殿(鳥取藩主の池田綱清)の家來方まで參り[その鳥取藩屋敷で]申し合
わせをし、一緒に因幡への派遣という事をお願いしたい。朝鮮人どもが
申す所を[何とか理解しなければならないが、どうにも言葉が]通じ難
い。次郎殿[の御藩]では、通事の事は一通りの[人材が揃っているようで
あり、それゆえ依頼をするという]事である。[本來]書付を以て申し進め
るべき事と思っているが、じっくりと思案をして申し進めるような[時間
的余裕の有る]事では無い。明日八ツ時(午後二時頃)に又々その方へ[御連
絡を]差し上げようと思う。委細は[その折]書付を以て申し伝える事にす
る。一般的に言えば、因幡國へ朝鮮人が參ったならば、長崎奉行所へ轉
送し、あちらで諸事を申し渡す事になっている。そのように御先代様(德
川家光)がお決めになった事である。それゆえ、この度も、右の通り因幡
に於いて[長崎に行くよう]申し付けたのであるが[朝鮮人たちは]承引しな
かった。平生の漂流人と違い[この度は、わざわざ]因幡へ訴訟に參った
という事であり[前例の通りにはならない。それゆえ]通事の派遣の事を
[こうして]申し進めたのであると、このような旨の[加賀守様の]御指図が
あった。そこで半兵衛が申し上げた事は、御考えの御趣旨を[早速、罷り
歸り]次郎へ申し伝えます。しかしながら、御當地[江戸、ならびに]大坂
や京都[の藩屋敷]に差し置いている家來どもの内に、通事の御役目を果
たす者は居ないと存じます。御指示の御趣旨に付いては、次郎に申し伝
え、追って[それについての]御報告を差し上げますと、そのように申し
上げておいた。その節、松平伯耆守様の御留守居の吉田平馬が、この半
兵衛より先に加賀守様の御側に召し出されていた。加賀守様が平馬に、
その御考えとして示された事は、兎も角、どうあっても因幡で訴訟を申

し上げたいと朝鮮人が申しているのであれば、因幡に於いて[一応その言い分を]取り上げなくては成らないであろう。半兵衛に對しては、諸事を平馬と相談するようにと、そのように御命じになられた。そして両人が共に御次の間に退き[相談する]事となった。

　御次[の間]で半兵衛が吉田平馬に様子を尋ねた處、平馬が申したのは、隱岐國から朝鮮人十一人が船一艘に乗り、六月四日、伯耆國へ着船した。その内五人は出家である。伯耆に差し置いている家老方から、因幡へ早々に連絡が入った。御先代から[の御決定で]こちらでは何事も取り上げず[異國人の事は總て]長崎御奉行所[で取り扱う事になっている。それゆえ長崎]へ遣わす様にとの[法令での]御指示がある。そこで[彼の者たちに]因幡へ参る必要は無いと、そのような事を申し聞かせた。だが立腹し、水竿でこちらの者を打ち倒すような事があった。そして言う事には、我々ばかりが先に、こちらに参ったが、竹嶋には朝鮮の船が[訴訟のため]三十艘余りも参って居ると、そのように申して來た。[そして伯耆を出發し]翌五日には、朝鮮人たちは因幡へ到着した。拾一人の内には、先年、竹嶋へ渡って來た朝鮮人の一人、アンヒチヤクという人物がいる。諸事について、よく事情に通じており、おおよそながら日本言葉を話すことができる。[その者の言によれば]訴訟の事は其元様(對馬藩)の事であると、そのような事が[こちら江戸の藩邸までも]聞こえて來た。しかしながら加賀守様へは、其元様の事であるなどという事は申し上げ難いので、何事も言葉が通じないのでと[言葉を繕って]申し上げておいた。それに就いて、加賀守様の御考えに成られた事は、筆談を行えば事情が分かるのではないか。なぜ筆談は行わなかったのかと、そのように仰せ掛けられた。そこで筆談を行っては[文言の書付が殘り]訴訟の事を受け付けたと同前の事になります。それゆえ筆談を致しませんでしたと申し上げた。兎も角も[朝鮮人たちは]其元様の事について何かと申しているので、因幡へ通事や侍衆を遣わせ、然るべき[對策]をお願いしたい。アンヒチヤクが先年、竹嶋へ参った折、御國元や朝鮮に於いて[彼を]縛り付けるなど[理不盡な仕打ちを]成されなかったであろうか。そのような事などを[彼はしきりに]話していた。兎も角として、何かと其元様の事を[非難するような事を]申していた。[そのように平馬が語ってくれた。]そこで半兵衛が申した事は、そのような[理不盡な仕打ちを行った]事などについては、おおよそ[これまで]聞いた事が無い。今度の朝鮮人が[日本の]御領分へ参った次第、ならびに御先代様が異國船の事に付き御指示下さった御奉書の寫し[それらを、こちらに]下さる様、申し入れをし、それから罷り歸った。

노중 오오쿠보 카가노카미의 생각은, 어떻게든 이나바에서 소송을
하고 싶다고 조선인이 말한다면, 이나바에서 일단 이야기를 들어 주
지 않으면 안 된다는 것이었다. 그때까지 쓰시마를 중개로 한 외교경
로를 이 조선사절은 기피하고 있다. 쓰시마의 부당함을 호소한다는
것은 쓰시마를 통한 외교교섭을 거부한다는 의미이다. 그러한 소송의
본질에 대한 인식이 당시의 오오쿠보에게는 있었다. 즉 카가노카미는
제출 받은 「이번의 소송일권」을 읽었다. 쓰시마에 대한 비난문이라는
것을 알고 있었다. 그 후에 통사의 파견을 쓰시마번에 의뢰했다. 그
진의는 무엇인가. 아마도 쓰시마번이 참가한 자리에서의 화해의 권고
였다. 분쟁이 일어났으니, 이나바를 중개로 해서 서로의 의견을 듣고,
화해를 모색하는 일, 그러한 처리방침이었을 것이다. 때문에 카가노카
미가 이해하고 있던 것은, 영토분쟁이 아니었다. 「이번의 소송일권」에
기록된 것은, 조선인이 쓰시마에서 받은 부당한 대우, 약탈당한 금품,
그에 대한 보상과 사죄의 요구였다. 물론 쓰시마가 조일양국 사이에
개입하여, 마음대로 문서를 위조하고 상대국에게 허위사실을 전하고
있다는 비난도 다수 기입되어 있었음에 틀림없다. 그러나 카가노카미
는 서로 말이 통한다면 그러한 문제는 쉽게 해결될 것이라고 생각했
다. 이는 소통의 문제에서 생긴 오해이다. 그것이 누적되어 생긴 「원
한」의 문서가 아닌가. 그러한 오해는 상호이해로 간단히 해소되는 것
이다. 기재된 금품의 요구액도 대단한 액수가 아니었다. 이는 소송이
라 할 것도 없고, 통사만 파견되면 현지에서 해결될 일이라고, 월번
노중으로서 판단했다. 그래도 해결이 안 된다면, 그때 다시 나가사키에
가도록 지시하면 된다. 이국인의 소송은 이나바에서 다룰 것이 아니라,
나가사키에서 다룰 문제이다. 쓰시마를 매개로 하는 루트를 기피하는

조선인이라면, 하고 싶은 내용은 소송으로 해서 나가사키에서 접수하면 된다. 그것으로 충분하다. 때문에 신속히 재가를 내린다. 오오쿠보 카가노카미는 마쓰다이라 호우키노카미에게 전달문서를 보냈다.16)

메모

이나바에 가고 싶다고 말하기 때문에, 이것을 말렸으나, 납득하지 않고 [배를 내어 호우키에서 이나바로 건너왔다.] 이에 따라 이나바의 아오야라는 포구 근처에 당번을 붙여 [그들을 잡아두었다 한다.] 말이 잘 통하지 않기 때문에, 그가 소원하는 것을 자세히는 알지 못하나 [그곳에서 소송을 접수하지 않는다고 그들에게] 이해시키도록 해 주었으면 한다. 소우 지로우(宗次郎) 쪽에서 부하를 파견할 것이므로, 그쪽의 부하와 상의하여, 어떤 소원이 있다 해도 나가사키에 가서, 나가사키 봉행에게 [이야기하여, 그 소원을] 말하여 [행하는 일이 된다.] 이러한 일을 [그들에게 바르게] 전해 주었으면 한다. 그 후에도 그래도 나가사키에 갈 수 없다고 한다면, 다른 곳에서 [소송을] 취급할 수 없다. 그러한 대법의 내용을 설명하여 귀범할 것을 말하지 않으면 안 된다. 그렇게 [이 일건의 방침을] 지시한다. 이상.

6월 23일

覺

去る[六月]四日、伯耆國赤碕へ着岸した朝鮮人が、因幡國へ參りたいと申すので、これを差し留めたが、承引せず[船を進め伯耆から因幡へと渡り來た。]これに依って因州靑屋と言う浦辺に番人を附け[彼らを留め置いたという。]言葉がしっかりと通じないので、その訴願の子細は分からないが[その地で訴訟は受け付けないと、彼らに]承知させるようにしていただきたい。宗次郎方から家來を派遣するので、その方の家來と相談を致し、何れの願いであっても長崎へ罷り越し、長崎奉行へ[訴え出て、その訴願は]達し[行われる事になる。]このような事を[彼の者たちに正しく]伝えて欲しい。その上で、なおも長崎へ參る事はできないと、そのような事を申すのであれば、外の所で[訴訟を]取り上げる事はできない。そのような大法である旨を申し含め、歸帆するよう申し伝えなければならない。そのように[この一件の方針を]申し付ける。以上

六月二十三日

이러한 전달은 당연히 쓰시마번에도 전해졌다. 그래서 쓰시마번의 에도번저는 일단 그들의 이야기를 듣기 위해, 톳토리에 통사를 파견하기로 결정했다. 그 결과, 일부러 쿠니모토인 쓰시마에서 사자로 스즈키 곤베에, 유우히쓰(祐筆)로 아비루 소우베에(阿比留惣兵衛), 그리고 통사로는 모로오카 스케자에몬(諸岡助左衛門)과 카세 후지고로우(加勢藤五郎)를 톳토리에 파견했다. 그리고 톳토리에도 그러한 내용을 막부가 연락했다. 「막부령으로 해서, 근일에 소우씨의 신하 스즈키 곤베에와 역관을 파견할 것」이라고 있다.[17]

【쓰시마번의 곤혹】

그러나 연락을 받은 쓰시마번의 쿠니모토에서는 심상치 않은 사태라고 생각했다. 이는 조선인의 소송을 쓰시마를 통하지 않고 장군이 수용하는 일이다. 호우키에서 그들의 의견을 듣고, 나가사키에서 그들의 소송을 접수한다고 한다. 이는 쓰시마번의 본래 역할을 무시하는 일로, 권익침해에 해당된다. 조선 이외의 이국에 대한 일은 분명히 나가사키 봉행소 관할이다. 그러나 조선에 대해서는 무슨 일이든 쓰시마번을 중개로 한다는 것이 당시의 규칙이었다. 그 관례를 무시하는 일이므로 실로 예사롭지 않은 사태였다. 쓰시마 외의 루트를 허가하게 되면 무역루트조차 다른 루트가 개척되고 만다. 그렇게 되면 이미 쓰시마의 권리는 상실된다. 쓰시마의 사활 문제였다. 즉시 쓰시마번은 사태의 타개를 위해 행동에 나섰다. 번주 후견인 소우 요시자네(宗義眞)는 이때 쿠니모토에 있었다. 그곳에서 친분이 있던 노중 아베 분고노카미(阿部豊後守)에게 이 건에 관해 상담하였다.

다시 『죽도기사』를 보자.18)

양국(일본과 조선)의 통교는 고래로 관례가 있어, 타이슈우(對州)에게만 그 통용이 맡겨져 있습니다. 그 이외의 길로 통용하는 것과 같은 일은, 결코 없었습니다. 그러한데, 이번에 그러한 오랜 법을 깨고, 타이슈에 말하지 않고 타국으로 건너가 직접 소송하는 것과 같은 일이 생겼습니다. 이것은 아주 잘못된 일입니다. 그렇기 때문에 이번의 소송은 어떠한 방식이라 해도 그것을 취급하게 되면, 장래 장군에게 말해, 어려운 일을 해결했다는 것이 되고 맙니다. 이러한 일은 어떠한 결과가 될까요. 그리고 장군은 쿄우부 타유우 소우 요시자네(刑部大輔宗義眞)에게 조선 담당역을 명하시고 계십니다. 이것은 이 일을 없었던 것으로 하는 일도 됩니다. 이번에 [도해하여] 소송을 원한 자는 [그 나라의] 법을 어긴 자이므로, 아무렇지 않게, 그러한 자의 호소는 취급하지 말아야 합니다. 그 이유를 전하여, 인슈우에서 그자들을 조선으로 돌려보내는 것이 좋을 것이라고 생각합니다. 그러한 일에, 만일 어려움이 있다면 나가사키로 회송하면 어떨까요. 그곳에서는 표민과 마찬가지로 취급하여, 정례대로 취급합니다. 그리고 쿄우부 타유우 쪽에 양도하게 되면, 그대로 조선에 보내지게 되어 [쓰시마를 매개로 한다고 하는] 일의 도리도 세워지고, 장래에 걸쳐 전례로 해도 이상하지 않습니다.

両國(日本と朝鮮)通交の事は古來より仕來りが有り、對州の一手に、その通用は任されています。それ以外の筋から通用を仕るような事は、ついぞ有りませんでした。そのような處に、今度そのような古法を破り對州へ申し届けず、他國へ罷り渡り直に訴えをするような事が持ち上がりました。これは不届きの至りであります。それゆえ此の度の訴訟は、どのような方式であろうと、それを御取り上げに成られたならば、將來に亘り公儀にとり、御難しい事を聞き入れてしまったと成ってしまいます。この事は如何なものでございましょうか。その上、公儀は刑部大輔(宗義眞)に朝鮮担当の御役を仰せ付けておられます。これは、この事をないがしろにする事にもなります。この度[渡海し]訴訟を願い出た者は

[彼の國の]法に背いた者であり、何事に依らず、そのような者の訴えは
御取り上げなさらぬ事でございます。その由を御伝え下さり、因州か
ら、その者どもを朝鮮に差し返されるのが宜しいかと存じます。そのよ
うな事に、もし差し障りがあるとすれば、長崎に回送なさっては如何で
しょう。彼の地では漂民と同様にして定例の通りに扱われます。そして
刑部大輔方へも御渡しになられたならば、そのまま朝鮮へ送り届ける事
になり[對馬を介するという]筋目も相立ち、將來に亘る前例としても、
おかしく有りません。

쓰시마번은 그러한 자의 호소는 취급할 필요가 없다고 강하게 주
장했다. 호우키는 물론 나가사키에서도 그 소송을 다룰 필요가 없다.
단 수속상, 나가사키로 회송해서, 그곳에서 쓰시마번으로 송환하면
된다고 그것만을 주장했다. 그러면서 한편으로는 노중 오오쿠보 카가
노카미의 지시를 받고, 서둘러 쓰시마 본국에서 톳토리로 사자 일행
을 파견했다. 그러나 출발에 앞서, 일행에게 에도에서 연락이 있을 때
까지, 절대 조선인과 이야기해서는 안 된다고 엄명했다. 톳토리에서
조선인들의 의견을 청취하는 일 등은 있어서는 안 되기 때문이다. 조
선인에 대한 조사는 쓰시마번에서 행해야 하는 일이었다. 일단 통사
는 파견하지만, 그 역할을 톳토리에서 해서는 안 된다는 것이 소우
요시자네의 생각이었다. 때문에 앞서 나간, 오오쿠보 카가노카미에
의한 막부 방침의 수정을 요구했다. 그것이 아베 분고노카미를 매개
로 한 의견제시였다. 쓰시마번 에도가로 오오우라 츄우자에몬(大浦忠
左衛門)이 아베 분고노카미에게, 의견제시를 위한 각서를 제출했다.
다음과 같은 것이다.19)

메모
1, 조선인이 어떠한 소송을 [장군에게] 신청하려고 하고 있는 것인가.

그 내용은 [지금으로서는] 불명입니다. 그러나 [그들은] 이나바를 목표로
바다를 건너왔습니다. 게다가 [지금의 단계에서는] 죽도일건에 대해, 그
해결이 되는 장군의 결정을, 아직 [저쪽 조정에는] 전하지 않았습니다.
그래서 아마도 [그들의 소송이라는 것은] 이 죽도에 관한 일로 [그 진전
을 재촉하는 것]이 아닐까요. [금년 1월의] 장군의 [결정은] 지극히 좋게
생각하신 결정으로, 그것은 또 조선국을 위해서도 좋도록 분부하신 결정
입니다. 그러나 그 결정은 아직 [그 나라에] 전하지 않은 단계로, 그것을
전하지 않은 상태에서, 이번의 [조선인의 도해와, 그 소송이 시작되었습
니다.] 이 소송의 상황을 [혹시 장군이] 들으시게 되면, 사전에 교우부 타
유우에게 분부하여 [그것으로 해결된다고 예정하신 장군의 결정이, 효력
이 없어지고 마는 것 아닐까요. 즉 그러한 결정(일본인의 죽도도해 금지)
이 이미 내려진 일을] 저쪽이 [믿지 않고] 이 번의 조선인을 보내어, 직
접 소송을 신청한 것을 [장군이 처음으로] 듣고 납득하시어, 그 결과 [다
시] 지시를 내리셨다고 생각하게 되겠지요. 그렇게 되면 이후에도 조그
만 일이라도 직접 [장군에게] 소송하려고 하는 일이 되고 맙니다. 장군
에게 있어서도 성가신 일이 자주 생기는 사태가 됩니다. [그렇게 되지
않도록] 특히 교우부 타유우에게는 [조선에 대한] 역할을 [현재] 명하여
두었습니다만, 이 역할의 규정도 없다는 듯이 [타이슈우를 제쳐두고 교
섭하는 것과 같은] 사태가 [금후로] 전개되는 일이 될 것입니다. [문제의
해결을] 원하는 자가 [조선에 관계되는] 어떤 소송을 제소해 온다 해도,
일본과 조선은 예부터의 계약이 있어, 어떤 일이라도 타이슈우가 주선을
하지 않으면 [장군은] 들으시지 않는 것입니다. [일본의] 어느 쪽으로 넘
어와도 [그러한 소송은] 취급하지 않는 것이 [국법입니다.] 그렇기 때문
에 [그렇게 전하면] 반드시 [그러한 자들은] 귀국하게 될 것입니다. [그
래도 소송을] 신청하며 듣지 않으면, 몇 번이고 교우부 타유우를 통해,
즉 타이슈우를 매개로 하여 신청하도록 하라고, 그 뜻을 [분명히] 지시
하여 [그들을 조선으로] 돌려보내면 된다고 생각합니다. 그러는 사이에
[그 나라에서] 역관이 도해해 올 것입니다. 그때, 교우부 타유우에게 분
부하여 두신 [장군이 결정하신] 취지를 전달하겠습니다. 그렇게 되면 이
번의 [조선인의] 소송을 들으시기 전에 [이미 결정이 내려져 있었던 일
을, 그들도 이해할 것입니다. 그 나라에 그 일을 전하도록, 타이슈우에
그런] 분부가 있었다는 것을 분명히 아는 일이 됩니다. 그것은 금후를
위해서도, 그렇게 해야 한다고, 그렇게 생각하는 바입니다.

覺

一 朝鮮人が、どのような訴訟を[公儀へ]申し上げようとしているのか、その内容は[今のところ]不明でございます。だが[彼らは]因州へ志向し、海を渡って参りました。その上[今の段階では]竹嶋一件に付いて、その落着となる公儀の御決定を、まだ[あちらの朝廷へは]申し渡しておりません。それゆえ恐らく[彼らの訴訟というのは]この竹嶋についての事で[その進展を促すもので]は無いでしょうか。[今年一月の]公儀[の御決定は]至極結構に御考えになられた御決定であり、それはまた朝鮮國の爲にも宜しい様に仰せ付けられた御決定でございます。だがその御決定を未だ[彼の國に]申し渡していない段階で、その申し渡さぬ内に、今度の[朝鮮人の渡海と、その訴訟が始まって参りました。]この訴訟の様子を[もしや公儀が御聞き届けに成られては、前以て刑部大輔へ仰せ付け置かれ[それで落着となる予定の公儀の御決定が、効力を失ってしまうのではないでしょうか。つまり、そのような御決定が、すでに下された事を]あちらは[信じず]今度の朝鮮人を差し渡し、直接、訴訟を申し上げた事で[公儀が初めて]御聞き分けになり、その結果[改めて]御指示を下されたと思う事でございましょう。そうなっては今後共に、少しの事でも直接[公儀へ向け]訴訟を仕るような事になってしまいます。公儀にとって御面倒な事が、度々聞こえて來る事態に成って参ります。[そうならぬよう]殊に刑部大輔へは[朝鮮向けの]御役が[今]仰せ付け置かれていますが、この御役の規模も無いような[對州を飛び越し交渉するような]事態に[今後]なって來る事で御座いましょう。[問題の解決を]願う者が[この朝鮮に關わる]どのような訴訟を訴え出て來ても、日本と朝鮮國とは古くから契約が有り、何事に於いても對州が取り次ぎをしなくては[公儀は]御聞き届けには成られぬ筈であります。[日本の]何方へ罷り越しても[そのような訴訟は]御取り上げには成られぬ[國法でございます。]それゆえ[そのように伝えれば]必ず[そのような者どもは]歸國することになる事でございましょう。[なおも訴訟を]申し出て叶わぬような事があれば、幾度も刑部大輔を以て、つまり對州を介して申し上げるようにと、その旨を[しっかりと]御指示下さり[彼らを朝鮮に]御返しに成られれば宜しいかと思います。その内には[彼の國から]譯官も渡海して來る事でしょう。その折に、刑部大輔へ仰せ付け置かれた[公儀の御決定の]御趣旨を、申し遣わす事に致します。そうなれば今度の[朝鮮人の]訴訟を御聞きに成られる以前[すでに御決定が下されていた事が、彼らにも分かります。彼の國に、その事を伝えるよう、對州にその旨の]仰せ付けがあった事を確かに知る事になります。それは今後の爲にも、そうあるべきであると、そのように思うところでございます。

1, 조선통교의 일은 예부터 양국에는 계약이 있습니다. [바른 교류를 위해] 동인을 건네주고, 이 인계(印契)를 지참하지 않는 배는 그 나라에서 받아들이지 않는 것으로 되어 있습니다. 그 나라에서 일본에 통교할 때, 이 타이슈우를 의지하여 통교하는 것이 관습으로 되어 있어 타국으로 직접 건너, 그곳에서 통교하는 것과 같은 일은 없습니다. 이것은 예부터 [분명한] 합의가 있는 일이기 때문에, 그래서 타국에 가서, 그곳에서 소송하는 것과 같은 일은, 지금까지 한번도 [들은 일이] 없는 일입니다. 이번에 어떤 방법이라 해도 [그러한 조선인의 소송을] 취급하시면, 금후에 있어 [좋지 않은] 정례가 되고 맙니다. 그렇게 [우리들은] 생각하는 바입니다.

一 朝鮮通交の事は、古くより兩國には契約がございます。[正しい交流のため]銅印を差し渡して置き、この印契を持參しない船は、彼の國では請け入れを致さぬ事になっております。彼の國から日本へ通交する時は、この對州を賴り通交する仕來りになっており、他の國へ直接渡り、そこから通交するような事は有りません。この事は古くから[確かな]申し合いの有る事なので、それゆえ他國へ參り、そこで訴訟をするような事は、これまで、ついぞ[聞いた事も]無いような事でございます。今度、何れの方樣であっても[そのような朝鮮人の訴訟を]御取り上げなさっては、今後に至る[惡しき]定例にも成ってしまいます。そのように[私どもは]考えるところで御座います。

1, 이번에 [조선인이] 소송을 제기한 취지는, 장군에게 직접 [죽도의 일을 소송하여] 들으시게 하려는 것입니다. 그러나 이 소송 내용에 따라서는, 답하시기 곤란한 것도 있을 것입니다. 그렇게 되면 장군에게도 어려운 일을 들으신 일이 되고 말아 [그러한 전개는] 어떠한 일이 되겠습니까. [그저 번거로울 뿐입니다. 소송을] 원하는 자에 대해, 그 주선을 [본래] 수행하는 역할자를 제쳐 두고, 타국에 가서 직접 [타국에서] 소송을 하는 것과 같은 일은, 결코 주선할 수 없다는 것이 [우리나라의] 국법입니다. 그러므로 [즉시] 돌아가라고 명령하시어, 인슈우에서 직접 [조선으로] 돌려보내는 것이, 제1로 [취할 대책]이라고 생각합니다. 제2[의 대책으로는, 혹시라도] 인슈우에서 직접 돌려보내는 일이 어떠할까라고 생각하신다면 [그들을 일단] 나가사키로 회송시키는 것이 좋다고 생각합니다. 그곳에서는 표민으로 취급하여, 정례대로 모두 조사한 후, 교우부 타유우에게 건네주게 됩니다. 그렇게 되면 [그들을 타이슈우에서] 조선으로 송환합니다. 그때, 그 나라에 전하는 것은, 고법을 깨고 타국에 건너

가 직접 소송하는 것과 같은 일은 아주 좋지 않은 일이다. 소송할 일이 있으면 식법에 따라 [먼저] 예조에서 [수속을 밟아, 그 후에] 타이슈우에 신청해야 한다고, 그렇게 전달할 것입니다. [그렇게 되면 주선을 하는 타이슈우에서는] 이것을 받아 장군에게, 그 소송을 제출한다고 하는 일이 됩니다. [이번의] 천한 어민을 [이나바에 직접] 보내어 [그곳에서 장군에게 소송을] 신청한다고 하는 일은 장군을 가볍게 보는 일로, 어찌되었든 괘씸하기 짝이 없는 방법입니다. 그렇기 때문에 엄하게 [그 나라에] 요구해야 하는 일로, 그것이 당연한 일입니다.

一、今度[朝鮮人が]訴訟を申し上げる趣旨は、公儀へ直接[竹嶋のことを訴え出て]御聞き願おうとする事で御座います。だがその訴訟の内容によっては、御返答の困難なものもございましょう。そうであれば公儀にとっても御難しき事を御聞き遊ばされる事になってしまい[そのような展開は]如何なものでございましょうか。[ただ煩わしいだけではございませんか。訴訟を]願う者に對し、その取次ぎを[本來]果たす役目人を差し置き、他國へ参り、直に[他國で]訴訟を仕るような事は、決して御取り上げには成られぬという[我が國の]國法でございます。それゆえ[直ちに]罷り歸るよう嚴しく御命じになられ、因州より直接[朝鮮に]差し返されるのが、第一[の取るべき策]であると存じます。第二[の策として、もしも]因州から直に差し返される事が、どうかとお考えになられるのであれば[彼らを一旦]長崎へ回送させるのがよいと存じます。彼の地では、漂民として定例の通り宗旨御改めを成さり、その結果で、刑部大輔方へ御渡しに成られます。そうなれば[彼らを對州から]朝鮮へと送還いたします。その節、彼の國へ申し遣わす事は、古法を破って他國に渡り、直に訴訟を願うような事は、不屆きの至りである。訴訟の事があれば式法に則り[先ずは]礼曹において[手續きを行い、その上で]對州へ申し伝えるべきであると、そのように申し伝えるべきでございます。[そうなれば取次を行う對州では]これを受け、公儀へ、その訴えを届け出るという事になります。[今回]賤しい漁民を[因幡へ直接]差し渡し[ここから公儀へ訴訟を]申し上げるなどという事は、公儀を輕んずる仕形であり、いずれにしても、不屆き千万な遣り方でございます。それゆえ嚴しく[彼の國へ]申し入れを行うべきことで、それは当然の事でございます。

1, 나가사키에 회송되는 일이 되어도, 법을 어기고 타국에 건넌 자이기 때문에, 도중의 접대 등은 명하시지 않도록 해야 합니다. 그 자세한 것에 [대해 말하자면] 작년에 죽도에 건너온 자를 인슈우에서 나가사키

로 보낼 때, 접대 등을 잘하여 [그 후에] 쓰시마노카미에게 인도하였습니다. 이후 [타이슈우]의 취급은 구금 등 [의외로] 엄하게 명하여, 그 나라에 양도했기 때문에 [그 취급 차이에서, 두 조선인은] 오해하고 있었습니다. 지금에 이르도록 일의 장애가 되고 있습니다. 그러한 일이므로, 이번의 회송에서는 [온정을 베풀어 대접하는 일 등은, 일절 하지 않도록] 명하셔야 합니다.

一、長崎へ回送される事になっても、法を破り他國へ渡った者であるので、道中御馳走などは御命じになられぬ様、なさるべきでございます。その子細に[付いて延べれば]先年竹嶋へ渡って來た者が、因州から長崎へ回送された折、御馳走などを結構にあてがわれ[その後]對馬守方へ引き渡されました。以後[對州]の扱いは、警固など[殊の外]嚴しく申し付け、彼の國へ差し渡しましたので[その扱いの差違から、二人の朝鮮人は]誤解をしてしまいました。今に至るまで、事の障りに成ってしまっています。そのような事なので、この度の回送では[溫情を掛けての馳走など、一切せぬよう]御命じなさるべきでございます。

1, 역관이 도해해 오는 일에 대해서는, 교우부 타유우가 쿠니모토에 귀착하여, 서둘러 [저쪽에] 요구하기로 되어 있습니다. 그러나 전부터 말씀드린 것처럼, 그 나라의 풍속에 따라, 도해하는 일은 [가끔] 연기되는 일이 있습니다. 게다가 [이 역관이] 타는 배는 새로 만든 것을 사용하는 것으로 되어 있어 [그 조선의 공정이나 일시를 고려하면] 결국 연기되게 될 것입니다. 잠시 후 8월 경에 건너오게 될 것이라고 [아마도] 전해 올 것이 틀림없습니다. 이번 소송의 [취급에 따라서는, 즉 그] 종별에 따라서는, 전부터 지시를 받고 있던 [저쪽에 전하는] 취지와 상황을 바꾸어 전하는 일도 [어쩌면] 있습니다. 이러한 일이므로 [혹시라도 지금] 역관이 도해해 온다 해도, 일단 [장군의] 지시가 없는 한, 역관에게 전할 [회답은] 보류하여 두려고 생각하고 있습니다.

위에 공술한 취지에 대해 [생각을] 여쭙니다. 제발 잘 지도하여 주실 것을 원합니다. 이러한 문장 중에는 이상한 곳도 있으리라고 생각합니다만 [쓰시마의 왕복은] 원로이기 때문에, 자주 [쿠니모토에서 장군에게, 그때마다] 질문을 하면, 일이 지연됩니다. 그래서 [장군의] 생각을 돌보지 않고, 우리 [쓰시마 측]에서 [생각하는] 대로의 일을 남김없이 말씀드렸습니다. 이러하니 제발 좋은 [판단을 하시어, 지시를 내려주실 것을] 원합니다. 이러한 취지를 [타이슈우에 있는] 교우부 타유우가 [이쪽 에도 번저에] 말하여 왔습니다. 이상입니다.

소우 지로우 내

7월 24일

오오우라 타다자에몬

　一　譯官が渡海して來る事については、刑部大輔が國元へ歸着してから、早速[あちらへ]申し遣す事になっております。しかし兼ねてから申し上げ置いた通り、彼の國の風俗により、その渡海の事は[しばしば]延期となる事がございます。その上[この譯官が]乘り込む船は、新造船のものを使用する事になっており[その造船の工程や日時を考慮すれば]いよいよ延引に及ぶ事でございましょう。漸く八月頃に罷り渡る手筈になると[おそらく]申し出て來るに違いありません。今度の訴訟の[扱いによっては、つまりその]種別によっては、兼ねてから御指示を受けていた[あちらへ申し渡す]趣旨と、樣子を違えて傳える事も[あるいは]有る事でございます。このような事でございますので[もしも今]譯官が渡海して來ても、一應[公儀からの]御差図が無い內は、譯官へ申し渡す[回答は]差し控えておこうと思っております。

　右の述べた趣旨について[御考えを]お伺い致します。何分にも、宜しく御差図を下さいますよう、お願い申し上げます。これら文章の內には、おかしな處もございましょうが[對馬との往復は]遠路の事でございますので、度々[國元から公儀へ、その都度]伺いを立てていては、事は遲滯に及びます。それゆえ[公儀の]お考えを省みず、私[對馬側]の方で[思い付く]通りの事を殘らず申し上げました。この上で、何分にも然るべき[御判斷をお示しになり、その御指示を下すよう]お願いを致します。このような趣旨を[對州に居る]刑部大輔方から[こちら江戶藩邸へ]申し越して來ました。以上でございます。

宗次郎內

七月二十四日

大浦忠左衛門

　쓰시마번에서는 이 조선인 일행을 정식사절로 간주하지 않고 「천한 어민」으로 보고 있다. 그것은 전에 연행한 안용복에 관한 기억에서 유추된 것이다. 일행을 대표하는 인물이 안용복이라면, 정식 사절일 리가 없다. 그 판단은 옳았다. 그렇다면 왜 이번의 소송이 죽도일

건에 관한 것이라고 쓰시마번은 생각한 것인가. 「천한 어민」이라면
죽도교섭에 일부러 나설 리 없다. 이 문제는 이미 국가 간 문제로 발
전된 상태였다. 「천한 어민」이 그 해결을 위해 일부러 일본에 도해하
는 일은 생각할 수 없다. 하지만 무슨 연유인지 쓰시마번은 이 소송
이 죽도에 관한 것이라고 생각하고 있다. 그것은 이 소송이 조선이
의도한 계략이라고 쓰시마번은 생각했기 때문이다. 그것은 적중했다.

【쓰시마번의 대응】

조일교섭이 암초에 걸렸을 때, 즉 전년(원록 8년) 후반에 양국 간에
는, 서로 죽도일건(=울릉도쟁계)의 사태가 막다른 골목에 다다랐다는
인식이 있었다. 때문에 일본 측, 즉 쓰시마번은, 번 전체가 해결책을 강
구하고 있었다. 모든 지혜를 짜내 사태타개를 위해 행동했다. 그리고 원
록 8년 말부터 9년 1월에 걸쳐 장군과 상의하여, 새로운 해결책을 강구
하였는데, 그 결과로 도출된 것이 일본어민의 죽도도해를 금지한다는
것이었다. 그 결정은 원록 9년 1월 28일에 결정된 것으로, 일본어민의
죽도도해를 금하는 일이었다. 그러나 쓰시마번은 그 사실을 조선 측에
아직 전하지 않았다. 원록 9년 6월부터 7월은 그렇게 어중간한 시기였다.
그것은 조선 측도 마찬가지로, 사태타개를 위해 원록 8년 후반에
행동에 나섰다. 쓰시마를 중개로 하는 루트가 아닌 다른 루트로 동무
에 연락하는 일의 시도가 그것이었다. 하지만 겨울에 일본을 도해왕

복한다는 것은 위험하기 때문에, 원록 9년의 봄과 여름에 실행하게
되었다. 그것이 안용복 일행의 도해왕복이다. 이는 조선이 새로 실시
한 사태타개를 위한 수단, 말하자면 양동작전이었다. 때문에 정식사
신이 아니라「미천한 어민」을 투입한 것이다. 이국과의 교섭에 미숙
한 톳토리번은 그것을 모르고 그를 정식사신으로 받아 들였다. 그러
나 쓰시마번은 양동작전임을 간파하고 이에 바르게 대처했다.

   하지만 이「미천한 어민」은 지난번에 죽도에서 붙잡힌 어민이었다.
붙잡힌 장소가 조선령임을 다시 한 번 동무에 알리기 위해, 조선 측
은 동일인물을 투입시킨 것이다. 죽도, 즉 울릉도가 조선령이라는 것
을, 조선령에서 붙잡힌 증인, 본인이 직접 장군에게 소송하게 한다.
그러한 의도로 이「미천한 어민」을 일본에 보냈다. 그것도 쓰시마를
거치치 않는 새로운 루트로, 이 사실을 동무에 알리려 한다. 쓰시마는
그렇게 이해했다. 하지만 장군은 일본에서 말하는 죽도가 조선의 울
릉도임을 이미 알고 있었다. 때문에 이 1도 2명의 현실이 새삼스럽게
장군에게 전달되어도 쓰시마가 곤경에 처할 일은 없다. 그러나 이 양
동작전은 쓰시마에 의외로 큰 파장을 일으켰다. 내용은 어찌되었든
톳토리에서 한 소송이 장군에게 전달되면 큰 파장이 일어난다. 조선
에 대해서는 쓰시마가 전권을 가진다는 쓰시마의 특권이 한 순간에
붕괴될 수도 있다. 때문에 어떻게 하든 이 소송을 인정해서는 안 되
었다. 그런데 조선인이 주장하는 쓰시마번에 대한 비난, 즉 쓰시마번
이 조일양국 사이에서 허위사실을 전하고, 사적으로 일을 처리한다는
비난은 아주 틀린 말이 아니었다. 과거에 그처럼 국서를 개찬한 사실
이 분명히 있었다. 야나가와일건(柳川一件)으로 알려진 사건이다.[20]
하지만 그것은 토쿠가와 이에미쓰(德川家光)의 면전에서 이미 해결

된 일이었다. 그리고 지금은 그러한 개찬사실이 없다. 그렇기 때문에 여기서 분명히 반론해 두지 않으면 안 된다. 그래서 별지와 같은 서부를 아베 분고노카미에게 제출했다. 다음과 같은 내용이다.21)

메모

양국이 통용하는 일은 [이안테이(以酊庵)의] 윤번의 화상이 감찰(御目代:御目付役)이 되어 [검열을] 하였습니다. [화상은 장군이, 그 역할을] 명하시어 [타이슈우에] 두고 있습니다. 그렇기 때문에 [일본과 조선] 양국 사이에서 [타이슈우가] 사적으로 [처리하는 것과 같은 일은] 있을 수 없도록 [제도상으로] 되어 있습니다. 이 일은 전부터, 교우부 타유우가 보고드린 일입니다만, 사정을 알지 못하는 분도 계십니다. 그래서 [타이슈우가 조선과의 교섭을] 사적으로 처리하고 있는 것은 아닌가라고, 그렇게 의심하는 일도 [어쩌면] 있을 것이라고 생각합니다. 그렇기 때문에, 이렇게 미리 [제도상의 일까지도, 여기에] 보고합니다. 이상입니다.

소우 지로우　내

7월 24일　　　　　　　　　　　　　　　　오오우라 타다자에몬

覺

兩國通用の事は[以酊庵の]輪番の和尙が御目代(御目付役)の樣にして[檢閱を]致します。[和尙は公儀から、その御役目を]仰せ付けられ[對州に]差し置かれております。それゆえ[日本と朝鮮兩國の間にあって[對州が]私的に[取り仕切るような事は]罷り成らぬ事に[制度の上からも]なっております。この事は兼ねてから、刑部大輔方より申し上げて置いた事でございますが、事情を存じ上げない御方もいらっしゃいます。それゆえ[對州が朝鮮との交渉を]私的に取り仕切っているのではないかと、そのように御疑いに成られる事も[あるいは]有ろうかと存じます。それゆえ、こうして念の爲[制度上の事までも、ここで]申し上げて置きます。以上でございます。

宗次郎內

七月二十四日　　　　　　　　　　　　　　　大浦忠左衛門

쓰시마번은 아베 분고노카미에게 상의함과 동시에 오오쿠보 카가

노카미에게도 상의했다. 다음과 같은 정보를 전달하였다. 막각 노중의 의견이 서로 달라서는 복잡해진다. 통사 파견의 보고와 함께, 이 건에 대한 아베 분고노카미의 의견도 들어 달라고, 그렇게 암묵적으로 카가노카미에게 수정 요청을 전한 것이다. 이에 대한 카가노카미의 답변이 역시 동일에 있었다. 여기에는 서로에 대한 배려가 있다.

동일(7월 24일)에 오오쿠보 카가노카미님에게 스즈키 한베에가 찾아가, 안내하는 오오코우치 사케노미치(大河內酒之允)를 면담했다. 그곳에서 말씀드린 것은, 지난번에 이나바에 조선인이 도해한 일에 대해, 통사를 이나바에 파견하도록 [카가노카미님이] 명령하셨습니다. 그 일에 대해, 서둘러 쿠니모토의 동씨 교우부 타유우(宗義眞) 쪽에 전달하였더니, 통사 두 사람과 시종 한 사람, 그리고 서기 한 사람에게 [이나바에 가도록] 명하여, 보냈습니다. 그 내용을 [쿠니모토에서] 연락해 왔습니다. 위의 조선인의 일에 대해서는 분고노카미님에게 교우부 타유우 쪽에서 의견을 내어 [그 취급에 대하여] 여쭙고 있습니다. 그 지시의 취지가 [명확하게] 전해질 때까지는, 통사역할을 맡는 일은 삼가라고, 이나바에 파견한 통사들에게 명하여 두었습니다. 그래서 분고노카미님이 [이번에 구체적인 형태로] 지시하시는 대로, 서둘러 이나바에 [그 내용의 연락을] 전달하기로 되어 있습니다. 위 [지시의] 취지를 들어, 교우부 타유우 쪽에서 [분고노카미님에게 회답을] 드리는 것으로 되어 있습니다만, 그 내용을 [또 카가노카미님에게도] 말씀드리기로 되어 있습니다. 이렇게 [안내하는 오오코우치 사케노미치에게] 전했더니. 즉시 카가노카미에게 [이 일에 대해] 의견을 들으러 오라며, 안으로 들였습니다. [곧 나오셔서] 카가노카미님은, 방금 뒷문으로 등성하셨습니다. 귀가하시는 대로 [이 일에 대해] 말씀드릴 생각이다라고, 말씀하셨기 때문에 돌아왔습니다.22)

동일(7월 24일)에 오오쿠보 카가노카미님의 사자가 왔습니다. 그의 말로는, 앞서 [타이슈우 도주의] 사자가 [이쪽에 전한 것은] 이번에 이나바에 조선인이 왔으므로, 통사를 [이나바에] 보내라는, 그러한 지시를 받았습니다. 그것을 받고, 동명(宗氏)의 교우부 타유우(刑部大輔樣)에 전하여, 통사 둘, 시종 하나, 유우히스 하나, 이상 4인을 보내기로 했습니다. 그것에 대해 [교우부 타유우님이] 분고노카미님에게 여쭈어 볼 것이 있어, 분고노카미가 지시[한 취지가 명확해져] 그것이 이나바에 지시될 때까지는, 통사 역할을 맡는 일을 삼가라는, 교우부 타유우의 분부가 있었다는 것을 [들었습니다. 참으로] 당연하다고 [생각하는 바입니다.] 분고노카미님의 지시가 있는 대로, 이나바에 [지시를] 보낸다고 하는 취지에 대해, 그 자세한 것을, 그 말한 대로, [이쪽은] 이해하였습니다. [금후] 분고노카미님이 [새로운] 지시가 있을 것입니다. [타이슈우 도주가 이쪽에] 사자를 보내셨을 때는, [카가노카미는] 성에 올라가셔서 [저택에 없었습니다. 그래서] 답을 할 수 없었습니다. 그래서 이렇게 사자를 보내 [회답을] 전해 드린다는, 그러한 일이었습니다.[23]

그리고 아베 분고노카미 쪽에서 쓰시마번의 에도저택에 연락하여, 노중들이 상의한 결과를 전달했다. 분고노카미의 어용인 미사와 요시자에몬(三澤吉左衛門)이 쓰시마번의 에도가로 오오우라 타다자에몬에게 그 취지를 통지하였다. 그것은 아베 분고노카미가 소우 요시자네에게 하는 연락이었다. 그 내용은 다음과 같다.

구상의 메모

　이번에 조선인이 인슈우에 도해한 일에 대해, 통역하는 자를 [현지에] 파견할 것을 카가토노가 지시하셨다. 그래서 서둘러 인슈우에 [통사를] 파견하셨다. 이것으로, 생각하시는 취지를, 오오우라 타다자에몬에게 각서로 해서 제출하여, 자세한 것을 이해할 수 있게 해 주셨다. [즉] 이번의 조선인이 어떤 소송을 말할지는 모르겠으나 인슈우를 향해 도해하였으며, 게다가 죽도 문제가 해결된 일을, 아직 [그 나라에] 전달하지 않는 단계라, 어쩌면 [그 소송이란] 죽도의 일일지도 모른다고 [이쪽에 전달해 주셨다.] 만일 그렇다면, 저쪽이 좋도록 된 결정이, 이미 내려져 있고, 아직 [그 나라에] 전달하지 않은 단계에서, 이러한 소송을 취급하게 되면, 이쪽에서 이전에 결정한 것 등이 [마치] 존재하지 않았던 것처럼 되고 만다. [그 나라에서] 이번에 조선인을 보낸 일이 있어 [그것 때문에] 바로 소송을 행한 일이 해결되어 버리면 [이상한 오해를 하게 되고 만다.] 즉 [소송에 의해, 그러한 결정이 이루어져, 조선 측의 희망이] 이루어졌다는 등, 저쪽 조선국에서는 생각하고 말 것이다. 그렇게 되면 이후, 조그만 일이라도 바로 소송한다고 하는 일이 되고 만다. 그렇게 되면 귀찮은 일이 자주 일어날 것이 틀림없다. 특히 도주님처럼 [조선과의 교섭의]

역할을 명받은 [입장에서는] 이미 그 역할이 없는 것과 같은 일이 되고 만다. 게다가 일본과 조선은, 옛날부터 [통교에 대한] 계약이라는 것이 있다. [그것은 쓰시마를 매개로 하여 모든 것을 집행한다는 것으로] 지금까지 한 번도 타이슈우 외의 곳에서, 타소에 건너가서 소송을 한다는 일이 없었다. 그래서 이번 [조선인의] 소원은 취급하지 말고, 인슈우에서 즉시 [그들을 조선으로] 돌려보내고 싶다고, 그러한 취지[를 제안하셨다.] 또 [이 자들은] 국법을 어긴 자들이므로, 대접 등의 지급이 없도록 해 주었으면 좋겠다고, 그러한 취지[의 제안을 하셨다.] 이런 것들[의 제안은 참으로] 당연하다고 생각하는 바이다. 만일 또, 인슈우에서 바로 돌려보내는 일이 어려울 것 같으면, 나가사키로 보내어, 전부터 있는 표민의 정례대로 취급하여 [타이슈우]의 저희들에게, 건네주시도록 [그러한 일도 전하여 주셨다.] 만일 그렇게 되면 저희들의 곳에서 [이 자들을] 조선으로 돌려보낸다고, 그렇게도 말씀하여 주셨다. 그리고 또 고법을 파괴하고 타국에 건너가, 직접 소송을 제기하는 괘씸한 자에 대해서는, 그 내용을 엄중하게 [저쪽에] 전달하지 않으면 안 된다고 [말씀하여 주셨다.] 그와 같은 각서의 취지에 대해 막각의 노중 각위, 데바노토노(出羽殿: 柳澤吉保), 우쿄우토노(右京殿: 松平輝貞)들과 논담하였더니, 그것들에 대해 [모두가] 당연하다고 생각하던 바였다. 이것으로 [중의가 결정되어] 인슈우에서 조선인이 소원하는 건은, 취급하지 않는 것으로 했다. 법을 어기고 넘어온 자이기 때문에, 대접과 같은 일은 하지 않고, 서둘러 쫒아 보내도록 명하기로 하고, 그 뜻을 마쓰타이라 호우키노카미에게 [다시] 전달하기로 했다. 그러니, 그 뜻을 알아 두었으면 한다. 그리고 또 앞서서 [성에서 노직이 열좌한 가운데, 일본인의 죽도도해를 금지한다고] 분부하신 일에 대해서는 [그 결정을 이번에 조선에 전달하는 일에 대해서는] 이번에 역관이 [쓰시마에] 건너와도, 이번 소송의 성질에 따라서는 [오해를 부르지 않도록 하지 않으면 안 된다. 저쪽이 소송을 신청한 일로, 이러한 결정이 내려졌다고, 저쪽이 멋대로 잘못 생각하여] 잘못을 이야기하는 일도 [충분히] 있을 수 있는 일이다. 만일 그렇게 되면 [더욱 혼란을 일으키고 만다. 그렇기 때문에] 지금 일단, 지시가 없는 한은 [인슈우에 파견한 통사가 조선인과 대담하는 것과 같은 일은] 삼가야 할 것입니다. 그런 내용의 [지시를 이미 통사에게 주었다고, 그러한] 보고를 받았다. 그렇게 마음을 쓰신 일을 [그저] 감탄할 뿐이다. 아울러 [전달하여 두는데] 이렇게 하여 인슈우에서 바로 조선인을 [그 본국으로] 되돌려 보내도록 [호우키노카미님에게] 전달한 이상은 [타이슈우에] 역관이 도해하는 대로, 앞서 지시한 대로, 비로소 [이쪽의 결정을 조선에 바르게] 전하려 한다.24)

口上の覺

　今度、朝鮮人が因州へ渡海した事に付き、通詞の者を[現地へ]派遣するよう、加賀殿から御差図があった。それゆえ早速、因州へ[通詞の者を]派遣なさった。これに依り、お考えの趣旨を、大浦忠左衛門を以て覺書として差し出され、委細を理解できるようにして下さった。[すなわち]この度の朝鮮人が、どのような訴訟を言い出すのかは分からないが、因州へ向かって渡海しており、其の上、竹嶋落着の事を、未だ[彼の國に]申し渡していない段階の事であり、あるいは[その訴訟とは]竹嶋の事かもしれないと[こちらにお伝え下さった。]もしそうであれば、あちらに結構に成るような決定が、すでに下されており、未だ[彼の國に]申し渡していないこの段階で、このような訴訟を取り上げてしまっては、こちらからの、前以ての決定など[あたかも]存在しなかったかのようになってしまう。[彼の國から]この度、朝鮮人の差し渡しがあり[それによって]直に訴訟を行う事になってしまっては[おかしな誤解を与えてしまう。]つまり[訴訟によって、そのような決定がなされ、朝鮮の側の希望が]相叶ったなどと、あちらの朝鮮國では思ってしまうであろう。そうなっては今後、少しの事でも、直ぐに訴訟という事になってしまう。そうなれば小難しい事が、これから度々起こってくるに違いない。殊に御自分(刑部大輔)様のような[朝鮮との交渉の]御役を仰せ付けられた[御立場にあれば]その役柄は、もう無いに等しい事になってしまう。其の上、日本と朝鮮國とは、昔から[通交に於いて]契約というものが有る。[それは對州を介して全てを執り行うと言うもので]これまで、ついぞ對州の外に行き、他所へ差し渡って訴訟をするというような事は無かった。それゆえ、この度の[朝鮮人の]願いは取り上げず、因州から直ちに[彼らを朝鮮へ]差し返す様に成され度いと、そのような御趣旨[を御提案なさった。]且つ又[この者どもは]國法に背いている者であるので、馳走などの支給は無い様にしていただきたいと、そのような御趣旨[の御提案もなさった。]これら[の御提案は、まことに]尤もに思うところである。もしまた、因州から直ちに差し返す事が、差し障りのあるような事であれば、長崎へ送り遣わし、前々からの漂民の定例の通りに扱い[對州の]御自分の所へ、お渡しに成られるようにと[そのような事をもお伝え下さった。]もしそうなれば、御自分の所から[この者どもを]朝鮮へ差し返すと、そのようにもお話し下さった。そしてまた、古法を破って他國へ渡り、直接、訴訟を申し出るような不届き者については、その旨を嚴しく[あちらへ]申し伝えなければならないと[お話し下さった。]そのような覺書の趣旨について、閣老各位、出羽殿(柳澤吉保)、右京殿(松平輝貞)とも

論談した處、そのそれぞれに付いて[皆が]尤もに思った所であった。こ
れに依り[衆議一決し]因州に於ける朝鮮人の願いの儀は、取り上げぬ事
になった。法に背いて罷り越した者であるので、馳走のような事はせ
ず、早々に追い返すよう命ずるべきとなり、その旨を松平伯耆守方へ[改
めて]申し伝える事になった。それゆえ、その旨を承知して置いていただ
きたい。且つ又、先達って[御城で御老職御列座の中で、日本人の竹嶋渡
海を禁止すると]仰せ渡された事については[その決定を、今回、朝鮮へ
伝える事については]今度譯官が[對州へ]渡って來ても、この度の訴訟の
性質によっては[誤解を招かないようにしなければならない。あちらが訴
訟を申し入れた事で、このような決定が下ったのだと、あちらが勝手に
思い違いをし]間違いを申す事も[十分に]有る事である。もしそうであれ
ば[いよいよ混亂を招いてしまう。それゆえ]今一往、差図が無い內は[因
州に差し遣わした通詞が朝鮮人と對談するような事は]差し控えられるべ
きであろう。その旨の[御指示を、すでに通詞に与えていると、そのよう
な]お届けをいただいた。そのように御念を入れられた事を[只々]感じ入
るばかりである。併せて[申し伝えておくが]こうして因州から直ちに朝
鮮人を[その本國へ]差し返す様に[伯耆守殿へ]申し伝えた上は[對州へ]譯
官が渡海次第、前以て御指示のあった通りに、いよいよ[こちらの決定を
朝鮮へ正しく]伝えていただきたい。

결국, 쓰시마번의 획책으로 그 의견이 통하여, 이 도해 일행은 톳
토리에서 추방당한다. 당연히 톳토리의 상신서, 그리고 안용복의 상
소문은 장군이 접수하지 않았다. 그 상소문은 그대로 파각되어 샤쿠
완과 안용복에 의한 새로운 루트개척의 시도는 여기서 좌절되었다.

【톳토리 번주의 귀국】

번주 이케다 쓰나키요(池田綱淸)가 에도를 출발하여 쿠니모토로

행한 것은 6월 말 일이었다. 조선인이 기술한 「이번 소송일권」은 이미 에도번저에 도착하여, 쓰나키요도 보았다. 그것은 장군에 전달되어, 그것에 대한 지시가 있었다. 이를 쿠니모토에도 전달하였다. 그 후, 쓰시마번의 의견제출이 있었고, 또다시 장군의 지시가 내려졌다. 즉 안용복의 상소문의 각하, 그리고 톳토리에서 그들의 소송을 취급할 필요가 없다는 방침을 톳토리번에 전했다. 이 일이 끝나고 드디어 번주가 귀국하게 되었다. 번주가 톳토리성에 들어간 것은 7월 19일이다. 입국에 앞서 장군의 방침은 이미 쿠니모토에 전해졌다. 그들의 소송은 이나바에서는 접수하지 않는다는 것이었다. 월번 노중 오오쿠보 카가노카미는 6월 23일에 이국인의 소송은 모두 나가사키에서 취급하게 되어 있다고 알리고, 안용복 일행이 그래도 소송을 원하면, 그들을 나가사키로 보내도록 지시했다. 또 6월 26일에는 그들이 간단히 포기하지 않을 것이라 생각하고, 우선 그들의 상륙 자체를 못하게 했다. 이나바에서는 접수하지 않으므로, 원래의 배 안으로 그들을 돌려보내라고, 에도번저의 루스이(吉田平馬)를 불러, 그러한 내용의 지시를 내렸다.

　　[6월] 23일에 에도에서는 오오쿠보 카가노카미가 번의 루스이 요시다 히라마를 불러, 조선인은 나가사키로 보내야 하는데, 원하는 것이 있어 왔으므로 쉽게 납득하기 어렵고, 또 통사 없이는 서로 의사가 통하지 않을 것이므로, 타이슈우에 명하여 통사를 파견할 것을 명한다. 순리에 따라 조선인을 토우젠지에 이동했다는 보고가 에도에 전달된 것에 대해, 카가노카미는 다시 히라마를 불러, 조선인을 상륙시키는 일은 필요없는 일로, 그대로 선중에 두어야 하고, 소우씨의 부하가 톳토리에 도착한 후에 간담하여, 이국이 소원하는 것은, 나가사키 이외의 곳에서 접수하지 않는다는 것이, 막부의 대법이라는 뜻을 이해시켜 나가사키로 보내거나, 또는 퇴범시키거나 해야 한다. 두 가지 모두를 받아들이지 않을 시에는,

그 내용을 보고해야 한다고 말씀하셨다.[25]

[六月]二十三日、江戸に於ては大久保加賀守、藩の留守居吉田平馬を
招き、鮮人は長崎に差し送る可きなるが、願いの義有りて來れりとの事
にては容易に承引すまじく、且つ通辭なくば相互の意志通ぜざる可きを
以て、對州宗家に命じて通辭を派遣せしむ可しと申し渡す。次いで鮮人
を東禪寺に移せりとの報、江戸に達せしに對し、加賀守は又平馬を召し
て、鮮人を上陸せしむるは無用の事にて、宜敷く船中に差し置く可く、
宗氏家來鳥取着の上にて懇談し、異國よりの願いの義は、長崎以外の地
にて請け込まざる事、公義の大法なる旨を會得せしめて、長崎に赴かし
むるか、又は退帆せしむるか、兩者とも聞き入れざる時は、其の旨、申
し越さる可しと談ず

6월 26일에 에도 번저에서는 이러한 장군의 지시를 받고, 서둘러
쿠니모토에 연락했다. 이를 위한 비각을 출발시켰다.[26] 이 연락을 받
은 쿠니모토에서는 7월 12일, 다시 아라오 시마(荒尾志摩)댁에서 모
임을 가진다. 그 상담 결과, 장군의 지시대로 조선인 일행을 취급하기
로 한다. 즉, 그들을 가로의 토우젠지에서 일단 배로 돌려보내, 그 배
를 코야마이케(湖山池)로 회송하고, 호수 안의 아오지마(靑島)에 계류
시켰다. 이는 7월 17일의 일로, 번주가 입국하기 겨우 이틀 전의 일이
었다. 톳토리에서는 이미 소송을 접수하지 않는다. 여기는 조선사절
과 응대하는 곳이 아니라고, 그들에게 알리기로 했다. 즉 번노가 준비
하고 있었던 번주와의 대담예정 등은 이미 모두 취소되었다.

이러던 와중에 번주 이케다 쓰나키요가 7월 19일에 입국하였다. 조
선에서 온 사절과 이미 회답할 필요가 없었다. 원래 사절인지 아닌지
조차, 지금은 의심스럽다. 그러한 조선인 일행에게 번주에 대한 인사
조차 허가하지 않고, 코야마이케의 아오지마에 계류시켜 둔 채였다.
그 감시 역으로 와다 세베에(和田瀬兵衛)가 책임자로 지명되었다.

조선인이 얼마 전부터 나라에 와서, 코야마이케 안의 아오지마로 보내어, 번인 등을 붙여 두어야 하기 때문에, 이번에 와다 세베에(和田瀬兵)를 작회인으로 하여, 이를 명받아 [톳토리 성 안의] 야구로(御櫓)에서, 가로가 이것을 전했다.27)

번주 쓰나키요는 이미 조선사절과 대담하지 않는다. 대담하면 그들의 소송을 접수한 것이 되어, 장군의 지시를 어긴 일이 된다. 이국인의 소송은 나가사키 혹은 쓰시마번의 업무로, 톳토리번이 관여할 일이 아니다. 서둘러 돌아가 주길, 번주도 번노들도 그렇게 생각하고 있었음이 틀림없다. 이러한 상황에서 번주 쓰나키요는 입국 후, 처음으로 성을 떠난다. 7월 그믐의 일이었다.

이때, 키요쓰나는 가로로 향하고 있었다. 『인부연표』에는 「처음으로 배를 탔다(御上船初)」라는 기술이 있다. 가로에서 처음으로 뱃놀이를 한 것이다. 해변에 있는 가로신사(賀露神社)에서는 번주에 의한 바다의 안전기원과 당시의 뱃놀이 기록이 남아 있다. 그 제례인 해상 행렬이란 미코시(神輿)를 태운 배를 수척의 배가 「호엔야(ホーエンヤ)」라는 구호를 외치며 배를 끄는(曳航) 것으로, 바다의 기원제이다. 그러한 바다의 제를 집행한 후에, 번주 키요쓰나는 찻집(御茶屋)에도 들렸다. 가로, 즉 후루미(古海)의 찻집에 간 것이다. 여기에 근린의 쇼우야(庄屋)들을 불러 모았다. 이 일련의 행사란 입국에 동반되는 영주의 쿠니미(國見)였다. 나라의 바다를 시찰하고, 나라의 토지를 시찰하고, 그리고 나라의 백성을 시찰했다. 그 쿠니미의 연회를 이 찻집에서 행했다. 그곳은 그러한 경사스러운 연회를 행하기에 적합한 곳이었다. 센다이가와(千代川)의 강변에 있는 오타비쇼(御旅所: 禊ぎ場)에서 이나바 토우쇼우구우(東照宮)를 다 같이 요배(遙拜)도 했을 것이다.

바다의 신, 하천의 신, 토지의 신에게 풍요를 기원했을 것이다. 그처럼 근린촌의 쇼우야들이 모인 와중에 코야마무라(小山村: 湖山村)의 쇼우야만 결석했다. 『어용인일기』에는 「조선인의 일로, 아오야(青屋: 青島)에 가서 [찻집에] 나올 수 없었다」라고 되어 있다.28) 코야마무라의 쇼우야는 코야마이케의 아오지마에서 조선인 일행의 일로 근무하고 있었다. 때문에 이 연석의 장에는 참석할 수 없었다. 즉 안용복 등은 이때, 아오지마에 있어, 번주에게 인사하는 등의 일을 할 수 없었다.29) 본래라면 쿠니미의 경사스러운 연석, 그곳에 이국 사절의 등장과 인사로, 축연에 화려함을 더해야 했다. 그러나 그런 기회도 이미 없어졌다. 또 번주 입장에서도 그러한 대담 등을, 지금 새삼스럽게 행할 마음이 전혀 없었다.

[図5. 湖山池와 青島]

【조선 측의 이해】

그러나 조선인 일행의 입장에서는 「이번 소송일권」을 이미 도주(藩老)에게 제출했다. 그리고 그것은 에도의 관백(장군)에게 제출된 것으로 생각하고 있었다. 그 상황에서 쓰시마번의 방해로, 장군에 대한 소송이 중지되었다. 그렇게 톳토리번의 역인에게 들었다. 결국 그들의 소원은 쓰시마번주의 부친 소우 요시자네의 활약으로 무산되었다. 그 일련의 경과가 『숙종실록』의 기재로 연결된다. 물론 변형되어 전해지고 있다. 『숙종실록』 숙종 22년 9월 조를 보기로 한다.

> 도주의 부가 호우키슈우에 간청하여 말하기를, 만일 이 소를(동도에) 올리면, 내 아들은 반드시 중한 죄를 얻어 죽게 될 것이다. 원하건대 바치지 말기 바란다. 그래서 관백에게 품정하지는 못하였다. 그리고 전일에 지경을 범한 왜인 15인을 적발하여 처벌하였다. 이어서 저(안용복)에게 말하기를 [울릉 자산] 양도는 이미 당신 나라에 속한다. 이후로 혹시 침월하는 자가 또 있거나, 도주가 혹시 횡침하는 일과 같은 것이 있으면, 국서를 만들어 역관을 정하여 들여보내야 한다. 그러면 마땅히 중히 처벌할 것이다. 그리고 양식을 주고 차왜를 정하여 호송하려 하고, 저에게 휴대하라고 폐를 주었으나 사양했습니다. 뇌헌 등 여러 사람의 공술도 대체로 같았다.

> 島主之父來懇伯耆州曰若登此疏吾子必重得罪死請勿棒入故不得稟定於關白而前日犯境倭十五人摘發行罰仍謂渠曰兩島旣屬爾國之後或有更爲犯越者島主如或橫侵並作國書定譯官入送則當爲重處仍給糧定差倭護送渠以帶去有幣辭之云雷憲等諸人供辭略同

여기에 기술된 것은, 번주를 후견하며 실권을 쥔 도주의 부(宗義眞)가, 아직 어린 아들(宗義方)을 염려하여, 호우키슈우(鳥取藩)에 사신을 보내 「이번 소송일권」의 서부를 취하시켰다는 것이다. 사실 아직 어린 번주를 후견하는 소우 요시자네는 쓰시마번의 장래를 우려하여, 톳토리번의 소송신청을 견제했다. 도주의 부가 호우키슈우에 왔다는 것은 쓰시마 번의 역인이 업무상, 톳토리로 향한 사실의 반영이다. 톳토리로 향하고 있다는 사실을 알게 된 안용복은, 그 쓰시마번 역인을 통사 일행을 이끄는 도주의 부로 착각했다. 안용복 입장에서는, 톳토리에서 동무에 소송한 일로, 쓰시마번의 비리가 동무에 바르게 전해졌다고 생각하고 있었다. 그 결과 쓰시마번은 굴복하여 소송신청의 취하를 의뢰한다. 그러기 위해 도주의 부가 톳토리로 향했다고 생각했다. 도주의 부의 그와 같은 움직임에 의해, 톳토리번은 이를 받아들여 이번의 신청을 취하했다. 그렇게 생각했다. 그렇기 때문에 바로 보고(棒入)하면 중죄를 받으니, 그 봉입을 하지 않았으면 좋겠다고, 울면서 부탁하여 상황이 전환된다. 이는 안용복이 걱정했던 산물이다. 그러나 사실은 그 증언대로 「관백에게 품정하지는 못하였다」는 결과를 가져왔다. 중간 경과는 어찌 되었든, 장군은 그들의 소송을 분명히 각하했다. 이리하여 그들의 의도는 이루어지지 않았다.

하지만 타번과 교섭을 행할 정도로 실력이 있는 후견의 존재, 그리고 언제 실수를 범할지 모르는 미숙한 어린 번주, 그러한 쓰시마의 정치정세를 안용복은 분명히 파악하고 있었다. 이는 화관에 출입하는 동래 역인이나 부산의 상인, 그리고 화관 주변의 치안을 담당하는 경비원들, 그리고 무엇보다도 삼계의 샤쿠완에게서 얻은 정보였을 것이다. 그러한 정보를 바로 입수할 수 있는 환경하에 안용복은 있었다. 즉 삼계의 샤쿠완의 슬하, 그 정보망의 중심에 그들은 있었다. 그들의 그룹은 쓰시마의 강경한 교섭에 불쾌감을 가지고 있었다. 그리고 새로운 루트를 개척하면, 반드시 쓰시마는 굴복할 것이라고, 그렇게 생각하고 있었다. 그것이 이 증언을 낳은 것이다.

【안용복의 증언】

안용복의 「원하는 건(願之儀)」을 장군이 각하했다. 「나가사키에 가게 하거나, 또는 퇴범시키거나, 둘 다 받아들이지 않을 때는, 그 취지를 알릴 것」이라고, 장군은 톳토리번에 지시했다. 이미 그들이 나가사키에 가든, 그대로 조선을 향해 퇴범을 하든, 어느 쪽이라도 상관없으므로, 어쨌든 빨리 이나바에서 떠나 주었으면 좋겠다고 톳토리번은 생각했다. 그렇지 않으면 다시 장군에게 그 내용을, 이유와 함께 보고하지 않으면 안 된다. 그렇기 때문에 그들을 물러나게 하기 위해 요구가 있었던 금품을 몰래 보상했을 수도 있다. 그것이 그들이 비변사에서 증언한 「양식의 공급」, 「예물(幣)이 있다」라고 말한 것일 것이다. 물론 그들이 이를 사양할 리 없다. 「이를 사양한다고 말했다」, 「모두 대개 마찬가지로 말했다」라는 증언과는 달리, 분명 이를 받았다. 그 후, 그들의 수준에서 일단 만족하며, 서둘러 귀범하게 되었다.

그들이 죽도와 송도에서 쫓아냈다는 일본인 어부는 15명이었다. 그렇게 그들은 증언했다. 이는 그들 일행이 11명이었다는 사실에서 역산된 숫자이다. 자신들보다 많은 일본인을 쫓아냈다는, 그러한 용기 있는 행동을 취했다고 비변사에서 증언한 것이다. 일본인이 너무 많으면 거짓 증언이라고 생각될 수도 있다. 때문에 약간 많은 15명이라는 숫자를 댄 것이다. 그「지경을 침범한 왜인 15명을 적발」하고, 다시 오지 않도록「벌을 주」겠다고 주장했다. 이 해도에서 일본인을 야단치고 다시는 오지 못하도록, 이 루트를 매개로 하여 톳토리 번주에게 고했다. 그리고 그것을 인정시켰다고 한다. 즉 새로운 루트를 개척했다는 것이다. 그것은「울릉자산양도감세장」의「사인」안용복의 업적이다. 그러한 주장을 비변사에서 했다. 자신의 정당성을 주장하는 일로, 자신이 취한 행동에 타당성의 부여하는 주장이었다.

그런데 톳토리 번주는 안용복에게「양도는 이미 너희 나라에 속하였으니」라고 말하고 있다.「범월하는 자가 또 있으면」알리라며, 만약 그런 자가 있으면 중벌을 내리겠다고 말했다. 이는 무엇을 의미하는가. 톳토리번의 에도 번저에는 원록 9년 1월 28일에「죽도도해금지령」이 보고되었고, 쿠니모토에 전해지는 것은 동년 8월 1일이었다.『히카에쵸우(控帳)』원록 9년 8월 1일 조에는 다음과 같은 기술이 있다.

요나고의 오오야, 무라카와가에게 향후로는 죽도도해를 금지한다는 내용의 봉서사본을 아라오 슈리에게 건넸다.

米子大屋村川、向後竹嶋渡海之儀無用之旨、御奉書之寫、荒尾修理江相渡之事

이것은 번에서 요나고 상인에게 보낸 통달로, 그 내용의 통달이 분명히 오오야가와 무라카와가에게, 이 시점에서 아라오 슈리를 매개로 해서 전달되었다. 그러나 쿠니모토의 번노들이 이 시점까지 그 사실을 몰랐을 리 없다. 집정 아라오 시마가 이를 모르고 쿠니모토의 정치를 집행했다는 것은 믿기 어려운 일이다. 8월 시점에서 갑자기 알려져, 당황하는 집정은 있을 수 없다. 아마도 비밀리에 쿠니모토에도 이미 통보되었을 것이다. 그리고 시기를 보다, 요나고 상인에게 알릴 생각이었다. 그렇다면 후루미의 찻집에서 안용복과 회담했을 당시, 그 6월 21일의 시점에서, 이미 「죽도도해금지령」의 존재를 아라오 시마는 알고 있었을 것이다. 어쩌면 이 회담에서 그 사실을 무심코 발설했을지도 모른다. 안용복을 그것을 도주의 이야기로 해서 증언한 것이다. 따라서 안용복은 허위를 말한 것이 아니다. 어디까지나 착오의 인식이었다. 그렇다면 『국정한국고등학교 역사교과서』의 「숙종대에 동래의 어민 안용복이 일본어민을 울릉도에서 추방하고, 일본에 가서, 울릉도가 조선의 영토라는 것을 인식시켰다」라는 기재부분은30) 그렇게 생각해도 어쩔 수 없는 경과를 나타내고 있는 것으로 보아야 한다.

【조선선의 귀환】

안용복이 이나바를 매개로 한 상소에 대해, 쓰시마번의 대응은 훌륭했다. 그리고 이번에 그대로 장군의 결정이 이루어졌다. 이렇게 되면 톳토리에서 소송을 신청한 것은 어쩔 수 없이 모두 각하되었다. 그리고 조선인 일행을 상륙시킬 필요가 없어, 서둘러 톳토리에서 돌려보내도록 하라는, 그러한 지시가 톳토리번에 내려졌다. 그 결과 톳토리번은 그들의 귀범을 서두르게 된다. 「이번의 소송일권」도 장군에게 수리되는 일 없이 파각되었다. 결국 톳토리에서의 소송신청은 일단 수용되었지만, 사태가 급변하여 각하되었다. 그러한 경과에 대해 톳토리번에서는 약간의 의구심을 느꼈다. 왜 장군의 방침이 그렇게 급격히 변화한 것일까. 조선의 정식사절을 왜 그렇게 함부로 취급했을까. 오카지마 마사요시의 『죽도고』가 「지금 이 결과의 해결은 자세하지 않다」라고 전하듯이, 약간 이상하다는 생각이 들었다.[31]

하지만 그것은 톳토리번이 시종, 안용복 일행을 조선의 정식사절로 생각했기 때문이다. 한편 쓰시마번은 이 안용복 일행을 정식사절이 아닌 거짓사절로 보았다. 그렇기 때문에 바로 추방할 것을 상소했다. 여기에 큰 차이가 있다. 이런 안용복의 행동과 보고를, 카와카미 켄조우(川上健三)는 「허구와 과장으로 찬 것이었다」고 혹평한다.[32] 타가와 코조우(田川孝三)도 그들의 행동을 「이국에 와서 허세를 부린 모습이 보인다」고 한다.[33] 그렇기는 하지만 「그러나 비난받아야 하는 것은, 관명사칭의 허세를 간파하지 못하고, 조선국의 공식 외교사절로만 생각하고, 이에 대응한 톳토리번 당국 측이 아닌가」라고 지적한 나이토우 세이츄우(內藤正中) 씨의 의견이야말로 타당하다.[34]

어찌 되었든 톳토리번에는, 그 급격한 변화가 문서로 기록되어 전달되었다. 7월 24일의 일이다. 오오쿠보 카가노카미가 조선인을 추방하도록 하라는, 그러한 명확한 지령이었다.

> 일필 계달합니다. 지난번에 인슈우에 온 조선인에 대해, 소우 지로우 쪽에서 통사가 오면, 이와 상담하여 [그들을] 나가사키로 회송하도록 지시해 두었다. 그러나 일반적으로 말하면, 조선국의 통용은 소우 교우부 타유우(刑部大輔) 쪽에 말해야 한다. 전부터 명받은 일이다. 그러하니 그

곳에서 통사에게 묻게 하여, 나가사키로 보낼 필요가 없다. 타이슈우 이외에서는 조선국의 일을 취급하지 않는 것이 대법이다. 그러하니 교우부 타유우에게 연락하는 것만으로 된다. 이것도 이상하게 생각되는 경우에는, 귀국할 것을 이야기하여 [그들을] 되돌려 보내야 한다. 위의 일은 막각의 노중들이 상담하여 이렇게 결정했다. 삼가 아룁니다.

7월 24일

오오쿠보 카가노카미

마쓰타이라 호우키노카미님

이제는 나가사키로 보낼 필요도 없다는 것이다. 이국인의 소송은 분명 나가사키 봉행소 관할이지만, 조선에 관해서는 쓰시마에 일임하고 있다. 카가노카미도 그러한 인식에 근거하게 되었다. 톳토리번 에도저택에서는 장군에게 새로운 지시를 받아, 조속히 쿠니모토에 연락한다. 7월 25일과 26일에도 이어서 쿠니모토를 향해 두 비각이 출발했다. 그리고 8월 4일에 추방하도록 하라는 정보가 쿠니모토에 전달되었다.

> 조선선을 코야마(小山)의 아오지마에 넣어둔 일에 대해서는, 에도에서 들어, 그것에 대해 최근에 소우 교우부 타유우님이 노중에게 생각하는 바를 말씀 드린 일에 대하여, 모든 조선국의 통용 건은 타이슈우 이외의 곳에서는, 취급해서는 안 된다는 것이 대법이므로, 돌려보내라고 하는 봉서가 나왔다. 또 소우 교우부 타유우에게도 그러한 취지의 연락에 대해, 선월 25일, 26일에 에도막부에서 보낸 두 비각이 그저께 도착했다. 이에 따라, 즉 그저께 히라이 킨자에몬을 아오시마에 쓰지 반안과 같이 보내어, 귀범하도록 말하였다. 그렇지만 가로의 코야마의 강줄기가 근래 맑은 날이 계속되어, 물이 얕아, 배가 지나기 어려워서 파라고 명하여, 조선 선을 끌어당겨, 오늘 가로항을 출선하는 것을 보고, 킨자에몬과 반안이 등성하여, 이 내용을 가로에게 보고했다.[35]

톳토리번 쿠니모토의 가로는 막부의 의향, 그리고 번주의 의향을 알고, 이 기묘한 조선사절에게 조속히 퇴거할 것을 재촉했다. 그 귀환을 재촉하는 사자가 히라이 킨자에몬과 쓰지 반안이었다. 그들은 비각이 도착한 당일인 4일에 서둘러 코야마이케의 아오지마에 가서, 조선인 일행에게 바로 퇴거하라는 명을 전했다. 그리고 다음날 5일에 조선 선을 송출하는 작업에 착수한다. 배를 코야마이케에서 코야마가와를 따라, 가로 항에 인도하려고 했다. 그러나 당시 청명한 날이 지속되어, 하천의 물이 적어 배가 지나기에는 너무 얕았다. 그래서 배를 지나게 하기 위해, 그 수로 일부의 강바닥의 모래를 파내야 했다. 그리고 8월 6일 아침에 가로항에서 일행이 출선하였다.

> 조선인이 오늘 아침에 가로를 출선하여 귀범한 것에 대해, 장군에게 보고하기 위해, 히로자와 한에몬(廣澤半右衛門)이 명받아, 이에 따라 서원에서 알현할 것을 명받고, 와다 시키부(和田式部)가 그곳으로 향했다.[36]

이리하여 안용복 일행은 톳토리를 떠났다. 그 출선을 확인하고, 장군에게 보고하기 위해 히라사와 한에몬을 사자로 삼아 에도에 파견했다. 일행의 귀국을 재촉하여, 그것을 시행한 가로 와다시키부에게, 번주 이케다 쓰나키요는 알현을 허락하고 그 노고를 위로했다.

【쓰시마에서 온 통사 일행】

한편, 톳토리에서 조선인과 야야기하기 위해 쓰시마번에서 파견한 통사 일행은 어떻게 되었는가. 안용복 일행이 귀로에 오른 8월 6일, 사자 스즈키 곤베에(鈴木權平), 유우히쓰(祐筆) 아비류 소우베에(阿比留惣兵衛), 통사 모로오카 스케자에몬(諸岡助左衛門)과 카세 토우고로우(加勢藤五郎) 일행은 현해탄을 건너, 아직 쵸우슈우(長州) 아카마세키(赤間關)에 있었다. 여기서 세토나이카이(瀬戸内海)로 들어가, 비젠오카야마(備前岡山)에 상륙하여 육로로 들어갔다. 중국 산지의 산을 넘는 길, 즉 사쿠슈우로(作州路)를 따라갔다. 고개를 넘어 이나바로 들어가, 톳토리번령 치즈무라(智頭村)에 도착한 것은 8월 18일의 일이었다. 거기에서 치즈가와를 따라 내려와 모치가세무라(餠ヶ瀬村, 用瀬村)에 도착했다. 그날 밤은 이곳에서 묵었다. 그러자 이미 톳토리에서 호우키노카미의 사자가 이 마을로 마중와 있었다. 일행이 도착한 사실을 촌장이 전하자, 톳토리번사 이이지마 소레타유우(飯嶋夫大夫)라는 인물이 바로 일행의 숙소를 방문했다. 그리고 이미 조선인 일행이 톳토리를 떠나 귀범한 사실을 알려 주었다. 더 이상 통사의 역할은 필요 없다는 것이다. 어렵게 원로를 왔는데, 특별히 볼일이 없기 때문에 그곳에서 돌아가기로 했다. 다시 산을 넘는 길을 가야 하지만, 이미 날이 어두워져, 그곳에서 하루 묵고, 다음날 19일 아침에 쓰시마를 향해 출발했다. 다시 사쿠슈우로와 세토나이카이의 수로를 따라가는 귀로에 올랐다. 톳토리번의 『히카에쵸우(控帳)』를 보도록 하자.37)

　　조선 배가 착안한 것에 대해, [쓰시마의] 소우지로님이 보낸, 사자 스즈키 곤베에라는 인물이 와서, 어제 18일 밤에 모치가세에서 1박 하였기에, 보졸 이이지마 소레타유우를 파견해서 멀리까지 와 주시느라 고생하셨다는 것과 조선배는 별 탈 없이 돌아갔기 때문에 당지(톳토리)에 올

필요가 없다는 것을 전하고 가타비라 3착을 주었다. 통역 2명을 데리고 왔기 때문에, 돈을 2절씩 통역에게 주었다. 사자와 통역 모두 다 배령물을 완고하게 사절하고 받지 않았다. 그런데 통역은 정인이라 한다.

　朝鮮船着岸之儀に付き、宗次郎殿より御使者と爲し鈴木權平と申す仁が參られ、昨十八日之夜、用ヶ瀬一宿に付き、御徒の飯嶋夫大夫を遣わされ、遠方より參られ苦勞に思し召す由、倂せて朝鮮船恙なく歸帆申し候間、当地へ參られるに及ばず候旨仰せ遣わされ、御帷子三遣わされ候。通詞兩人召し連れ參り候に付き、金子貳切充て、通詞へ遣わされ候。御使者通詞共に拝領物、達て御斷り申し上げ、受納仕らず候事。但し、通詞は町人の由

같은 내용이 『죽도기사』에도 게재되어 있다. 원록 9년 9월 조이다.[38]

　호우키슈우사마가, 먼 곳까지 오셔서, 수고했다고, 그렇게 생각하시고, 콘베에게 의복 2착, 통사에게는 돈을 주시어, 그것을 사자[인 이이지마 소레타유우가] 지참하시고 [우리들에게 주려고 하셨다.] 그러나 이것을 깨끗이 사양하고, 한사코 받지 않았다. 그래서 [소레타유우는 그것을] 가지고 돌아갔다. 동월 19일에 곤베에는 모치가세무라를 출발했다. 직전에 [왔던] 길을 [그대로 거꾸로 더듬어] 돌아왔다. 하지만 히젠지역을 지날 때는, 어채 등을 받고, 승선할 때도 쌀이나 땔감이나 된장이나 반찬 등을 받았다. [세토나이카이에서 현해탄] 해상을 처음과 마찬가지로 지나서, 9월 5일에 나라에 귀착했다.

　伯州樣からは、遠方また罷り越し、御苦勞であったと、そのようにお考えになられ、權平へ時服を三着、通詞へは金子を下し置かれ、それを御使者[の飯嶋夫大夫が]持參しておられ[こちらにお渡しになろうとされた。]しかし、これはきっぱりとお斷り申し上げ、敢えて受け取るような事はしなかった。そこで[夫大夫は、それを]持ち歸った。同月十九日、權平は、この餅ヶ瀬村を出發した。最前[來た]道筋を[そのまま辿り]罷り歸った。尤も備前の內を罷り通る頃に、魚菜などをいただき、乘船の節も、米や薪や味噌や肴などをいただいた。[瀬戸內海から玄界灘の]海上を、初めのごとく罷り通り、九月五日に御國に歸着した。

【장생죽도기의 기재】

　안용복 일행은 가로를 출항하여, 그 후 어떤 경로를 따라 귀국한
것일까. 그 귀국경로를 기록한 자료는 없다. 하지만 그들은 톳토리에
서의 볼일이 끝나면 울릉도로 돌아가, 섬에 남아서 어로활동을 하고
있는 선단과 합류하여, 같이 조선으로 돌아갈 예정이었다. 때문에 우
선 톳토리에서 울릉도 방향으로 뱃머리를 돌렸을 것이다. 그 도상에
오키국이 있다. 그들은 다시 오키국을 경유했는지는 확실하지 않지
만, 오키, 송도, 죽도라는 노정으로 귀국했을 가능성이 매우 크다. 그
러나 조선 측 기록에 그들이 귀국 시 오키에 체류했다는 기록은 없다.
단 일본 측 기록, 야다 타카토우(矢田高当)의 『장생죽도기(長生竹島
記)』에서만 그 사실을 겨우 확인할 수 있다. 그곳에는 안용복 일행이
오키를 경유하여, 오키인들과 재회한 후, 이별을 애석해하며 귀국했
다는 사실의 내용이 있다.

　야다 타카토우(矢田高当)는 이즈모진자(出雲大社)의 신관이다. 그
가 오키의 어부들에게 들은 체험담을 쿄우와 원년(享和元年, 1801)에
기록한 것이『장생죽도기』이다. 그 전문정보의 출처는 원록시대에 자
주 죽도로 건너다녔다는 오키의 수주(뱃사람)였다. 그자는 후쿠우라
항에 출입하는 이타야 나니베에(板屋何兵衛)라는 자로, 그의 젊었을
때의 체험담이, 기록의 근본자료가 되었다. 그 정보가 이야기되어 전
해지고, 또 전해진 것을, 야다 타카토우가 후세에 남기기 위해 기록한
것이『장생죽도기』이다. 기록 중에서, 안용복 일행이 오키를 경유하
여 조선으로 향한 부분을, 이하 소개한다.[39]

다음 해(원록 9년)의 일이다. 오키의 돕고, 그 후구우라에서 2리 정도 떨어진 마을, 니시무라라는 항에 이국선(조선선)이 도착했다. [니시무라의] 마을 사람들이 [이 이국선을 보려고] 해변에 나갔다. 이국선의 조선은 [후쿠우라로 갈 계획이었는데, 니시무라항에 입항하여] 2리 정도 틀려서, 알지 못하는 항에 도착한 것에 당황하고 있었다. 그래서 이곳은 어디이고, 후쿠우라항은 어느 방각에 있는 것입니까라고 물었다. [그 조선인은] 후쿠우라에 작년(원록 6년)에 오랫동안 두류하고 있었던 인물이었다. 그때, 니시무라 사람들도 [후쿠우라까지 이국인을 구경하기 위해 갔었기 때문에, 이 [아벤테후(안용복)], 그리고 [토라헤히(박어둔)]라는 인물을 알아보는 자가 많았다. 그런 연유로 그것을 잘 아는 이웃사람에게 물어, [후쿠우라의 방각은] 오미(午未: 南西)에 해당하고, 36정을 1리로 하여, 그 거리를 설명하여, 약 2리 거리에 있다는 것을 알려 주었다. [그러자 그들은] 그대로 배를 저어 후쿠우라항을 향해 타고 나갔다. (중략) 그들은 작년에 끌려온 자들로 보였다. 2리 정도 틀렸다 하나, 수백 리의 길이다. 단련된 정도가 일본인보다 좋다고, 그들을 알아본 뱃사람이 평했다. 그런데 후쿠우라에서도 역시 조선인이 왔다며 놀라 [큰 소동이었다] 그 지역 사람들이 해변에 나가 보더니, [그 착안한 이국선의 사람은] 이미 알고 있는 아벤테후(안용복), 토라헤히(박어둔)였다. 그곳에 잠시 두류하여 일본어도 약간 알고, 그들의 조선말도 추찰할 수 있었다. 착안하자마자, 타케시마마루선의 선원들을 찾으며 상륙했다. 그런데 [안벤테후는] 지난해(원록 6년)이래, 모든 분들은 별고 없이 지내셨는지, 그때에는 아주 많은 신세를 졌습니다라고, 깊은 감사의 태도를 취하며, 그것에 대한 예의로 취하는 자세는, 하늘을 손가락으로 가리키고, 그 후 9배를 하는 [정중한] 것이었다. 그리고 모여든 많은 마을사람들을 향해, 다시 3배하고, 헤어진 이후의 경험한 고생담과, 많은 은총 등을, 이것저것 알아듣기 어려운 말로 말하는 것이었다. 그러자 포구사람들도 모두 예의를 잃지 않고 무릎을 꿇고 손을 합장하여, 감루를 흘리며 고개를 끄덕였다. 마음을 다하여 자신을 바르게 하고, 의리와 의리를 같이하는 이국인들의 만남이었다. 오랜 옛날부터 변함없는 이국 간 의리의 규사(紀事)였을 것이다. 당시는 이국인을 만나 예의의 도를 행하는 일이 어려웠다. 가령 그런 뜻을 가진 사람도, 모두 유교의 경전을 말하는 강담뿐이었다. 어쨌든 도우고에 있어서는 분명히 의리를 다한 일로, 고금을 두고 있기 어려운 일이었다. 아아, 후세에 의리가 이루어지는 천하의 귀감이다. 그리고 그 예를 다한, 마을사람들과의 만남도 끝났다. [이국 사람과의 교류라고 하는] 금기사항(쇄국정책)이 있어, 그것을 꺼려, [서둘러 조선인은 물러가지 않으면 안 된다. 아쉬움은 남지만] 헤어질 시간이 다가와, 그들은 서둘러 이국선에 탔다. 해초로 소금을 굽는 [가난한] 포구의 노소남녀가 일제히 해변에 나와, 말은 알아듣지 못하면서도 헤어지는 것이 아쉬워, 눈이 빨갛게 부어서, 눈물을 훔치고 있었다. 또 조선인도 뚝뚝 눈물을 흘리며 [나아가는 배에서] 손을 흔들며 이별을 고하고 있었다. 이별을 아쉬워하며, 멀고 먼 조선을 향하여, 그들은 돌아갔다. 비교할 수 없는 이별이었다.

翌年、隱州島後福浦港より二里脇の西村と云ふ港へ、異國船、馳せ來り、村中驚き浜へ出る。唐人も二里針(ばかり)の立ち違ひをして、知らざる所へ乗り掛け、当惑して、如何が是、福浦港は何れに差す哉と問いければ、福浦に去年、長逗留して、其の時、西村の者、見物に行く。あべんてふ、虎へひなりと、見知りたるもの多し。其の故に隣の功者を聞き馴れて、方角、午未に当たる三十六丁一里として道のり二里あると仕形をなせば、其の儘、舟を漕ぎ出し、福浦港をさしてぞ乗り掛る。彼等、去年連れ來りしものと見へけり。二里針の立ち違ひは、いたしなけれど數百里の道也。鍛錬の程、日本人に越へ可く哉と功者なる船乗り評すなり。さて又、福浦にても唐人來りてとまた驚き、地下人、浜へ出るに馴染みの、あべんてふ、虎へひなり。下地暫く逗留して日本言葉も間々さとり、彼等の唐音も推察し着岸否哉。竹島丸船夫方を差して上りけり。さて去年、障りもあらぬ御上意、惠みを蒙りたる事を厚く慮り、その礼儀と見へて空へ指を指して九拝をなし、次に集り居る大勢に向ひ、また三拝して、一別以來、いかん無量恩德と、ちんぷんかんの分かりかねたる音聲ぞかし。況や浦人も皆以て礼儀みださず跪き手を合わせ、感涙流しうなづき、誠に心を正して己を修し、義と義にせまる異朝の出合なり。古へ昔し俛焉として異朝義理の紀事もあるべけん。当時は異國人に出合仁義の道を行ふ事は堅し。仮令志しある人も、全く青表紙を解く講談而己なり。いやしきといへとも島後におゐて顯然に義理を發したる事、古今稀なり。嗚呼、後世義理を行ふ天下の鑑なり。さて一礼終わりて、御禁制を憚り、いとまの時日もあらず、急ぎ異國船に打ち乗りければ、藻を燒く浦の老若男女、浜辺へ出て、言葉の分からぬ名殘を惜しみ、紅涙たもとをひたす。なお唐人も名殘はろかに、はらはらと涙を流し、手を揚げて朝鮮差して歸りける。たとへがたなき別れなり。

이 귀국 정경은 원록 9(1696)년에 섬에 왔을 때의 일일까. 그때 그들은, 먼저 니시무라에 착안했다. 원록 9년에 섬에 표착했을 때, 처음

도착한 곳도 니시무라였다. 또 원록 6(1693)년에 오키로 연행된 내용도 포함되어 있다. 일행 중에 있을 리 없는「도라헤이 (虎へひ)」, 즉 박어둔도 동행하고 있다. 원록 6년의 사실이 반영된 것의 일부와 원록 9년에 도해한 사실의 일부가 반영된 부분이 같이 섞여 있다. 어찌 되었든 귀국 시, 일행이 오키에 들렀다는 사실을, 이 자료가 전하고 있다. 여기에 기술된 정경으로 보아, 안용복과 오키 사람들과의 교류는 친밀하고 평온한 것이었다. 이는『원록각서』의 내용과 일맥상통한다.『원록각서』에는 거친 바다에 지치고 식량도 떨어진 그들에게, 오키 주민들이 쌀과 야채를 제공한 사실의 기록이 있다. 마을 사람들은 흉년으로 비축된 식량도 많지 않은 상태에서 그들에게 식량을 주었다. 이에 대해 안용복 일행도, 부족한 비축식량이었으면서도, 말린전복을 답례로 전하는 성의를 표했다. 서로 생각하고 배려하는 교류였다. 이『장생죽도기』의 정경에도 그러한 상호 간의 심적 교류가 있다.

　원록 6년에는 안용복과 박어둔의 연행이 있었다. 그때, 오키에서 취조가 행해졌는데, 오키번소(番所)의 관리도, 이 연행된 이국인에 대해, 무엇인가 측은함을 느낀 것일까. 취조 후에 그 조선인 두 사람에게 위로의 술 한 통을 보내주었다. 요나고 오오야선의 선두가 구술한 구상서에 다음과 같은 기록이 있다.[40)]

　　　오키의 번소에서 우리들을 불러, 외국인의 구상(의견서)을 쓰라고 하는 전달이 있었다. 그러나 조선인이 있으니 직접 물어주실 것을 말씀드렸더니, 당연하다고 납득하시고, 조선인을 불러내어 그들에게 상황을 물었다. 그리고 이 지역의 쇼우야들을 입회시키고, 조선인의 공술을 문자로 기록했다. 이 조선인의 구상서에 입회하고 판을 누를 것을, 우리들에게도 요구했다. 그러나 판형을 가지고 있지 않다며, 강하게 거절했다. 그 후에는 번소에서 조선인에게 위로의 술 한 통을 보냈다.

　　隱岐の番所では我々を召し出し、口上書を差し出すよう達しがあった。だが唐人が居るので、直接聞いて下さいと申したところ、尤もであると納得され、唐人を召し出し、彼らから様子を聞き出した。そしてこの地の庄屋共を立ち合わせ、唐人の口上を文字に書き出していった。この唐人の口上書に、立ち合いの添え判を押すよう、我々にも要求があった。だが判形を持ち合わせていないと、しっかりとお斷りをした。その後、番所から唐人へ、慰勞の酒一樽が振る舞われた。

　오키의 역인은 친절했다. 오키 무라카와가의『원록각서』에 등장하는 관리, 나카세 히키에몬(中瀨彈右衛門)과 야마모토 키요에몬(山本淸右衛門)은 배려 있게 그들을 대하고 있다. 그 역인들보다도 오키의 주민들은 더 친절했다. 오오쿠무라(大久村)의 쇼우아(庄屋) 사이토우 요지에몬(齊籐与次右衛門) 이하, 마을 사람들의 선심에 안용복 일행은 감사하고 있었다.『장생죽도기』가 기록하듯이, 그들은 3배 9배하면서 이별을 아쉬워하며, 그 섬에서 출선한 것이 틀림없다.

　이렇게 안용복 일행을 태운 배는 오키항을 출항한다. 이는 순풍을 기다린 후의 출선이었다. 평온한 남풍을 타고 서북으로 향했다. 그곳에는 그들이 말하는 자산도(松島)가 있고, 울릉도(竹島)가 있다. 양도를 경유하여, 강원도 해안으로 섬을 따라 도해했다. 기록에는 남아 있지 않지만 그들은 잠시 울릉도에 체재했을 것이다. 섬에 남아 있던 12척의 선원들과 반갑게 재회했을 것이다. 그리고 그들과 함께 고향으로 돌아갔다.

제6절 주

1) 淸蓮山 無量院 專念寺는 慶長 6년 창건의 아오야의 고찰이며, 淨土宗이다. 현재는 톳토리현 톳토리시 靑谷町 靑谷3206번지에 있다. 톳토리번 「御用人日記」는 이 센넨지를 千念寺라고 기술하고 있다. 專念寺는 아오야를 북으로 관통하는 日置川의 하구에 있다.

2) 『御用人日記』元祿9年6月13日條

3) 『竹島考』하

4) 『御用人日記』元祿9年6月22日條

5) 『控帳』元祿9年6月條12日條

6) 『控帳』元祿9年6月14일

7) 東善寺는 室町時代, 明応 2년(1493) 창건의 고찰로, 瑞松山 東善寺를 말한다. 安永 원년(1772) 본당 완성과 함께, 西接山福田院 東善寺라 칭해진다. 현재는 鳥取縣 鳥取市 賀露町496-1의 千代川 하구 왼편에 있다. 이곳은 湖山池에서 흐르는 湖山川이 千代川과 합류하는 지점으로, 코야마가와 우측에 있다.

8) 『控帳』元祿9年6月15日條

9) 『죽도기사』元祿9月6月條

10) 池內敏『안용복과 톳토리번』鳥取地域史硏究, 제10호, 鳥取地域史硏究會, 2008

11) 『肅宗實錄』肅宗22年9月條

12) 『御用人日記』元祿9年6月22日條

13) 『肅宗實錄』肅宗23年2月條

14) 『竹島紀事』元祿10年4月條

15) 『竹島紀事』元祿9年6月條

16) 『竹島紀事』元祿9年6月條

17) 『鳥取藩史』世家1, 綱淸公

18) 『竹島紀事』元祿9年月條

19) 『竹島紀事』元祿9年月條

20) 田代和生 『書き換えられた國書－德川・朝鮮外交の舞台裏』中公 新書, 1983

21) 『竹島紀事』元祿9年7月條

22) 『竹島紀事』元祿9年7月條

23) 『竹島紀事』元祿9年7月條

24) 『竹島紀事』元祿9年7月條

25) 『鳥取藩史』제6, 殖産商工志・事変志, 鳥取縣立図書館, 昭和46年

26) 『御用人日記』元祿6年6月26日條

27) 『御用人日記』元祿9年7月22日條

28) 『御用人日記』元祿9年7月31日條

29) 池內敏 『安龍福と鳥取藩』鳥取地域史硏究, 第10号, 鳥取地域史硏 究會, 2008

30) 『韓國의 歷史-國定韓國高等學校歷史敎科書-』曺昌淳・宋連玉 역, 明石書店,1997

31) 岡嶋正義 『竹島考』전게주

32) 川上健三 『竹島の歷史地理學的硏究』

33) 田川孝三 『竹島領有に關する歷史的考察』

34) 內藤正中 『竹島(鬱陵島)をめぐる日朝關係史』

35) 『御用人日記』元祿9年8月6日條

36) 『控帳』元祿9年8月6日條

37) 『控帳』元祿9年8月19日條

38) 『竹島紀事』元祿9年9月條

39) 『長生竹島記』「從竹島八年目あべてふ虎へひ義を糺して隱州へ再 ヒ渡海之事」

40) 『因府歷年大雜集』大谷九右衛門船頭口上書

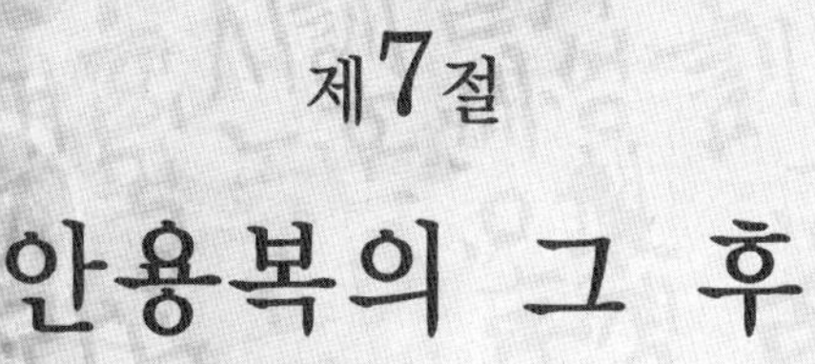

제7절

안용복의 그 후

【안용복의 포박】

일본을 떠난 안용복 일행은 8월 29일에 조선국 강원도 양양현의
항구에 입항했다. 그리고 약 한 달 후에 동래출신 안용복은 동래에서
붙잡혔다.[1] 연안 출신 김순립(金順立)은 양양에서 자취를 감추었으
나, 개성부와 연안에서 그를 기다리던 사직(司直)의 손에 잡혔다.[2] 그
외 사람들도 모두 강원도 감찰사 심평 등에게 붙잡혔다. 조선본국에
도착한 그들은 각각 고향에 돌아가려 했다. 또는 이미 귀향했다. 그
고향에서 포획된 것이다. 어찌 되었든 그들은 월경의 죄, 타국에서 정
서한 죄로 한양에 보내져, 그곳 옥에 갇히고 말았다.[3]

9월 25일 비변사는 이 동래 사람 안용복과 그 일행을 취조한다. 주
모자 안용복은 울릉도에서 일본의 호우키와 이나바로 간 사정을 진
술하였다. 비변사는 그들 일행도 각각 힐문하고, 그 증언을 토대로 이
사건에 대한 공술조서를 완성시켰다. 이 공술서를 토대로 9월 27일,
국왕이 참석한 자리에서 이들이 일으킨 문제가 군신들 사이에서 논
의되었다. 비변사에서는 안용복의 죄를 묻는 목소리가 높았다. 또한
영의정 유상운(柳尙運)도, 안용복은 「법금을 두려워하지 않고 타국에
일을 일으키는 난민(亂民)이다」라며, 그 죄를 묻고 「용서는 불가」라
했다. 『승정원일기』 9월 27일의 기술은 다음과 같다.[4]

> 일본에서 표류민을 송환할 경우, 어느 지역에 표류해도 항상 쓰시마
> 도를 통해 송환한다. 이것이 통례이다. 통상의 표류민 조차 그러한데, 이
> 번에 톳토리에서, 이렇게 정문을 행한 자를, 쓰시마를 매개로 하지 않고,
> 직접 그 지역에서 송환시켰다. 이는 어찌 된 일인가. 그것도 그 정문에
> 관한 답변의 문자까지도, 그는 확인했다 한다. 이러한 그의 주장 따위는

취급해서는 안 된다. 우선 톳토리에 도착하여 그러한 일을 하고, 그러한 접대를 받았다는 일 등, 그 일들은 신용할 수 없는 이야기이다. 즉시 그를 처단해야 한다. 하지만 지금 역관(변동지와 송판사)이 쓰시마에 도해해 있다. 때문에 그 역관들의 귀국을 기다려 일본 측의 실정을 파악한 후, 그 일을 결정하고 싶다고 생각한다. 이처럼 영의정 유상운이 주장하였다. 참석한 국왕이, 여러 신하들은 어떻게 생각하는가라고 묻자, 좌의정 윤지선(尹趾善)이 발언하였다. 안용복은 죄를 범하였습니다. 용서할 필요가 없고, 죄인으로 살려 둘 필요도 없습니다. 영상(영의정)의 의견이 타당하다고 생각됩니다. 또한 형조판서 김진구(金鎭龜)도 발언한다. 영상의 의견을 신의 의견으로 한다는 발언이었다. 병조판서 민진장(閔鎭長)도 말하였다. 안용복은 처음부터 직접 톳토리로 갈 의지가 있었다고 생각합니다. 만약 강풍에 떠내려가 표착했다고 하면 쓰시마번에서 송환해 오는 것이 통례입니다. 이번에는 그렇지 않았습니다. 더욱이 톳토리에서는 상소하는 일까지 일으켰으니, 그 죄는 참으로 무거워 간과할 수 없는 일입니다. 이 소송 사실을 쓰시마 도주에게 통지하지 않는다면 성신의 도에 벗어나는 일이 됩니다. 알리지 않으면 쓰시마가 후에 알고, 그 분노로 인해 생각하지 못한 일이 일어날 수 있습니다. 이처럼 대답했다. 이조판서인 최석정(崔錫鼎)도 안용복은 무지한 남자에 지나지 않는다고 하지만, 그 죄는 명백하여, 우리 경역에 이변을 초래하여, 경역분쟁을 일으키고 말았습니다. 그 위험하기 짝이 없는 행위로, 변경에 사건을 일으킨 일을 용서할 수는 없습니다. 또한 이 사실을 쓰시마 도주에 통보하지 않으면 성신의 도리에 어긋납니다. [후에 쓰시마가 알았을 경우] 두고두고 문제가 생깁니다. 이처럼 대답했다. 공조판서 오도일(吳道一)도 안용복은 일등죄(罪一等)에 해당됩니다라고 발언했다.

이처럼 모든 신들의 논의는 일치하여 안용복의 죄상은 사형에 해당된다고 결정됐다. 그리고 이인성(李仁成)에 대해서는 주범이 안용복이고 그는 단순한 종범이므로 죄일등은 삭감하는 것이 좋겠다는 결론을 내렸다. 그 외의 사람들은 해변의 우민으로 단순히 안용복의 교시에 따라 해산물을 채취하러 간 것뿐이므로, 동일하게 처벌할 필요는 없다는 결정이었다.

하지만 좌의정 윤지선이 이처럼 발언하였다. 안용복은 의도적으로 톳토리까지 왕복하고 상소까지 행했습니다. 그러나 그는 문서작성이 서툽니다. 때문에 이인성의 문필능력을 믿고 그를 끌어들여 함께 도해한 것입니다. 이렇듯 이인성은 처음부터 이 모의에 가담한 인물로, 일의 발단이 된 상소문은 이 자의 손에 의해 작성된 것입니다. 타국에서 사건을 일으킨 죄는 이인성도 함께 져야 하는 일로, 이는 매우 중대한 일로, 용서할 수 없습니다. 이처럼 안용복과 동열의 죄를 요구했다.

그러나 이에는 반론이 있어, 안용복은 주악(主惡)이고 이인성은 차악(次惡)이라는 의견도 나왔다. 안용복과 동죄로 할 것인지, 차등을 둘 것인지, 중의의 의견은 일치되지 않았다. 그러자 국왕이 말하였다. 좌상(좌의정 윤지선)의 의견이 타당하다. 단 죄에 대해서는 정(情)으로 회답하고 싶다. 안용복은 주악으로 살려 둘 수 없겠지만 이인성이 작문한 죄는 협박받아 따른 것일 것이므로 죄일등을 감해도 상관없다고, 그러한 온건한 생각이었다. 그 외의 사람들에 대해서는「그 나머지는 단지 어채를 했다」는 것으로, 단지 용복의 꼬임에 넘어갔을 뿐이므로 죄를 묻지 않고 석방한다는 결정이 내려졌다. 그리하여 9명은 해방되게 되었다. 그러나 안용복에 대해서는 계속 논의가 반복되었다.

【안용복의 구출】

안용복에 대한 논의는 10월 13일의 조의에서도 행해졌다. 먼저 좌의정 윤지선이 발언한다. 안용복의 죄에 대해서는 원로들의 의견도 듣지 않으면 안 된다는 것이었다. 그러자 전 우의정으로 영돈녕부사(領敦寧府事)인 윤지완(尹趾完)이 다시 발언한다. 『승정원일기』숙종 22년 10월 13일 조를 보면 다음과 같다.5)

> 윤지완이 말한다. 안용복이 사적으로 타국에 가서 함부로 국사를 논한 일은 중대한 문제이다. 우리 조정이 [멋대로 쓰시마와 다른 곳에] 사신을 보냈다고 쓰시마 측은 놀랄 것이다. [지금처럼 미묘한 시기에] 그처럼 상대를 자극하는 일을 [전해서는] 안 된다. 그 죄를 논하자면 분명 사형에 해당된다. 하지만 한편으로 쓰시마 사람들은 이전부터 우리나라를 기만해 왔다. 그것은 우리가 직접 에도의 장군과 통하고 있지 않기 때문이다. [안용복은 이 행로를 개척했다.] 만약 지금 톳토리라는 다른 행로가 있다는 것을 쓰시마가 안다면 크게 두려워할 것이다. 지금 안용복을 주살하면 쓰시마는 그 길이 막힌 것을 분명 기뻐할 것이다. 안용복을 처벌하는 일은 법의 관점에서 보면 맞지만, 국가적 전략의 관점에서 말하자면 잘못된 일이다. 법을 무시하는 일은 좋지 않지만, 국가의 이익을 놓치는 일은 더욱 애석한 일이다. 하지만 지금 조의에서 대개의 일은 정해져 있다. 신이 혼자서 어찌 그 일에 이의를 제기할 수 있겠습니까. 그러나 안용복을 주살하면 그 후의 폐해가 있다. 그 [국가 이익을 잃는] 일을 걱정할 뿐이다. 하물며 쓰시마에 이 일을 통보하고, 왜관 밖에 안용복의 목을 매단다는 것은, 교활한 왜를 기쁘게 할 뿐이다.

이어서 전 영의정이자 영부사인 남구만이 발언하였다. 남구만은 6월 24일에 고령과 병으로 영의정에서 막 물러났다. 그러나 여전히 국왕의 신임은 두터웠다. 새로 취임한 삼정승(영의정 유상운, 좌의정 윤지선 우의정 서문중) 등은 그들의 권위에 현저히 미치지 못했다. 이 원로들의 발언을 무시하는 일은 도저히 할 수 없는 일이었다. 그 남구만이 일부러 노구를 이끌고 임석하여 의견을 진술했다.

> 안용복은 이전의 계유년(숙종 19년, 원록 6년, 1693)에 울릉도에 가서,

그곳에서 왜인들에게 붙잡혀 호우키슈우에 연행되었다. 그때, 에도의 장군에게 울릉도는 조선에 영속하는 섬이라고 인정한 서부를 발급받고, 또 많은 선물을 받았다. 그러나 그것 모두를 쓰시마 사람에게 **빼앗겼다**고, 그렇게 증언했다. 그때는 믿지 못했지만, 지금 안용복이 다시 호우키슈우에 가서, 그곳에서 정문(소송)했다는 것은 이전의 증언이 틀림없는 사실이었기 때문이다. 이제 이 일을 믿지 않을 수 없다. 안용복이 해금의 죄를 범하고, 타국에 표도하여 감세장을 가칭하며 정문으로 상소한 일은, 당치 않는 일로, 용서받을 수 있는 일이 아니다. 이는 실로 주살에 해당된다. 그러나 쓰시마의 왜인들은 에도 장군의 명령을 가탁하여 울릉도를 죽도로 속여, 조선인의 울릉도 왕래를 금지시키려 했다. [쓰시마가 조선과 일본의] 중간에서 [양국을] 속이고, 소란 떨고(狂躁) 희롱하고 있던 실태가, 이 안용복의 증언으로 밝혀졌다. 이 일은 쾌사라고 말할 수 있다. 안용복에게 죄는 있지만 죄과에 처할 필요는 없다. 그를 죽이는 일은 실로 부당한 살해가 될 것이다.

또한 지중추부사(知中樞府事)인 신여철(申汝哲)이 발언한다. 오랜 기간 와병 중이었기 때문에 조의에 참석하지 못했다. 그러나 안용복이 사죄라는 말을 듣고, 그것을 반대하기 위해 나왔다 한다.

안용복은 분명 도를 넘은 교활한 민으로, 국사라 칭하고 타국에 소송하였다. 그 행위는 과격하고 그 영향은 심대하다. 때문에 그 범월의 죄는 실로 사죄에 해당되며 용서받지 못할 자이다. 하지만 그 공적 또한 커서 공죄는 반반이다. 국가가 대책을 취하지 못하고 있을 때, 이 무지의 소민이, 용케도 그 나라에 건너가 상서했기 때문에 정송(呈送)해 주었다. 쓰시마의 도주는 조선과 일본 사이에 있으며, 출선이나 식량의 교역 등에 대해서도, 계속 기만을 거듭하며 사실을 은폐하고 있다. 그러한 일까지, 이번에 모두 설명하여 [이 안용복은 일본에] 이야기해 주었다. 앞서 원로들이 이야기했듯이, 이 안용복을 죽이면 쓸데없이 쓰시마의 도주를 기쁘게 할 뿐이다. 그리고 우리나라의 이익을 잃고 만다. 그렇게 [원로들이] 발언한 것은 사실 그대로이다. 때문에 안용복을 사죄로, 그렇게 단죄해서는 안 된다.

하지만 한편에서 좌의정 윤지선은 강경하게 안용복을 사형시키지 않으면, 앞으로도 어리석은 자들이 타국에서 일을 벌여 문제를 일으킬 것이며, 의협심으로 행동할 주민들이 아직 많이 있어, 멋대로 행동한 안용복을 본받을 것이 틀림없다고 주장하였다. 왜 안용복을 죽이면 안 되는가, 국가질서를 생각하면 어떻게든 그를 반드시 사형에 처하지 않으면 안 된다. 법에 따라 엄정히 다스려 사형에 처해야 한다. 이러한 윤지선의 주장을 지지하는 목소리도 많았다. 여기서 국왕은 그날 출석하지 않은 영의정 유상운의 의견을 듣기로 하고, 이날의 논의를 끝냈다.

유상운의 결석은 실은 숙고해서 내린 예정된 행동이었다. 그는 이날 남구만이 안용복을 감싸는 발언을 할 것을 알고 있었다. 이를 꿰뚫어보고 일부러 결석한 것이다. 이 조의에서는 남구만의 의견에 반대하고 사형을 주장하는 의견이 나올 것이 분명했다. 때문에 유상운은 결석한 것이다. 이전 조의에서는 유상운은 사형추진론자였다. 이 13일에 출석하면 역시 사형추진을 발언할 수밖에 없었다. 그러면 전임자 남구만과 대립된다. 자신을 뽑아준 남구만에게 거역하게 된다. 이 일은 반드시 피하고 싶었다. 그러한 이유로 이날의 회의에 결석한 것이다.

이 10월 13일의 회의 8일 전, 유상운은 남구만으로부터 서간을 받았다. 10월 5일부의 서간으로, 남구만의 『약천집(藥泉集)』 권31에 게재되어 있다.6) 「유상국(柳相國)에 답한다. 병자 10월 5일 현재 용복을 다스리는 상중하의 세 방법이 있다」로 시작되는 서간이다. 이는 안용복사건에 대해 의견을 요청받은 남구만이, 영의정 유상운에게 자신의 생각을 사신으로 밝힌 것이다. 이 서간 중에서 남구만은 안용복을 엄벌에 처해서는 안 된다고 명백히 밝히고 있다. 이 남구만의 의견을 듣고, 영의정 유상운은 자신의 의견을 관철시키는 일을 주저하였다. 그리고 10월 13일 회의에 결석했다. 그가 결석한 결과, 안용복의 사형 판결은 연기되었다. 영의정 유상운의 의견이 변경되면, 더 이상 안용복의 사형은 없는 것이다.

【안용복 파견의 배후】

안용복을 사형시켜야 한다고 9월 27일의 조의에서 발언한 자는 영의정 유상운과 좌의정 윤지선, 형조판서 김진구, 예조판서 민진장, 이조판서 최석정, 공조판서 오도일과 같은 자들이었다. 이에 대해 10월 13일의 조의에서 안용복의 공적을 인정하고 사형에 반대한 것은 영부사 남구만, 영돈녕부사 윤지완, 그리고 지중추부사 신여철이었다. 그들은 제 일선에서 물러난 자들이었지만, 여전히 힘을 보유한 원로들이었다. 현 정권은 그들로부터 그 해 6월부터 7월, 그리고 8월에 걸쳐 정권을 단계적으로 물려받았던 것이다. 때문에 원로들이 발언하면 그 의향에 반하는 정책은 취하기 힘들었다. 이는 지극히 당연한 일이다.

원래 이 원로들은 숙종 20년(원록 7년, 1694) 4월에 일어난 정변(갑술환국)에서 중심 역할을 한 인물들이다. 남구만은 잘 알려진 중심인물이다. 윤지완은 좌의정 윤지선의 동생이지만 그 경력은 형보다도 화려하다. 숙종 6년(1680)에 경상도 관찰사를 역임하고, 숙종 8년

(1682), 즉 텐나 2(天和)년의 조선통신사 파견 시 정사신으로 도일했다. 그 후, 어영대장(御營大將), 예조판서, 병조판서가 된다. 남인정권 하에서는 실각하지만, 숙종 20년 4월의 정변에서 복권하여 우의정이 되었다. 윤지완 밑에서 이 정권의 무력을 지탱한 것이 군 출신의 신여철과 서문중(徐文重)이었다. 신여철은 정변으로 훈련대장, 포도대장, 어영대장을 역임하고, 치안부대를 장악했다. 동시에 공조판서에 취임했다. 또 서문중은 병조판서에 취임하여 신정권의 병권을 장악하고 있었다. 윤지완의 후임으로 우의정에도 취임한다. 남구만의 신정권은 일본을 잘 아는 윤지완의 지도 하에 병권장악과 함께 대일외교를 강경노선 방향으로 이끌어 갔다. 남구만이 일단 타협하려던 시점에서, 윤지완의 의견으로 강경노선으로 선회한 점은 전술하였던 바이다. 그런 경력을 지닌 원로들이었다.

그런데 은퇴한 남구만이 10월 13일에 조의에서 이야기한 것은, 10월 5일에 영의정 유상운에게 보낸 사신과 같은 내용이었다.7) 남구만은 안용복이 주장한 쓰시마의 음모설을 신용하고, 계속하여 쓰시마에 대해 강경노선을 취할 것을 이야기했다.8) 그렇기 때문에 안용복의 처벌에 반대였다.

> 안용복은 쓰시마의 악행을 밝혀 주었다. 이는 정말 통쾌한 일이다. 중의는 조선의 쓰시마에 대한 교섭은 평온하게 논의를 진행해야 한다고 하지만 그렇지 않다. 쓰시마에 제공하는 쌀이나 나무나 종이 등을 점차로 줄여나가는 것과 같은 교섭은 본래 쇄말한 일이다. 그것은 여기서는 불필요한 거론이라 할 수 있다. 지금 울릉도의 계쟁(係爭)은 변환기만(変幻欺瞞) 속에 있다. 이 기회를 놓쳐서는 안 된다. 여기서 단번에 결정짓지 않으면 [장래에] 화근을 남긴다. 이를 위해서는 동래부가 쓰시마에 서간을 보내, 그 부당함을 열거하고 힐문하지 않으면 안 된다. 분명하고

통렬하게 비난하여 쓰시마의 주장을 배척하지 않으면 안 된다. 만약 쓰시마가 교묘히 피해 반론하려 한다면 나 스스로 서간을 보내 힐문할 것이다. 쓰시마는 양국 사이에 있으면서 [안용복이 말했]듯이, 대체로 신뢰할 수 있을 만할 일을 지금까지 해오지 않았다. 안용복은 바람에 떠도는 천민이지만, 국서가 없어도, 스스로 정문을 했다. 처음부터 일본의 신뢰를 얻을 수는 없었지만, 이 조정에서, 만약 내가, 직접 사신을 에도의 장군에게 파견하여, 그 허실을 자세히 밝힌다면, 이 일이 어찌 해결되지 않을 것인가. 그렇게 강하게 압박하면 쓰시마는 분명히 크게 무서워하며 죄를 인정하고 용서를 빌 것이다.

남구만은 이와 같은 강경론을 주장하였다. 이 직후 사신을 에도에 파견한다는 계획은, 안용복의 도해모험과 상통하는 점이 있다. 안용복은 톳토리까지 가서 그곳에서 서부를 제출했다. 아쉽게도 이번에 그와 같은 표풍의 천민으로는 일이 성사되지 않았다. 그러나 쓰시마를 경유하지 않고 직접 동무로 가는 루트를 확보하는 일은 쓰시마에 대항하는 강력한 무기가 된다. 다음에는 정식사신을 파견할 예정이라고, 그러한 새로운 전개까지도 남구만은 여기서 이야기하고 있다. 이러한 방안은 도대체 누구의 제안이며, 누가 그것을 구체화시킨 것인가. 안용복의 이번 항해는 이 방안에 따른 행동이었다. 분명히 그들의 사고에 따라 안용복은 움직이고 있었다. 직접 이번처럼 안용복을 움직인 것은 삼계의 샤쿠완이다. 하지만 그 샤쿠완에게 지시를 내린 것은 누구인가. 안을 구체화시키고 샤쿠완에게 지시를 내린 것은 도대체 누구였는가.

이 방안은, 사실 정부관계자로부터 나오고 있었다. 그러한 관여가 없었다면 표풍의 천민이 죽든 말든 아무도 신경 쓰지 않고 방치되었을 것이다. 그것을 일부러 묘의에서 중신들이 논의한다. 사형이 결정되자, 세 명의 원로까지 나서서 일부러 반대론을 전개한다. 그 중 한 사람은 병든 몸까지 이끌고 출석해 강하게 사형을 반대했다. 이는 「표풍의 우민이 행한 행동이기 때문에, 가령 작위하는 일이 있다 해도 조정이 알 바 아니다」라고 쓰시마에 답변한 것과 크게 다르다. 「알 바가 아니다」라고 할 때가 아니었다. 어떻게든 죽게 해서는 안 된다고, 이 일개의 천민에 대해 원로들이 모든 노력을 다하고 있다. 이것은 크게 관계가 있고, 잘 알고 있었다는 것을 뜻한다. 그렇게 생각하는 것이 자연스럽다.

즉 샤쿠완에 지시를 내린 인물이 있다. 그 지시를 받고 샤쿠완은 안용복에게 명하여 톳토리에 가게 했다. 분명 그 도해의 효과는 절대적이었다. 그러나 지금은 희생양(捨て石)으로, 그는 사형에 처해진다. 그러나 지시를 충실히 따른 그를 여기서 죽게 할 수는 없는 일이다. 너무 불쌍한 일이다. 당연히 그 지시를 내린 인물은 그의 사형을 어떻게든 막으려고 한다. 그를 위한 노력을 아끼지 않았다. 가령 몸이 아파도, 그 몸을 이끌고 구출하러 간다. 당연한 일이었다. 즉 직접 샤쿠완에게 지시를 내린 인물이란 이 신여철이 아니었을까. 이러한 관여가 있었다는 것을 윤지완도 남구만도 알고 있었다. 알고 있었을 뿐 아니라, 그들은 이 일련의 사건에서 함께 관여한 동일그룹이었다. 이 10월 13일의 묘의에서 남구만이 이야기한 것은 계획되고 완성된 줄거리를 그저 읽었을 뿐이다. 그리고 10월 5일의 서간이란 그 완성된 안을 단지 기술하여 유상운에 전달한 것일 뿐이다. 이러한 안은 이미 1년 전에 계획되어 샤쿠완의 지도 하에, 안용복의 봄의 도해로 준비해 온 것이다. 울릉도를 거쳐 톳토리에 간다. 그곳에서 에도의 장군에게 소송을 한다. 이는 새로운 전달경로의 개척이다. 그러한 별동대의 움직임, 그 비밀스러운 안을, 새삼스럽게 언급하는 남구만은, 이 줄거

리를 고안해낸 인물이 아니다. 그럼 이를 고안한 자는 누구인가. 이는 아마도 윤지완일 것이다. 그 가능성은 매우 크다.

윤지완은 2회에 걸쳐 경상도 관찰사를 역임하여, 이 지역에 세력과 인맥을 구축하고 있었다. 일본 정보에도 능통했다. 그리고 조선통신사의 정관으로, 숙종 8년(天和 2년, 1682)에 토쿠가와 쓰나요시(德川綱吉) 장군의 취임을 축하하기 위해 도일했었다. 직접 자신의 눈과 귀로 일본을 관찰하여 그 사정에도 능통했다. 일본의 쓰나요시 정권이 학문과 예의를 중히 여기고, 쓰나요시 자신도 조선에 친근감을 가지고 계속 우호관계를 유지하고 싶어 한다는 것을 그는 잘 알고 있었다. 그래서 직접 에도의 장군과 연락을 취할 수 있다면 쓰시마의 방해 따위는 별일이 아니라고 생각하고 있었다. 즉 남구만의 강경노선을 그가 보유한 일본정보가 탄탄히 받혀주고 있었다. 또 장한상의 울릉도 탐색도 이 윤지완의 발안이었다. 장한상은 숙종 8(天和 2)년의 조선통신사 일행(정관은 윤지완)이었다. 당연히 윤지완의 입김이 작용했다. 남구만의 강경노선은 실은 윤지완의 강경노선인 것이다. 그의 발의로 이 섬에 진대(鎭台)를 설치하고 민중들의 거처를 검토하게까지 된 것이다. 장차 울릉도를 경로로 한 톳토리 항로까지 검토하게 되었다. 때문에 이 안을 계획한 인물은 윤지완이라고 생각해도 틀림없을 것이다. 이를 삼계(三界)의 샤쿠완에 전한 인물이 있다. 실행하도록 교사(敎唆)한 인물이다. 그것이 부하 신여철(申汝哲)이라는 것이다.

이에 대해 논하자면, 윤지완이 조선통신사로 숙종 8년에 도일했을 당시, 그 일행 중에 박재흥(朴再興)이 있었다. 이 박재흥, 즉 박동지는 재판 타카세 하치에몬(高勢八右衛門)과 허심탄회하게 교섭을 한 역관이다. 그 박동지에 의한 두 섬의 분할 안은 쓰시마가 수용하지 않아 결국 타결되지 않았다. 하지만 그러한 좌절된 교섭을 밑거름 삼아, 별도로 이 조선통신사의 일행인 장한상이 새로운 해결책으로 기용되었다. 쓰시마를 거치지 않는 다른 경로를 탐색하기 위한 울릉도 도해였다. 이 무관이자 삼척첨사인 장한상에게, 마찬가지로 무관인 부산첨사 이홍적(李弘勣)이 동행했다. 그들의 기용은 무관의 주축인 신여철의 지령에 의한 일이지만, 결국 윤지완의 지령이다. 이 새로운 해도의 개척에 대해서는 부산첨사 소속의 안용복이 첨병으로 일본에 도해한다. 이것이 일련의 계획안이었다. 그 안용복이 죄인이 아닌 피해자로 인정되어 복권된 것은, 이 도해탐색의 시기인 숙종 20(원록 7)년 10월의 일이다. 이 당시 형벌을 다스리는 형조판서였던 자 역시 윤지완의 일파인 무관 서문중(徐文重)이었다. 안용복의 석방과 그 복권이 용이했던 것은 당연한 일이었다. 무관그룹의 협력 하에 쓰시마를 거치지 않고 일본으로 가는 도해경로의 개척이 착실히 진행되고 있었다. 이를 토대로 조일 교섭은 새로운 국면을 맞이하고 있었다.

윤지완이 쓰시마에 강경책을 시도한 데에는, 1682(天和 2)년에 조선통신사의 정관으로 일본에 도해한 일이 배경이 되었다. 그는 귀국 후에 쓰시마에 관해 중요한 외교교섭을 행하고 있었다. 즉 이듬해인 계해년(1683)에 체결된 계해약조이다. 이는 왜관(和館)의 통제 및 왕래통제(往來統制)에 관한 조약이다. 이 통제를, 이때 문자화한 조약으로 명확히 규정한 것인데, 그 운용실태를 보면, 쓰시마 측이 교묘히 빠져나가 규제가 엄격히 행해지는 일은 드물었다.9) 때문에 이 조약을 다룬 당사자 윤지완은 이 죽도일건(鬱陵島爭界)에 있어, 대항수단으로 왜인통제를 엄격히 행하고, 그 도해왕래를 엄격히 다루었다. 즉 일본의 권익을 다시 한 번 규제하려 한 것이다. 그러한 일련의 외교교섭 중에 발생한 것이 이 영토 분쟁이었다.

결과적으로 1696(원록 9)년에 일본에 도해한 안용복 일행의 배후세력이란 이 윤지완이다. 남구만은 그러한 계획을 비밀리에 알고 있었다. 1695(숙종 21: 원록 8)년 후반에, 이 계획을 실행하기 위한 준비가 시작되고 있던 무렵, 한편으로 좌의정 유상운, 예조판서 이세백(李世白), 접위관 유집일(兪集一), 동래부사 이세재(李世載) 등의 문관 라인은, 이 별동대, 즉 무관 라인의 행동에 대해 아무것도 알지 못했던 것이다.

【도해역관의 정보】

조선의 도성에서 안용복의 처벌이 여러 가지로 검토되던 때, 쓰시마에서는 조선의 사신을 맞이하였다. 이전 번주 소우 요시쓰구(宗義倫)의 조문을 위해, 신 번주 소우 요시미치(宗義方)의 습직을 위해, 소우 요시자네(宗義眞)가 조선어역(御役)으로 재임하는 것을 축하하기 위해, 동지(同知) 변연욱(卞延郁)과 판사 송유양(宋裕養)이 쓰시마로 도해한 것이다. 이 외교사절은 틀어진 조일 관계의 새로운 수복을 위한 것이었다. 삼정승과 육조의 장관은 그 수복외교의 성과를 보고, 이후의 조일 관계를 수립할 생각이었다. 이는 문관 라인을 통한 공개적인 교섭이다. 이 역관들은 체재지 쓰시마 후츄우(府中)에서 새로운 타개책을 모색하고 있었다. 그 결과로 가지고 돌아오는 정보에 따라, 금후의 전망을 어떻게 펼쳐나갈 것인가, 조선조정의 중신들은, 그 결실 있는 성과를 크게 기대하고 있었다. 그런 연유로 안용복의 취급은, 이 사신의 귀조를 기다린 후에 내리기로, 그렇게 결정하였다.

원록 9년 10월 16일에 쓰시마후츄우의 사지키하라 야가타(棧原屋形)에서 소우 요시자네는 변동지와 송판사와 면담하였다. 여기서 소우 요시자네가 두 역관에 전한 것은, 원록 9년 1월, 에도성에서 막각이 열좌한 가운데 언도된 새로운 막부의 방침이었다. 그것은 조일관계를 더욱 우호적으로 유지하고 싶다는 방침에 근거한 결정이었다. 조선이 분쟁을 회피하기 위해 여러 대책을 강구한 것과 마찬가지로 일본 또한 분쟁을 회피하기 위해 새로운 대책을 강구하고 있었던 것이다. 그 결과를 구두로 두 역관에 전하기로 했다. 그 구상서는 다음과 같다.10)

구상서

지난 해, 동씨(宗) 쓰시마노카미가 죽도의 일에 대해 사자를 보내 보고했을 때, 당시 [귀국의] 중개인이 [우리] 사신에게 전한 취지가 있었다. 그것을 귀국했을 때 졸자에게 전해 주었으므로, 그 취지를 다시 에도에서 노중에게 이야기하여 [상세히] 보고했다. 그러자 그 섬에 대해서 말하자면 [원래] 이나바나 호우키에 부속하는 섬이라는 것은 아니었다. 즉 일본이 취했다고 말할 수 있는 섬이 아니라 [그저] 공도였다. 그렇기 때문에 호우키의 사람이 건너가 [이 섬에서] 어렵을 하고 있었다고 하는, 그러한 일이었다. 그러한 상항에서 근년에 조선인이 도해하여 [이 섬에서 양국의 어민이] 뒤섞이게 되었다. [그러한 상황에서는 밀무역도 이루어질 수 있는 일이어서] 어떻게 할 것인가라고 생각하고, 전술했듯이 쓰시마노카미가 [귀국에, 조선인의 도해금지를] 요구한 일이 있었다. 하지만 섬은 조선으로 가는 도정도 가깝고, 호우키에서는 멀다고 하는 섬이다. 때문에 일본 측의 어민에게 다시는 도해하지 않도록 명령하는 것이 좋겠다고, 그러한 [동무의] 판단이 있었다. 그 일은 [동무의] 성신의 표현이므로 [귀국은] 감사히 여겨야 한다. 이처럼, 생각지 않은, 좋은 결정이 [동무에서] 있었다. 이 때문에 이에 대한 감사를 예조에서 이쪽 쓰시마에, 서간으로 해서 건네주어야 한다. 그렇게 하면 쓰시마에서 동무에 상세히 보고할 생각이다. 이 취지를 자세히 조정에 보고하여 주었으면 한다. 이상이다.

口上の覺え

先年、同氏(宗)對馬守から竹島の事について、使者を以て申し伝えた處、其の節[貴國の]取次の人が[こちらの]使者に申し伝えた趣旨があった。それを歸國の頃に、拙者へ申し伝えたので、その趣旨を[さらに]江戶に於いて御老中まで御物語をして[詳しく]申し上げた。すると彼の島について言えば[元來]因幡や伯耆に附屬する島であるというわけのものでは無かった。つまり日本が取ったというような島では無く[只の]空島であった。それゆえ伯耆の者が罷り渡り[この島で]漁を致していたと、それ迄の事であった。そのような處に近年、朝鮮人が罷り渡り[この島に兩國の漁民が]入り交じるようになった。[そのようでは密貿易も起こりうることであり]如何かと思い、最前の通り對馬守方から[貴國へ、朝鮮人の渡海禁止を]申し遣わすことがあった。だが島は朝鮮への道のりも近く、伯耆からは程遠いという島である。それゆえ此方の漁民に再び渡海を仕らぬように仰せ付けを行うのが宜しいと、そのような[東武の]御判斷があった。その事については[東武の]御誠信の顯れであり[貴國は]忝なく御思いになるべきである。この右の通りに、思いの外、結構な御裁定が[東武から]あった。このため、この御礼を礼曹から、こちら[對州]まで書翰にして差し渡すべきである。そうすれば[對州から]東武へ、この委細を申し上げるつもりである。この旨を具に朝廷方へ申し伝えていただきたい。以上である。

이 면담으로 죽도(＝울릉도)의 일본어민의 도해금지가 두 역관에게 전달되었다. 그들은 이 새로운 막부의 조치를 솔직히 기뻐했다. 「실로 이것으로 양국의 성신이 더욱 깊어졌다. 불영한 저희들이 본국에 돌아가 이 뜻을 자세히 조정에 전달하겠다」라고 말했다. 타다 요자에몬이 의문 4개조를 조정에 내던진 시점에서, 일본의 죽도, 그리고 조선의 울릉도라고, 양국이 서로 주장을 반복하며 일보도 물러나지 않았다. 그런데 지금 일본이, 일본어민의 섬의 도항을 금지시켰다. 조선은 원래 이 섬의 도해를 금지하고 있었다. 서로 섬의 도항을 금지하면, 더 이상 분쟁은 일어나지 않는다. 평화롭게 일은 수습되어 간다. 그처럼 이해하고 안도하였다. 하지만 이 전달에 이어, 그 같은 자리에서, 두 역관은 안용복의 밀항사건을 안다. 마찬가지로 구두로 그 사건이 전 해졌다. 그 구상서는 다음과 같다.[11]

당년 여름에 조선인 11명이 배 한 척에 타고, 소송의 건이 있다며 이나바로 건너온 일이 있었다. 조선 관련의 일에 대해서는, 이쪽(쓰시마슈우)에게 일임하고 있어, 타국에서는 결코 취급하지 않는다는 것이 국법이다. 때문에 소송의 이유를 듣지 않고 돌려보내고 말았다. 이러한 일이 있었다고, 노중들이 우리 쪽에 연락해 주어, 이를 들은 우리도 놀라고 말았다. [조선과 쓰시마는] 옛날부터 [서로] 합의한 사항이 있어, 쓰시마를 제쳐놓고 타국에 가서 소송을 하는 등, 그러한 일은 할 [리가 없다. 그러나 그러한 일이 있었다. 이 일에 대해서는 조선의] 윗사람의 생각은 [과연] 어떠한 것인가. [이쪽에서는] 불안하게 생각할 뿐이다. 이 일은 조정의 의도에 따라 [그러한] 지시를 하신 것인가. [만약 그렇다면] 모자라기 짝이 없는 방법이었다. 우리는 아무래도 사자를 보내 엄중히 항의하지 않으면 안 된다. 그러나 이것이 만약 미천한 자들이 [멋대로 저지른] 행동이었다면 [그러한 엄한 항의는] 삼가지 않으면 안 된다. 이후 이러한 일이 있으면, 조선국을 위해 결코 좋지 않을 것이다. 그렇기 때문에 그러한 일을 조정 쪽에 반드시 알려 줬으면 한다. 이상이다.

当年の夏、朝鮮人十一人が船一艘に乗り込み、訴訟の儀が有ると、因幡へ渡って來た事があった。朝鮮筋の御用については、此方[對州の]一手に任されていて、他國では決して御取次は無いと言う國法である。それゆえ訴訟の理由を聞く事なく追い返してしまった。そのような事があったと、御老中からこちらへ連絡があり、それを聞いて、こちらも驚いてしまった。[朝鮮と對馬とは]古くから[互いに]申し合わせが有る事であり、こちらを差し置いて他國へ罷り越し訴訟を行うなど、そのような事を申し入れる[筈は無い。だがそのような事があった。この事について、朝鮮の]上の方の御方の御考えの程は[果たして]いかがなもので有ろうか。[こちらは]心許なく思うばかりである。この事は朝廷方の御思案によって[そのような]御差し渡しをなさったのであろうか。[もしそうであれば]不届き千万な御仕方である。ここは何としても嚴しく使者を以て抗議をしなければならない。しかし、これがもし下々の[勝手にしでかした]しわざで有るならば[そのような嚴しい抗議は]差し控えなければならない。向後、このような事が有っては、朝鮮國の爲には決して宜しくない。それゆえ、そのような事を朝廷方へ必ず伝えて貰いたい。以上である。

　변동지와 송판사 두 역관은 안용복의 도해사실을 모르고 있었다. 그렇기 때문에 놀라고 말았다. 「부족한 우리들은, 아직까지 들은 일이 없는 자이다. 여기에 와서 처음 듣는다. 저절로 놀랄 일이다」라고 말했다. 그저 놀란 뿐으로, 어떻게 대답해야 좋을지를 몰랐다. 그러나 어쨌든 알게 된 이 사실을, 귀국 후 바로 조정에 보고하겠다고, 그저 그렇게 답할 수밖에 달리 방법이 없었다.

　쓰시마는 어렴풋이 안용복의 도해에 조선정부의 관여가 있었음을 눈치채고 있었다. 하지만 이를 노골적으로 표면화시켜 논의를 시작하면 평화는 오지 않는다. 모처럼 시작된 우호관계의 수복이 다시 사라져 버린다. 즉 장군이 성신의 도에 따라 죽도도해금지령을 내린 의미가 사라져 버린다. 때문에 여기서 탈출구를 마련해 둔다. 즉 「미천한 자들이 멋대로 저지른 행동이라면」 이 일을 문제 삼지 않겠다고, 그렇게 말한 것이다. 그러나 실제는 미천한 자들이 멋대로 저지른 일이 아니었다. 하지만 이에 대한 대답은 당연히 미천한 자들이 멋대로 저지른 행동이었다는 것이다. 조선 측도 당연히 그렇게 답하였고 쓰시마 측도 그것으로 양해한다는 것이었다. 이러한 거래로 어떻게든 양국은 우호를 수복하지 않으면 안 되었다. 두 역관은 다음 해인 원록 10(1697)년 1월 10일 귀국하였다.

【안용복의 평가】

　원록 10년 1월 10일에, 도해했던 역관이 조선에 도착했다. 그리고 같은 달 24일에 동래부를 출발하여 도성으로 돌아오게 되었다. 두 역관을 송환하기 위해, 같이 조선에 도해한 재판관 타카세 하치에몬은 일본인의 죽도도해금지령이 발포된 일에 대해 재차 사례서를 요구하였다.

　두 역관은 방침을 전환한 일본 측의 구상서를 가지고 도성으로 귀환했다. 그리고 에도의 장군이, 일본어민의 울릉도도해를 금지하였다는 것을 복명하였다. 그것은 예상도 하지 못한 일본 측의 급격한 방침전환이었다. 하지만 이 일은 이미 안용복이 취조 중에 이야기하고 있었던 일이다. 이번에 그는 일본의 호우키슈우에 건너갔었다. 그곳에서 도주와 대좌했을 때, 도주는 「양도는 이미 그 나라에 속한다」라고 말하였다. 그와 같은 사실을, 이번에 두 역관이 보고하였다. 안용복의 증언과 두 역관의 보고, 그간의 경과를 고려하면, 그야말로 이는 일본에 도해한 안용복의 공적이 아닐 수 없다. 그러한 평가가 이후 조선에서 발생하였다. 어찌 되었든 쓰시마가 요구한 조선의 사례서는 원록 10년 4월 27일에, 동래부에서 화관으로 내려왔다. 다음과 같은 것이었다.[12]

　　울릉도가 우리나라의 영토라는 것은 여지도에 게재된 일로, 그 문적은 분명하다. 그 섬은 일본에서는 멀고 조선에서는 가깝다. 그것은 일부러 논할 필요도 없는 일이다. 그 경계는 자연스럽게 나누어져 있다. 귀주는 처음에 이 사실을 착오하여 문장을 기록하고 있었으나, 결국에는 충분히 수정하였다. 지금 이후로는, 기존에 행하고 있던 섬의 왕래를 중지해 주었다. 이전에 왕래했던 사람들을 더 이상 벌해서는 안 된다. 또 이 일로 인하여 옛날부터의 양국의 우호관계가 후퇴하는 일과 같은 일이 있어서는 안 된다. 귀국이 법령을 발포하여, 이후로 영원히 섬에 도해하여 어렵을 해서는 안 된다는 사실을 문서로 제시해 주었다. 이 정중한 대처로 양국의 우호는 오랫동안 유지되게 되었다. 더 이상 분쟁을 야기할 일이 없어졌다. 이는 매우 좋은 일이다. 실로 좋은 일이다. 우리나라가 이러한 대처를 한 이유는 울릉도가 당연히 우리나라의 영토이기 때문이다. 그러기 때문에 관리에게 명하여 정기적으로 섬을 순검하여, 양국의 사람이 이 섬에서 뒤섞이는 일이 없도록 철저히 감시하고, 몰래 숨어드는 일이 없도록 하려고 생각한다. 그러한 순찰감시의 업무는 소홀히 해서는 안 된다. 그것은 이쪽에서 행해야 하는 일로, 그러한 업무를 일본에 위탁할 일이 아니다. 그러한 상황에서, 작년에, 이 섬에 표류한 천한 인민의 사건이 있었다. 해변사람들을 이끌고, 노 젓는 것을 업으로 하는 자들의 일이므로, 격풍을 만나면 쉽게 조난을 당하고 만다. 그렇기 때문에 해역을 넘어 귀국에 전입해 버렸다. 어찌 이러한 일로 우리나라의 성의를 의심할 수 있는가. 약정과 달리, 쓰시마와는 다른 지로로, 이 미천한 인민이 도해하고 말았지만, 그러한 자들이, 이 지로로 서를 보낸 일은 실로 망작의 죄라 할 수 있다. 그래서 이미 이쪽에서는 이자들을 붙잡아서 유폐시키고 있다. 극형에 처하고 징벌을 가하여 이 일을 수습할 생각이다. 그리고 별도로 연해에 칙령을 내려, 금지령으로 해변의 주민들이 경역을 침범하지 않도록 명확히 전해 두었다. 이것으로 양국은 더욱더 성신의 교류에 노력하여 좋은 체제를 완성할 수 있을 것이다. 다시 첨언하자면, 분쟁이 변경에서 발생하지 않도록 서로 배려하지 않으면 안 된다. 그러한 일은 귀국의 사람도 우리나라의 사람도 절실히 바라고 있는 일로, 그렇지 않은 자는 없다. 귀국 봉행(老職)의 문서 중에서도, 또 노사군(老使君: 宗義眞)의 말씀에서도, 이러한 사실을 친히 언급하여 주셨다. 그런데 이번의 결정에 대해서는 단 하나의 사신도, 작은 서간조차도 이쪽에 오지 않았다. 이는 귀주가 깊이 구조약을 염두에 두고, 그 규칙으로 정해진 것 이외에, 사자를 보내는 일이 없도록 배려하고 있는 것과 유사하다. 우리는 먼저 문을 만들어, 서부로 전개하여, 이를 동래부의 관에 보내는 일로 한다. 이곳에서 사자를 보내 귀국에 이 서간을 송치시키려고 생각한다.

사례서(謝禮書)라고는 말하기 어려운 문언으로, 감사의 기분 등은 일체 담겨 있지 않다. 오히려 힐문하는 언어조차 들어 있다. 사례서로 해서 쓰시마가 수취하기에는 문제가 많았다. 우선「귀주는 처음에 이 사실을 착오하여」라고 되어있어, 일본 측의 잘못처럼 기술하고 있다. 또「울릉도가 우리나라의 영토이므로」라는 부분은 일본의 죽도, 조선의 울릉도라는 논쟁을 다시 문제 삼는 것이 된다. 일본 측에서 보면 이 부분은 일본의 죽도가 아니면 안 된다. 그리고「귀국 봉행의 서중(書中)」이라는 부분은, 이번에 서간으로 전달하지 않았으므로 삭제하지 않으면 안 된다. 그리고「구조약을 염두에 두고, 그 규칙에서 정해진 것 이외에, 사자를 보내는 일이 없도록 배려」라고 있는 곳은, 쓰시마가 몇 번이고 사신을 파견하여 접대를 요구한다고 비꼬고 있다. 즉 반어법처럼 기술되어 있기 때문에 무례한 것이다. 그러한 서간은 수취할 수 없다고 했다. 그래서 쓰시마에서는 이 문언의 수정을 요구한다. 이후 이 서간의 개정을 둘러싸고 여러 우여곡절을 겪게 된다. 그러나 결국 개정된 서간을 보내어, 이 문제는 끝을 맺게 된다.

이렇게 하여 양국은 서로 어민의 도해를 금지했다. 하지만 섬은 일본에서 멀고 조선에서는 가깝다. 그렇기 때문에 섬의 순찰감시는 조선 측이 행하기로 하였다. 이 사례서의 기록대로「관리에게 명하여 정기적으로 섬을 순검하여 양국 사람이 이 섬에서 뒤섞이는 일이 없도록 엄하게 감시하고, 숨어드는 일이 없도록 해야 한다고 생각한다. 이러한 순검감시의 업무는 소홀히 할 일이 아니다. 이는 이쪽에서 행해야 하는 일로, 그러한 업무를 일본에 위탁해서는 안 된다」라고 말했다. 그리고 이후, 조선의 관리가 삼 년에 한 번 정기적으로 섬을 순검한다. 일본 측이 순검하는 일없이 경과하여, 결국 섬에 대한 일본 측의 권익은 소실하게 되었다.

안용복에 대해서는 쓰시마의 요구대로, 조선 측은 그 관여를 부정했다. 그리고 이 비천한 자를 극형에 처한다고 답하기도 했다. 그러나 사실은 그렇지 않았다. 정부의 관여가 있었기 때문에 아무래도 안용복을 극형에 처할 수는 없었다. 그리고 역시 그는 사형에 처해지지 않았다.

숙종 23(원록 10)년 3월 27일에 조의에서 안용복의 처리가 다시 논의되었다. 안용복은 이미 금령을 범했다. 국법에 따른다면 용서할 수 없는 일이다. 그러나 그 공적을 생각한다면 그를 죽여서는 안 된다는 결정이 내려졌다.13) 즉 남구만 측의 의견이 받아들여진 것이다. 그리고 그들이 계획한 대로 다른 루트로 에도에 의견을 말할 수 있는 (소송) 일은 쓰시마의 강경노선을 무너뜨렸다고, 그렇게 이번의 결착을 이해했다. 이것으로 안용복에 대한 이후의 평가는 정해졌다.『증보문헌비고』는 고종의 융희 2(1908)년 발행으로, 그 안용복에 대한 기술을 보면, 조선에서의 그에 대한 평가를 알 수 있다.14)

> 용복이 귀국하여 양양에 머물며 관에 고하길, 호우키에 있을 때 태수에게 제출한 문서를 바쳐 이전의 일을 입증했다. 여러 종사자들이 일일이 용복의 말에 납득하여 이견이 없었다. 이로서 왜는 다시 속여서는 안 된다는 것을 알고, 서간을 동래부에 보내 사하여 말하기를, 감히 다시는 사람을 보내어 울릉에 가지 못하게 하겠다고 하였다. 이때의 일은 용복으로 인해 발생했다. 때문에 왜는 이를 미워하여, 용복이 가자마자, 쓰시마를 통하지 않은 것을 죄로 했다. 구 조약에 쓰시마에서 부산으로 가는 길 외에는, 모두 그것을 금한다는 문장이 있기 때문이다. 조의에서 모두 용복의 죄를 인정하여, 처형해야 한다고 했다. 영돈영 윤지완 혼자와 영중추 남구만이 다음과 같이 말했다. 이를 죽이는 일은 쓰시마의 분노를 푸는 데 충분하다. 그러나 이 자는 걸힐(傑黠: 교활하다)하여 녹록한 자가 아니다. 살려두어 후일에 활용해야 한다고 말했다. 즉 귀양 보내기로 했다. 왜는 지금에 이르러서는, 다시 울릉을 가리켜 일본의 땅이라 하지 않는다. 모두 용복의 공이다.

龍福還泊襄陽告于官且獻在伯耆時呈太守文以證前事諸從者一一納供如
龍福言無異辭於是倭知不可復誑抵書萊府使曰不敢復遣人至鬱陵是時事由
龍福發故倭疾之以龍福行不由馬島爲罪旧約有自馬島向釜山一路以外皆禁
之文故也朝議皆以爲龍福罪當斬獨敦寧尹趾完領中樞南九萬爲殺之適足快
馬島慎且其人傑黠非碌碌者宜類爲他日用乃流之倭至今不復指鬱陵爲日本
地皆龍福功也

이렇게 안용복은 사형을 면했다. 아니 오히려 공적을 칭송받았다.
그러나 귀양이라는 형식을 취하지 않으면 안 되었기 때문에, 태형을
받은 후 유형에 처해졌다.15) 그러나 그 후 바로 석방되었다. 하지만
그가 어디로 유형되어, 석방된 후에 어디로 가서, 어떠한 생활을 시작
했는지는 일체 알 수 없다.

제7절 주

1) 『肅宗實錄』卷之30, 肅宗22年9月條

2) 『承政院日記』肅宗22年9月27日條

3) 『肅宗實錄』卷之30, 肅宗22年9月條

4) 『承政院日記』肅宗22年9月27日條

5) 『承政院日記』肅宗22年10月13日條

6) 南九萬 『藥泉集』卷31, 與柳相國尙運三(梁泰鎭編 『獨島硏究文獻輯』 景仁文化社,1973)

7) 南九萬 『藥泉集』, 前揭註

8) 『承政院日記』肅宗22年10月13日條

9) 尹裕淑 『近世癸亥約條의 運用實態에 대해서-潛商·蘭出事例를 중심으로-』朝鮮學報, 第164輯, 朝鮮學會, 平成9年

10) 『竹島紀事』元祿9年10月條

11) 『竹島紀事』元祿9年10月條

12) 『竹島紀事』元祿10年4月條

13) 『承政院日記』肅宗23年3月27日條

14) 『增補文獻備考』卷31, 안룡복사

15) 조선의 刑罰은 五刑으로 되어 있다. 死刑, 流刑, 徒刑, 杖刑, 笞刑이 그것이다.

【參考文獻】

인용문헌, 참조문헌은 그때마다 본문 중에 기록해 두었지만, 전체적으로 학은(學恩)을 받고, 참고가 된 서적을 이하 기록해 둔다.

1. 田村清三郎『島根県竹島の新研究』著者発行, 1965
2. 川上健三『竹島の歴史地理学的研究』, 古今書院, 1966
3. 大熊良一『竹島史稿』, 原書房, 1968
4. 上垣外憲一『雨森芳洲 元禄享保の国際人』中公新書, 中央公論社, 1989
5. 山本博文『対馬藩江戸家老 近世日朝外交をささえた人びと』講談社選書メチエ38, 講談社, 1995
6. 泉澄一『対馬藩藩儒 雨森芳洲の基礎的研究』関西大学東西学術研究所研究叢書刊 11-3, 関西大学出版部, 1997
7. 塚本学『徳川綱吉』人物叢書, 吉川弘文館, 1998
8. 高木昭作『江戸幕府の制度と伝達文書』角川叢書8, 角川書店, 1999
9. 内藤正中『竹島(鬱陵島)をめぐる日朝関係史』多賀出版, 2000
10. 下條正男『竹島は日韓どちらのものか』文春新書, 文藝春秋社, 2004
11. 池内敏『大君外交と「武威」 近世日本の国際秩序と朝鮮観』名古屋大学出版会, 2006
12. 鶴田啓『対馬からみた日朝関係』日本史リブレット41, 山川出版, 2006
13. 田代和生『日朝交易と対馬藩』創文社, 2007
14. 内藤正中・朴炳渉『竹島＝独島論争 歴史資料から考える』新幹社, 2007
15. 内藤正中・金柄烈『史的検証 竹島・独島』岩波書店, 2007
16. 宋炳基『竹島(独島)・欝陵島歴史研究』朴炳渉訳, 新幹社, 2009

부 록

安龍福과 關白

培材大學校 權靜

1. 서문
2. 관백의 서계
3. 渡海漁民과 鳥取藩
4. 막부의 질문
5. 대마번과 송환
6. 안용복의 일정
7. 결론

1. 서문

우리가 우산도, 자산도, 우릉, 소우산, 석도 등으로 부르던 독도, 일본이 송도, 리안쿠르트, 랸코도 등으로 부르다가, 고래의 송도를 죽도

로 개명하여 영유권을 주장하는 독도가, 우리의 고유영토라는 것을 알
게 해 주는 기록은 많다. 그중에서도 『삼국사기』가 전하는 우산국이
독도를 포함하는 국가였다는 것을 입증하거나, 여타 기록이 전하는 내
용의 의미를 규명하면, 독도가 우리의 고유영토라는 것이 저절로 확인
되어, 일본의 자의적인 주장에서 자유스러워질 수 있다. 그럼에도 많
은 사람들은 새로운 자료가 나타나기를 고대한다는 말을 많이 한다.

독도가 우리 영토라는 사실을 입증해 주는 자료들이 그렇게 많은
데도, 새로운 자료의 출현만을 고대하는 것은 어찌 된 일인가. 이것은
우리의 자료들이 전하는 의미를 확실히 파악하지 못한 소치이고, 그
것을 믿으려는 신뢰심이 결여된 결과라고 생각한다. 반면 일본은 아
무런 역사적 정통성이 없으면서도, 독도가 일본령이 아니라는 사실을
전하는 기록이 많음에도 불구하고, 임진왜란의 침략이나, 일본제국주
의가 저지른 19세기의 침략행위를 근거로 해서, 역사적 정통성까지
주장하고 있다. 우리가 나라를 침탈당하여, 학문의 기회를 강탈당하
여 인문학에 뒤쳐진 감이 없지 않으나, 이제는 우리의 논리를 세울
수 있을 수준에 이르렀다. 따라서 새로운 자료의 출현을 고대하기 보
다는 현존의 자료를 통해, 우리의 역사적 정통성을 정립해야 할 것이
다. 그런 면에서는 17세기에 있었던 영유권 논쟁의 일부를 전하는 『숙
종실록』이 갖는 의미가 크다 할 것이다.

조선은 울릉도에 사는 주민들을 쇄환하고, 관리를 정기적으로 파
견하여 관리하는 정책을 취하였다. 3대 태종이 취한 정책이었다. 그
동안에 일본 톳토리의 어민이 1625년경부터 울릉도에 도해하여 부와
명예를 구축하고 있었으며, 조선 어민들도 조정의 뜻을 어기며 어렵
활동을 하고 있었다. 그러다 울릉도에서 어렵하던 안용복과 박어둔이

일본어민들에게 납치당하는 사건이 발생했다. 1693년의 일이었다. 동년 4월 18일에 납치되되어 요나고(米子), 톳토리(鳥取), 에도(江戶) 나가사키(長崎), 쓰시마(對馬島)를 전전하다 12월 10일에야 동래부에 양도되었다. 약 8개월이라는 기간을 일본의 감시를 받다 조선에 양도된 것이다.

당시 조선외교를 독점하고 있던 쓰시마는 안용복과 박어둔을 양도하며, 막부의 명을 가장하여 어렵문제였던 사건을, 울릉도를 탈취하려는 숙원을 풀 수 있는 기회로 삼고, 영토문제로 발전시켰다. 결과적으로는 에도 막부가 일본인들의 도해를 금지시키는 방법으로 울릉도의 조선령을 인정하는 것으로 종결되었으나, 그것은 안용복이 제공한 정보와 활동에 의거한 결과였다.

안용복은 국금을 어기고 도해했다는 죄과에 따라 2년의 유배라는 처벌을 받았으나, 1696년 봄에 다시, 쓰시마번(藩)의 비리를 소송한다며 톳토리번을 방문했다. 그 해 1월 28일에 일본인의 죽도/울릉도 도해를 금지하는 금제령이 내려진 후였다. 5월18일에 오키에 들려, 아카사키(赤崎)와 아오야(靑谷)를 경유하여 톳토리의 가로(賀路)에 도착한 것이 5월 23일이었다. 그곳에서 사신의 영접을 받기도 했으나, 7월 17일부터 코야마이케(湖山池)에 유폐되었다가 8월 6일에 가로항을 떠나 귀국하였다. 그 후 강원 감사 심평(沈枰)에게 붙잡혀, 비변사에서 취조받는다. 그때, 안용복이 공술한 내용이 『숙종실록』에 전해진다. 1693(肅宗 19)년에도 안용복이 공술했을 자세한 내역은 전해지지 않지만, 1696(숙종 22)년의 공술에 당시의 상황을 엿볼 수 있는 내용이 포함되어 있다.

그것은 조선인의 울릉도와 독도인식을 확인할 수 있는 내용임에도,

일본이 그 내용을 신뢰할 수 없다는 논리를 강하게 반복해서 주장하자, 우리 연구자 일부도 회의하는 것 같은 태도를 보인다. 그래서 많은 사람들이 새로운 자료의 출현을 고대한다. 기록의 의미를 찾으려는 노력과 기록의 사실을 입증하려는 의지가 부족한 결과라고 생각한다. 그것은『숙종실록』의 내용을 방증해 줄 수 있는 자료를 찾지 못한 것을 원인으로 하는 것 같으나, 일본의 기록과 같이 생각하면『숙종실록』이 전하는 안용복의 진술이 사실에 근거한다는 것을 알 수 있다.

안용복의 비변사에서 했다는 진술은 1696년에 일행 11인과 같이 울릉도에 건너가 어렵을 하다 만난 왜인과 조우하자, 울릉도/죽도와 자산도/송도가 조선령임을 일러주고 뒤쫓다 오키도로 표착하여, 그 도주에게 관백이 울릉 자산 양도를 조선의 영지로 인정한 사실을 밝혔다.[1) 숙종 19(1693)년에 납치당했을 때의 상황을 숙종 22(1696)년 8월 이후에 다시 진술한 것이다.

안용복은 숙종 22년의 자진도해를 중심적으로 진술했으나, 그것의 정당성을 입증하는 방법으로 숙종 19년에 경험한 사실을 같이 진술했다. 먼저 안용복은 상소를 목적으로 톳토리번을 방문할 때 [울릉자산양도감세장]을 가칭하고 청첩리를 입고 흑립을 쓰고 가죽신을 신었다는 사실, 그런 일행이 가마와 말을 내어 영접하는 사신의 대우를 받았다는 사실을 밝혔다.[2) 그리고 도주와 대좌하여, 관백이 울릉도와 자산도를 조선영역으로 인정하는 서계를 주었으나 쓰시마도주가 그것을 비롯한 소지품을 탈취했다는 사실, 대마도가 서계를 위조하여 차왜를 보내는 방법으로 횡침하고 있다는 사실 등을 톳토리번의 태수와 대좌한 좌석에서 설명하고 상소하려 했다는 사실, 그 사실을 알게 된 쓰시마도주의 부가 호우키주에 간곡히 간청하여 관백에게 상소하지 못하게 했다는 사실, 태수가 월경한자들을 벌주고 양도가 조선령임을 인정한 후에, 이후에 월경을 금하겠다는 약조를 하며, 물품을 하사하려 했다는 사실 등을 진술했다 한다.[3]

다시 말하자면, 1693년에 납치당했다 송환된 안용복은, 울릉도와 자산도에서 만난 왜인들에 양도가 조선령이라는 사실을 밝혔고, 관백에게 그 사실을 인정하는 서계를 받았는데, 쓰시마번이 서계와 여타 소지품을 탈취했다는 사실, 쓰시마번이 개찬한 서계를 보내는 방법으로 횡침하고 있다는 사실 등을 진술했다. 또 1696년에 톳토리번을 방문한 후 체포되어 비변사에서 심문받았을 때는, 관명을 가칭하고 그에 맞는 복장을 하고 톳토리번의 영접을 받은 사실, 톳토리번주와 청상에 대좌하여 쓰시마번의 비리를 관백에게 소송할 수 있도록 허가받은 사실, 쓰시마번주의 부친의 간청으로 소송은 하지 못했으나, 횡침의 재발을 약속받은 사실, 국경을 범월한 15인을 처벌했다는 사실, 양식과 재물을 주려 했으나 거절했다는 사실 등을 진술했다.

『숙종실록』이 이처럼 전하고 있음에도 일본의 연구자 대부분은 물론, 우리 연구자 일부도 그 사실에 회의를 표한다. 일본의 부정이 너무 강해서인지, 『숙종실록』의 기록을 가지고 우리의 독도에 대한 정통성을 확인하려는 노력에 적극적이지 못한 것 같다. 일본의 카와카미 켄조우는 다음과 같이 말한다.

비변사의 조사에 대한 안용복의 공술에 대해 검토하면 심한 허구와 과장으로 가득 차 있다. (중략) 겐로쿠 9(1696)년에는 오오야·무라카와 양가 어느 쪽도 울릉도에는 도항하고 있지 않은 것이다. (중략) 그는 겐로쿠 6년에 일본에 갔을 때의 지식이나 이번의 체험 등의 진위를 섞어, 자기의 재도항의 비를 꾸며대는 것과 동시에, 정부에 영합하도록 작위하여 공술한 것이다. (중략) 만일 안용복이 오키에서 울릉, 우산의 조선소유 문제나 관백의 서계와 같은 중대한 문제를 제기했다면, 당연히, 대관의 보고 중에 그것이 언급되었어야 하는데 전게의 『어재부일기』만 아니라 『인부연표』, 『죽도기사』, 『지전가문서』 등 때와 장소를 달리 하여 저술된 당시의 권위 있는 어느 기록에도, 아무런 기술도 없다. 겐로쿠 6년의 안용복 납치사건을 계기로 해서, 당시의 막부는 반대로 조선인의 울릉도 도해금제를, 쓰시마번을 시켜 조선 정부에 요구하게 했기 때문에, 그것을 보아도 관백의 서계 운운하는 일은 있을 수 없는 일이다. (중략) 이상 검토한 대로 안용복의 비변사에서 한 공술 중에서, 그가 울릉도에서 오키를 경유해서 인하쿠로 도항한 점 및 가로에서 톳토리로 갈 때, 가마를 타고, 그 외의 사람이 말은 탔다는 점만은 일본 측의 기록과도 일치하나, 그 외는 어느 것도 그의 작위에 의한 그야말로 허구에 지나지 않는다는 것을 알게 된다.[4]

이처럼 안용복 일행이 1696년에 가마와 전마의 영접을 받았다고 일본기록이 전하는 사실을 제외한 모든 것을 부정하고 있다. 이것에 동의하는 타카와 코우조우도 안용복이 칭한 관명 동지가 3품이 아닌 2품이라는 사실을 근거로 「무지한 일행의 상황이 이것으로 명명백백하여, 이국에 아서 허세를 떨고 있는 모습을 엿볼 수 있다」라고, 모든 것을 허세로 보려 했다.[5]

안용복의 도해가 밀항이라며 안용복을 영토분쟁을 일으킨 원흉이라는 시모조 마사오는, 안용복을 「한문을 읽지 못하는」문맹으로 단정했으나, 이는 틀린 주장이다. 안용복의 문자능력은 그가 문서를 작성한 사실을 전하는 『원록각서』가 입증해 준다. 자의적인 판단이 심한 시모조는 『숙종실록』이 전하는 안용복의 진술을, 안용복이 마각을 드러낸 일로 보고 「안용복의 증언은, 그 핵심적인 부분은 모두 거짓이었다」라고 단정했다.[6]

『숙종실록』이 전하는 내용이 사실이라면 17세기의 조선은 독도/자산도를 자국영토로 인식하고 있었고, 일본의 에도막부도 그것을 인정하여, 독도에 대한 우리의 역사적 정통성은 저절로 확보되는 것이다. 그럼에도 우리가 그것의 신뢰성을 의심하는 듯한 태도를 취하는 것은, 정통성을 스스로 부정하는 것이 된다. 그 좋은 하나의 예가, 독도박물관의 안용복의 일본에서의 행적도이다. 그것은 안용복의 에도행을 부정하는 방법으로『숙종실록』의 내용을 부정하고 있다.

본 논문에서는 안용복의 진술 가운데 관백이 안용복의 주장을 인정하고 서계를 주었다는 내용을 다루기로 한다. 관백이 죽도/울릉도와 송도/자산도를 조선령으로 인정하는 서계를 안용복이 에도에서 받았다는 설과 톳토리에서 받았다는 설이 있는데,『숙종실록』은 전자로 기록하고 있다.

2. 관백의 서계

『숙종실록』은 영의정 남구만의 진술을 통해 안용복의 에도행을 밝히고 있다. 남구만은 안용복의 진술을 신뢰하지 않다가 쓰시마의 비리를 소송하기 위해 재차톳토리를 방문하고 돌아온 것을 보고 믿기 시작했다. 그 남구만이 울릉도에서 안용복을 납치해간 사실을 탓하며 「우리나라 해변의 어민들이 이 섬에 갔는데 뜻밖에 귀국 사람들이 멋대로 국경을 침월하여 서로 대치하더니 마침내 도리어 우라나라 사람을 구집하여 에도에 전도했다」라고, 안용복이 에도에 간 사실을 밝했다.[7] 이를 근거로 하면 쓰시마에서 강탈당했다는 관백의 서계는 에도에서 받은 것이 된다. 안용복의 에도행은 『숙종실록』만이 아니라 일본기록들도 전하고 있다. 안용복을 납치했던 오오야가의 『죽도도해유래기발서공』 등이 전하는 사실이다.

1692년에 죽도에서 조선인을 만난 오오야가의 선원들은 어렵을 포기하고 귀국하고, 다음 1693년에는 무장하고 건너가 안용복과 박어둔을 납치하여 심문한 다음에 그들을 톳토리번에 인도했다. 다른 기록은 톳토리에서 나가사키로 송치한 것으로 하고 있는데 『발서공』은 톳토리에서 심문하고 에도로 보내, 에도에서 심문한 다음에 귀국시킨 것으로 하고 있다.

> 즉시 톳토리에서 심문한 후에, 당인은 에도로 인도하게 되었습니다. 곧 에도에서 조사가 있고, 조사도 끝나, 순차적으로 물건을 내려주고, 귀국하게 되었습니다. [이 상세한 것은] 따로 기록한 것이 있으므로 여기서는 생략합니다.

> 則鳥府表御吟味之上　唐人江府江御引渡　則江戶相濟順々御贈歸卜成ル (『竹島渡海由來記拔書控』 本文 17).

이것은 안용복을 납치한 당사자의 기록으로, 안용복의 에도행이 사실이었다는 것을 인정하기에 충분한 자료이다. 따라서 안용복의 에도행은 사실로 인정되어야 한다. 그런데 안용복의 행적을 이야기하는 경우에, 이 기록이 중시되는 일이 거의 없었다. 묵살당하는 방법으로 부정당하고 있었던 것이다. 『백기지』에도 다음과 같은 기록이 있다.

> 명이 있어 후지베에가 2인을 거느리고 본부에 갔다. 번사 가노 씨, 오

제키 씨가 수호하여, 2인을 에도로 불러들였다가 본토로 보냈다. 후에 그 나라에서 죽도는 조선의 땅이라고 자주 언급하기에 이르렀다.

命有て藤兵衛異人を具して、本府に至る、番士加納氏尾關氏守護たり、異人江戸に召されて本土に逆らる。後彼國より竹島は朝鮮の地たるよし頻に言上に及ぶ(『伯耆志』).

이처럼 에도에 들렀다 송환된 후에, 조선에서 죽도의 영유를 자주 이야기하게 되었다고 전하여, 안용복의 납치와 영유권의 주장에 연관이 있음직한 표현을 했다. 『죽도기사』에는 다음과 같은 기록이 있다.

우리는 磯竹島에서 붙잡혀서 즉각 江戸에 끌려갔는데, 江戸에서의 조사는, 죽도가 조선의 땅인데, 그 나라 사람을 붙잡아 가는 것은 불법이라며, 위의 우리들을 붙잡은 사람들은 참죄를 명받았다. 우리들은 에도에서 특별히 성찬을 명받았는데, 나가사키에 송치되어, 나가사키에서 쓰시마 역원이 인계 받자, 점점 죄인처럼 취급하며 돌려보냈다고 말했다.

子細者我々儀竹嶋ニ而召捕候而、卽刻江戸へ連越候處、江戸ニ而之御吟味ニ者、竹嶋之儀朝鮮之地ニ而候を、彼國之者召捕参候儀不調法之由ニ而、右我々召捕候者者早速斬罪ニ被仰付候、我々儀者お江戸殊外御馳走被仰付、長崎江被送屆候、於長崎對馬役人方江請取、段々与召捕人之樣ニ仕候而被送り歸候与申達候を(『竹島紀事』元祿8年7月5日).

납치당하여 에도에 간 일과 그곳에서 울릉도의 영유권을 주장하여, 납치범들을 처벌받게 했다는 사실과 나가사키에서 쓰시마번에 인도된 후부터 냉대받기 시작했다는 사실을 이야기하고 있다. 이렇게 에도에 간 기록이 있음에도 그것은 상황논리에 의해 부정당하고 있다. 『조선통교대기』는 안용복이 나가사키를 에도로 오인한 것으로, 『죽도기사』는 나가사키를 에도로 착각한 것이라는 내용도 전한다. 그러

나 안용복은 에도막부에 좋은 인상을 가지고 있다. 그러므로 나쁜 인
상을 준 나가사키의 구류에, 에도를 중복시키는 것은 도리에 맞지 않
는다. 또 『죽도기사』의 다른 곳에는 안용복이 요나고에서 톳토리로
옮겨진 것을, 에도에 송부된 것으로 착각한 것이라 했다. 즉 톳토리를
에도로 착각했다는 것이다. 그러나 이것도 이상한 이야기이다. 톳토
리 번사가 나가사키까지 동행했다. 톳토리에서 나사사키까지 가는 사
이에 번사나 보졸들과 접촉한 사실을 감안하면 이것도 성립되는 이
야기가 아니다. 안용복의 일본어 능력은 대단했다. 그런 안용복이 톳
토리를 에도로 오인할 리 없다.

이전에 톳토리를 에도로 오인했다고 주장했던 오오니시 토시테루
는, 이 설이 성립되지 않는다며, 오오사카에서 오오사카 성대(城代)를
면회한 것을 에도행으로 착각했다는 의견을 제시했다는 것이다.8) 안용
복의 에도행을 부정하는 내용은 조선의 기록에도 있다. 『강계고』, 『증보
문헌비고』, 『만기요람』 등은 다음과 같이 기록하고 있다.

> 태수가 관백에게 품신하여 서계를 만들어 주면서, 울릉도는 일본의
> 지역이 아니라고 하였다.
>
> 太守遂稟關伯作書契受之言鬱陵非日本界(『疆界考』鬱陵島 安龍福事).

이처럼 세계를 톳토리에서 받은 것으로 했다. 이처럼 안용복이 에
도에서 관백에게 직접 서계를 받은 것으로 전하는 기록, 톳토리번주
를 매개로 받은 것으로 하는 기록이 같이 존재한다는 것은 관백의
서계가 존재했다는 가능성이 크다는 것을 의미한다. 안용복은 비변사
에서 다음과 같이 진술했다.

근년에 내가 이곳에 들어와서 울릉·자산 등의 섬을 조선의 지경으로 정하고, 관백의 서계까지 있는데, 이 나라에서 정식이 없어서 이제 또 우리 지경을 침범하였으니, 이것이 무슨 도리인가. (중략) 전일 두 섬의 일로 서계를 받아낸 것이 명백한데도 쓰시마도주가 서계를 빼앗고는 중간에서 위조하여 자주 차왜를 보내고 법을 어겨 함부로 침범하였으니, 내가 장차 관백에게 상소하여 죄상을 두루 말하려 한다.

渠言頃年吾入來此處 以鬱陵子山等島 定以朝鮮之界 至有關白書契 而本國不有定式 令又侵犯越境 是下道理云爾(中略)前日以兩島事 受出書契 不啻明白 而對馬島主 奪取書契 中間僞造 數遣差倭 非法橫侵 吾將上疏關白 曆陳罪狀(『肅宗實錄』22年9月戊寅).

이와 같이 관백의 서계를 받았으나 쓰시마에서 탈취당한 사실, 그 서계를 쓰시마번이 위조하여 사신을 파견한다는 사실, 울릉도와 독도가 조선령임을 관백이 인정했음에도, 일본 어민들이 월경한다는 사실 등을 관백에게 상소하기 위해 도해한 사실을 분명히 했다. 여기서 쓰시마번이 위조했다는 서계란 안용복으로부터 탈취한 서계가 아니라, 그 서계의 내용을 말한 것으로 보아야 한다. 서계가 존재했다는 것은 『원록각서』의 기록으로도 알 수 있다.

4년 전 계유년 11월에 일본에서 받은 물품들을 기록한 장부 한 권을 제출했기에 그것을 복사했다.

四年以前癸酉十一月日本二而被下候物共書付之帳壹冊出シ申候則寫之申候(『元祿覺書』 본문20)

이곳의 물품들을 기록한 장부(物共書付之帳)는 안용복이 일본에서 받은 물품을 기록해두었다는 것을 의미한다. 그런데 이곳의 4년 전이란, 계유년의 기록으로 보아 3년 전의 원록 6(1693)년의 착오이다.

1693년의 11월이라면 안용복이 초량왜관에서 조선에 양도되는 날을 기다리는 시기이다. 안용복이 사신 타다 요자에몬(多田與左衛門) 일행과 같이 10월 22일에 쓰시마를 떠나, 11월 1일에 절영도, 2일에 왜관에 입관하여 12월 10일에 조선에 양도되었다. 따라서 안용복이 일본에서 받은 물건들을 기록한 것은 11월 1일부터 12월 10일 사이의 일이다.

안용복이 관백의 서계와 소지품을 쓰시마에서 탈취당했다고 진술한 것과, 후일에 쓰시마번의 비리를 소송하기 위해 일본을 방문한 것을 생각하면, 안용복이 기록한 것은 쓰시마에서 받은 물품들이 아니다. 그것은 에도에서 순서에 따라 물건을 주어 돌아가게 했다(江戶相濟順々御贈歸)는 물건과 톳토리번에서 받은 물건들로 보아야 한다. 쓰시마에 양도된 순간부터 죄인취급을 했다는 기록이 있어, 나가사키와 쓰시마에서는 받은 물건이 없는 것으로 보아야 한다. 안용복은 왜관이기는 하지만 조선땅으로 돌아오자, 일단 안심하고, 동래부에 양도되어 심문받을 경우를 예정하고, 그것에 대비하여 기록한 것이다. 그럴 경우 안용복은 에도와 톳토리에서 물품과 같이 받았던 물품목록과 같은 서계의 내용을 상기해서 기록했을 것이다. 그것은 관백에게 받은 서계에 틀림없다.

관백의 서계가 있었다는 것을 확실히 추정할 수 있는 기록이 발서공에 있는 「相濟順々御贈歸」라는 내용의 기록이다. 이는 송환하기 전의 기록으로, 조사한 후에, 순서에 따라(順々) 무엇인가를 「주어(贈)」, 「돌려보냈다(歸)」는 사실을 내용으로 하는 기록이다. 당시의 조선과 일본은 표류민에게 물품을 하사하는 것이 관례로 되어 있어, 이곳의 「御贈」은 관백의 서계를 포함하는 물품을 준 것으로 보아야 한다. 그것은 1666년에 부산에 표착한 일본인을 송환하는 조선의 대응을 통해 입증할 수 있는 사실이다.

> 조선국 곳곳에서 대접을 받고 순조롭게 송환되게 되었습니다. (중략) 그때 조선국왕이 선장과 선원에게 준 전별목록 두 통이 있습니다.

> 則朝鮮國所々ニ而御馳走 順々ニ送歸シ相成事 具別有之略ス尤朝鮮國王ヨリ船頭水主江餞別目錄二通有之 于今致所持[9]

표착한 일본인을 곳곳에서 후대하고 송환할 때는 조선국왕이 물품과 전별목록을 하사했다는 내용으로, 곳곳에서의 대접은 안용복이 요나고-톳토리-에도-나가사키-쓰시마를 전전한 사실과 대응하고, 「순조롭게 송환되게 되었다(順々ニ送歸シ)」는 「에도에서 조사하고 절차에 따라 물건을 주어 귀국하게 했습니다(順々御贈歸)」와 대응한다.

두 기록이 공유하는 「順々」은 일본인을 송환하며 물품과 전별목록을 주었다는 「送歸---餞別目錄」과 조선인을 송환하며 무엇을 주어 송환시켰다는 「御贈歸」로 이어져, 송환 이전에 무엇을 주었다는 것을 알 수 있다. 전자는 「送歸」하는데 「餞別目錄」을 주었다는 것이고, 후자는 무엇인가를 「贈」하여 「歸」하게 했다는 것으로, 물품을 하사하는 과정이 있었다는 점에서 공통적이다. 이는 안용복도 에도에서 무엇인가를 받았다는 것으로, 조선국왕이 일본인에게 전별목록을 내린 것처럼, 관백이 서계를 준 것으로 보아야 한다.[10]

3. 도해어민과 톳토리번

　1692년에 예년과 마찬가지로 죽도에 도해한 요나고 어민들은, 조선어민들이 먼저 도해하여 어렵하고 있었기 때문에, 그대로 귀범하여 톳토리후(府)에 보고했었다.[11] 그런데 1693년에도 3척의 42인의 조선인이 도해하여 어렵하고 있었다. 그러자 요나고 어민들은 「이후에 어렵을 할 수 없다」며, 안용복과 박어둔 둘을 납치하여 귀범했다.[12] 4월 28일에 납치사실을 보고받은 톳토리번은 즉시 에도번저에 7일 비각으로 보고하였고, 5월 9일에 연락을 받은 에도번저는 10일에 막부의 노중에게 보고했다. 보고를 받은 막부는 13일에 명령을 내렸고, 두 조선인을 나가사키에 양도하라는 명을 받은 에도번저가 16일에 연락하여, 쿠니모토에는 26일에 도착한다. 그 과정이 나가사키 봉행소에 보낸 톳토리후의 구상서에 기록되어 있다.

> 　조선인 중 두 사람을 배에 태워서 요나고로 돌아왔습니다. 선두들과 조선인의 구상서 3통을 당지로 보냈습니다. 즉시 위의 내용을 월번 노중 쓰치야 사가미노카미에게 보고했습니다. 향후로 그 섬에 조선인이 오지 않도록 해서 전복도 지금까지와 마찬가지로 헌상하고 싶다는 뜻을 말씀드렸더니, 알았다 하시며, 위의 조선인을 그쪽으로 보내라는 지시가 있어, 보내게 되었습니다. [13]

　요나고 어민들이 조선인을 납치하여, 구상서 3통을 보내, 처벌을 요구하자, 톳토리번은 그 요구에 응하여 에도번저를 통해 막부에 조선인의 처벌을 요구한 것이다. 그러면서 「선두들과 조선인의 구상서 3통」이 존재한다는 사실을 밝혔다. 이것은 납치가 정당했다는 것을 설명하는 선두의 구상서와 그것을 방증한다고 생각하는 조선인의 구상서였을 것이다. 조선인 구상서의 내용을 확인할 수는 없으나, 안용복이 작성한 것이었다면 자신들이 조선령에서 납치되었다고 주장하는 내용이 포함되어, 납치의 정당성을 주장하는 요나고 어민의 요구와 모순을 이룬다. 따라서 안용복이 작성한 구상서는 수정되어 첨부되었거나, 존재만을 밝히고 제출하지 않았을 수도 있다.

또「향후로 그 섬에 조선인이 오지 않도록 해서 전복도 지금까지와 마찬가지로 헌상하고 싶다」라는 표현은 조선인의 도해를 방지해야 죽도산 전복도 지속적으로 헌상할 수 있다는 내용으로, 납치하여 처벌을 요구하는 목적이 어채물의 보호에 있다는 것을 알 수 있다. 또 죽도산 전복이 이전부터의 관례였다는 것, 요나고 어민과 막부가 죽도산물과 같은 물품의 헌상을 매개로 해서 지속되는 관계였다는 것 등도 알 수 있다. 요나고 어민들은 이 같은 방법으로 죽도도해를 독점하고 있었기 때문에, 그곳에 나타나는 조선인은 이익에 반하는 범법세력으로 보고 그 처벌을 요구했는데, 톳토리번도 그것에 동조하여 그 처벌을 막부에 요구한 것이다.

그러했던 톳토리후의 태도에 변화가 생기는 것은 조선인의 나가사키송치를 명받은 후부터였다. 두 조선인을 이송하라는 연락을 26일에 받자 즉시 가로들이 모여 육로로 이송할 것과 의사를 동행시킬 것, 문제를 예방하는 차원에서 사자를 둘로 한다는 것 등을 합의하고, 요나고에 있는 두 조선인을 톳토리후로 소환할 것을 명했다.14) 그리고 이동하는 도중은 쇼우야와 가로들이 나가 불침번 설 것도 명했다.15) 이것은 죄인에 대한 경비의 강화로 볼 수도 있는 일이나, 나가사키행 호송단이 90여 인으로 꾸려진 것과 같이 생각하면 빈객에 대한 예우로도 보이는 조치였다. 이는 톳토리번의 안용복과 박어둔을 범죄자로 보고 처벌을 요구했던 인식이 전환되었기에 있을 수 있는 변화였다.

이런 인식의 전환과 대우의 변화는 무엇을 원인으로 하는가를 생각할 때, 참고가 되는 것이 막부가 죽도와 송도의 영유에 관한 질문을 하고, 톳토리번이 그것에 답한 사실이다. 그런 질의응답은 5월 20일에 막부의 마쓰타이라 미노노카미(松平美濃守)가 에도번저에 죽도도해에 관하여 질의하자, 22일과 23일에 「죽도는 호우키노카미가 지배하는 곳이 아니다」라는 내용을 포함하는 10개조를 설명했다. 에도번저의 설명이 쿠니모토의 보고에 근거한 것이기 때문에, 톳토리번이 안용복을 요나고에서 톳토리로 소환할 시기에는, 안용복을 납치했던 죽도가 조선령이었다는 것을 인정한 후였다. 즉 안용복이 조선령 울릉도에서 어렵하다 부당하게 납치되었다고 주장하는 것이 사실에 근거한 주장이라는 것을 안 후의 소환이었다. 그것이 안용복과 박어둔에 대한 인식이 전환된 원인이었을 것이다.

원래 요나고 어민의 죽도도해는 톳토리번과는 무관하게 이루어지는 일로, 톳토리번과의 관계가 애매한 도해였다. 오오야가는 선조가 죽도를 발견한 공으로 무라카와가와 함께 죽도에서의 어렵권을 독점하게 되었다고 주장한다. 오오야가의 선조 진키치(甚吉)가 에치고(越後)에서 귀범하다 폭풍에 만나 죽도에 표착한 일을 소개하면서 「공거의 섬(空居之島)을 진키치가 실제로 발견하여, 일본의 토지를 넓힐 수가 있었다」는 것에서 도해의 정통성을 구한다. 공허의 섬이라는 것은 조선의 질서가 미치지 않는다는 것을 전제로 하는 것인데, 그 전제는 조선만이 아니라 일본의 인식과도 다르다. 조선과 일본을 울릉도/죽도를 조선의 영지로 인정하고 있었다. 다만 조선이 관리의 방법으로 도해를 금하고, 관리를 정기적으로 파견하는 식의 통치를 펴고 있었다.

오오야가가 말하는 「공거의 섬」이란 조선이 백성을 보호하는 차원에서 조선인의 도해를 금하여 거주자가 없는 상태를 의미하나, 사람이 거주하지 않는다 하여 무주의 섬은 아니었다. 조선인의 출입을 금하는 방법으로 통치하는 조선의 영토였다. 그것을 진키치가 처음으로 발견하여, 일본의 영역을 확장시킨 것으로 하는 것은, 인국 조선의 주권을 무시한 침탈행위일 뿐이다. 또 그것은 에도 막부의 인식과도 다른 것으로 조일 간의 합의와 질서를 고려하지 못한 주장이다. 이것은 일본인의 죽도도항과 거주를 금지사항으로 알고 있는 쓰시마의 인식과도 배치된다. 『통항일람』 129권에 「쓰시마 도주 소우 요시나리(宗義成)의 명에 의해 죽도 (조선국 속도)에서 잠상하는 자 둘을 잡아 京師로 보냈다」라고 전하는 것처럼 막부는 죽도를 조선령으로 인식하고 있었다. 막부의 명을 수행한 쓰시마의 인식도 막부의 그것과 다를 수 없다.

오오야가는 톳토리번주가 통치하는 호우키국 요나고의 상인이므로 모든 일을 번주 중심으로 진행하는 것이 정상적이다. 그럼에도 죽도도해처럼 배타적인 독점을 우선하는 오오야가의 관심은 에도의 막신에게 향해 있었다. 톳토리번주는 막부를 통해 결정된 기정사실을 전달해 주는 역할 정도에 머물 뿐이었다. 말하자면 오오야가와 막신들의 직접교류 결과가 번주를 통해 전달될 뿐이라, 번주로서는 실익도 없이 번거롭기만 할 수도 있는 일이었다. 그것은 오오야가의 경우도 마찬가지였다. 모든 일을 에도의 사적관계를 통해 결정하고 있었으므로, 번주는 연락통로 정도로 인식했다. 그렇다 해서 무시할 수도 없는 것이 오오야가의 입장이라 최소한의 의무는 수행해야 했다. 오오야가는 태수의 참근교대에 일정한 역할을 수행한 사실을 강조하기도 하는데, 그것은 에도에 구축한 자가의 능력을 과시하는 하나의 방법이었다.

그래서 도해면허를 받았을 때 감사를 표한 대상도 아베가였지 톳토리번주가 아니었다. 『발서공』 자체가 에도(江戶)와의 관계를 확인하는 것이 목적이기 때문에16) 곳곳에서 아베가와의 유대관계를 확인할 수 있는 기록을 남기고 있다. 순견사가 죽도 문제를 심문했을 때도 아베가의 주선으로 죽도를 배령한 것으로 답했고, 나가사키에 진출하고자 노력할 때도 아베가와의 관계를 강조했다.17) 그러다 아베가가 1681(延寶9)년에 은퇴하자 그 역할을 톳토리한이 대행하게 되었고, 그때부터 양가의 문제처리 방식에 변화가 생긴다. 아베가는 직접 판단하고 중재했으나 톳토리번은 막부에 보고하고 지시에 따랐다. 아베가에 비해 공적인 방법을 취한 것이다. 안용복의 문제가 발생했을 때도 막부에 보고하여, 막부가 나가사키 봉행소, 쓰시마번, 왜관까지 관여시켜, 결국에는 조선도 개입하게 되어 양가의 도해가 금지되었다. 아베가였다면 독자적으로 해결했을 것이다.18)

당시의 쇄국정책과 같이 이루어진 주인선제도를 생각하면, 지역어민과 막부관리 간에 사적으로 이루어진 경제적 유착으로 볼 수도 있다. 죽도도해는 오오야·무라카와가만이 아니라 산인(山陰)지역의 모든 어민들이 원하는 일이었다. 그래서 죽도에 대한 배타적 독점권을 확보하기 위해서는 톳토리번의 허가가 아니라 타번까지 제어할 수 있는 막부의 허가가 필요했다. 그래야 막각의 권위를 배경으로 해서 경쟁자들을 배제시킬 수 있었다. 양가는 그 배경을 확보하기 위해 막각의 유력자들에게 기회가 닿을 때마다 죽도산물 등을 헌상하고 있었다. 대대로 이어지는 양가와 아베가의 밀접한 관계를 배경으로 하기 때문에 죽도도해를 지속할 수 있었고, 또 그것의 반복이 양가의 번성으로 이어졌다. 그러다 1681년 3월 29일에 아베 시로우고로우 마사시게(阿部四郎五郎正重)가 공무에서 물러나자, 톳토리번이 그 역할을 대신하게 되었다. 그것은 사적인 일이 공적인 성격으로 변하는 일이었다. 어떤 일이든 아베가와 상담했던 오오야가가 조선인을 납치하여 톳토리번에 보고한 것도, 아베가와 같은 상담역이 없었기 때문이다. 그때도 아베가가 세력을 유지하고 있었으면, 아베가와 상담하여 사적인 방법으로 해결하려 했을 것이다.

4. 막부의 질문

4월 18일에 조선인을 납치한 오오야가의 배는 20일에 후쿠우라(福浦)에 도착하여 23일에 그곳을 떠나는데, 오키 번소는 도착한 당일에 조선인의 진술서를 작성했다. 오키 번소가 선두에게 진술서의 제출을 요구했으나, 선두가 거절했기 때문에, 번소는 인근의 쇼우야들의 입회하에 직접 진술서를 작성했다. 당시의 오키는 천령으로 세키슈우(石州)가 관할하고 있었기 때문에, 이 진술서는 세키슈우를 통해 요로를 거쳐 장군에게 보고되었다. 톳토리번에도 보고했을 것이다. 이것은 조선인을 납치한 사실에 관해 어민의 보고를 받은 요나고 성주가 톳토리번에 보고하고, 톳토리번이 에도번저를 통해 막부에 보고하는 것과 같이 복수의 보고가 있었다는 것을 의미한다.

요나고에서 톳토리번에 보낸 구상서는 에도번저를 통해 막부의 노중에게 보고되었는데, 그것과 별도로 오키번소의 보고서도 있었을 것이다. 그 내용이 유사했는지 달랐는지는 알 수 없으나 조선인의 감정이 충실하게 반영된 것은 오키번소에서 작성한 진술서일 것이다. 요나고 어민은 납치의 정당성을 입증할 수 있는 구상서가 필요했으나, 오키 번소는 객관적인 입장에서 사실을 보고해야 했기 때문이다. 그 내용 역시 알 수 없으나, 안용복의 후일담을 감안하면, 조선령 울릉도에서 납치당했다는 사실에 대한 항의와 납치의 부당함을 지적하는 내용은 포함되었을 것이다. 오오야가 선두는, 오키번소가 요구하는 조선인 진술서의 제출만이 아니라 오키번소가 작성한 진술서에 서명하는 것도 거부했는데, 이해하기 어려운 일이다. 오히려 선두들은 스스로 협조해 납치의 정당성을 공인받아야 하는 입장이었다. 그런데도 번소의 요구를 거부한 것은, 그들이 조선인들로부터 자신들의 정당성을 입증해 줄 수 있는 진술을 받아낼 수 없다는 것을, 선상의 취조를 통해 알았기 때문이었다. 그 정도로 납치당한 조선인의 반항과 이의 제기가 강했을 것이다.

4월 27일에 요나고에 귀환한 선두는 즉시 요나고성의 아라오 슈리(荒尾修理)에게 보고했고, 아라오는 톳토리부에 보고하고, 톳토리부는 28일에 7일 비각으로 에도번저에 보고했다. 그 보고서가 에도번저에 5월 9일에 도착하자, 번저는 10일에 노중에게 보고하여, 13일에 조선인을 나가사키로 송환하라는 노중의 지시를 받았다. 이렇게 조선인을 납치한 사건은 톳토리번을 매개로 해서 보고와 지시가 이루어진 것과는 별도로, 오키번소의 보고도 있었을 것이다. 오키번소가 구상서를 작성한 이상, 오키의 연락체계에 따른 보고, 즉 세키슈우를 통해 막부에 보고되었을 것이다. 어느 것이 먼저였는지는 알 수 없으나, 오키가 장군이 질할하는 천령이라는 것과 먼저 작성되었다는 것을 같이 생각하면, 막부는 오키번소의 보고서를 먼저 보았을 가능성이 크다. 막부는 톳토리번의 보고 이전에 사건의 내용을 알고, 그 대책을 강구하고 있었던 것으로 보아야 한다. 따라서 13일에 내린 지시는 톳토리번의 보고를 받은 후에 준비한 답이 아니라, 오키번소의 보고를 받고 미리 준비하고 있었던 것으로 보아야 한다.

조선인의 나가사키 송치를 13일에 명한 막부는, 동일에 쓰시마번의 에도 루스이(留守居)를 불러, 나가사키에서 조선인을 인계받아 조선에 양도하라는 내용의 지시를 내렸다. 그리고 20일에 마쓰타이라 미노노카미의 호출을 받고 루스이 이바 시치로우자에몬이 참부하자, 죽도에 대한 질문을 했다. 그리고 다음날인 21일에 다음과 같은 답서를 올렸다.[19]

1, 호키국 요나고에서 죽도까지는 해상으로 약 160리 정도 된다고 합니다. 보통 요나고에서 출선하여 이즈모로 가서 오키노쿠니에 도해하여 죽도로 건너갑니다. 요나고에서 직접 죽도로 건너갈 수는 없다 합니다.
1, 무라카와 이치베에와 오오야큐우에몬이 에도에 와서 장군의 알현을 명받았을 때, 죽도의 전복을 헌상합니다.
1, 죽도에서 전복을 잡는 세금은 없습니다. 호우키노카미가 헌상하는 전복도 위의 두 사람에게 우리가 조정해서 바치는 것입니다.
1, 죽도에서 강치를 잡아서 그곳에서 기름을 채취해 돌아와서 판매합니다. 그리고 기름의 세금도 없습니다.
1, 죽도는 멀리 떨어진 섬으로 사람이 살지 않습니다. 원래 호우키노카미가 지배하는 곳도 아닙니다. 위와 같습니다.
1, 죽도도해에 대해서는 자세한 것은 이곳에서 잘 알지 못합니다.
1, 죽도도해에 대한 주인은 없는 것으로 알고 있습니다. 또 지금부터

조사하여 보고하겠습니다. 또한 봉서의 사본도 이곳에는 없습니다.
　1, 죽도 도해선에 어문을 새긴 깃발을 단다는 것은 이곳에서는 모르
는 일입니다.
　1, 무라카와 이치베에와 오오야큐우에몬이 당지에 오는 것은 몇 년에
한번 오는가. 그러한 내용을 여기서는 확실히 알지 못합니다.
　위와 같이 톳토리에 말하여 보냈습니다. 다시 보고하겠습니다. 이상[20]
　　　　　　　　　　　　　　　　　　　　　　　5월 22일

요나고의 두 어민이 죽도에 도해하게 된 유래와 도해의 지리적 지
식, 그리고 어렵과 관계되는 세금 등의 설명이다. 즉 어렵활동을 하는
데 세금은 징수하지 않고, 도해를 보장하는 주인도 없고, 어렵하는 죽
도가 톳토리번의 속지가 아니라는 것 등을 설명한 내용이었다. 그러
며 잘 알지 못하는 것은 톳토리에 물어 다시 보고할 것을 약속하고,
다음날인 23일에 요나고의 무라카와가와 오오야가가 언제부터 장군
을 알현하게 되었는가도 에도에서는 잘 알지 못한다는 내용을 포함
하는 10개조를 보고했다.[21]

죽도에서 어렵하는 조선인의 처벌을 요구한 톳토리번이 작성한 답
서라고 보기에는 이상한 내용이다. 자번의 영역도 아닌 곳에서 조선
어민을 납치해온 요나고 어민의 요구에 따라, 조선인의 처벌을 요구
한 것이 되었기 때문이다. 이것은 자번의 영토가 아닌 곳에서 조선인
을 납치해온 어민들의 불법에 동조한 것, 허가도 없이 죽도에 가서
어렵하는 것으로 쇄국정책을 위배한 어민의 의사에 동조한 처사로
볼 수 있는 일이었다.

문제는 죽도가 조선령이라는 사실을 아는 막부가 왜 그런 질문을
한 것인가이다. 막부는 그 질문을 하기 7일 전인 5월 13일에 쓰시마
의 에도 루스이에게, 나가사키에서 조선인을 인수하여 조선에 송환시

키라는 명을 내렸다. 그러며, 다음과 같이 선언했다.

> 위의 죽도라고 하는 곳은 호우키노카미님의 영내가 아니다. 그 이나바(나 호우키)에서는 [멀리 떨어진 바다의 저쪽으로, 해로] 160리 정도나 되는 곳이라고 한다.[22]

이처럼 죽도가 톳토리번의 영역이 아니라는 내용을 병기했다. 이것은 막부가, 죽도에서 납치한 조선인을 처벌해달라는 톳토리번의 보고와 죽도가 톳토리번의 영지가 아니라는 모순을 감지한 막부의 고뇌가 드러나는 지시였다. 톳토리번이 자번의 영지가 아닌 곳에서 조선인을 납치하여 처벌을 요구하였으니, 사실을 잘 알아보고 대처하라는 사실을 포함하는 암묵의 지시였다. 그래서 막부는 서둘러서 톳토리번에 죽도에 관한 질문을 한 것이다. 이런 막부의 질문을 받고, 사실관계를 조사하는 과정에 죽도가 자번령이 아니라는 사실, 자번령이 아닌 곳에 자번의 어민이 도해하고 있었다는 것 등을 알게 되었다. 그와 동시에 요나고어민이 조선령에서 조선어민을 납치했다는 것을 알고, 범법한 것이 조선인이 아니라 자번의 어민이었다는 것을 알게 되었다.

막부가 쓰시마번에 죽도의 정보를 제공한 것은, 막부의 인식에 근거한 것으로 볼 수 있으나, 오키번소가 보고한 구상서를 같이 참고한 결과로 볼 수도 있다. 4월 20일에 작성한 오키번소의 구상서가, 5월 10일에 보고된 톳토리번의 구상서보다 먼저 보고되었을 것이다. 이는 막부가 톳토리번의 보고가 있기 전에 조선인을 납치한 사실과 조선인이 진술한 내용을 파악하고 있었다는 것을 의미한다. 오키의 구상서는 대관이 쇼우야들의 입회하에 취조하여 작성한 것이고, 톳토리번의 구상서는 납치한 선두의 진술에 근거하여 작성한 것이다. 같은 조선인의 구상서라고는 하나, 대관이 작성한 것은 납치를 객관적으로 볼 수 있는 입장에서 작성한 것이고, 톳토리번의 구상서는 납치의 정당성을 입증하기 위해 작성된 것이므로 주관적일 수도 있다. 따라서 톳토리번의 구상서는 조선인의 의견을 반영하지 않은 것으로 볼 수도 있다. 『인부역년대잡집』에 조선인의 구상서가 전하나, 조선인의 의사를 반영한 내용은 없다. 그러나 그것이 원본이 아닐 수도 있어, 막부에 보고된 오키번소의 구상서에는 조선인의 의사가 반영된 내용, 즉 『숙종실록』이 전하는 것과 같은 내용이 있었을 수도 있다. 말하자면 조선령에서 납치된 사실의 부당함에 항의하며 이론을 제기하는 내용이 포함되었거나, 참고자료로 첨부되었을 수도 있다.

조선인의 주장과 막부의 죽도인식이 일치하고, 조선인의 처벌을 요구하는 톳토리번이 사실을 떠난 요구를 하고 있다는 것을 막부가 알게 되었다면 고뇌하는 것은 당연한 일이다. 조선인의 죽도도해를 조선에 요구하라는 지시 역시 모순이라는 것을 의식하였기 때문에, 죽도가 톳토리번의 영지가 아니라는 사실을 암시한 것이다. 그러고 톳토리번에 죽도의 지지정보를 질문한 것이다. 막부의 그러한 확인 작업을 보며, 죽도에서 영유권을 행사해본 일이 없는 톳토리번 역시 그것의 영유를 부정한다. 그러면서 요나고 어민의 어렵활동만을 설명하고 있었다. 세금도 징수하는 일이 없다는 것은 죽도에 도해하는 어민들과 거리를 두려는 방법이었다. 이미 납치의 모순과 그것이 초래할지도 모르는 위험을 감지한 이상 그 대책을 강구하지 않을 수 없게 되었다.

이러한 일들은 납치된 안용복과 박어둔이 요나고에 유폐되었거나,

에도에 왕복하거나 하는 기간에 일어났다. 물론 공개되지 않고 은밀히 전개되는 일이었지만, 조선인의 납치와 유폐, 또 처벌을 요구한 당사자는 인지하는 정보였을 수도, 또 그것이 핵심관계자들이나 주요관계자들에 사이에는 확산될 수도 있는 정보였다. 조선인의 도해금지를 통해 독점권을 강화하려 했던 요나고 어민들은 자신들이 행한 납치의 정당성을 확보하기 위해서도 그 정보에 무관심할 수 없었다. 그래서 가능한 정보를 수집하고 사건을 유리하게 전개하려는 활동을 했을 것이다. 그들은 이미 막각의 실력가에게 헌상하여 목적을 달성하는 방법에 익숙했다.

안용복을 나가사키로 송치하라는 명을 받은 에도번저는 막부의 노중, 재부 나가사키 봉행과 상의하여, 5월 16일에는 쿠니모토(國元)에 연락하고, 나가사키 봉행소에게 서류로 이송계획을 보고했다. 에도번저의 지시가 톳토리에 도착하는 것은 26일이었다. 지시를 받은 톳토리의 가로들은 즉시 송환방법을 상의하며, 요나고에 있는 조선인의 톳토리 소환을 의논했다. 요나고에서 소환되는 조선인을 경계하라는 지시를 내리기도 하나, 안용복과 박어둔이 머무는 곳의 불침번을 소우야와 가로들에게 명하여 철저를 기했다.[23] 이러한 경비는 감시의 강화로 볼 수도 있으나, 그것은 결국 안용복에 대한 새로운 인식에 근거하는 예우로 보아야 할 것이다.

안용복을 정회소에 숙박시킬 예정이었으나 6월 1일 늦은 밤에 도착하여, 어쩔 수 없이 가로 히로카즈(大和)의 집에 1박시키고 2일에 정회소로 옮겼는데, 그 이전에 3인의 가로가 그곳을 방문하고,[24] 5일에는 타쓰노스케(辰之助: 池田淸定)가 정회소를 방문했다.[25] 이는 월경의 죄인에 대한 대우로 볼 수 없는 대응이었다. 톳토리번은 조선인의 처벌을 막부에 요구한 이상, 그 결과에 대한 관심이 많았다. 이미 죽도에 관한 막부의 질문을 받고, 죽도가 자번령이 아니라고 답한 상태였다. 어쩌면 죽도를 천령으로 오인하고, 그곳에 나타난 조선인을 장군가의 이익을 해친 자로 오판하고, 그의 처벌을 요구했는데, 막부가 죽도의 소속을 묻는 등 의외의 반응을 보이자 당황했을 수도 있다. 요나고어민의 죽도도해를 방치한 것이 막부의 정책에 어긋난 것이었을 수도 있는데, 요나고어민에 동조하여 조선인의 처벌을 요구까지 하여, 개역의 대상이 될 수도 있다고 판단했을 수도 있다. 그래서 죽도에서 어렵하는 어민으로부터 세금을 징수하지 않는다는 답을 하고, 그때까지 관행적으로 대여해 주던 출어자금을 이듬해에는 거절한 것으로 보인다.26)

톳토리번의 사고의 전환은 나가사키로 송환하는 호송단에 요리사와 의사를 포함하는 90여 인으로 구성하고,27) 두 조선인을 가마에 태워 1즙 7, 8채의 식사를 준비한 사실로도 알 수 있다.28) 이것은 죄인이 아니라 칙사에 대한 대접이었다. 90여 인의 호송단을 10여 인으로 보는 의견도 있으나 기록을 떠난 추정에 불과하다.29) 가마에 태운 것은 도주를 예방하는 방법이라는 주장도 있으나,30) 그것보다는 후대로 보고 그 원인을 찾아야 한다. 범죄자로 단정하고 처벌을 요구했던 톳토리번이 이처럼 태도를 바꾼 것은 안용복에 대한 인식이 전환되었다는 것으로, 그 이전에 취한 처사가 잘못이었다는 것을 인지했다는 것을 의미한다. 죽도에 대해 막부와 정보를 교환하는 과정을 통해 깨달은 것이다. 죽도가 속지가 아니라는 것을 안 이상, 잘못 인식하고 안용복의 처벌을 요구했던 과오를 수습하지 않으면 안 되었다. 그것의 일환이 안용복에 대한 후대였다.

5. 쓰시마번과 송환

쓰시마번이 안용복의 송환에 관여하게 되는 것은, 조선송환이 결정된 5월 10일이었다. 요나고 어민들의 요구에 동조하는 톳토리번이 처벌을 막부에 요구하자, 막부는 조선인의 나가사키 송치를 톳토리번에도 번저의 요시다 히라마(吉田平馬)에게 명한 5월 13일에 쓰시마번에도 루스이를 호출하여, 조선인을 나가사키에서 인계받아 조선에 송환할 것을 지시했다. 그러며 조선인의 죽도도해금지를 조선에 요구하라고 지시했다. 그 지시가 쓰시마에 도착하는 것은 6월 3일로, 6월 5일에 복명했다. 쓰시마는 동시에 죽도의 지지를 조사하기 위해, 스기무라 우네메(杉村采女)가 초량왜관의 통사 나카야마 카베에(中山加兵衛)에게 질문의 서장을 보냈다.31) 「죽도를 조선에서는 부룬세미라고 칭하는가」와 같은 지지의 내용이었다. 이에 대한 「부룬세미는 울릉도의 북동에 희미하게 보이는 섬」이라는 내용을 포함한 답이 오는 것은 6월 13일이었다.32)

6월 6일에 조선인의 영호사자 시마오 케이에몬(嶋雄慶右衛門)을 나가사키로 파견했고, 안용복과 박어둔은 6월 30일에 나가사키에 도착했으나, 조선인을 취조하여 에도에 보고하여 지시를 받아야 한다며, 영호사 일행을 쓰시마로 돌려보냈다. 6월 30일에 도착한 두 조선인은 다음날인 7월 1일에 나가사키 봉행이 심문하여, 톳토리번에서 보낸 구상서와 모순되지 않는 구상서를 작성하게 했다. 그리고 두 사람을 쓰시마한 나가사키 루스이역 하마다 겐베에(濱田源兵衛)에게 맡겼다.

7월 18일에 교체된 영호사 이치노미야 스케자에몬(一宮助左衛門)이 나가사키에 도착하여 체재하다, 8월 14일에 조선인을 인계받아, 9월 3일에 쓰시마번에 도착했다. 그러자 쓰시마번은 4일에 다시 안용복과 박어둔을 심문했다. 그리고 10월 22일에 쓰시마를 떠나 11월 1일에 부산의 절영도, 2일에 왜관에 도착하여, 12월 10일에 조선에 양도되었다. 7개월 20여 일 만이었다.

쓰시마번은 안용복을 두 번에 걸쳐 심문하고 5개월 10일이나 구류하고 있었다. 나가사키 봉행소에서 인수받기 전에 톳토리번에서 작성한 구상서의 진위를 파악하고 정리해 제출하고 9월 3일에 쓰시마번에서 다시 취조하여 구상서를 작성했는데, 모두 『죽도기사』에 실려 있다. 그 구상서에 안용복의 죽도에 관한 견해가 나타나 있는데, 울릉도를 무루구세무로 호칭한다는 것과 그것이 일본의 죽도라는 것은 이번에 처음으로 알게 되었다는 내용이다.33) 일본에서 이루어진 최종진술에서 그렇게 이야기했다는 것이다. 이를 울릉도와 자산도가 조선령이라고 주장하여 관백이 그것을 인정하는 서계를 받았다는 『숙종실록』의 내용과 같이 생각하면, 안용복이 일본에 구류되어 있는 동안 내내 그런 주장을 되풀이했다는 것이 된다. 안용복은 납치당하는 박어둔을 구하려고 일본선에 탔다가 납치된 것으로 진술했다.34) 말하자면 일본의 부당한 행위에 맞서다 납치된 셈이다. 그런 안용복이었기에 납치되는 순간부터 무루구세무로 칭하는 울릉도가 조선령이라고 주장하며, 납치의 부당함을 지적하고, 일본의 주장을 반박했을 것이다.

안용복은 납치된 4월 18일부터 오키에 도착하는 20일까지 선상에서, 납치의 정당성을 확보하려는 일본어민의 주장을 부정하며 납치의 부당함을 역설했을 것이다. 수적으로 우세한 일본어민들의 강압과 위협도 있었을 것이고, 폭력으로 자신들의 정당성을 확보하려는 시도도 있었을 것이다. 선두들은 구상서의 제출을 요구하는 오키번소의 지시만이 아니라 작성된 구상서의 서명도 거부했는데, 그것은 선상에서 조선인들을 납득시키지 못했을 가능성을 시사한다. 2일이 넘는 시간에 걸쳐 선상에서, 선두들이 원하는 진술을 받아내지 못한 경험이 있었기에, 번소의 역원들이 입회한 자리에서 원하는 진술을 얻어낼 수 없다는 것을 알고 있기 때문에, 번소의 요구를 거절할 수밖에 없었던 것이다.

기록된 안용복의 첫 번째 진술은 오키번소에서 이루어져 세키슈우를 통해 막부에 보고되었을 것이다. 두 번째는 요나고에서 이루어진 것으로, 현재 유포되고 있는 구상서이고, 톳토리에서 세 번째의 진술이 이루어져 막부와 나가사키 봉행소 등에 보고되었다. 그리고 톳토리의 구상서를 나가사키 봉행소에서 점검하여 작성한 것이 네 번째의 구상서였고, 쓰시마에서 작성한 것이 다섯 번째의 구상서였다. 이처럼 안용복은 적어도 5회에 걸쳐 납치된 경위를 진술하였는데, 그때마다 납치의 부당함을 항변하며 울릉도가 조선령이라고 주장한 것으로 생각된다.

심문하는 측이 어떤 태도를 취했는지는 알 수 없으나, 요나고 어민들과 다른 곳의 자세는 똑같지 않았을 것이다. 요나고 어민들은 납치의 정당성을 확보하는 것이 죽도에 대한 배타적 독점권을 확보하는 일이었고, 도해의 정통성을 확인하는 일이었다. 가문의 영고성쇠가 걸린 일이었다. 때문에 필사적이었을 것이다. 그에 비해 오키번소, 톳토리번, 에도막부, 나가사키 봉행소, 쓰시마번 등은 요나고어민의 입장을 이해하려 하면서도 객관성을 무시하지 만은 않았을 것이다.

　선두나 요나고 상인들은 안용복의 주장을 부정하거나 억누르려 했을 것이나 요나고의 의견에 동조하며 처벌을 요구했던 톳토리부도 안용복을 취조하게 되었을 때는, 죽도가 자번령이 아니라는 사실을 확인하여 보고한 후였기에, 요나고어민들과는 다른 태도를 취했을 것이다. 안용복의 의견에 동조하는 경향이었을 것이다. 나가사키 봉행소의 취조는 「이나바에서 청취한 구상서와 틀림이 없도록 하라」는[35] 주의를 받고 문언을 고치는 정도였으므로 안용복을 억압하거나 강요하는 일은 없었다. 그것은 쓰시마의 경우도 마찬가지이다. 다만, 쓰시마번이 영유권을 주장하기로 결정한 후에는 죽도가 일본령이라는 사실을 강요했겠지만, 그것은 새로운 구상서를 만들 필요가 없는 일이었다. 어차피 사실을 떠난 결정이었기 때문에 안용복의 의견 따위는 아무런 상관도 없었다.

　쓰시마번은 죽도가 호우키슈우의 것이 아니며 이나바에서 160리나 떨어진 섬이라는 막부의 정보를 제공받았으면서도 「토지의 소유가 변화하는 것은 일본이나 조선의 일만이 아니라, 세계 중에 흔히 있는 이야기이다. 이전에는 타국의 토지였다 해도 장기간 이쪽에 속했다면 이쪽의 토지가 되고 만다.」고 주장하고 있었다. 그러므로 요나고어민들이 도해하는 울릉도가 일본에서 말하는 죽도라 해도, 일본령이라 할 수 있다.[36] 그런 논리를 가지고 울릉도의 침탈을 추진하려 했다. 그런 쓰시마번에게 사실여부는 중요한 일이 아니었다. 그러한 쓰시마번의 실태를 아는 안용복이었기에 조선조정에 쓰시마번의 냉대와 비리를 이야기하려 했고, 쓰시마번의 비리를 소송한다며 톳토리번을 방문했던 것이다.

6. 안용복의 일정

　안용복은 송환된 후에 여러 정보를 조정에 전하려 했다. 기록으로 남은 것은 1694년에 만난 접위관 유집일에게 제공한 것과 비변사에서 진술한 것이 『숙종실록』에 전한다. 유집일을 통해서 확인할 수 있는 내용은 톳토리번은 후대하고 쓰시마번은 냉대했다는 것과 쓰시마번의 서계가 말하는 죽도설은 에도의 뜻이 아니라는 것이다. 이 서계에 대한 자세한 기록이 비변사의 진술에 있다. 오키에 들려 일본을 방문하는 목적을「울릉 자산 등의 섬을 조선의 계로 정한 관백의 서계」가 있다고 진술한 것과, 톳토리도주에게「전날 양도의 일로 서계를 분명히 받았는데 쓰시마도주가 서계를 탈취하고 중간에 위조하여」여러 번 사신을 보내어 불법으로 횡침하려 한다는 내용이다.

　이런 진술의 의미를 규명하는 것이 안용복의 실체를 파악하는 조건이라고 생각한다. 안용복이 언급한 서계는 둘로 구분할 수 있다. 관백한테 받았으나 쓰시마에서 탈취 당했다는 서계와, 쓰시마가 탈취한 서계를 위조하여 조선에 보냈다는 서계이다. 이곳에서는 관백에게 받았다는 서계의 존재와, 관백이 울릉도와 자산도를 조선령으로 인정했다는 내용의 허실을 살펴보기로 한다.

　안용복처럼 영역을 침범한 죄인에게 관백이 서계를 주었을 리가 없다는 것이 상식적인 인식이고, 조선인의 죽도 도해금지를 조선에 요구하라는 명을 내린 관백이 죽도와 송도를 조선령으로 인정했을 리가 없다는 것도 상식적인 판단이다. 그래서 안용복은 허위에 능한 거짓말쟁이라는 오명을 쓰고 있는 것이다. 그러나 당시의 조선과 일본은 표류자를 송환할 때 물품과 그것을 기록한 목록, 그리고 송환하게 된 경위서를 첨부하는 것이 일반적인 관례였다. 1666년에 표류한 일본어민을 송환할 때 「조선국왕」이 서명한 물품목록을 하사한 일을 근거로 해서 생각하면, 송환하는 조선어민에게 물품을 내리고 관백명의 목록을 주는 일은 충분히 있을 수 있는 일이고, 그것을 관백의 서계라고 말해도 이상할 것이 없다.

서계문제는 안용복의 일본에서의 행적과 같이 생각해 볼 일이다. 그는 일본에 억류되어 있었다고는 하나 일본어를 이해하고 있었기 때문에 많은 정보를 얻을 수 있었을 것이고, 그것들을 근거로 정당성을 구축하려 했을 것이다. 반복되는 취조에 응하며 자신의 정당성을 구축하며 다음 취조에 대비했을 것이고, 송환된 후의 입장도 생각했을 것이다. 그런 이유에서도 정보 수집에 소홀할 수는 없었다.

안용복이 말하는 서계의 문제, 특히 쓰시마번이 탈취하여 왜곡했다는 내용은 쓰시마번의 처세와 같이 생각하고 판단할 문제이다. 쓰시마번이 서계를 탈취하고 위조하는 것과 같은 탈법과 부정은 흔한 일로, 그러한 방법으로 번정을 유지하고 있었다. 그 대표적인 것이 쓰시마번주 소우 요시나리(宗義成)와 가로 야나가와 시게오키(柳川興調)가 일본과 조선 간에 교환하는 국서를 위조하는 방법으로 국정을 운영했던 야나가와사건(柳川일건)이었다. 그런 쓰시마가 안용복의 소지품을 탈취하는 일 따위는 능히 있을 수 있는 일이다. 쓰시마번은 안용복의 무죄를 인정하려 하지 않고, 심하게 대했다. 하사 받은 은화나 물품 등을 모두 빼앗고 관백 서계의 존재도 무시했다. 관백의 통달도 지키려 하지 않았다. 그러한 내용을 장군이 알면 처벌받을 것으로 판단한 것이다.[37]

안용복의 일본에서의 상황은 납치된 선상, 오키번소, 요나고, 톳토리, 에도, 나가사키, 쓰시마 등에서의 입장과 같이 생각하면, 안용복이 얻었을 정보의 내용은 추정 가능하다. 납치된 선상에서는 서로가 격한 감정으로, 납치의 정당성을 강요하려는 일본어민과 납치의 부당성을 역설하는 안용복의 의견대립이 있었을 수밖에 없다. 그 과정에서 일본이 울릉도(무루구세무)를 죽도라 칭하며 영유를 주장한다는 사실은 알게 된다. 오오야가의 창고에 유폐되어 생활한 요나고에서는 납치의 정당성을 확보하기 위해 집요하게 반복되는 심문을 통해, 오오야가가 죽도의 소유를 주장한다는 사실 등을 알고, 울릉도에서의 어렵이 조선어민의 당연한 권리라며, 오히려 납치의 부당성을 항변했을 것이다. 그런 회유와 강요에 저항하는 안용복을 오오야가는 맹성강폭(猛省强暴), 포악(暴惡), 랑적(狼籍), 악성(惡性) 등으로 평가하고, 톳토리번에도 그렇게 보고한 것이다.

원래 톳토리번은 죽도와 송도를 번령으로 여기지 않았다. 자번의 어민들이 그곳에 도해하여 어렵을 하고 있었으나, 그것은 막부의 허가를 받은 활동으로 생각했을 뿐이다. 또 오키와 같은 천령으로 인식했을 수도 있다. 막부 역시 바르게 인식했을 리 없다. 당시의 오키는 천령으로 이와미의 다이칸(代官)이 지배하고 있었다. 죽도나 송도는 오키보다 먼 곳에 있어 이와미에서도 그 상황을 알 수 없었다. 그 귀속에 대해서는 알지 못하는 것은 당연한 일이다. 그렇기 때문에 조선인 둘을 연행한 사실을 이와미 대관이 막부에 보고했을 때, 막부는 그 섬에 관한 것을 톳토리번에 물었고, 톳토리번은 자국령이 아니라고 답한 것이다.38)

톳토리번의 안용복에 대한 대응은, 범죄자라며 처벌을 요구했다가 칙사대접을 하는 이중적인 태도를 취하고 있었다. 그것은 안용복에 대한 인식의 전환에 따른 결과였다.

처음의 톳토리번은 요나고 어민의 의견에 동조하여 안용복을 범죄 자로 취급하여, 납치의 정당성을 확보하려는 취조도 행했을 것이나, 막부의 질문을 계기로 죽도가 일본의 속지가 아니라는 것을 인식하 게 되었기 때문에 나가사키로 송치할 때는 칙사대접을 한 것이다. 뿐 만 아니라 안용복을 만나는 가로들은 안용복의 주장을 인정하는 정 도를 넘어 그것의 정당성을 보강해 주기 위해, 확보하고 있는 정보도 제공해 주었을 것이다. 그렇게 안용복을 후대하는 것이, 막부의 질책 을 면하는 방법이라고 판단했을 것이다. 착오라 해도 쇄국정책에 위 배하는 정책에 협조한 것은 개역(改易)에 해당하는 중죄였다.39)

나가사키에 6월 30일에 도착하여 7월 1일에 쓰시마번 루스이에 양 도된 안용복은 8월 14일까지, 40여 일을 그곳에 체류했다. 그 사이 쓰 시마번의 죽도인식을 들을 수 있는 기회는 있었을 것이다. 안용복이 죽도에서 납치되었고, 안용복을 송환하며 조선인의 죽도도해금지를 조선에 요구하라는 막부의 명을 받은 쓰시마번이었기 때문에 죽도문 제에 관심이 있을 수밖에 없다. 안용복 역시 울릉도에서 납치되었기 때문에 그것의 영유권에 민감하게 반응하지 않을 수 없어, 죽도의 영 유권 문제는 심문의 내용에 그치는 것이 아니라 일상적인 화제였을 수도 있다.

나가사키 봉행소는 6월 30일에 도착한 안용복과 박어둔을 7월 1일 에 쓰시마 루스이에게 양도하면서도, 에도에 보고하여 지시를 받을 때까지는 출발시킬 수 없어 쓰시마에서 파견한 영호사까지 돌려보내 며 안용복 일행을 체류시켰다. 그리고 8월 14일에야 막부의 지시가 있었다며 일행의 쓰시마 출발을 허가했다. 이처럼 나가사키에서 머무는 44일간이란, 안용복의 납치와 송환의 정당성을 확인하는 기간으로, 죽도의 영유권 문제 등이 일상의 화제가 되는 것은 당연한 일이다. 그런 기회를 통하여, 안용복 역시 원하는 정보를 얻고 있었을 것이다. 그런 과정에서 장군이 죽도를 일본령으로 인정하지 않는다는 정보는 쉽게 접할 수 있었을 것이다.

안용복은 나가사키에 체류할 때도 쓰시마번 루스이가 맡고 있었기 때문에 쓰시마번의 감시를 받고 있었다는 것이 된다. 그것과 9월 3일부터 10월 22일까지의 쓰시마의 체제와 10월 22일부터 11월 1일까지의 부산행 선박에서의 생활, 그리고 11월 2일부터 12월 10일까지의 초량왜관에서의 생활 역시 쓰시마번의 통제 하에 있었다. 안용복이 죽도에서 납치되었고, 쓰시마는 안용복의 송환을 통해 죽도를 탈취하려는 숙원을 이룰 수 있는 기회로 삼고 있었기 때문에, 안용복은 죽도영유의 담론에서 벗어날 수 없었다. 그래서 쓰시마는 안용복을 죄인으로 보아야 했고, 납치를 당연한 권리행사로 보았을 것이다. 그런 점에서는 요나고 어민들의 인식과 일치했고, 오키와 톳토리, 그리고 막부의 인식과는 달랐다.

하지만 막부가 죽도를 일본령으로 여기지 않는다는 사실은 쓰시마번도 알고 있었다. 또 쓰시마번 내에도 죽도의 영유를 둘러싸고 의견대립이 있었다. 전도주 소우 요시자네(宗義眞)는 지난 날에 죽도에 거주하는 야자에몬(彌左衛門) 부자의 체포를 톳토리번이 아닌 쓰시마번에 명한 것을 보면, 막부가 죽도를 조선령으로 생각하는 것 같으니 확인해 보자는 의견을 제시했다.40) 당시의 쓰시마번 내의 죽도인식을 엿볼 수 있는 후일 기록도 있다.

죽도의 위치는 일본땅에서 떨어져 164리의 먼 곳인 것에 비해 조선땅에서는 수목이나 수변도 보일 정도입니다. 그야말로 조선에 속하는 것이지요. 지도나 서적[에 기록된] 논고는 말로 변론할 여지가 없을 정도로 [조선령으로] 널리 알려졌습니다. (중략) [억지로] 그 섬을 영구히 일본의 속도로 결정지으려고 하는 것은, 설령 그 일이 성사된다 해도, 타국의 섬을 억지로 빼앗아 일본의 장군에게 바친 것이 되어 불의라고 말해야 합니다. 결코 충공이라고는 말할 수 없습니다. 조선에서는 선조 이래 은우를 입어 유지되어 왔습니다. 억지로 그 섬을 일본의 부속으로 해버리는 것 등은 불인 불의라는 것이 됩니다.41)

이는 스야마 쇼우에몬(陶山庄右衛門)이 1695(元禄 8)년 7월에 카시마 효우스케(賀島兵助)에게 보낸 서간의 내용이지만, 쓰시마번의 무리한 영토정책에 불안을 느끼는 세력, 쓰시마번이 죽도 영유권을 주장하는 것이 진실에 어긋날 뿐만 아니라, 도리에도 벗어나는 일이라고 생각하는 세력이 존재하고 있었음을 알려주는 기록이다. 안용복은 죽도가 일본령이라는 공식주장을 강요받았을 것이다. 그러면서 죽도를 조선령으로 보는 일반적인 인식에도 접했을 것이다. 또 조선령이었으나 임진왜란을 계기로 일본령이 되었다는 침략에서 정통성을 구하는 의견도 들었을 것이다. 하지만 결국 안용복은 죽도가 일본령이 아니라 조선령이라는 막부의 인식, 톳토리번과 막부가 질의응답을 통해 일본령으로 인정하지 않는다는 정보를 얻을 수 있었다. 그리고 그런 정보들을 종합 분석하여 자신의 납치가 조선령에서 이루어진 부당한 일이었다는 확신도 가지게 되었다. 그런 확신을 근거로 하는 것이 『숙종실록』이 전하는 안용복의 진술내용이다. 즉 안용복이 조선정부에 제공한 정보는 일본에서 획득한 최신 정보였던 것이다.

7. 결론

일본이 독도를 죽도라 칭하며 그 영유권을 주장하고 있어, 우리는 그에 대응하지 않을 수 없다. 아니 대응에 머물지 않고, 그것의 비를 설득할 수 있는 논리를 정립하는 것이, 독도의 역사적 정통성을 믿는 우리의 책무이다. 그것은 일본논리의 비를 파악하여 반박하는 형식을 취하는 방법도 있겠으나, 일본논리의 질곡에 갇힐 염려가 있다. 때문에 비를 논하기보다는 우리의 논리를 정립하는 것이 효과적이라고 생각한다.

새로운 확증의 발견을 고대하는 사람도 있는데 그보다는 현재 확보한 자료의 의미를 정확하게 파악하는 것이 현실적이고 확실한 방법일 것이다. 그런 의미에서 『숙종실록』이 전하는 내용의 의미를 파악하는 일은 중요하다. 『숙종실록』이 전하는 안용복의 진술을 사실로 보면, 일본의 논리는 성립할 수 없다. 그런데 일본은 자국논리의 성립을 위하여, 안용복을 부정하는 방법으로 그것의 신뢰에 의문을 표한다. 그 주장이 강렬해서 그런지 그것에 동조하는 자도 있는 것 같다.

그러나 그것은 『숙종실록』의 내용이 사실로 판명되면 저절로 붕괴될 수박에 없는 논리이다. 그럼에도 안용복의 진술에 의문을 표하는 듯한 태도를 취하는 자가 존재한다. 안용복이 사노이고, 범법자이기 때문에, 그가 가칭한 관명은 거짓이고, 그의 진술은 믿을 수 없다는 논리이다. 납치된 안용복과 그를 납치해간 자들이 안용복의 에도행을 이야기했음에도, 그것을 진부를 밝히려고 노력하는 연구자를 찾아보기 어렵다.

기록이 있는 이상, 그것은 부정하기에 앞서 그 가능성을 먼저 살펴보아야 한다. 그런 과정도 없이 부정해서는 안 될 것이다. 안용복은 납치의 경험을 바탕으로 여러 가지를 진술했는데, 본고에서는 그가 언급한 관백의 서계를 살펴보았다.『숙종실록』에 의하면, 그는 울릉도와 자산도가 조선령이라는 것을 주장하여 관백이 그것을 인정하는 서계를 받은 것이 된다. 그것을 에도에서 받았느냐 톳토리에서 받았느냐의 차이는 있으나『숙종실록』과『증보문헌비고』류는 받은 것으로 전한다. 그것은 안용복의 일본에서의 행적과 그가 들린 지역과 막부의 인식을 통해 확인할 수 있는 일이다.

1693년 4월 18일에 울릉도에서 납치된 안용복과 박어둔은 20일에 오키에 도착한다. 그 배에는 요나고 어민 22인이 타고 있었는데, 그들은 납치의 정당성을 확보하기 위해, 자신들이 원하는 답을 목적으로 하는 심문을 시작했을 것이다. 그들은 일본영역을 침범한 죄를 인정시키려 했을 것이고, 안용복은 그것을 부정하며 납치의 부당함을 주장했을 것이다. 그처럼 상치되는 주장이 대립하여 험악한 분위기가 조성되었을 수도 있다. 안용복의 그러한 주장은, 9월 4일에 쓰시마에서, 울릉도가 일본령이라는 사실을 일본에서 처음으로 들었다고 진술한 것으로 알 수 있다. 쓰시마의 최종심문에서 울릉도의 소속을 거론했다는 것은, 안용복이 처음부터 그런 내용의 주장을 하고 있었다는 것을 의미한다.

조선인의 구상서를 작성해야 하는 오키번소는, 선두들에게 그것의 제출을 지시했으나 선두들이 거부했다. 그래서 번소의 대관이 촌장들의 입회하에 직접 구상서를 작성하고 이와미슈우(石見州) 등의 요로를 통하여 막부에 보고했다. 그때 선두들은 서명하라는 요구도 거부

했다. 선두들이 그처럼 거부한 것은, 자신들이 선상에서 원하는 진술
을 듣지 못했고, 대관이 작성한 구상서의 내용과 자신들이 필요로 하
는 내용과 달랐기 때문이라고 생각된다. 번소의 대관은 어민들과 달
리 납치의 정당성을 확보할 필요가 없었다. 그저 납치된 상황을 객관
적으로 조사하여 보고하면 되었다. 그때의 진술서가 『인부역년대잡
집』에 전하나 신분에 관한 기록과 일행에 대한 기록이 있을 뿐, 안용
복의 영토인식을 알 수 있는 내용은 없다. 그래도 납치의 부당성과
울릉도의 영유권은 주장한 것으로 보아야 한다.

4월 27일부터 5월 29일까지는 요나고에 유폐되었다는 것이 톳토리
번의 기록이고, 납치한 가문의 기록은 톳토리를 거쳐 에도로 보낸 것
으로 기록했다. 어민들은 납치가 정당했다는 것을 입증해야 죽도에서
의 배타적 독점권을 강화할 수 있다. 그래서 납치하여 톳토리에 보고
했고, 톳토리번은 그 뜻에 따라 조선인의 처벌을 막부에 요청한 것이
다. 그러나 막부의 처리는 기대와 달랐다.

막부는 죽도가 톳토리의 영역이 아니라는 정보를 5월 13일에 쓰시
마 루스이에 전하여, 6월 3일에는 쓰시마번에 전달되었다. 톳토리번
이 납치사건을 보고하여, 보고서가 막부에 도착하는 것은 5월 10일이
었고, 막부가 죽도에 관한 사항을 톳토리 측에 질문한 것이 5월 20일,
그것을 답한 것이 22일과 23일이었다. 이것은 막부가 톳토리번의 보
고를 받기 이전에 납치사건은 물론 죽도가 조선령이라는 사실도 알
고 있었다는 것이 된다. 오키번소에서 4월 20일에 작성한 구상서가
이미 보고된 것으로 볼 수 있다.

죽도를 조선령으로 보는 막부의 인식을, 서계로 질의응답하는 과
정을 통해 톳토리번도 공유하게 되었고, 관심이 지대했던 요나고 어

민 역시 알고 있었을 것이다. 막부와 톳토리번에는 요나고 어민과 깊은 관계의 관리들이 존재하여, 그런 정보를 알려주고 있었을 것이다. 안용복이 톳토리로 소환되는 5월 29일과 6월 1일의 시기란, 막부의 인식을 톳토리번이 인지한 후였으므로, 안용복은 호송원이나 가로들을 통해 그런 정보를 들을 수 있었을 것이다.

6월 1일 밤부터 7일 아침까지 톳토리번 가로의 저택과 정회소에서 숙박한 안용복과 박어둔은 가로는 물론 번주의 친족도 만났다. 이미 나가사키로 이송하는 방법 등이 결정되고, 죽도를 조선령으로 보는 막부의 인식을 알았기에, 처벌을 요구했던 자번의 오류를 인식한 후의 면담이었다. 그들이 안용복을 대면하면, 납치하여 처벌을 요구한 것이 죽도에서의 어렵을 원인으로 했기 때문에, 죽도문제를 거론하는 것은 당연한 일이다. 이미 막부의 뜻을 알고 있을 수도 있는 안용복이, 납치의 부당성을 이야기하면, 가로나 친족은 그것을 부정할 이유가 없다. 오히려 인정하는 것에 그치지 않고, 막부와 자번의 죽도인식을 구체적으로 설명해 주었을 것이다. 그러한 경험과 사실에 근거하여 언급한 것이 관백의 서계였다면, 그것은 부정당할 아무런 이유도 가지지 못한다.

안용복은 6월 7일에 톳토리를 출발하여 30일에 나가사키에 도착할 때까지 90여 인의 호위를 받으며, 1즙 7, 8채의 성찬을 대접받았고, 가마까지 탔다. 그러한 후대를 안용복은 자신을 납치한 것이 부당했다는 것을 인정하는 후대, 자신의 주장을 관백이 인정했기 때문에 베풀 수 있는 후대라고 생각했을 것이다.

나가사키의 봉행소나 쓰시마번 역시 죽도에 대한 막부의 인식을 알고 있었다. 쓰시마는 막부의 의도를 왜곡하여, 어렵문제를 영토문제로 발전시켜 침탈을 기도했으나, 나가사키 봉행소는 그럴 필요가 없어 막부의 인식을 존중했을 것이고, 안용복은 봉행소의 그러한 인식을 감지했을 것이다. 쓰시마가 막부의 인식과 다른 행동을 취한다는 것도, 나가사키에서 쓰시마측에 인도되어, 조선에 양도될 때까지, 감시받는 5개월 10일간의 경험을 통해 알 수 있었다. 쓰시마번은, 죽도가 조선의 울릉도라는 안용복의 진술을 듣는 것에 그치지 않고, 죽도가 일본령이라는 사실을 납득시키려 했을 것이다. 안용복은 그런 경험에 근거하여 톳토리의 후대와 쓰시마번의 냉대를 진술했고, 서계를 비롯한 소지품을 탈취당한 것과 막부의 의도와 다른 행동을 한다는 것을 진술한 것이다.

따라서 관백이 울릉도와 자산도를 조선령으로 인정하는 서계를 주었다는 진술은 사실에 근거한 진술에 틀림없는 것으로 보아야 한다. 안용복은 각지를 돌며 그 지역의 죽도에 대한 정보를 얻어, 막부가 죽도를 조선령으로 인식하고 있다는 사실을 알고, 그것을 비변사에서 진술한 것이다. 이와 같은 안용복의 진술을 전하는 『숙종실록』의 내용은 신뢰되어야 한다.

부록 주

1) 備邊司推問安龍福 (중략) 倭船亦多來泊船人皆恐渠倡言鬱陵島本我境倭人何敢越境侵犯 (중략) 松島卽子山島此亦我國地 (중략) 漂到玉岐島島主間入來之故 渠言頃年吾入來此處以鬱陵子山等島定以朝鮮之界至有關白書契(『肅宗實錄』숙종22년9월).

2) 假稱鬱陵子山兩島監稅將使人使人通告本島送人馬迎之渠服靑帖裏着黑布笠着皮鞋乘轎諸人竝乘馬(『肅宗實錄』숙종22년9월).

3) 渠與島主對座廳上諸人竝下座中階 (중략) 島主許之 (중략) 島主之父來懇伯耆州曰若登此疏吾子必重得罪死請勿捧入故不得稟定於關白 (중략) 以前日犯境倭人十五人摘發行罰 仍謂渠曰兩島旣屬爾國之後惑有境越犯越者 島主如或橫侵 竝作國書定譯官入送則當爲重罰仍給糧定差倭護送(『肅宗實錄』숙종22년9월).

4) 川上健三『竹島の歷史地理學的研究』古今書院,1966, 167〜173頁. 權五曄譯『日本의 獨島論理』白山資料院, 2010, 1799〜186頁.

5) 田川孝三「竹島領有に關する歷史的考察」『東洋文庫』書報20, 1988, 33頁.

6) 下條正男『竹島は日韓どちらのものか』, 文藝春秋, 66〜76頁.

7) 我國海邊漁民往于此島而不意貴國之人自爲犯越與之相値乃反拘執我人轉到江戶(『肅宗實錄』, 숙종20년8월)

8) 大西俊輝저, 權靜역『安龍福과 元祿覺書』.

9) 竹島渡海由來記拔書控(本文10).

10) 權五曄『獨島와 安龍福』忠南大學校出版部, 2009年, 266頁.

11) 米子村川市兵衛船如例年竹嶋江渡海候處、彼嶋ニ朝鮮之獵舟流來、則朝鮮人も居申鮑大分ニ取申候故最早獵も無之ニ付、村川船歸

帆仕ニ付、於米子御役人共逐吟味候趣、幷船頭兩人当地江差越
候旨、(權五曄편주『控帳』책사랑, 2010, 56頁)

12) 亦当年唐人獵仕居申候ニ付、加樣ニ御座候ヘ丶已後島之獵可仕樣
　　も無御座、別而迷惑ニ奉存、乍恐何とそ御斷可申上ためと奉
　　存、右之唐人二人召連(前揭書, 174頁)

13) 右朝鮮人之內武人、同船ニて米子江罷歸、船頭共、幷朝鮮人口上
　　書三通、御当地ニ差越、則右之趣御月番之御老中土屋相模守殿
　　江御屆申入、向後彼嶋江朝鮮人不參候樣致シ、蚫をも前之通、
　　獻上も仕度指申達候處、御聞屆之由ニて、右之朝鮮人其許江遣
　　御差図次第相渡候樣ニとの儀御座候(權靜편역『御用人日記』, 선
　　인, 2010, 41頁).

14) 今日不時之奇合於將監宅ニ相談有之事 (중략) 御使者壹人ニても
　　不苦問敷候ヘ共、途中先方ニても手支ニ有之候ヘ丶如何と存、
　　兩人申渡也　(중략)　本道外科兩樣相勤候仕て、竹間玄碩申付事
　　(중략) 海上無心元付て、陸地被遣筈ニ相極 (중략) 朝鮮人米子よ
　　り爰元へ呼奇申(權五曄編注『控帳』책사랑, 2010, 95頁)

15) 且又泊々ニて其所之庄屋・年奇罷出、不寢番等堅申付候樣ニと刑馬
　　へ申聞也(權五曄編注『控帳』, 110頁).

16) 土藏出火ニ而拜領之品其外 代々江戶參府記錄等 惜哉多分消失 尤
　　于今所持之品々猶燒殘殘之書記之內 爲規模由緖之次第 拙家世代
　　之座ニ書顯置者也(『발서공』本文1).

17) 阿倍四郎五郎樣御取持ヲ以 竹島拜領仕(『발서공』本文12), 其節右
　　之竹島江渡海仕度旨　村川市兵衛ト申合四郎五郎樣江御伺申上候
　　處(『발서공』本文24).

18) 전게서『御用人日記』45頁.

19) 御勘定頭松平美濃守殿より、昨日御留守居參候樣申來付て、伊庭
七郎左衞門、今日被遣候處、竹島之儀委細御聞有之度旨也。因
茲、明廿二日、伊庭七郎左衛門美濃守殿江持參仕書付之寫(權靜
『御用人日記』선인, 2010년, 53頁).

20) 一, 伯者國米子より竹島江海上凡百六十里程有之由候。例年米子
出舟、出雲江參、隱岐國江致渡海候て竹島江渡申候。米子より
直竹島江渡候儀成不申候。一,村川市兵衛・大屋九右衛門、御当
地江罷越御目見被仰付候節、竹島石決明獻上仕候。一, 竹島江て
蚫取候運上は無之候。伯者守獻上蚫も右□□□□人共江手前よ
り相調差上申候。一, 竹島ニて海駍取候て、彼地ニて油仕取歸候
て商賣仕候。尤油之運上も撫御座候。一, 竹島ははなれ嶋ニて人
住居は不仕候。尤、伯者守支配所ニても無之候。右之通ニて御
座候。一、竹島渡海之儀、委細爰許ニて相知不申候。一、竹島
渡海付、御朱印は無之樣覺申候。併相尋自是可申上候。併御奉
書之寫も爰元ニ無之候。一、竹島江渡海之舟ニ御紋之船印相立
候儀、爰元ニて相知不申候。一、村川市兵衛・大屋九右衛門御
当地江罷下候儀、何ケ年壹度罷越候哉。其段爰元ニて慥相知下
申候。右之通國許江申遣、追て可申上候。已上。(權靜 『御用人
日記』선인, 2010년, 55~83頁).

21) 村川市兵衛・大屋九右衛門御当地江罷越御目見申上節、何れ之御
支配ニて御座候哉。爰許ニて相知不申候。(『竹島之書附』,元祿6
年5月23日)

22) 茂御届有之可然旨元右衛門被申聞候右竹嶋与申所ハ伯者樣御領內
にても無之因幡より百六十里程も有之所ニ而御座候(『竹島紀事』,

元祿六年5월13일)

23) 米子より当地迄之道筋江も、右之通相触候樣ニ刑馬へも申渡候事。
且又泊々ニて其所之庄屋·年奇罷出、不寢番等堅申付候樣ニと刑
馬へ申聞也。(『控帳』전게서 110頁)

24) 朝鮮人今晩會所江參、其前式部·將監·日向同道ニて、大和宅江參逢
申事(『控帳』, 127頁)

25) 辰之助君、朝鮮人御見物ノ爲、町會所へ被爲入(因府年表, 岡嶋正
義古文書 120頁). 辰之助는 藩主綱淸의 弟로, 후의 因幡若狹藩主
池田淸定.(大西俊輝, 權五曄『竹島渡海由來記拔書控』하)

26) 例年之通竹嶋渡海仕候ハヽ、拝借奉願候。若去年之通朝鮮人居申
候ハヽ、如何樣ニ可仕哉と願申ニ付、返答、拝借之儀は度々之
儀故不被仰付候。(『控帳』전게서, 150頁)

27) 朝鮮人貳人五月七日因幡發足六月晦日長崎江到着因幡より護送之
御使者松平伯耆守樣御家來山田兵右衛門平井甚右衛門惣人數九
拾余人相附尤朝鮮人駕籠にて被相送候(『竹島渡海由來記拔書控』
元祿6年6月)

28) 罷着申候其間所々ニ而御馳走被仰付候膳部一汁七八菜程宛ニ而御
座候兩人共ニ乘物ニ而長崎迄罷通候(『竹島紀事』元祿6年九月4日)

29) 朴炳涉『安龍福事件と鳥取藩』北東アジア文化研究、第29호、2009.

30) 조선인은 소중한 증인이므로 동행했다. 또 이송 중에 도망치게
해서도 안 된다. 가마에 가두어 이송하는 일은 도망을 예방하기
위해서는 최선의 방법이었다.(『拔書控』하권)

31) 六月五日杉村采女方より在館の通詞中山加兵衛方ニ左之通相尋遣
ス(『竹島記事』元祿六年五月十三日)。

32) 竹嶋之儀朝鮮ニ而ハブルンセミ与申候由被申越候竹嶋与書候而朝
鮮讀ニブルンセミ与申候哉ブルンセミ与 (중략) ブルンセミ之儀

嶋違ニ而御座候具承届候處ウルチントウ与申嶋ニ而御座候ブル

ンセミ之儀者ウルチントウより北東ニ當かすかに相見申由承候

事(『竹島記事』卷1、元祿6년 5월 13일, 6월 13일).

33) 此度我々共鮑取ニ參候嶋之儀常ニ朝鮮國にてハムルグセム与申候

日本之內竹嶋与申所之由ハ此度承申候御事(『竹島記事』元祿6年7

月1日)

34) 四月十七日ニ日本船一艘參り天間ニ七八人乘候而右之小屋ニ參ハ

クトラヒを捕天間ニ載せ尤小屋ニ置候平包壹取載せ罷出候付ア

ンョグ其所ニ參斷申ハクトラヒを陸ニ揚可申与存天間ニ載候へ

ハ早速船を出し兩人共ニ本船ニ載せ早速出船仕隱岐國ニ同廿二

日ニ罷着申候(『竹島記事』元祿6年9月4日)

35) 因幡ニ而之口上書与相違無之樣ニ与之御事ニ而少々文句御改被成

請書いたし明日差上候(『竹島記事』元祿6年7月1日)

36) [『죽도기사』원록 6년 11월]

37) 大西俊輝저, 權靜역, 『安龍福과 元祿覺書』, 249頁.

38) 大西俊輝 『안용복과 원독각서』

39) 현직자의 임무를 신임에게 넘기는 일로, 江戶時代에는 大名, 旗

本,武士에게 과하는 형벌을 의미하는 것으로, 신분을 박탈하고

領地와 城 저택 등을 몰수했다. 德川家康, 秀忠, 家光의 3대에

151家의 改易이 있었고, 안용복을 납치한 綱吉 대에는 27家의 改

易이 있었다.

40) 竹嶋之儀日本伯耆之內之嶋与公儀ニ被思召候ハ、伯耆之太守より

弥左衛門仁左衛門召捕被差出候樣ニ可被仰付之所御國ニ被仰渡

候ハ朝鮮之竹嶋与被思召上たる事与相見へ候(『竹島紀事』元祿　6

년 9월 4일)

41) 竹島之儀日本之地を去る事百六拾四里、朝鮮之地よりは樹木磯際
迄相見へ、誠に朝鮮に屬候段、地図書籍之考言語弁論之勞無く
相知申たる事に御座候(중략)　仮令其事成り候ても、日本之公儀
に他邦之島を無理に取りて被差上たるにて候故不義とは申候、
而も忠功と被申間敷候、朝鮮よりは御先祖樣以來恩遇を御受被
成たる事に御座候處、無理に彼方之島を御取被成、日本に御附
被成候段誠に不仁不義なる事にて可有御座と存候(大西俊輝權五
曄『竹島文談』, 韓國學術情報, 2010, 184頁)

| 색 인 |

【ㄱ】

가덕　142
가로　337
가로신사　375
가마　186, 333, 426
가마솥　291
가죽신　333, 426
각하　378
감루　388
감찰사　268
갑술환국　183
갑오년　232
강경노선　208
강계고　282, 432
강요　452
강원도　237, 268
강줄기　383
개역　448, 456
개운포　63
개척　406
객관적　446
객주　277
거리　285
거북선　278
걸힐　417
결석　402
경로　117, 127
경리재무　282
경비　262
경신환국　183

경오년　62
경하사　216
계류　251
고려　197
공납제　66
공도정책　191
공명심　187
공술　48
관광　236
관명　427
관백　315, 426
교역유통　262
구류　450
구상서　436, 451
구전　321
구집　429
국서　377
국주　30, 288, 334
군령요패　61
귀양　417
귀이개　232
금상　243, 321
금오산　233, 275
금오승　275
금융센터　276
금품　318
기름　294
기사환국　183
기피　354
김가과　232
김감관　271
김덕생　80, 186

김병사 215
김병열 46
김성길 269

【ㄴ】

나다쵸우 109
나침반 68
낙안군 278
날인 37
남구만 182, 214, 400
남궁 199, 204
납치 429
네덜란드 219
논리 452
뇌헌 231, 233, 250, 274

【ㄷ】

답장 245
대관 461
대관소 252
내법 355, 383
대선단 32, 261, 288
대솔 271
대여 262
대우도 306
대우산 305
대좌 334, 340
도주 340, 377
도해교역 274
독점권 440, 461
동래부 268
동래부사 243
동평 324
뒷세계 321

【ㄹ】

란출 324
랑적 455
루트 217, 320, 346, 372
리안쿠우루암 297

【ㅁ】

마각 428
막령 98
만기요람 432
만노스케 342
매관 265
맹성강폭 455
맹성광폭 292
면허장 98
명목 79
모두포 63
모순 446
모자 249
모치가세무라 385
모험상인 65
목레선 78, 182
목록 253
목수 283
목찰 58, 71
무구구세무 309
무기류 334
무루구세무 143, 161, 296, 450
무위 205
무죄 318
묵서 270
문관라인 409
문서 250
문자 120
문자능력 428
물품 56, 121
민가 250
민암 182

밀무역 410
밀항 412

【ㅂ】

바쿠토라히 142
박경업 196, 197
박동지 328
박석창 297
박어둔 50, 176, 274
박재흥 173, 199, 407
박횡 325
발견 438
발서공 430
발설 381
배령 92, 386
배후 409
뱃놀이 375
번령 318
번주 373
범월 침섭 193
변례집요 50, 279
변첨지 328
변환기만 404
별동대 349, 406, 409
별차 65, 168
병권 404
병자년 238
보고 442
복권 213
복서 179, 189
복장 249
부룬세미 144
부산첨사 322
부채질 186
북동 86
북풍 88
분할 173
불의 458

불침번 437
비리 319, 344
비변사 303
비장 46, 60, 65
비축미 247

【ㅅ】

사노 60
사례 292, 414
사림파 181
사색당파 181
사신 333
사원 263, 276
사절 382
사형 398
사활 356
산군복합 262
삼계 45
삼품당상 265
삿갓 232
상납 65, 321
상륙 250, 337, 373
상매 162
상소문 344
상승뇌헌 282
상업자본 262
생활비 146
샤쿠완 45, 179, 266, 290, 322, 405
샤큐완 220
서간 245, 312
서계 344, 433, 453
서국 125
서국감찰 125
서류 57, 253
서면 248, 252
서문중 404, 408
서부감찰 126
선견부대 214, 215

선단 30
선인 96
선착봉행 140
선향사 167
선험 266, 270
성찬 431, 462
성호사설 62
세금 95, 243, 443
세조실록 285
센넨지 332
소도 297, 309
소문 212
소속 94
소송 221, 223, 251, 311, 350
소송일권 312, 336
소옥 36, 162
소우도 306
소우산 302, 305
소장 311
속지 444
송도 84, 93, 237, 304
송환비용 114
쇄환 424
쇼우야 391
수령 323
수운 278
수탈행위 185
숙종실록 459
순검사 92
순차적 430
순천 274, 276, 278
스야마 458
습격 35
승정원일기 397
승조원 50
식량 247
신 루트 211, 214
신라 197
신분사칭 265
신여철 401, 404, 406

신임봉행 140
신호적 75
실행대장 349
심평 397
쓰지반안 335

【ㅇ】

아라오 33
아벤테후 388
아오지마 374
아욱잎 96
아카사키 331
안동지 212, 216
안신휘 216
안요구 49, 57, 162
안요쿠호키 142
안용복 53, 61, 65, 147, 176, 250,
    268, 459
안핀샤 120, 339
안헨치우 42, 46, 231
안히챠구 339
안히챠쿠 351
야나가와 366, 454
야나기우라 22
야자에몬 457
약천집 402
약탈 354
양동작전 366
양양 397
양해척 77
어렵문제 462
어머니 307, 310
어문 96
어별 88
어용인 316
어전 316
에도 133
에도행 134, 429, 430, 459

에쓰야 126
여지승람 199
역관 165
연습 234, 249
연행 37
염간물 76, 289
염세 323
염주 249
영빈관 341
영업권 113
영취산 279
영토분쟁 354
영호사 449
예비담화 341
예우 447
오모 307
오모니 307
오모스 307
오오사카우라 22
오오쿠무라 391
오오텐구 103, 148
오인 431
오충추 60
오키노리 48, 104
오해 369
왕래수검 202
요도 57
요리 122, 130, 448
요패 59
우루친토우 145
운론타우 296, 309
운수판매 282
울릉도도형 297, 305
울릉도사적 296
원흉 428
위로금 151
위조 344, 426
위협 82
유상운 397
유석봉 271

유집일 151, 184, 319, 453
유통상권 67
유통업 288
유폐 425
유한부 271
윤지선 398
윤지완 208, 400, 404, 407, 417
은우 458
음모설 187, 404
의사 122, 448
이국인 388
이규원 283
이비원 236, 250
이비장 269
이소타케시마 144, 164
이여 188
이와미 94, 311, 460
이인성 345
이카시마 101
이케우치 323, 340
이홍적 325
인마 333
인삼 289
일도방백 243, 322
일본어 345, 351
임선상납 66
입국 374
입회 460

【ㅈ】

자산도 85, 299
자유승 282
자철 69
장부 433
장생죽도기 72, 268, 387
장씨 182
장한상 191, 206, 208, 214, 309, 407
재판 165, 168
전라도 142

전례 357
전마선 36, 57, 162
전별목록 435
절영도 197
접수 351
접위관 165
정관 169
정단 348
정문 405
정보 454
정보망 378
정조실록 323
정통성 424
정회소 119, 340
조금류 90
조선 283
조선국왕 243, 435
조선령 317, 444
조선선 261
조선통교대기 50
조선통사 331
조선통신사 339, 404
조선팔도 234, 284
조세 321
조우 193, 202
조운 66, 272, 322
조울양도 266, 296, 333
조창 323
조총 81
종파 236
죄인 431
주상 243, 321
주인 96, 233, 275, 440, 443
주판 274, 282
죽도 237
죽도고 19, 269, 331
죽도관광 263
죽도도해금지 291
죽도문담 222
죽도산물 89, 437

죽서도 297
쥐색 249
증문 250
증보문헌비고 62, 460
지두 212, 324
지령 320
지봉유설 199, 202
지승항법 87
지지정보 446
지토선 66
직접교류 223
진사 270
진키치 438
질문 445

【ㅊ】

차야 333
착오 416
참판사 165
찻집 341, 346, 375
책임자 310
천령 112, 313, 441
청상 340
청원 335
초량 63
최씨 182
충공 458
충승 68, 87
취사도구 334
치욕 206
칙사 456
친족 462
침략행위 424

【ㅋ】

카와카미 427

코야마이케 425
쾌사 401
쿠로베에 33
키타우리 22

【ㅌ】

타쓰노스케 447
타케가우라 22
타협안 175
탈취 453
탐검 193
탐색 296
토관 179
토규 69
토라베 241
토라헤 72, 120
토라헤히 388
토우베에 110
토우센가사키 103
토우젠지 337
톤넨기 42
통괄 310
통사일행 385
통사파견 348
통신사 209, 335
통역 234
통정대부 265
통항일람 263, 439
통행증 58, 123
특권 366

【ㅍ】

파각 382
파견 356
팔도 258
팔도총도 299

폐방 180
포악 455
표류왜인 198
표착조선인 132
필담 335, 351

【ㅎ】

하마다우라 22
하멜 68, 219
하사 185
하타모토 97
한비치야구 145, 147
해관 321
해금정책 78
해로 67, 128, 272, 290
해방 206
해장죽 297
해초 294
허가증 100
허구 382
허세 428
허위 453
헌상 111, 437
호송단 448
호적대장 74
호패 60, 120, 264, 266
혼입 340
혼합 345
홍중하 169
홍첨지 328
화관 63, 341
화랑 269
화주 280
환영연 338
환전 276
회계책 274
회선 251
후루미 341, 375

후루오오사카우라   22
후쿠우라   388
훈구파   181
훈도   65, 168
흥국사   233, 278
희생양   214
히라베에   33
히로카즈   119

11인   231, 264
11척   30
13척   238, 261
32척   332
3도   305
3배   388
3소   142
40세   143
4개조   192
5개월 10일간   463
7, 8채   163, 448
80년래   202
9배   388
上官   46
中昔   188
伊賀島   38
伯耆民談記   24
公文   314
判形   391
前史   32
唐人   389
大久村   239, 286, 304
大森銀山領   313
天下   389
奥原碧雲   25
奥原碧雲   293
宿送   118
平兵衛   28

御旅所   341
御贈歸   430, 434
手代   314
時服   97
朝鮮舟   253
朴有年   216
朴炳涉   226
東照宮   341
柳川調興   195
柳浦   289
武鬪策   205
江石梁   45
浜田浦   289
父島   309
矢田高当   387
石見代官   42
礒竹嶋   194
竹嶋丸   28, 261
紅涙   389
船賃   53
藩老   341
西村   239, 303
西郷   287
親島   309
賀島   458
辰之助君   121
運上金   320
道具   253
酒一樽   391
金図南   216
釜山浦   45
釜山界   46
開示   200
陶山   458
順天   162
飯米   245
首謀者   178
馬多三伊   195
黒兵衛   28

오오니시 토시테루(大西俊輝)

1946년 島根縣隱岐郡西鄕町(現 隱岐의 島町)生
島根縣立隱岐高等學校, 大阪大學醫學部, 腦神經外科專門醫, 醫學博士
大阪國學院 通信敎育部 卒業, 神職資格(權正階),
大阪市立大學大學院大學 都市情報部卒業
현) (醫)厚生醫學會理事長
　　(社福) 厚生博愛會理事長
　　隱岐國 原田向山 大山神社 宮司

『레이져 醫學의 臨床』, 『Illustrated Laser Surgery』, 『山陰沖의 古代史』, 『山陰沖의 幕末維新動亂』, 『人肉食의 精神史』, 『柿本入麻呂와 아들 躬都郎』, 『隱岐는 繪島, 歌島』, 『日本海와 竹島』, 『心의 誕生』, 『水若酢神社』, 『續日本海와 竹島』, 『隱州視聽合紀』, 『元祿覺書』, 『竹島文談』, 『竹島渡海由來記拔書控』

권정(權靜)

1971년 서울 출생
서울 영파여고, 이화여자대학교, 동경대학교
현) 배재대학교 교양교육 교수

메일 shirijung@hanmail.net

논문
「古地図에 나타나는 日本과 韓國의 世界觀」, 「古代日本과 韓國에 있어서의 古代文字世界의 形成」, 「古代韓國과 日本의 用字法의 硏究」, 「韓日古地図에 나타나는 世界觀」, 「天下図에 나타나는 世界觀」, 「고대일본과 한국의 자국의식의 비교-철도와 비문을 통해서」, 「신라의 천하로서의 우산국」, 「三國에 있어서의 國王·皇帝·天皇表記비교」, 「한일건국신화의 허구와 사실」, 「동해의 무구루세미와 부룬세미」, 「고지도에 나타나는 조선 초의 자국인식」, 「죽도도해유래기발서공의 상납」, 「안용복에 관한 한일의 인식」, 「古事記 속의 스사노오」, 「독도에 관한 일본 고문서 연구」

역주서
『古事記와 日本書紀』, 『獨島와 竹島』, 『古事記』 상·중·하, 『御用人日記』, 『일본은 독도를 이렇게 말한다』, 『內藤正中의 獨島論理』

초 판 인 쇄 | 2011년 8월 8일
초 판 발 행 | 2011년 8월 8일

지 은 이 | 오오니시 토시테루
엮 은 이 | 권정
펴 낸 이 | 채종준
펴 낸 곳 | 한국학술정보㈜
주   소 | 경기도 파주시 문발동 파주출판문화정보산업단지 513-5
전   화 | 031) 908-3181(대표)
팩   스 | 031) 908-3189
홈 페 이 지 | http://ebook.kstudy.com
E - m a i l | 출판사업부 publish@kstudy.com
등   록 | 제일산-115호(2000. 6. 19)

ISBN   978-89-268-2470-2 93910 (Paper Book)
          978-89-268-2471-9 98910 (e-Book)